歷史中國
西元1840～西元1912

晚清 原來是這樣

金滿樓◎著

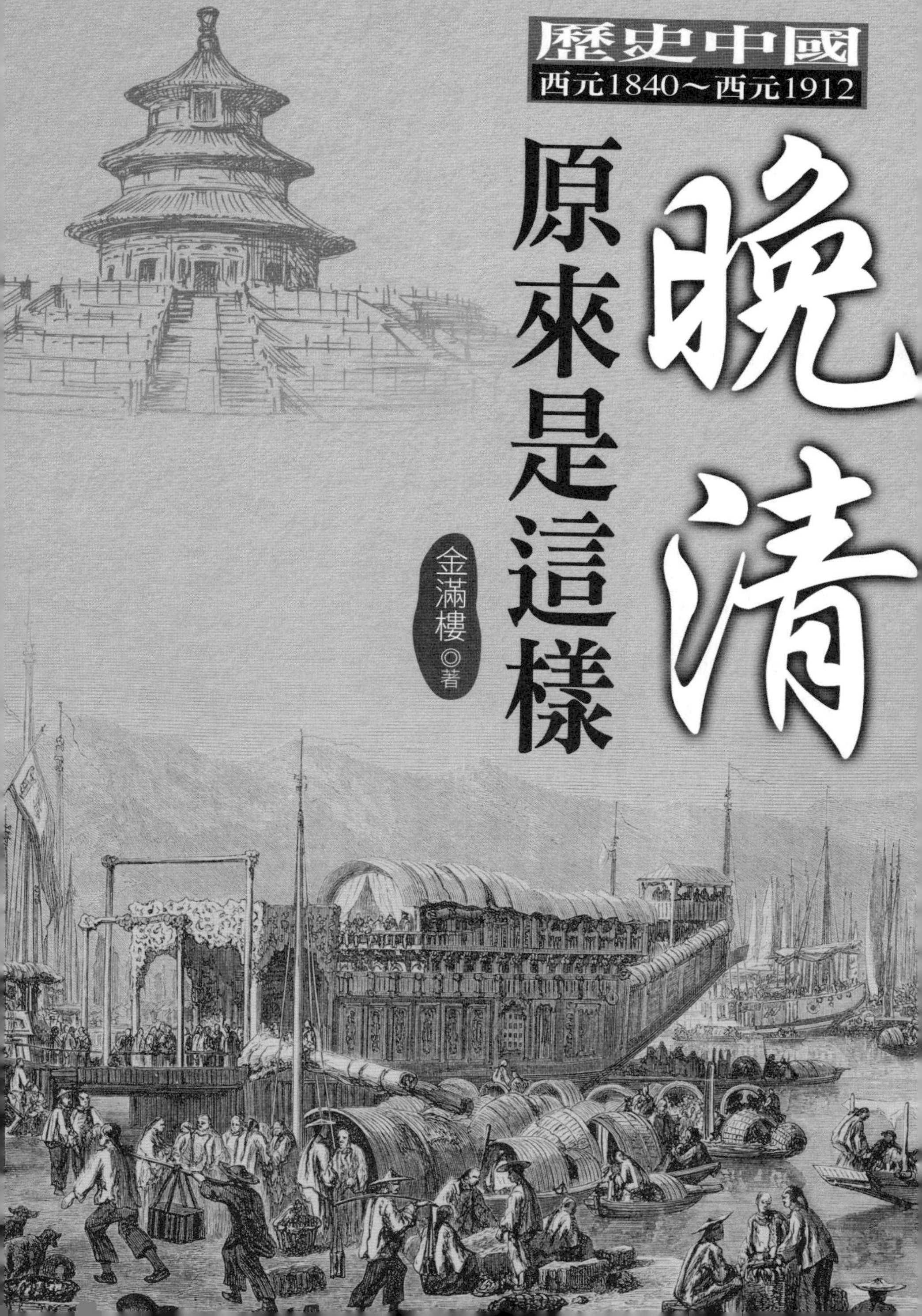

目錄

一、數磚：一個晚清高官的官場體會

作為中國近代史上第一個不平等條約——《南京條約》的簽訂者之一，伊里布一直為世人所唾罵，但這位曾任兩江總督的朝廷大員，其人品也未必太壞。

伊里布，字莘農，滿洲鑲黃旗人，生於乾隆三十七年（一七七二年），自幼勤敏好學，二十九歲中進士（嘉慶六年，一八〇一年），這在過慣了優待生活的旗人中並不多見。科場之外，伊里布曾歷任通判、知府、知州、按察使、布政使，最後做到陝西、山東、雲南三省巡撫、雲貴總督、兩江總督這樣的封疆大吏，其仕途看似穩打穩紮，一步一腳印，但在起步階段卻險些栽了大跟頭。

《嘯亭續錄》中說，伊里布做雲南通判時（通判為知府佐官，正六品），當地苗民起義被鎮壓，武將們為貪功把一些無辜老百姓也抓了進來，總督伯麟命伊里布前去審訊。伊里布了解真相後，立即將無辜之人全都釋放。驕橫的武將們得知後大為惱怒，遂跑到伯麟那裡告狀，伯麟聽信一面之辭將伊里布召來狠狠訓斥一番。

令總督大人沒有想到的是，伊里布竟然當面頂撞：「下官職位雖低，但也深知為人做官的本分。那些無辜之人均有父母子女，豈能靠屠戮無辜來取媚朝廷？何況下官所釋均為無辜之人，如果那些人再有反叛，下官願以項上人頭作為擔保，要殺要剮悉聽尊便。若是以殺無辜之人作為升官之途，就算提拔做督撫也非下官所能為也。」伯麟聽後頗為震動，待其走後連歎：「奇男子，真奇男子也！」

隨著對史料的翻檢，伊里布最讓人感觸的還不是以上「一正一反」的形象反差，而是伊里布在清人筆記《留仙外史》中與某客人談起的這段往事。開篇，伊里布即感慨地說：「人生在世，或由福而禍，或由禍而福，皆有定數，無法預料。想當年我坐在雲南撫軍衙門外西偏房的胡床上苦等接見，只能默數屋中的椽木方磚作為排遣——這滋味，可真不好受啊！」

客問其故。伊里布說：「我當時是雲南通判，因被彈劾而去官，窮得沒辦法，想去求撫軍批准撥點盤纏，外面站崗的人見我沒錢通融又是新被廢的官員，不肯前去通報。經我懇求再三，他們才答應讓我到西偏房稍待。

我在西偏房裡看見大小官吏們排好隊，隨後又聽站崗的人分別傳令一個接一個進去。當時看到司道官員進去了，接著又出來了；府廳官員進去了，接著又出來了；州縣官員也進去了，又出來了；武將們也進去了，出來了。眼見等待接見的人越來越少，我想應該到我了，不想這時突然聽見站崗的人大聲道：『撫軍大人有令，今日接見諸人辦理公事的時間已到，大人非常疲憊，沒接見的人今天且退下，明日再來！』

我一聽傻了眼，只好回去。第二天我又眼巴巴地趕來求見。然而往返三日都沒見上撫軍大人，每次都是如此。

這幾天我在撫軍衙門外的西偏房裡，在一張胡床（即折疊椅）上屏息枯坐，無所事事。窮極無聊之下仰頭默數屋裡從東到西有幾根椽木，數完了椽木後又數椽上有幾塊方磚，反反覆覆，到現在都還記得一清二楚，最後還是沒見著撫軍大人。雲南離京師萬里之遙，我當時又沒有足夠的盤纏，無奈之下，只好讓我的妻子兒女暫留雲南，我孤身一人先回京城，到時問親友們借點錢，再想想其他辦法。

回到京城，親友們聽說我已被罷官，在路上見了我一個個都遠遠地繞著道走，生怕被我看見，當時也沒有人來關心我的狀況。所幸當時朝廷規定，因公去官的旗人可以請求覲見皇上。一個原來的下屬跟我說：『你現在都困窘成這樣子了，不如送點錢給那些值守的人，看他們會不會幫你安排覲見，指不定皇上還真就見你了，到時你的事情或許還有轉圜的餘地。』

我當時心想反正已是山窮水盡，乾脆就孤注一擲吧。於是我狠下心把當時剩餘的一點錢全拿出來送給值守的人，這才得以具文上奏。也算我的運氣好，當時皇上正好掛念雲南之事，見我從雲南來便特意召見了我詢問那邊的情況。

我得此機會，把雲南還有我自己的情況都如實彙報，皇上聽後覺得我說得不錯，便命我官復原職回雲南辦事。親友們聽說我復官了，陸續有人來向我慶賀。正要出京赴任時，皇上又越級提拔我為郡守。消息一出，向我慶賀的親友們多得不得了，有建言獻策的、有饋贈物品的，還有送錢的，一個個還生怕我不收。

出了京城後，朝廷又下令讓我先做監司（**監察州縣的地方長官，比按察使低一級**），仍舊在省城辦公。我回到雲南與妻子兒女重逢後，感覺一切恍如夢中。到家的第二天我前去謁見撫軍大人，站崗的還是那幾位，但態度卻大不相同，這些人見我後趕緊起身，一個個臉上堆著笑上前招呼。進去一通報，撫軍便傳命：『請！』

撫軍大人和顏悅色地接見我，他見我還穿著監司的衣服，便驚訝地問：『你大概還不知道吧？

昨天皇上有令特命你做雲南按察使，你怎能還穿監司的衣服呢？』說罷，撫軍大人掉頭呵斥左右：『還愣著幹嘛？趕緊去把大人的衣服拿來！』於是我就在撫軍衙門把按察使的衣服換上了。

我在隨後的日子裡一路高升，可謂是春風得意，不到兩年便由按察使轉為布政使，隨後又升為雲南巡撫。我受命巡撫的地方正好在撫軍衙門的那間西偏房，當時屋裡焚香設案，正當我九拜謝恩時抬頭看見西偏屋頂的椽木方磚，我想起了當年曾在這裡苦等三天、想見撫軍大人一面而不可得的情景，往事歷歷在目，心裡不勝唏噓。

隨後我升堂辦事，手下人通報雲南大小官吏都來向我祝賀，現在屋外等待接見。於是我按秩序一一接見，就跟當年我看到的一樣，司道也進，司道也出；府廳也進，府廳也出；州縣也進，州縣也出。所謂『此一時，彼一時』，撫今追昔真是感到人生如夢，令人感慨萬千！

接見完後，我把門外負責通報的屬下們都叫進來，告誡說：『你們都好好聽著，從今以後只要有人求見都必須通報。接待那些求見的人要好好對待，不要仗勢欺人，不要讓西偏屋裡再有人默坐胡床求見不得，徒勞無助的仰頭默數木椽幾根、方磚幾塊！』」

官場炎涼，人情淡薄，伊里布的感悟故事雖說只是野史，但何嘗不是一種歷史的常態。

道光二十年（一八四〇年）六月，英軍侵佔定海，浙江巡撫烏爾恭額被革職，伊里布時任兩江總督被命為欽差大臣前往浙江籌辦進剿。在見識了英國艦隊後，伊里布向道光皇帝奏報：「其船隻之高大堅厚，炮械之猛烈便利，破此尤非易事，非厚集兵力，亦恐難以制勝。」但道光皇帝卻以為他畏葸怯戰，長了洋人的志氣，滅了天朝的威風，非要他率領中世紀的水師前去與裝備了大量艦炮的英國艦隊開戰，這種以卵擊石的自取滅亡之舉著實難為了他。

在與英方的交涉中，伊里布屬「主和派」，當時鄉民抓獲了二十多名英軍士兵，伊里布加以善待並向道光皇帝提出「釋放俘虜以交還定海」的建議。在談判中，伊里布派家丁張喜以六品頂戴攜帶大量雞鴨牛羊前往定海犒賞英軍，英軍則以洋布等物作為回贈。但雙方的禮尚往來並沒有達成一個滿意的談判結果，英方提出要「另行酌給一處」方肯退還定海，這讓道光皇帝大為憤怒，便命令伊里布「痛加攻剿，無稍示弱」；數日後，未見回報的道光帝又諭令伊里布「痛加剿洗」。

伊里布被逼無奈下只好委婉地奏稱：「制夷之策，在嚴守不在力戰」。道光得報後很不滿意，隨即下了一個帶有威脅的命令：「兵貴神迅，計必萬全，務須一鼓作氣，聚而殲之。倘事前不知籌度，臨時坐失機宜，朕唯伊里布、裕謙是問，恐不能當此重咎也。」

伊里布心裡清楚要收復定海勢必渡海作戰，而「江浙兩省之兵，柔脆者多，勁勇者少，潛師進剿，非實在精銳之兵不能集事」，即使被道光帝斥責降罪也比白白送死的好。道光拿他沒辦法，只好讓他回兩江總督本任，改由江蘇巡撫裕謙為欽差大臣赴浙進剿。

兩個月後，伊里布被後任裕謙彈劾「遣家丁赴敵船事」而遭褫職，隨後押赴京城訊審。回京不久，這位已近七十的老大員被發配軍臺以示懲戒。相比於「主戰派」裕謙之後的悲慘殉國，這個結果實在不能算壞。

經過兩年的戰爭，清朝的海防被證明是不堪一擊的，道光皇帝的態度也就不再那般地堅挺。一八四二年初，在清廷微露議和之意時，英方稱談判須請伊里布籌辦，浙江巡撫劉韻珂得知後，即以伊里布為「夷所感戴」，奏請發往浙江軍營效力。道光皇帝考慮再三，只好將當時罪戍邊疆的伊里布召回並賞給七品頂戴，隨杭州將軍耆英赴浙差遣。

但是，英軍此時的主攻方向已不再限於沿海而是逆長江而上。八月初，英國公使璞鼎查率領了一支由八十多艘戰艦及四千五百餘名士兵組成的龐大艦隊連克吳淞、鎮江，之後進逼兩江總督的治所——江寧（**即南京**）。昔日平靜安寧的江面，如今聳立的卻是侵略者的炮口，英國艦隊就停泊在儀鳳門外的草鞋峽，等待著清廷談判代表的到來。

八月中旬，耆英、伊里布來到南京並會同兩江總督牛鑒與英軍展開和談，那位「六品家丁」張喜再次發揮大作用，一些談判的細節竟然由其完成，譬如賠款數量由三千萬減為二千一百萬等。直到八月二十日，耆英、伊里布、牛鑒等人才登上英國艦隊的旗艦「康華麗號」與璞鼎查直接會談。八月二十九日，《南京條約》在「康華麗號」舉行簽字儀式，條約共四份，其中兩份由耆英、伊里布、牛鑒及璞鼎查四人分別蓋印簽字，另兩份則交由道光皇帝及英國女王「親筆批准後，即速行相交，俾兩國各執一冊，以昭信義」。

為慶祝勝利，「康華麗號」這一天布置得富麗堂皇，英國水兵們也統一著軍禮服。簽字儀式結束後，英軍鳴放了二十一響的禮炮。禮炮本無惡意，但耆英、伊里布、牛鑒等人仍為之膽戰心驚，這些大員們在轟隆隆的炮聲中落荒而走，毫不體面地結束了這場屈辱的議和，而英軍則在九月下旬收到了第一批賠款（**六百萬元**）後離開南京。

戰爭結束了。伊里布也走到了人生的盡頭。就在鴉片戰爭結束的次年（**道光二十三年，西元一八四三年**），伊里布在廣東任所於困病中棄世。事後，清廷追贈太子太保，謚「文敏」。

二、「天父下凡」：洪秀全何來的「正確思想」

在一八三七年初的廣州府試中再次落榜後，二十四歲的洪秀全大病一場，四十多天高燒不止。昏迷當中洪秀全做了一個奇怪的夢，他看見一龍一虎一雄雞走進屋中，接著一群人吹吹打打，一隊黃衣童子飄然入室，並用一乘極華美的轎子將他抬起，不斷升高飛入雲端，最後到一個極光明的地方。在那裡他見到了一個身材高大、衣著龍袍的長者，他將洪秀全的肚腹輕輕剖開，取出原已污穢的內臟並易之以新後，傷口倏然而癒，不留絲毫痕跡。

洪秀全目眩神迷之時，這個留著金色鬍鬚的威嚴長者自稱是他的父親，並告訴他人間正受到妖魔的禍害，他的任務就是下界前去斬殺妖魔拯救人間。為幫助他戰鬥，老者又給了他一把名叫「雲中雪」的寶劍，並派他的兄長耶穌前去助陣。炫目的光芒中，洪秀全揮舞著寶劍，耶穌捧著發光的金印，兄弟倆飛過三十三層天界殺向人間。

昏迷中的洪秀全經常高呼「殺妖！殺妖！」圍坐在旁的家人大為驚恐，他們以為洪秀全被鬼纏身即將離開人世。但奇怪的是洪秀全不久即恢復了健康，痊癒後仍像往常那樣拾起儒家課本準備再次應考。但洪秀全在之後七年的應試成績越考越差，最後不得不徹底放棄，改以教書謀生。

有一天，一個名叫李敬芳的遠房親戚偶然路過訪問，他在洪秀全的書房無意中發現了一本模樣古怪的小冊子，於是好奇地將之借閱帶走。還書時，李敬芳聲稱這是一本「神書」並向洪秀全極力推薦。半信半疑之下，洪秀全拿起了這本丟棄已久的小冊子，一讀嚇一跳，那個反覆困擾了他七年之久的怪夢突然間豁然開朗，一下子就找到了答案。

小冊子書名《勸世良言》，作者梁發，中國人。梁發原是印刷工人，他曾協助英國傳教士馬禮遜印刷《聖經》並皈依了基督教，成為中國本土的第一位華人牧師。梁牧師編寫的這本《勸世良言》，主要內容是聖經原文及他個人的理解，因通俗易懂對初學者頗為相宜。為了更好的傳教，梁牧師和他的助手常在廣州貢院開考時向沿途士子們免費發放，洪秀全的這本或許即由此而來。

儘管洪秀全不承認那次高燒前看過《勸世良言》，但其夢中的情節與基督教的贖罪、洗禮、驅魔等大致接近，而他後來所稱的「天父天兄」，實為《聖經》中的「上帝」與「耶穌」。後人常以為洪秀全為欺騙會眾而編出了這樣一個神話，但從其多次誠懇的引用來看，洪秀全雖然有神化自己的嫌疑，但也存在高燒幻覺下做過這樣一個夢的可能。

宗教的力量是無窮的。不久，洪秀全便與李敬芳按照《勸世良言》提示的宗教儀式相互施了洗禮，他們把水灑在對方的頭上並默禱「洗除罪惡、去舊從新」，算是自行入教。在洪秀全的影響下，好友馮雲山與堂弟洪仁玕也先後加入，不過這次他們改為浸禮（到附近的小河中洗浸全身）。之後的幾個月裡，這三位教書先生潛心鑽研《勸世良言》並創立了「拜上帝會」，在「上帝」的召喚下，他們在私塾裡撤去了孔子牌位，但也因此而丟了塾師的飯碗。在鄉民們疑懼的目光中，洪秀全等人開始自行傳教，他們的家人和親戚成為「拜上帝會」的首批信徒——梁發播撒多年的種子終於發芽了。

儘管洪秀全聲稱自己的理論來源於基督教，但他的自行洗禮畢竟不能算是「入教」，而其傳教水準也確實有所欠缺。事實上，洪秀全原本有機會成為一個真正的基督徒，但歷史有時就是這樣，一些很偶然的因素往往會改變一個人的命運，洪秀全最終也走上了另一條道路。

這件事要從一位名叫羅孝全的傳教士說起。羅孝全是浸禮會的一名職業牧師，在洪秀全大病一場的那一年（一八三七年），他從美國田納西州來到中國並參加了由另一位知名的傳教士郭士立所組織的「福漢會」。洪秀全等人自行傳教時，羅孝全和一些「福漢會」會員也得知了他們的活動。一八四六年，一名已皈依的基督教徒在訪問洪秀全時勸他們去廣州找羅孝全聽布道，但當時洪秀全因忙於教書而未能成行。次年，羅孝全的一位助手寫信給他們，洪秀全才與洪仁玕一同到了廣州，並在羅孝全的指導下學習了由郭士立翻譯的《聖經》全書。

一段時間後，洪秀全請求羅孝全為他做正式的洗禮，羅孝全答應了他的請求並派了兩名「福漢會」會員前往洪秀全的老家調查其情況。準備工作都已完成，洪秀全準備好誓詞，受洗儀式的日期也已確定，但就在這個節骨眼上，羅、洪之間卻出現了一點小問題並最終導致洪秀全未能受洗。

這件事有兩個說法，一是說洪秀全在受洗之前給羅牧師講述了那個異夢，羅聽到洪秀全自稱夢中上帝稱他為兒子時大為驚駭，認為這根本是一種玷污上帝的異端思想，完全沒有達到基督徒最基本的要求，因而拒絕給洪秀全施洗禮；另一種說法是，有人在洪秀全受洗之前設計陷害他，因其他一些為羅孝全服務的中國教徒對洪秀全心存嫉妒，他們害怕洪搶去自己的工作機會而有意給他下套，即讓洪秀全向羅孝全提出在受洗之後獲得一份有薪的差使，但洪秀全不知道的是性格火爆而又極其虔誠的羅孝全最討厭別人提出這樣的經濟要求。由此洪秀全至死也沒能當上真正的基督徒。

洪秀全離開廣州時，帶回了一本由郭士立翻譯的《聖經》，隨後他溯西江而上，去尋找已在紫荊山區傳教數年的馮雲山，令他感到欣慰的是馮雲山已在那裡打開局面。他們闊別三年後，終於重聚在一起研究由洪秀全帶回來的《聖經》。經過一段時間的研習，洪秀全根據自己的理解修正並補充了自己在家中創作的革命「老三篇」：《原道救世歌》、《原道醒世訓》、《原道覺世訓》，這為後來的太平天國運動提供了重要的理論指導。

不知道是洪秀全沒有看懂，還是他有意沒看懂，拜上帝會的宗教理論與基督教教義出入頗大，其中以「天父天兄」論與「三位一體」說衝突為最大的謬誤。所謂「三位一體」，原指「聖父、聖子、聖靈」三位一體而非分開的三個神，《約翰福音》中很清楚地寫著，「天堂有證，三者存在。聖父、福音、聖靈，且三位一體」，但革命伊始，洪秀全即自稱在夢中見到天父、天兄並自命為「天父幼子」，這種自附神靈以抬高自己的言說無疑是一種對上帝極大的不敬，如此言論如果放在中世紀的歐洲非被當成異端燒死不可。

更可惱的是在洪秀全的主持下天父上帝又添了幾個兒子，如東王楊秀清、南王馮雲山，甚至還出了個女婿——西王蕭朝貴。再後來，這些人的兒子們也進入了上帝的孫子輩，倘若上帝有知非得吐血不可。不僅如此，洪秀全後來還獨創了「爺降節」、「東王升天節」、「哥降節」等，以紀念楊秀清、蕭朝貴等開國功勳，至於耶誕節反不受重視。

外國的基督徒雖然想對太平天國親善，但他們對洪秀全等人的「肆意妄為」也同樣感到擔憂和反感，如英國公使文翰即指斥太平天國的宗教是「偽造的啟示」，雖然其大致以舊約為基礎，但已摻入了迷信及謬誤的成分。耶穌曾說過任何罪都可以赦免，唯有褻瀆聖靈的罪不可赦免，洪秀全雖然拜在了上帝的門下，但這種「打著紅旗反紅旗」的異端之舉讓他們怎麼也親近不起來。

外國人士對於楊秀清這種動不動就「哐噹」一聲倒地並聲稱自己是「天父、天兄」下凡的駭人之舉，更是深惡痛絕，雖說這種中國特色的民間迷信在關鍵時刻能哄騙到無知識的下層會眾，但其冒充上帝妄傳聖言的表演無疑使上帝成為一個任意侮弄的工具。

一八五四年，一些英國人向天京提出質疑並質問「洪秀全自稱是耶穌的弟弟」是什麼意思時，東王楊秀清反詰他們，「你們這些外國人自以為拜上帝的時間長，但你們可曉得上帝有幾高大？腹幾大？生何鬚？鬚何色？鬚幾長？會題詩否？耶穌長子今年幾歲否？耶穌生有幾女否？……」這五十個關於上帝的具體問題把英國人問得啞口無言，最後不得不落荒而逃。

為讓會眾更好地理解教義，洪秀全對基督教儀式做了一些中國化的改進，譬如拜上帝教的布道就按中國式的道士作法將布道文稿當眾焚燒，有時還鳴放鞭炮把氣氛弄得相當熱鬧活躍。後由布道衍化出來的「講道理」活動更是形式多樣、五花八門，中國特色非常明顯。

清人陳徽言在《武昌紀事》中說，太平軍在佔領武昌期間天天派人在閱馬場搞「講道理」宣講活動，每次都敲鑼打鼓讓大家去仔細聆聽，內容無外乎「天父功德」、「天王勤苦」、「東王操勞」等，意讓大家跟隨「天王」打江山，去天國享福。但「講道理」有時也會有不和諧之音，據陳徽言的記載，他曾親眼看見某士人高聲抗辯，駁斥其宣傳離經叛道。太平軍的演講家辯論不過，惱羞成怒之下「講道理」變成「不講道理」，要將此人「五馬分屍」。可抓來的五匹馬未曾受過「分屍」的專業訓練，折騰了半天也沒把人弄成五塊。最後演講家大不耐煩，跳下臺一刀砍死了這個不知好歹的「封建衛道士」。

以拜上帝會的教義出發，太平軍燒毀孔廟、砍死儒生並不稀奇，但真教徒也有危險。史景遷在

《洪秀全與太平天國》一書中曾提及，太平軍攻入南京後至少有三十名真正的天主教徒被持有武器的拜上帝會的信徒燒死在家或者拋屍街頭，而倖存下來的天主教徒被捆綁起來，勒令他們接受自己的祈禱儀式。

雖然拜上帝會也規定七天為一禮拜，但洪秀全卻別出心裁地頒布了太平曆（一年三百六十六天）。就算是《聖經》洪秀全也敢於刪改，如《創世紀》第九章中一些不符合中國禮法的內容也被斷然刪去。當然洪秀全自創的「教義」也不是一無是處，譬如勸誡戒酒戒鴉片等就頗可採納，有詩為證：「煉食洋煙最顛狂，如今多少英雄漢，多被煙槍自打傷；即如好酒亦非正，成家宜戒敗家湯。請觀桀紂君天下，鐵桶江山為酒亡。」

洪秀全在《原道醒世訓》裡宣傳說：「天下多男人，盡是兄弟之輩；天下多女子，盡是姐妹之群；何得存此疆彼界之私，何可起爾吞併之念？」但洪秀全最為人指責的是他的偽善。正所謂「說一套，做一套」，這個污點不是靠刷點歷史的石灰就可以輕鬆抹去。

太平天國等級森嚴，特權現象極為嚴重。雖說「人人平等」，但在聖庫制度下高層們比其他人更「平等」一些，他們的生活荒淫奢侈，確實「無處不飽暖」，但下面會眾卻是一無所有，過著集體供應的生活。革命早期「別男女」、拆分家庭，會眾娶老婆、建家庭均在禁止之列，而天王、東王、翼王等人卻擁有眾多妻妾，甚至連洪秀全那個才十歲的「小天王」兒子都分了四個老婆。

太平天國主張「男女平等，婦女解放」，婦女同胞的腳是解放了，但其目的卻是被派去幹活與行軍打仗，很多被解放的婦女因此被折磨而死。更惡劣的是婦女會被當作賞賜品賞給那些打仗出力的人。

洪秀全對於女色有強烈的嗜好，金田起義時即納妃十五人，永安圍城時納三十六個妃，武昌期間「選十餘齡有殊色者六十人」；等到了天京小天堂，更是大肆徵選美女。《江南春夢筆記》中記載，天王府裡有愛娘、嬉娘、妙女、姣女等十六個名位共二百零八人，二十四個王妃名下又有姹女、元女等七個名位共九百六十人，光妃嬪就有一千一百六十八人。加上宮中服役的女官，總計有二千三百多名婦女在天王府陪侍洪秀全。天王府也曾嘗試用太監，但因閹割技術複雜只好作罷，曾一次閹了八十人，死掉七十七人，剩下的三個也成了廢人。至於其他男性，天朝門外有詔：「大小眾臣工，到此止行蹤；有詔方准進，否則雲雪中（即殺頭）。」

「三千怨女如花貌，百八佳人墮溷愁」，這些女人們進宮後，除給洪天王提供全方位的服務外，首先要熟悉以下杖責戒律：「服事不虔誠一該打，硬頸不聽教二該打，起眼看夫主三該打，問王不虔誠四該打，躁氣不純靜五該打，說話極大聲六該打，有嘴不應聲七該打，面情不歡喜八該打，眼左望右望九該打，講話不悠然十該打。」若有犯錯，「打開知錯是單重，打不知錯是雙重，單重打過罪消融，雙重雪（刀）下罪難容。」天王府裡敢頂撞天王、至死不認錯的人，甚至受到了五馬分屍或「點天燈」的酷刑。

「十年壯麗天王府，空餘荒蒿野鴿飛」。天王府規模宏大，由原兩江總督衙門改建，方圓近十里，從一八五三年建到一八六一年才完工一半。自從一八五三年進了天王府後，除有一次被逼去東王府給楊秀清封萬歲外，一直到死洪天王再沒出過天王府。「苑內遊行真快活，百鳥作樂和車聲」，在女兒國中如此享樂，以至於後來天京危急時，李秀成請求「讓城別走」，洪天王死也不肯答應。

對於洪秀全與天國的墮落，來華傳教士的內心很是不安，特別是羅孝全。丁韙良在《花甲回憶》中說，羅孝全後來設法訪問了天京，「但是沒有產生任何好的結果，究竟是由於起義軍內部的極度腐敗，或是因羅孝全缺乏圓通與寬容……或者是他試圖勸說他們放棄他們發明的洗禮新方式改採用浸禮而觸怒了他們……不管發生了什麼事，他很快地與他的慕道友們發生了爭吵，並且不得不為活命而逃跑。」

一八六〇年，羅孝全到天京後得到了盛情接待，他獲得高等住房、精美食物和一份豐厚的薪金，另外洪秀全還賜給他三個妻子（**當然，他沒有接受而只是接受了一套華麗的官袍**）。但洪秀全對當年之事仍耿耿於懷，他曾發出這樣的疑問：「番人羅孝全是真心誠意否？」令羅孝全不快的是，在洪秀全接見時他被要求行跪禮。他正想拒絕，但被一聲突如其來的命令搞懵了，在所有的在場者下跪後，他也不由自主地跪了下來。

一八六二年，羅孝全逃離天京後怒氣沖沖地給報界寫了一封信，信中大罵洪秀全是「一個狂人，完全不適宜做一個統治者，建立不了任何有組織的政府」——而去天京前，他卻把洪秀全形容為「純潔無瑕的人」。

對於太平天國的徹底失敗，歷史學家史景遷嘲諷說：「即使天父皇上帝對天王的離世感到傷心的話，他也沒有顯示出任何的跡象來表明這點。對洪秀全的哥哥耶穌也是默不作聲」。「天父天兄」都不吭聲，想必他們早就看穿了洪秀全的把戲。

三、天京事變：天國兄弟的大火拼

一八五六年九月初，天京城外秦淮河的出口處，原本碧綠的江水忽然被染成了血紅，一些被捆綁的黃衣黃褂者屍體順河漂流，數量之多令人震驚。正在圍攻天京的清軍猜想可能是太平天國發生了內訌。這次他們還真猜對了。

太平天國定都天京後，清軍在城東南建立江南大營，揚州城北郊又建起江北大營，這兩個大營就像定時炸彈時刻威脅著天京的安全。而就當時的形勢而言，太平天國的北伐軍雖已全軍覆沒，但西征軍進展順利，皖北等地區均落入了太平軍之手。一八五六年初，在東王楊秀清的指揮下，太平軍先擊破鎮江城外及揚州之敵，並擊潰江北大營；隨後，太平軍在石達開部隊的回援下一舉打破江南大營。此戰後，天京圍解，天王洪秀全總算長舒了一口氣。

勝利的背後隱藏著重大的危機，其中以洪秀全與東王楊秀清的矛盾為最。按太平天國的宗教理論，天王洪秀全係上帝次子，是上帝派來解救人間的最高代表；而東王楊秀清在舉義前會眾思想動搖的危急時候，和西王蕭朝貴聯手搞了個「天父天兄」下凡的把戲，並在事後得到了洪秀全的追認。洪秀全不能不承認，因揭穿楊秀清就會使得大家都露餡：如果楊秀清、蕭朝貴不是什麼「天父天兄」，那洪秀全又算什麼上帝次子呢？

但由此導致了一個問題。東王楊秀清本應在天王之下，但他時不時以「天父」下凡的名義直接越過洪秀全給太平軍部眾發號施令。客觀的說，楊秀清主持了所有太平天國早期的工作，他的功績有目共睹，而洪天王則大都高高掛起，即有些宗教領袖的味道或是虛君。建都天京後仍保留了這種「二元體制」，洪秀全在天王府中深居不出，很少參與具體軍政事務，因此楊秀清權威日盛、日益驕橫也就起了篡位之心。

東王府窮極奢麗，內有妃妾數百，選取的都是面容姣好、身材風流的江南美女，毫不遜色於天王府。據說東王楊秀清經常晝夜淫佚，並造有龍車讓美女侍妾裸體拖曳供其淫樂。也許是楊秀清小時候窮怕了，他發跡後的排場也像暴發戶一般，出行時乘轎需三十二個人抬，轎子裡還有兩個小童服侍，連轎夫都是華衣華服，派頭大得很。每次出門，隊伍前必打著繡有青白二巨龍的旗仗，扈從千人、鼓樂齊奏，一副煞有介事的樣子。

楊秀清有自己的一套行政班子，太平天國的早期大政方針都出自東王府，因此大家都唯東王命令是從，洪秀全反被晾在一邊。大權在握的楊秀清不但視洪秀全如無物，對北王韋昌輝、翼王石達開、秦日綱（**後封為燕王**）等老兄弟也是頤指氣使、盛氣凌人。韋昌輝等人為求自保只好對楊秀清曲意奉承。據說楊秀清縱欲過度，韋昌輝聽說後便十分賣力地為其四方放榜求醫，以此來討好楊秀清。更有甚者，韋昌輝之兄因得罪楊秀清而被五馬分屍，韋本人也被打過數百大板以至於站不起來，但也只能隱忍不發。

表面上的平靜往往蘊含著更大的危險。自從西王蕭朝貴在長沙之戰陣亡後，太平天國裡只有楊秀清可以合法通神，所以每當楊秀清要表演「天父下凡」的把戲時，大家都非常緊張，一個個跪伏屏息、汗不敢出，生怕東王借「天父」發怒為名而枉送自己的小命。洪秀全的二哥洪仁達也曾因小事被楊秀清借「天父」名義給捆了幾近打殺，實力派韋昌輝、石達開等人深知楊秀清忌諱他們，更是謹慎有加、心存畏懼。

高貴莊嚴的天王洪秀全也屢次被楊秀清責罰。據《賊情彙纂》上說，太平軍中「別男女」，普通士兵見不到女人，洪秀全卻妻妾成群。軍中有人憋不住，夜間偷窺了洪天王與妃子們的男女之事，不巧被更衣的妃子發覺，洪天王聽後大怒，下令將此人綁了殺頭。楊秀清對此不以為然，他「哐噹」一聲倒地，搖身一變為「天父」下凡訓斥洪秀全：「爾與兄弟打江山，殺人大事，何不與四弟（即楊秀清）商議！此須重罰！」

「重罰」就是要打洪秀全的屁股。洪天王有苦說不出，在這個「下凡的天父」面前也只能跪下認罰。所幸有其他兄弟下跪求情，並願意替天王受罰，楊秀清才見好就收免此一打。

打破清軍的江南江北大營後，楊秀清更是野心膨脹，想趁勢迫使洪秀全禪位。關於這個篡位故事有很多版本，一般說是楊秀清假稱「天父下凡」，並訓斥洪秀全：「四弟楊秀清如此大的功勞，如何才九千歲？」洪秀全驚恐之下答說：「應是萬歲。」「天父」又說：「那東王世子呢？」洪秀全趕忙說：「也是萬歲，世代都是萬歲。」楊秀清很滿意，於是變回原形說：「我做萬歲，你做萬歲。」

清人羅惇曧在《太平天國戰記》中則記載了另一個版本，說楊秀清圖謀篡位前已做了大量的輿論準備，譬如在科考中故意出題曰「四海之內有東王」，意圖非常明顯。後來楊秀清假裝生病，要洪天王前去探視。洪秀全第一次走出天王府，來到東王府後見到楊秀清仰臥在臥室內，旁邊有四個妖豔的美女伺候，床邊既無椅也無凳，只設了一個小榻給洪天王坐。

洪天王強壓心頭之火，假心假意地寬慰東王安心養病。楊秀清不理會卻作囈語：「都說天無二日，人無二主，秦時二日相鬥，這是為何？」洪秀全大驚，忙令手下隨員對楊秀清九叩首，三呼東王萬歲。洪秀全的突然之舉反而讓楊秀清一時沒反應過來。本來楊秀清的意思是想引誘洪秀全遜位，如果不答應就動手殺了他，但洪秀全的舉措反而讓他無話可說，只好打起呼嚕裝睡了。洪秀全見楊秀清半天沒反應，便假稱如廁並乘機跑回了天王府。

這幕戲看起來有些像鴻門宴，若按厚黑學的理論，楊秀清還是心不夠黑、反應也不夠快，所以成不了大事，注定了被殺的命運。

回到天王府，洪秀全怕得冷汗直流，他立刻下令緊閉宮門，並讓強壯的女兵們加強護衛。隨後又連夜寫下血書詔，召北王韋昌輝、翼王石達開等人速回天京護駕。韋昌輝與秦日綱得令後率三千精兵晝夜兼程，並在深夜裡趕到天京城外。到達水西門時，守城士兵不開門，說：「沒有東王的令箭不能開城門。」韋昌輝聽後大怒：「我就是奉了東王的密書才星夜趕來，你們膽敢阻攔，不想活了嗎？」

守城士兵一聽是北王，心裡害怕就把他們給放了進來，韋昌輝不作片刻停留隨即拍馬殺奔東王府。遭到楊秀清衛士的激烈抵抗後，韋昌輝登高大呼：「奉詔討賊，順從者散去，不加罪！」控制局面後，韋昌輝帶兵直撲楊秀清臥室。楊秀清本已睡覺，突然被外面的打鬥聲吵醒，他聽到動靜不對後嚇得趕緊躲在水閣下面，最後還是被捆了帶走。東王的妻妾子女全部被韋昌輝親兵殺死，特別是那些身懷有孕的王妃更是一個不留。

想到自己的親哥哥被楊秀清五馬分屍，韋昌輝睚眥俱裂，喝令手下將楊秀清狠狠地捆緊，連夜押去天王府見洪秀全。洪秀全聽說韋昌輝殺了楊秀清全家，心想這又是一個手段毒辣的「韋秀清」，若把他扶到楊秀清的地位恐怕更是專橫難制，於是便想赦免楊秀清以便自己從中操控。

韋昌輝面對天王的出爾反爾憤怒得幾欲噴火，他不顧洪秀全的赦免而命令左右立刻宰殺楊秀清。洪秀全得知後，非但沒有褒獎韋昌輝的功勞，反下詔說不要濫殺，把責任推得一乾二淨。韋昌輝才發現自己被洪秀全當槍使了，由於擔心楊秀清的餘黨會報復，他一不做、二不休，矯詔稱只要和楊秀清劃清界限的人均可被赦免，否則殺無赦。

經此巨變，楊秀清的餘黨群龍無首，原東王的三千多部下在惶恐之下受騙前去投誠，結果被韋昌輝一網打盡。他隨後又下令關閉城門，全力捉拿楊秀清剩餘黨羽。半個多月裡，天京城內血雨腥風，近兩萬人被屠殺殆盡，此時的事件已演變成「楊秀清篡位未成而韋昌輝叛亂是實」。

翼王石達開聞此巨變後急速趕回天京，他見韋昌輝如此濫殺，於是好言勸導：「楊秀清謀反篡位死不足惜，但那些廣西老鄉大都無罪，你不分青紅皂白就把他們都殺了，弄得人人自危，這是讓親者痛、仇者快。」韋昌輝知道自己殺戮過多，天京人都痛恨自己，本盼望石達開來主持大局，但聽了石達開的一席話後非常不爽，於是又想去除掉石達開這個對手。

由於提前獲得消息，石達開連家門都沒進就連夜用繩子爬出城牆逃走。韋昌輝隨後派兵衝進翼王府，石達開家人被滿門抄斬，石達開聞此噩耗隨即逃到安慶召集部屬發兵殺回天京。韋昌輝聽說石達開大軍將至，驚恐之下破罐子破摔，每天殺人洩憤。

韋昌輝的暴行引起天京剩餘人馬的共憤。這些人在洪秀全的號召下反攻韋昌輝並將之捉拿。得此消息後，洪秀全在第一時間下令將韋昌輝五馬分屍，同黨燕王秦日綱也被斬首示眾。然後洪秀全派人將兩人首級送到石達開軍中，石達開這才重新回到了天京。據說韋昌輝的首級被割去給石達開看還不算，其屍體還被寸磔（割）成二寸左右的小塊，並標上「北奸肉，只准看不許取」的字樣，掛在天王府外欄柵示眾。至此，東南西北四王皆去（南王馮雲山在定都天京前即已犧牲），而剩下的翼王石達開在天京也待不下去了。

洪秀全經此巨變也多長了個心眼，他對於外人心存畏懼而只相信自己的家族中人。雖然石達開深孚眾望，但洪秀全也對他起了疑懼之心。於是洪秀全把大權分成兩半，軍權分給李秀成等人，政權則分給了洪秀全的胞兄洪仁發、洪仁達。正值當打之年的石達開反而閒居天京，無所事事。

洪秀全的胞兄洪仁發、洪仁達兩兄弟雖說是宗教迷，但喜好貪斂財物；毫無才能卻又不懂裝懂瞎指揮。年輕氣盛的石達開哪裡受得了這兩個野心大、氣量小的活寶。正氣憤間，手下有謀士說：「大王既然深得軍心，何必在此受制於人？中原不易拿下，何不挺進四川，做一番當年劉玄德的鼎足之業？」

石達開聽後決心離開天京自立門戶，不再受洪氏兄弟的鳥氣。石達開出走沿途放榜廣而告之，訴說他在天京所受的不公正待遇，以鼓惑更多的老戰士加入他的隊伍。這一招果然有效，一路上太平老戰士從者如雲，跟隨者竟有十萬人之多，狠狠挖了一下太平天國的牆角。石達開的大軍從江西東部撫州一帶殺入浙江西部金華衢州一帶，隨後又輾轉進入福建、贛南。緊接著又西入湖南，但最終在大渡河前遭當地土司和清軍的夾擊而全軍覆沒。

君臣內訌，兄弟相殘，太平天國賴以維繫的拜上帝教宗教權威體系，終於被天京事變的血腥屠殺撕下了面紗。戲劇性的是，楊秀清被殺的那天後來被洪教主定為「東王升天節」，不知是對楊秀清的平反還是對韋昌輝的嘲諷。石達開的出走，更是讓太平天國「內政不修，人心各別」，軍中流傳歌謠：「天父殺天兄，總歸一場空；打打包裹回家轉，還是做長工。」

曾經轟轟烈烈的一場大革命，誰也不曾想到會是這樣一個淒慘的大結局。事實上，歷史上許許多多的革命何嘗不是同樣一個結果。暴力革命帶來的大都是專制的輪迴，除極少數野心家能一逞平生抱負（姑且不論好壞），絕大多數人並不會因此而改變自己的境遇。如戰後尚有餘生，這些太平軍老戰士在回首昔日時也許會感歎，倘若早知今日，又何必當初？

四、葉名琛：客死異國無人問

兩廣總督在晚清督撫大員中不算顯赫，知名人物也不多，但第二次鴉片戰爭期間的葉名琛應是異數。葉名琛的「名聲大振」，主要歸功於晚清名士薛福成在一篇名為《書漢陽葉相廣州之變》的文章中給了他這樣一個評價：「不戰不和不守，不死不降不走，相臣度量，疆臣抱負，古之所無，今亦罕有」。由此，葉名琛榮膺「六不總督」大名，但他得到的不是掌聲與鮮花，而是作為歷史反面人物的垢病與嘲弄。

葉名琛，字雲珍，號崑臣，湖北漢陽人，生於一八〇七年，其家道殷實，祖父中過進士，父親中過舉人，官宦家庭的出身。作為家中長子，葉名琛從小即在父祖的薰陶下攻讀舉業，未及弱冠已中秀才，十六歲那年列名鄉試副榜（**中副榜不算舉人，但連中兩次即享受舉人待遇並可入京會試**），十年後，葉名琛高中進士並入翰林院，散館後授編修之職。

對那些久困於場屋的人來說，葉名琛的仕途不僅僅是「順利」而簡直就是「青雲直上」：一八三八年，京察一等，外放山西興安知府；次年升雁平道；一八四〇年，放江西鹽法道（**肥差**）；一八四二年初，升雲南按察使；年底因在江西水災中防堵捐資出力而超擢湖南布政使（**僅次於巡撫**），年僅三十五歲；一八四三年，調為甘肅布政使；次年母去世而丁憂，期滿後補廣東布政使（一八四六年）；次年擢升為廣東巡撫，年僅四十歲。從進士登科到一品大員，葉名琛僅用了十二年的時間，期間還包括了丁憂守制的二十七個月，這在當時的官場上無疑是個奇蹟。

葉名琛入職廣東時正值多事之秋，當時鴉片戰爭雖已結束，但廣州仍為中西方衝突的焦點地帶。按《南京條約》的規定，廣州、寧波、福州、廈門、上海五地開為通商口岸，但廣州與其他四城不同的是仍不允許外國商人入城貿易。原因是在鴉片戰爭前廣州城外即設有「十三行」作為指定貿易地點，「夷人不得入城」已被當地士紳倡為固有之傳統。一八四六年八月，兩名英國人因強行入城而遭到市人的圍觀繼而毆打，結果一死一逃，釀成國際事件。次年二月，英國兵艦開進省河並炮轟沿途炮臺，當時的兩廣總督耆英在壓力下被迫宣布開放廣州城，但緩期兩年執行。

兩年後，耆英調職北京，但英國人並未忘記此前的入城之約，他們隨後要求新任兩廣總督徐廣縉履行承諾，允許英商入城貿易。徐廣縉對於前任的軟弱頗不以為然，他在談判失敗後即募集鄉勇團練十萬人，以「民氣」相抵制。據英國海軍司令柯利爾的報告，成千上萬的農村武裝進入廣州城，「戈矛耀路，鑼鼓震天」，幾乎重演了當年三元里「荷鋤農夫，操戈禦敵」的架勢。在徐廣縉的強硬姿態及「人民戰爭」的威懾下，英國人才知難而退。

在「反入城」鬥爭中，徐廣縉與時任廣東巡撫的葉名琛通力合作，最終取得了勝利。道光皇帝對此大為讚賞，特下詔曰：「洋務之興，將十年矣。沿海擾累，糜餉勞師，……昨英酋復申入城之請，徐廣縉等悉心措理，動合機宜。入城議寢，依舊通商。不折一兵，不發一矢，中外綏靖，可以久安，實深嘉悅。」

詔書中，道光皇帝對洋人「不勝其煩」的心理表露無遺。在他看來，對外通商「擾累」不堪，但關閉國門拒其千里之外，外人又會藉機尋釁，屆時「糜餉勞師」、「瀕海居民或遭蹂躪」，所以只能「隱忍待之」，加以「綏靖」，所幸徐廣縉、葉名琛應付有方，「不折一兵，不發一矢」，在低成本、低風險的前提下，順利解決了這一爭端。高興之餘，道光皇帝下令封賞徐廣縉為一等子爵，葉名琛為一等男爵。漢人封爵，特別是文官封爵，這在清朝歷史上是極為難得的恩遇了。消息傳來，廣州士紳也為總督及巡撫大人搭起了六座宏偉的彩牌樓，以彰其勞，以慶其功。

第二年，勤儉節約了一輩子的道光皇帝駕鶴西去，清朝的好日子也似乎已到頭。次年，太平軍兵起廣西，烽火燃遍江山南北，新任皇帝咸豐焦頭爛額、應對無方，局勢日壞一日。此時葉名琛的日子倒還算不錯，因其上司徐廣縉被命為欽差大臣北上追擊太平軍，葉名琛於一八五二年升任為兩廣總督。

《南京條約》後，兩廣總督被賦予一項外交職責，即兼管五口通商事務，整個清王朝的外事均交由其負責，所有涉及洋人洋務的交涉均需通過兩廣總督先行接待辦理。葉名琛上任不久即遇到了麻煩事，英國指派的駐華公使寶寧給他發來一份照會，聲稱中英雙方應按《南京條約》的規定在十二年後再行修約，到期時間為一八五四年。

葉名琛對此驚詫莫名，考慮再三後還是指定了廣州城外仁信棧房作為會面地點，但寶寧的照會本有「入城」談判的含義，因而對城外會面的安排並不滿意。寶寧隨後離開廣東，他在與同樣提出修約要求的美國公使麥蓮於上海會合後，又一起訪問了江蘇巡撫吉爾杭阿，但他們得到的答覆是：「修約」問題應南下與兩廣總督商議。

在交涉無果的情況下，「亞羅號」事件爆發了。「亞羅號」是一艘毫不起眼的小商船，船主和水手都是中國人，但它曾在英國殖民者管轄下的香港註冊過，由此引發了爭端。「亞羅號」曾被海盜擄獲過，爾後與這些汪洋大盜們產生了不可告人的秘密關係。一八五六年十月八日，廣東水師以緝拿海盜的名義登上這艘神秘之船並當場扣押了兩名海盜及另外十名有嫌疑的船員，但這一正常的公務活動遭到了英國駐廣州領事館代理領事巴夏禮的強烈抗議，理由是清方在執法時無視船方的抗辯而悍然扯下了船上懸掛的英國國旗，此舉對「神聖而不可侵犯」的大英帝國構成了「極大的侮辱」。

歷史有意思之處就在於，「亞羅號」被緝拿時它的登記恰好已過期，而船上所謂的「英國旗」其實根本就不存在，因當時船上只有信號旗，如果英方說的「扯旗」舉動確實存在的話，那「被侮辱」的也只是信號旗。如果說「亞羅號」非要與英國扯上關係的話，那就是它的船長甘迺迪是個貨真價實的英國人，正是他回到廣州後向巴夏禮繪聲繪色地描述了當時的惱人場景。

巴夏禮作為英國的駐華領事的確有責任去保護他的同胞甘迺迪船長，但就「亞羅號」而言，它的船主與船屬國均與英國沒有直接聯繫，因而巴夏禮的抗議更像是一種「無禮鬧三分」的莫名之舉。「亞羅號」與甘迺迪船長當然不是巴夏禮的關注焦點，他的真實用意是要藉此來推動「入城與修約」這盤更大的棋局。在葉名琛已釋放了十二名嫌犯的情況下，英國艦隊仍於十月十四日擄去中方一艘官船作為報復；一周後，英軍又在司令西摩爾的率領下攻擊珠江兩岸的炮臺。至此，「第二次鴉片戰爭」爆發。

英國人選擇的進攻時機對葉名琛來說是極其要命的，因他當時無兵可派——他的兵力都在廣東與江西、福建交界的邊境上防備農民軍或與之交戰。而且他也沒有錢——庫銀早已在被太平軍所引發的內戰中消耗殆盡。廣州在逆江而上的英國艦隊面前無險可守，說它是個不設防城市並不過分。

在英國人的洶洶氣勢下，葉名琛的表現還算鎮定。當英國艦隊越過虎門並炮轟廣州東郊炮臺時，正在監閱武秀才們鄉試比武的葉名琛不為所動，他交代屬下官員：「必無事，日暮自走耳。但省河所有之紅單船及巡船可傳諭收旗幟，敵船入內不可放炮還擊」；次日，英軍攻佔省城對岸炮臺，葉名琛仍舊照常閱看武鄉試的馬箭比武，其屬官被英國人的隆隆炮聲嚇得心驚肉跳，只好託詞「風大，難馬射」，請求早點收闈，葉名琛這才回到督署。

在無兵無餉的窘迫境地下，葉名琛只有一個辦法對付英國人：關閉粵海關，停止中外貿易。次日，英軍即炮擊廣州，炮彈射入督署，嚇得衙役師爺們四處逃竄，唯獨葉名琛處之泰然地端坐二堂。葉名琛再次祭出「人民戰爭」的法寶作為反擊，他通告全城號召軍民們對侵略軍格殺勿論，並宣布殺敵一名賞銀三十大元。在如此緊張的氣氛中，葉名琛還不忘幽默一把，他還給美、法等國領事發去照會，宣布無暇保護貴國民人，如果戰爭中有所損失「惟向英國巴領事官是問，勒令伊賠償也」。

在葉名琛的主力部隊遠離廣州城時，英國軍隊的突襲是易見成效的。葉名琛臨時招募的壯勇，他們使用的武器是粗劣的火藥槍、大刀長矛乃至沙石等，以至於英國公使寶寧輕蔑地嘲諷道：「以野蠻時代的武器與兵法，同當今昌明科學所發明的各種武器及首屈一指的海陸作戰戰略相抗爭，其結果只有一個。」寶寧沒有說結果是什麼，但言及於此何待明說。

英國軍艦在炮擊廣州時，清軍連一顆炮彈的回擊能力都沒有，只有在英軍侵入廣州城時，清軍士兵才有機會反擊並殺死了一百二十八名侵略者。

廣州城破後，葉名琛以前往文廟拈香的藉口避居舊城巡撫衙門，總督衙署則被英國人佔領。好在英軍兵力有限，他們並沒有統治全城的能力，最終在廣州鄉勇的襲擾下撤出廣州，退往虎門等待後援部隊。而此時在印度發生了大起義，後援部隊被中途調走，葉名琛順利地收復廣州，恢復了之前的統治。

在英國人的打擊下，葉名琛看起來十分地窩囊，簡直就是「不抵抗主義」的鼻祖。但事實上，他並不是一個軟弱的人。一八五二年，時為廣東巡撫的葉名琛一舉擊潰由凌十八統率的農民軍，迫使正徘徊在湘粵桂邊境的太平軍全力北進而不再覬覦兩廣基地。太平軍北上後，兩廣境內又現「洪兵」舉義，幾成失控之局，在葉名琛的苦心經營下才得以力挽頹勢。在鎮壓「洪兵」起義時，已升任為兩廣總督的葉名琛毫不手軟，廣州刑場上「無首之屍，縱橫遍地」，「地上之土吸血既飽，皆作赭色」。在最厲害時，葉名琛親自勾決犯人，最多的一天要殺近千人，而平時也有八百名被捕的叛亂者在刑場被斬首，如果一天只有三百到四百人被處決，就認為是很少了。成千上萬顆的人頭染紅了葉名琛的紅頂戴，他甚至獲得了體仁閣大學士的封賞。

印度起義被平定之後，葉名琛的好日子也到頭了。一八五七年九月下旬，英國專使額爾金來到香港，在他的背後除了實力強大的英軍外，還有因「馬神父事件」糾結而來的法軍。在與法美兩國協調後，額爾金給葉名琛送來照會，其中簡潔了當的提出了三項要求：入城、賠款、修約，限十日內答覆。

英法聯軍的劍拔弩張令廣州全城震動，但葉名琛仍認為他們是虛張聲勢：「彼無能為也，第作戰勢來嚇我耳。張同雲在彼中，動作我先知之，彼窮蹙甚矣。」有人請求「往敵船一探，或可轉圜」，葉名琛即怒斥：「如有官紳士庶敢赴洋船議事者，我即指名奏參」。

司馬懿曾說：「軍事大要有五：能戰當戰，不能戰當守，不能守當走；餘二事，但有降與死耳。」一八五七年十二月二十八日，英法聯軍大舉進攻，炮彈再度射入督署，葉名琛依舊鎮定，還在從容地撿拾文件，有人勸他趕緊避走，他且安慰說：「只有此一陣，過去便無事」。次日，英法聯軍破城湧入，廣州將軍穆克德訥及廣東巡撫柏貴甩開葉名琛與侵略者媾和，而葉名琛仍舊避居舊城。直到一周後，也就是一八五八年的一月五日，他終於被忍無可忍的英軍抓走了。

葉名琛被俘後，當時有一聯諷刺說：「霜降風高，天下難容老葉；宵雨暗入，人家爭怨初春」。「老葉」、「初春」，指的是葉名琛的父葉志詵（字初春）。據說葉名琛在總督衙門裡為父親建了一個「長春仙館」，裡面祭祀呂洞賓、李太白二仙，一切軍機進止都取決於占語，譬如他曾告訴屬官「過十五日即無事」，就是兩個大仙告知的。當時又有民謠曰：「葉中堂，告官吏，十五日，必無事。十三洋炮打城驚，十四城破炮無聲，十五無事卦不靈。洋炮打城破，中堂仙館坐；忽然雙淚垂，兩大仙誤我。」

葉名琛之父或許有占卦請神之愛好，但老先生畢竟是翰林出身，非一般的冬烘腐儒之迂愚可比。因此葉名琛的鎮定其實是另有原因。葉名琛自述他曾派了不少探子到香港，這些人為他提供大量的所謂「情報」，而對於這個經營多年的諜報系統，葉名琛頗為自得：「我合數十處報單互證，然後得其端緒」。但真實的情況是，這些本職為商人的探子們不過是將香港公開出版的一些新聞作為情報來源，而其中還有一大部分是有意無意的曲解，譬如葉名琛分析完情報後一直以為英法聯軍只是為「入城」，實則差之千里。

對於葉名琛一意阻擾入城的謬舉，有識之士薛福成在日記中不無沉痛地批判道：「英人初志在得入城見大吏，藉以通隔閡、馭商民；乃粵民一激再激，葉相復一誤再誤，使拱手而有粵城……粵民激於前此大府議和之憤，萬眾一辭，牢不可破，必阻其入城一事以為快，屢請屢拒，紛紜者二十年；而大沽之失，天津之約，皆成於此；由今觀之，甚無謂也。」

當然，薛福成給葉名琛的「六不」評價不免也有失公允，正如澳洲華裔歷史學家黃宇和在《兩廣總督葉名琛》中為之辯護的：「不戰」，其實是無兵可戰；「不守」，是因無法守；「不死」，葉名琛可能就是自殺；「不降、不走」，是不能「降」也不能「走」。設身處地地為葉名琛考慮，他的「不走」實則是受朝廷王法所限，因官員棄城而走者必受重懲乃至送命。實質上，葉名琛不是敗於「不戰不守、不降不走」，而是敗於英軍的船堅炮利及鎮壓各地義軍而引發的兵力分散與廣州城防空虛。

黃宇和在書中甚至認為那些譏諷葉名琛的民謠很可能是英國人為搞臭葉名琛而有意炮製的，而做了傀儡的原廣東巡撫柏貴等人更是在事後將把所有責任都推到葉名琛的頭上。歷史往事塵封已久，就連《清史稿》為葉名琛作傳時也稱他「性木，勤吏事，屬僚憚其威重。初以偕徐廣縉拒英人入城被殊眷，因狃於前事，頗自負，好大言。遇中外交涉事，略書數字答之，或竟不答。」史家陳寅恪對此做了更簡略的評論：「葉名琛頗幹練，有膽識，失事非其罪。」

英國人柯克在《中國》一書中這樣描繪被俘的葉名琛：「（他）身高一．八米，肥碩，留著中國式長而薄的鬍鬚，前額縮入，頭顱甚大，……杏圓眼是他相貌中最引人注目的部分。」在其筆下，葉名琛生活簡樸、意志堅強、性情頑梗，但「就私人生活而言，他是一位極可敬的中國人」。廣州成立傀儡政府後，英國人認為「葉名琛無疑是英勇、果斷的人，廣州人一定為有這麼一個父母官而驕傲」。專使額爾金也在寫給法國代表葛羅的一封信中提到：「葉名琛留在廣州會使人心不穩，給重新恢復秩序與信心帶來困難。」因此，葉名琛最終被送出境外。

葉名琛是一八五八年一月五日被抓上「無畏號」軍艦的，但直到四十八天後（二月二十三日）軍艦才駛離香港。這位昔日的天朝一品大員雖然被俘，但他卻極力維持其莊重高貴而有教養的形象，有人偶然上艦並向他脫帽致意時，他也極有禮貌的欠身脫帽還禮。據觀察者說，進入大洋後他在沒人時就坐在舷窗邊饒有興趣地觀看沿途海上風景，但一有人來就保持正襟危坐的莊重姿勢，以示他對經過的地方毫無興趣。

三月十二日，「無畏號」抵達加爾各答，葉名琛於次日被請下軍艦。據描述當天他仍像往常一樣在七點準時用早餐，然後穿戴整齊，戴著朝冠，儀表堂堂地坐上了接他上岸的駁船。隨後被囚禁在一處名叫「威廉炮臺」的地方。在這裡，英方請了一個翻譯給他讀報紙，當他聽到英國的新聞時總是顯得非常有興趣，特別是聽到巴麥尊內閣垮臺時更是高興得手舞足蹈。

在加爾各答期間，葉名琛曾作一詩《鎮海樓題壁》：

> 鎮海樓頭月色寒，將星翻作客星單。空言一范軍中有，其奈諸公壁上觀。
> 向戍何心求免死，蘇卿無恙勸加餐。近聞日繪丹青像，恨態愁容下筆難。

威廉炮臺頗似廣州鎮海樓，故詩中有此一比；蘇卿者，一位被匈奴囚禁數十年而不改志的漢使蘇武是也。可惜的是到了異國他鄉後未竟其志，葉名琛即於一八五九年四月九日突然去世。《蕉軒隨錄》中說，英人在葉名琛死後將其遺體裝殮好派人送回廣東南海縣，葉名琛的僕人許慶、胡福同也隨同回國。

據僕人云，葉名琛到印度後帶去的食物吃盡，他們請求出去添買，葉名琛不准，說：「我之所以不死而來是聽說夷人欲送我到英國，據說他們的國王素稱明理，想面見該國王當面理論，既經和好，何以無端起釁？究竟孰是孰非？以希望折服其心，而存國家體制，性命早已置諸度外。本想完成此事，不想日望一日總不能到他國，淹留此處，要生何為？所帶糧食既完，何顏食外國之物？」

與英國女王「當面理論」，這或許是葉名琛的迂腐與天真，但至少也說明他的「不死」並非只為「苟活」。在面見英王斷無可能的絕望下，葉名琛遂學習伯夷叔齊，自帶食物一吃完即絕食而亡。十餘年前的第一次鴉片戰爭期間，清將陳連升乘坐之黃騮馬在其戰死後為英軍所擄，此馬日夜嘶鳴，不食英人之粟而死，人稱「義馬」。葉名琛若泉下有知，恐心有戚戚焉。

五、浴火浩劫：圓明園的百年傷痛

對中國人來說，圓明園的悲劇不僅代表了近代史上一段痛苦的記憶，它對中國人的心理也構成了一次重大的傷害。殘垣斷壁前，每一個憑弔的人或許都會有這樣的疑問：這座令世界為之驚歎的園林，究竟有著何等的輝煌與美麗？

M·G·保蒂埃是十九世紀法國著名的漢學家，他對中國的文字與文明有著深刻的研究造詣。他曾遊覽過這座著名的皇家園林並對其中的各個勝景做出了詳細的記載。一八六〇年十月，圓明園被英法聯軍焚毀，保蒂埃得知後匆匆趕來，但進入眼簾的到處都是煙熏火燎後的慘象，昔日的美景早已一去而不復返。

保蒂埃為之痛心疾首悲憤難平，他在返回法國後憑著之前的記憶寫下了這篇名為《乾隆皇帝的避暑宮殿——圓明園遊記》的文章。保蒂埃在文中痛惜地說：「自一八六〇年圓明園被燒以後，乾隆皇帝的藏書閣和其他偉大的建築一樣均毀於一旦，真是巨大的損失。」

在保蒂埃記憶中，藏書閣是這樣的：「藏書閣的書櫃製作精良，裡面擺著最精緻和古老的書，皇帝這些珍貴的物品已為歐洲人所周知。這個藏書閣有三個羅浮宮的大小，所有圖書自上而下排列整齊，方式科學，為防止蒙灰，書籍都用絲綢覆蓋。這裡收集著各種書籍最好的版本，有的稀有書籍只有這裡才能找到……其實，我們可以用圓明園的藏書閣和亞歷山大圖書館相比。」

傲慢的英國特使馬戛爾尼勳爵於一七九三年來到北京時，他把圓明園稱作「最最光明的園林」，因他想不出更好的名稱來形容這座中國最好的園林了。阿蘭・佩雷菲特在《停滯的帝國》中這樣描述：「馬戛爾尼對鮮花、綠樹和噴泉交織成的美景十分欣賞。圓明園大得無邊無際，園內數以百計的『漂亮的樓臺亭閣』由穿越假山的通道和美妙的走廊相連接，但馬戛爾尼只看到其中一部分。」僅僅這一部分已足以令馬戛爾尼感到驚歎了。

但是在英法聯軍攻入北京後，這一切都灰飛煙滅了。十月七日，英法軍隊進入圓明園，在無數奇珍異寶的誘惑下，不管是軍官還是士兵都發了瘋一樣地衝進宮殿樓閣，成群結夥均前去搶劫園中的金銀財寶及各種珍品。

之後的場面正如參與其事的英軍翻譯官斯溫霍在《一八六〇年華北戰役紀要》中描述的，「軍官和士兵，英國人和法國人，以一種不體面的舉止橫衝直撞，每一個人都渴望搶到點值錢的東西。多數法國人都拿著巨大的棍棒為武器，遇到不能挪動的東西就搗個粉碎。在一間屋子裡，你可以看到好幾個各種等級的軍官和士兵鑽到一個箱櫃裡，頭碰頭，手碰手，在搜尋和搶奪裡面的物品；另一間屋子裡，大群人正爭先恐後地仔細檢查一堆華美的龍袍，有的人在對著大鏡子玩弄擲錢的遊戲，另外的則對著枝型吊燈搞擲棒打靶來取樂。尊重身分的事情已完全看不到，佔優勢的是徹頭徹尾的混亂狀態。」

法國翻譯官埃里松在二十六年之後出版了《一個赴華翻譯的日記》的回憶錄，他在書中對於當年的劫掠行徑記憶猶新：「這一大群各種膚色、各種身分的人，這一大幫地球上各式人種的代表，他們全都鬧哄哄地蜂擁而上撲向一堆無價之寶。他們用各種語言呼喊著，爭先恐後，相互扭打，跌跌撞撞，摔倒又爬起來，賭咒著、辱罵著、叫喊著，各自都帶走了自己的戰利品……」

埃里松是個細心的觀察者，他對法國人和英國人的搶掠方式進行了比較：「法國人堂而皇之地搶，而且都是單個行動。英國人比較有條理，他們很快地明白了應該怎麼搶，而且幹得很專業。他們都是整班行動，有些人還拿著口袋，都有士官指揮。有個難以置信但又是千真萬確的細節，就是那些士官都帶著試金石。見鬼！他們是從哪兒弄到的試金石？」

為保證搶劫的「公平性」，英法聯軍事後成立了一個「戰利品管理處」，對士兵們願意交出來的「戰利品」進行拍賣。據英軍中校吳士禮的估計，這次的拍賣所得約十二萬美元，這在當時雖然是個大數目，但對於那些價值連城的奇珍異寶來說，這絕對是個嚴重低估的數字。按照分配原則，這些錢的三分之二分給了士兵，三分之一歸了軍官。英軍司令格蘭特雖然沒有參與分配，但「軍官們贈送他一把雕滿花紋的赤金酒壺，這是贓品中最精緻的東西」。法軍司令孟托邦則承認戰利品管理處給了他三條用玉石、琥珀和珊瑚做的的項串作為他夫人及女兒的「遠征紀念」。就連英國女王也收到了格蘭特從圓明園搶來的兩個美麗的大琺瑯瓶。

雖然每個士兵只從戰利品管理處分得了十七美元（**合四英鎊**），但事實上他們都發了橫財。據稱，法軍原本只有一輛車——用來給將軍裝載帳篷與軍用箱——但當他們離開圓明園時，不知道為什麼竟然出現了大批滿載著的車輛，而英國人的行李車隊更是長得出奇。這一刻，英法聯軍已變成了一支運輸大隊。

參與了這場「搶劫盛事」的士兵在回國後大多變成了遠近聞名的大富翁，譬如英國軍官赫利斯，他因劫得大批的圓明園珍寶而獲得了「中國詹姆」的綽號，這筆財富他一輩子都沒有花完。一些世界知名的博物館也收藏了大量的圓明園「贓物」，如法國拿破崙三世時的楓丹白露行宮中國館，其中大部分珍寶就來自圓明園；大英博物館也收藏了大量來路不明的中國文物，其中就包括了東晉畫家顧愷之的傳世名作《女史箴圖》（唐人摹本），它們之中的很大一部分原本應該是放在圓明園的。

歷史學家傑克・比欽在《中國鴉片戰爭》中指出，劫掠和破壞是同時進行的，發了狂的英法士兵們把能拿走的都拿走，拿不走的就隨手破壞。英國專使額爾金冷冷地看著，他在寫給妻子的信中說：「劫掠和蹂躪這樣的一個地方已夠壞了，但更壞得多的是破毀。原來總價值一百萬鎊的財產，我敢說連五萬鎊也不值了。」

惡毒而無知的額爾金，最後下令將圓明園加以焚毀作為對外國人質被扣押致死的一種報復，也用以對清廷心理上的威懾。十月十八日，英軍中將米啟爾帶領三千多名士兵開始執行縱火任務，他們不僅燒毀了圓明園裡的所有宮殿及花園，臨近的萬壽山清漪園、玉泉山靜明園及香山靜宜園裡的樓閣也同遭劫難。

英國隨軍牧師姆吉在《一八六〇中國戰役紀聞》中回憶說，放火命令發下之後，不久就看見重重煙霧從樹木中升騰上來，隨後又聚合成彌天烏黑的一大團，萬萬千千的火焰往外爆發，煙青雲黑、遮蔽天日，所有輪奐輝煌、舉國仰為神聖莊嚴之物的廟宇、宮殿、古遠建築，及歷代收藏的精美華麗、富有皇家風味的物品都付之一炬化為劫灰。

焚毀行動持續了整整兩天。十九日下午，英軍燒毀圓明園正大光明殿和大宮門作為「收工」之作。英軍步兵中校沃爾斯利在撤退時看到的最後一幕是：「十月十九日晚，圓明園已不復存在。其周圍緊鄰的區域也彷彿地覆天翻一般，只有黑黢黢的牆垣和一堆堆燒焦的屋架表明皇家宮殿過去所處的位置。環繞著圓明園的松林也已化為灰燼，只剩下一根根被燒成焦炭的樹幹。」

大火隨後又持續了三晝夜，北京的上空濃煙籠罩，整個城市充滿了黑暗、陰鬱與肅殺之氣，據《庚申夷氛紀略》中說各名園「盡付劫灰，火光燭天，數日不滅」。恭親王奕訢在西山的高地上看到這場恐怖的大火後，他上奏自己的兄長咸豐皇帝：「臣等登高瞭望，見火光至今未熄，痛心殘目，所不忍言……」逃至熱河的咸豐接奏後擲筆痛批道：「覽奏何勝憤怒！」

十二年後，法國歷史學家亨利・高第來到「額爾金留下的廢墟傑作」面前，他這樣描述了這個令人傷感的荒園殘景：「坐落在横七豎八的高大石階頂端的是一尊令人傷心的銅製佛塔，它周圍全是夷為平地的亭臺樓宇。低處靜靜的湖泊裡開滿了荷花，上面横臥著一座高大的石橋，它與岸邊滿目瘡痍的景色形成了鮮明對照」。又一年後，史學家塔克西爾・德洛爾在其名著《第二帝國史》說：「所有的這一切，在今天只剩下一堆堆蝕跡斑斑的焦土和瓦礫，圓明園的大門仍由兩個銅獅子鎮守著，它們由於過於笨重才沒有被搬走。」

如今，圓明園殘留的石柱依舊無聲的矗立在那裡，在夜幕快要來臨時，往往發出慘白的顏色。它們想訴說些什麼嗎？

六、糊塗之爭：京師同文館風波始末

康熙年間，中俄在西北邊疆及商貿上多有交涉往來，而清廷之前主要依靠來華傳教士及俄國商人擔任通譯，多有不便，於是在理藩院下設立俄羅斯文館以培養俄語翻譯，最初打算就近招收蒙古學員，但後因報名人數太少而改為旗人子弟均可入學。俄羅斯文館的教習主要由俄人擔任並一度招收俄國留學生，其間跨越了近一個半世紀，直到同治元年（一八六二年），俄羅斯文館才被併入新設立的京師同文館。

京師同文館附設於總理各國事務衙門，當時仍沿用俄羅斯文館常例以旗人子弟為招生對象，主要教授英文、法文。同文館開辦之初並沒有引起太多的關注，因其最初設想不過是培養翻譯以助於對外交涉，但四年後恭親王奕訢的一個奏摺引發了一場軒然大波。

恭親王奕訢排行老六，因其熱心洋務與洋人來往頻繁，背後又有人送他一綽號「鬼子六」。由於在英法聯軍的議和及「辛酉政變」（**與慈禧太后聯手制服肅順等「八大臣」**）表現出色，奕訢在同治初年受到重用，他既是領班軍機大臣，同時又兼管總理衙門，位高權重，風光無限。

在親歷英法聯軍之役並見識了洋人的厲害後，奕訢對洋務極為重視，他見京師同文館經辦數年未見成效，而當時又急缺洋務人才，於是他提出了一個新的設想，那就是將京師同文館的職能由外語教學轉換為語言與洋務並重，以更快地培養出適合時代需要的新型人才。

皇族出身的奕訢對旗人子弟的素質習性素有了解，因而他的辦法就是從生員入手。在一八六六年底的奏摺中，奕訢提出京師同文館陸續增設天文算學館、化學館等新館，學員將從正途人員中選取，範圍是年齡三十歲以下的舉人、優貢及五品以下的京外各官。

奏摺公布後立刻在朝廷內外引起軒然大波，御史張盛藻上疏抗議：「天文演算法，宜令欽天監天文生習之；製造工作，宜責成工部督匠役習之。文儒近臣不當崇尚技能，師法夷裔。」讓舉人、優貢這些正途人員去學習天文演算法、營造器械這些上不得檯面的事情，在士大夫們看來簡直是儒林奇恥。

張盛藻的貿然上奏遭到朝廷的駁斥。為表示對天文算學館的重視，清廷任命了三品京堂、太僕寺卿徐繼畬充任總管大臣，而之前館內的教習甚至只是月俸八兩的八品以下的低級官員。鑒於朝中的保守勢力暗潮湧動，奕訢連續上了兩個奏摺進行解釋：

「洋人製造機器、火器等件，以及行船行軍，無一不自天文算學中來……若不從根本上用著實功夫，即習學皮毛，仍無裨於實用……舉凡推算、格致之理，製器、尚象之法……倘能專精務實，盡得其妙，則中國自強之道在此矣」；「若夫以師法西人為恥者，其說尤謬。夫天下之恥，莫恥於不若人……或謂製造乃工匠之事，儒者不屑為之，臣等尤有說焉……匠人習其事，儒者明其理，理明而用宏焉。今日之學，學其理也，乃儒者格物致知之事，並非強學士大夫以親執藝事也，又何疑乎？」

奕訢之說並非沒有道理，但他在奏摺中犯了一個冒進的錯誤，那就是把天文算學館的招生對象進一步擴大為「翰林院編修、檢討、庶吉士等官」，理由是這些人「學問素優」而「差使較簡」，如果讓他們參與學習勢必事半功倍，但他的提議招來了保守勢力更加激烈的反對浪潮，而這一次擔當大旗的是文淵閣大學士、帝師倭仁。

倭仁是道光朝的進士，曾歷任大理寺卿、工部尚書等職，他思想保守固然不假，但他本人是真有學問，時有「理學大師」之名，頗受士林中人的景仰。倭仁為人嚴謹簡樸，最反對侈靡浪費，曾以古人咬菜根之意，創立「吃糠會」以提倡節儉。老夫子以身作則不搞假道學，他有件狐裘皮革已破損外露，無錢購新就用布在外面打上補丁，因此在士人們中間的名聲極佳。

倭仁對西學很不以為然，對那些主張洋務的官員也看不慣。譬如外國公使駐京後，朝廷的六部九卿堂官通常會到各國使館去拜年，既是盡地主之誼，也是一種文化交流——但倭仁從不參與。

一開始就跳出來反對天文算學館的御史張盛藻就是倭仁的門生，前一次上奏是否是出於倭仁的授意尚不得而知，但就觀點而言兩人是一致的。這一次倭仁親自出馬，他在上奏中針鋒相對地提出：「天文算學為益甚微，西人教習正途，所損甚大」；「立國之道，尚禮義不尚權謀；根本之圖，在人心不在技藝」。倭仁的奏摺披露後立刻被守舊派們奉為經典廣為傳誦。

不過，倭仁的奏摺也不是沒有紕漏，就是這一句：「如以天文算學必須講習，博采旁求，必有精其術者，何必夷人，何必師事夷人」。奕訢抓住這句話，說倭仁既然認為不必師事夷人，想必有優秀的洋務人才推薦，於是他故意上奏慈禧太后讓倭仁保薦精於西學的中國教師並請倭仁主持同文館。或許是一種有意的戲弄，慈禧太后頗為默契地批准了奕訢的建議，讓倭仁隨即到總理衙門任職並主管京師同文館。

倭仁傻眼了，他哪裡知道什麼洋務，又哪有什麼人才可以推薦呢？

對於倭仁當時的窘迫與尷尬，同為帝師的翁同龢在日記裡記述頗為詳細：

三月二十二日：倭仁辭職未獲批准；

二十四日：倭仁再辭職仍不批准，他和恭親王談了幾句，幾至拂衣而起；

二十五日：倭仁無法辭職，只得受命而出，當時老淚橫流把同治弄得驚愕了半天；

二十九日：倭仁上馬眩暈墜落，靠坐轎才得以回家，回去後痰迷心竅，幾至不語；

四月十八日：翁同龢去看倭仁，見其「顏色憔悴，飲食甚少」；

五月十二日：倭仁請開缺，慈禧太后命「賞假一月，安心調理」，仍未批准辭職；

六月十二日：倭仁再請開缺，慈禧太后這才「准開一切差使，仍以大學士在弘德殿行走」。

翁同龢最後在日記中說，倭仁聽到這個消息「為之額手稱慶」，總算是長出了一口氣。老夫子倭仁雖然被暫時擊退，但這一場風波所造成的影響是深遠的。在守舊派士大夫的鼓譟下，很多有意投考同文館的官員最後都打了退堂鼓。結果同文館在九十八個報名者中只錄取了三十人，而因被錄取者的素質太低，很快又被淘汰了二十人，最後剩下的十人也只有五人畢業。洋務派本希望通過同文館培養一批精通西學的中高層官員，這個計畫幾同夭折。

自詡國內懂洋務唯「區區一人」的郭嵩燾在冷眼旁觀了本次爭論後一棍子把雙方全部打死。在他看來，雙方「用意不同而同一懵懂，如群盲相遇於道，一無所見」，郭嵩燾對奕訢派的批評尤其嚴厲，認為其原奏立言悖謬，「無一語不足噴飯」，而其所奏章程「閱之不勝駭歎」。

郭嵩燾的理由是奕訢的辦法流露出「取媚洋人」的傾向，「以洋人所授之業為升階狎侮士大夫，流俗之所爭趨，君子之所深恥」，而章程中的「拘禁之令，出入有制，而月一加考試，移督教童蒙之政以施之翰、詹事清貴人員，賤簡士大夫以辱朝廷」。更為不智的是摺中稱「欲嚴課程，必須優給廩餼；欲期鼓舞，必當量予升途」，這無異於以「獎敘利祿之名」誘導，為標榜「重氣節而輕名利」的士人所不恥。

同為帝師的翁同龢雖也保守，但對於這場無厘頭的風波頗為不屑並諷之為「朝堂水火，專為口舌相爭」。翁同龢在日記裡記錄了這樣一副嘲諷同文館的對聯：「鬼計本多端，使小朝廷設同文之館；軍機無遠略，誘佳子弟拜異類為師。」有好事的士大夫們挖出「同文館」的「同文」二字，說它「未同而言，斯文將喪」，更有人指責奕訢的創議引誘儒生為鬼子門徒，所謂「孔門弟子，鬼谷先生」；「胡鬧！胡鬧！教人都從了天主教！」

「同文館風波」並不是奕訢與倭仁的個人政爭而是中西文化的首次交戰，因參與者都是朝中重磅人物，其效應也由此擴大數倍。就學說而言，倭仁之見仍為傳統的治國觀點，其對列強的壓迫及千年變局的到來渾然不覺或有意視而不見，但同樣不可忽視的是奕訢對付倭仁的辦法有耍小聰明之嫌，洋務派沒有在輿論上真正把保守主義駁倒（**甚至讓更多的士人加入了反對陣營**），由此也未能像日本明治維新一樣形成學習大潮。就此而論，這場爭論實際上沒有真正的贏家，兩敗俱傷之下國勢依舊沉淪。

由於招不到好學員，京師同文館對館內學生待遇極優。京師同文館出身的齊如山對當年「母校」的典故知之頗詳，據其回憶，館中的伙食好得不得了：平時吃飯，六人一桌，四大盤、六大碗；夏天另添加一個大海碗，還有荷葉粥、果藕等等；冬天雖無大海碗，卻增加一個火鍋，火鍋還分什錦火鍋、白肉火鍋、羊肉火鍋三種，各種羊肉片、魚片、肝片、腰片及雞蛋、凍豆腐、佐料等等應有盡有，吃不夠還可再添，當時的正陽樓飯館也不過如此。更絕的是非但學生如此，就算有熟人來也可以留飯、隨意點菜，一文錢都不用花。

但就這樣仍舊招生不暢，據齊如山回憶：「館是成立了，但招不到學生。因風氣未開，無人肯入，大家以為學了洋文便是降了外國。在漢人一方面，政府無法控制，招學生太費事，於是由八旗官學中挑選，雖然是奉官調學生，但有人情可託的學生誰也不去，所挑選者大多數都是沒有人情，或笨而不用功的學生……」

這種情況直到戊戌以後才有所改變。隨著西方文化不斷地浸潤，士人們對西方事物也從反感到好奇，報考同文館的人日益增多，於是改為考試入館，而且行實驗制，學員入學半年後，非可造之材即行剔除。

相比同時期的上海廣方言館及廣東同文館，京師同文館儘管地位更高但成績上並不出色。據曹汝霖所言，當時上海廣方言館附設於江南製造局內，每年招考年幼生徒入學各國語文，畢業後則擇優送京師同文館深造，其中的一些優秀人才如陸徵祥、胡惟德、劉式訓等都是上海廣方言館所輸送。如一八六七年，京師同文館招收的八旗子弟中，有二十名實在是不堪造就，最後只得由總理衙門緊急徵召上海廣方言館及廣東同文館的高材生前來補缺。

同文館難出成績，很大程度上應歸結於科舉制度。科舉制度不但吸走了最優秀的人才，就連同文館中的學員也難免受到影響。譬如汪鳳藻，他在上海期間的英文及「西學」（如幾何、微積分、格致等）已有相當基礎，並曾為江南製造局下的譯學館做過翻譯工作。但就像留學英國學習海軍、後成為大翻譯家的嚴復一樣，汪鳳藻後來仍舊參加科考並先後中得舉人、進士，並被點為翰林，可謂正途不誤，中西兼通。嚴復就沒有這樣好的運氣了，他先後參加過幾次科考，但均以失敗而告終。

曾先後擔任過駐英國參贊、出使英義比國大臣的同文館首屆畢業生張德彝則是另外一個例子，儘管他為光緒皇帝授讀過英文，但同文館的「非正途出身」仍對他造成了很大的陰影。在《寶藏集序》中，他反覆叮囑後輩：「國家以讀書能文為正途……余不學無術，未入正途，愧與正途為伍；而正途亦間藐與為伍。人之子孫，或聰明，或愚魯，必以讀書為要務。」張德彝說的「讀書」，指的是四書五經、八股制藝而不是語言、算學、格致之類的實用之學，他的這番訓導也頗為形象地折射了同文館的尷尬地位。

京師同文館的萎靡不振，與奕訢、倭仁當年的那場爭論無疑是密切有關的，但可惜的是這場無謂的爭論未能確立同文館乃至新式教育的方向，反而錯失了它的目標。京師同文館原本應發展成為「皇家學院」並為全國的新式教育樹立典範，但直到一九〇二年併入京師大學堂之前，它的貢獻與其地位、投入相比都極不相稱。然而，這又是誰的過錯呢？

七、花甲回憶：丁韙良的在華六十年

都說百無一用是書生，但百年前一位名叫丁韙良的「洋書生」卻提供了一個反例。丁韙良，原名威廉‧馬丁（William Alexander Parsons Martin），美國基督教長老會傳教士，他出生於美國印第安那州的一個牧師家庭，父及兄弟皆為牧師。一八五〇年，二十四歲的丁韙良在印第安那州立大學畢業後不久被派到中國寧波一帶傳教，因熟諳漢語，在一八五八年中美談判簽訂《天津條約》時承擔了文件起草與翻譯工作。

讓丁韙良感到吃驚的是，中國官員在談判過程中對國際事務與國際法幾乎一無所知。之後他萌生了一個念頭，那就是將美國學者惠頓所著的《萬國公法》翻譯成中文，給中國的官員們好好補一補課。美國公使蒲安臣對此十分贊同，隨後將他和翻譯計畫引介給了負責總理衙門的恭親王奕訢。奕訢聽說後很有興趣，他問丁韙良有何要求，丁說需要一名中文助手，並在翻譯完成後能以官費印行。

奕訢本以為洋人會乘機索取高額報酬，沒想丁韙良沒有提及一個錢字，於是他大為高興地給丁韙良派去了四名中文助手。一八六三年五月，丁韙良完成了《萬國公法》一書的翻譯，總理衙門後按之前的承諾以官費印行。

一年後，德國在中國領海捕獲丹麥船而引發國際糾紛，總理衙門的官員對此很是茫然，他們在為難之際忽然想起了丁韙良翻譯的《萬國公法》，於是按書中所說的先例加以交涉，最終維護了中國的主權並使丹麥船隻獲釋。由此，丁韙良廣獲讚譽並贏得了恭親王奕訢的極大信任。

在是否學習西方律法的問題上，清廷官員們的心理也頗為矛盾：一方面，來華的洋人們潛心學習中國文化，遇到中外交涉時往往援引中國典制律例相辯駁；另一方面，中國人對於外國的律例條文懵懂無知，而同文館剛剛設立，學員們通曉外文尚須時日，如果請外國人幫忙翻譯又擔心為人所乘。

一些外國官員也抱有「秘而不宣」的自私想法，他們對丁韙良翻譯《萬國公法》一事大加反對，如法國臨時代辦克士可士吉得就揚言：「這個傢伙是誰？竟想讓中國人對我們歐洲的國際法瞭若指掌？殺了他！掐死他！他會給我們招來無盡麻煩的。」《萬國公法》一書在中國印行後，一些外國人甚至大罵丁韙良，說他將這麼重要的秘密都告訴中國人了。

中西交往之初能承擔如此翻譯工作的人如鳳毛麟角，因當時中國的法學與西方法學大相逕庭，西方的一些法律術語很難找到中文對應詞，如果翻譯者沒有很好的漢學與法學水準，這幾乎是一件不可能完成的任務。

功夫不負有心人，丁韙良恰好是合適的人選，他來中國後不僅系統學習了「四書五經」等中國經典著作，而且在英文發音的基礎上編出了一整套音標。根據這套拼音系統，當地的中國人看到自己的孩子只學了幾天就能夠閱讀都感到十分驚奇，因他們學漢語往往要經過數年的懸梁苦讀才能做到這一點。丁韙良對中國文化的鑽研也贏得了士紳們的尊重。

一八六五年，同文館第二任英文教習傅蘭雅辭職前往上海，丁韙良隨後接替了他的職務。四年後，丁韙良在海關總稅務司赫德的推薦下升為京師同文館總教習。赫德對其才華極為欣賞，早在翻譯《萬國公法》時就曾表示大力支持，並承諾從海關關稅中提取白銀五百兩予以資助。

京師同文館給予丁韙良的待遇很好，光是「車馬筆費」就高達一千兩，而其薪水則是這個數字的五倍。儘管如此，丁韙良在上任數月後卻出人意料地提出辭呈，這讓總理衙門的官員們大為驚訝。任職於總理衙門的戶部尚書董洵及曾任總督的刑部尚書譚延驤派人把丁韙良請去，詢問他辭職是否是因薪水太低或者有人冒犯了他。丁韙良坦言：「薪水與他付出的時間相比絕不算低，而且所有人都很寬容友好，但是照管十個只學英文的男孩子，對我來說是太沒有出息了，我覺得自己是在虛度光陰。」

丁韙良的前任傅蘭雅也抱有同樣的想法，他曾在給朋友的信中寫到，向那些本已無縫的小腦袋瓜裡死命地填充知識，實在是苦差一樁。而丁韙良辭職的另一個原因是同文館在擴展上遇到了問題，他對自己的職業前景感到悲觀。

了解了丁韙良的想法後，總理衙門的官員笑了，他們說：「如果你因這個而辭職的話，那你就想錯了，你不會永遠只教十個孩子。而且你要想想這些孩子今後的前程，他們或許有一天會替代我們的職位。還有，皇帝也許也會學習外語，誰知道哪一天你的學生會被召去教皇帝學英語呢？」聽了官員們描繪的「美好前景」後，丁韙良猶豫了，而他之前找好的繼任者不願意脫離傳播福音書的工作，於是他只好繼續留任了。

丁韙良的失望主要來自當時官員們對新事物的漠然，譬如在設置電報課程的問題上。為了把電報這個「奇妙的發明」介紹到中國來，丁韙良曾在費城學習了整個課程並自費購買了兩套電報設備帶到中國，但他請總理衙門的官員們前來觀看實驗時，對方卻都冷冷地看著，既不了解也毫無興趣，其中有一位翰林甚至不屑一顧地說：「雖然中國四千年來都沒有電報，但仍然是泱泱大國。」令丁韙良感到哭笑不得的是，那幾個人對他拿來的一些新穎玩具，譬如帶磁性的魚和鵝卻極有興趣，並被逗得哈哈大笑。

丁韙良歎息說：「在文學上，他們是成人；在科學上，他們卻仍然是孩子。」為證明電報是有用的，丁韙良之後又要求到總理衙門親自為官員們展示，但結果還是一樣。那些官員們看到火花從一根銅線跳到另一根銅線、報錘滴滴答答地響起來時，他們一個個狂笑不已。很顯然，他們依舊把這個所謂的「新玩意」看成是玩具。唯獨讓丁韙良感到欣慰的是戶部尚書董恂和大學士文祥對此極有興趣，前者甚至學會了如何收發電報。但其他人對此仍熟視無睹，電報機在總理衙門整整放了一年後，最後被當成了「無用的古董」而送回了同文館的陳列室中。

當時館中洋教習很少科班出身，多數為半路出家的謀職者。在《同文館記》中，丁韙良記述了一個名叫方根拔的德國教習，此人思維敏捷但性格怪癖，而且一向自高自大，他在同文館中擔任天文學教授時曾放出話說要推翻牛頓的萬有引力學說。有一次他去北京西山度假時，路上遇上暴雨，結果車上的書籍、筆記等都散落在雨水的泥濘當中。丁韙良對其遭遇表示安慰時，方根拔痛心疾首地說：「唉，這可恨的雨水啊！我二十年的心血被毀於一旦。牛頓的統治又可以苟延好幾個世紀了。」不過，這位一向以「科學界要人」自居的方根拔的水準到底如何呢？我國天文臺的費利敕教授曾對丁韙良說了這樣一句話，「他也許是語文學家，但絕不是天文學家。」

同文館的學生們也讓丁韙良感到頭疼，這當然是指學生們的素質而不是指館內的教學秩序。據丁韙良說在他任職期間學生們總是十分地溫順，從來沒有發生過學潮。但由於整個社會對新學的普遍輕視，同文館很難招到優秀的學生，一些學生的年紀明顯偏大且不堪造就。有一次，丁韙良看到一個學生帶著一個孩子在街上走，於是順口問道：「這是令郎嗎？」對方微笑著答道：「是我小孫子。」

儘管同文館的學生在待遇上堪稱優厚（**學員學制八年，獎學金最高可拿到一千元**），但他們在科舉社會下仍遭到士林的歧視並被視為「假洋鬼子」，一些學生甚至連公開承認他們是同文館學生的勇氣都沒有。由於新學基礎和本身素質過於薄弱，很多學生都未能完成學業而中途被淘汰，能夠順利畢業的學生則主要進入外交界或電報局之類與洋務相關的行業，其中也有少數做了知縣或進入武備學堂。同文館的畢業生張德彝、沈鐸則當上了光緒皇帝的英文教師，這對丁韙良來說是一個無上的榮耀，他在回憶錄中不厭其煩地描述了給皇帝上課的情景——儘管他不曾身臨其境。

在此期間，丁韙良還在北京創辦了崇實中學（**即現在的北京二十一中**），並在一八六五—一八八五年擔任校長。一八九四年，丁韙良結束了長達二十五年的同文館總教習職任，不久後返回美國度假。不幸的是中國在此期間遭遇戰爭慘敗，當丁韙良於一八九七年再次返回時國內已掀起了維新變法的浪潮。一八九八年，清廷在同文館的基礎上成立京師大學堂（**今北京大學，也是中國的第一所大學**），丁韙良被任命為首任總教習（**即校長**）並授二品銜。

開學之際，身為傳教士的丁韙良當著全體中外來賓的面向中國的聖人孔子鞠躬致意，儘管此舉被一些基督教人士視為對上帝的「背叛」。但在文化意義上，丁韙良之舉不失為中西方文明交融的典範。

庚子年，戊戌變法中唯一倖存的京師大學堂在義和團及八國聯軍的雙重摧殘下毀於一旦，房屋、書籍、儀器蕩然無存，而作為總教習的丁韙良也在之後的歷史記述中蒙受汙名。事情的起因是丁韙良在《北京被圍目擊記》中的一些記載被不當引述，以致這樣的觀點一時成為主流：在八國聯軍攻入北京後，包括丁韙良在內的一些傳教士也參與了搶劫，並陪同侵略軍搜索義和團乃至勒索賠款。

事實的真相是否如此呢？丁韙良主要作品的翻譯者、學者沈弘否定了這些說法，他認為之所以會出現如此誤解，很大程度上是因之前的研究者對丁韙良文章的斷章取義，由此造成了不應有的誤讀和以訛傳訛。

據丁韙良的記載，慈禧太后逃走後的北京陷入混亂，「一大半居民放棄他們的住所，……他們的衣櫃塞滿了之前的皮貨，地板上撒滿了最華麗的綢緞，有些地方滿地都是銀錠。多麼誘惑人去搶劫啊！」問題的關鍵在於接下來的搶劫活動是八國聯軍幹的，而所謂丁韙良的「搶劫」，則是因「惠志道牧師和懷丁牧師負責的教徒們急需糧食，我為他們的利益幹了一點小小的搶劫。我聽說在內城京師大學堂附近有一家被遺棄的糧店。我們到那裡去發現有相當數量的小麥、玉米和其他糧食。於是我們把這些糧食搬運到好幾輛騾車上，我們運走的糧食不少於二百蒲式耳。我高聲叫喊店主，告訴他把帳單送到時我會付給他全部糧款。但是唯一的答覆就是我的回聲……」

至於義和團研究中津津樂道的傳教士「搶皮貨」問題，來源同樣是丁韙良的記載：「美國公理會在一處王府駐紮，都春圃牧師發現該處和附近一帶房屋裡有大量的皮貨、綢緞和其他不值錢的東西。他向軍隊和使館做了廣告要把這些物品拿出來公開拍賣……另一個雷思德牧師……買了四大箱皮貨擬拿到紐約去轉售，為的是要幫助受難的教徒。……我很榮幸在他們蒙受的責難中我也有份，我承認自己與他們一樣有罪，雖然我侵吞為我個人使用的唯一物品是一條羊毛毯……」

部分傳教士參與了皮貨的發現與拍賣事宜，其動機是為解救中國教民的生命，這聽起來似乎是合乎人道主義的，至於丁韙良拿了一條「羊毛毯」，在當時的混亂局面下似乎也無可指責，因丁韙良當時已七十四歲，他在京師大學堂中的宅邸早已被摧毀，在入秋後需要一條羊毛毯禦寒似乎也不算過分。

一九〇二年，清廷下令恢復京師大學堂，丁韙良被重新任命為總教習，正當他躊躇滿志地準備大幹一場時，一場意外的糾紛讓他的計畫戛然而止。原因是原京師大學堂的一些洋教習要求清廷補發之前的工資，但新任管學大臣張百熙隨後以經費緊張為由集體辭退了所有洋教習——丁韙良躺著也中槍。

風波之後，丁韙良仍留在中國從事教育和傳教活動，直至一九一六年十二月病逝（**後與妻子同葬於北京西直門外的一塊墓地**）。丁韙良以八十九歲高齡辭世，其中在中國的時間超過一個甲子（**一八五〇年—一九一六年，中間有四年多時間不在中國**）。

丁韙良的一生著述頗豐，總共出版了中文著譯四十二部、英文著述八部，並在各種報刊雜誌上至少發表了一百五十三篇文章。其最重要的三部作品，一部是一八九六年出版的《花甲憶記》，一部是一九〇一年出版的《漢學菁華》，還有一部是一九〇七年出版的《中國覺醒》。三部作品實為一個系列，其中第一部對一八五〇年至一八九六年在華所經歷事件的一個回顧；第二部是對中國及其文化的觀察集；第三部則是前兩部書的後續，補充描述了一九〇二至一九〇七年間的經歷與觀察，其中對清末新政做了重點記述。

對於清末新政和改革，丁韙良表示出極大的興趣和熱切的期盼，他在《中國覺醒》一書中滿懷信心的宣稱：「中國是一個具有無窮精力之民族的故鄉，它如今之偉大和未來之繁榮都足以令人仰慕不已……用蒸汽和電力將這個龐大國家的所有成員都凝聚在一起時，我們很難想像它未來將會變得多麼強盛。」

據說拿破崙曾說過這樣一句名言：「中國是一頭睡獅。一旦驚醒，整個世界都將會為之震動。」丁韙良給這本書取名《中國覺醒》，其意也在於此。他認為只要清廷的改革繼續下去，中國注定會發生翻天覆地的變化，而中國的強盛也必將到來。但事與願違，之後的中國迎來的卻是一場大革命。

八、李提摩太：從肉體救贖到精神救贖

一八六九年十一月，一位名叫李提摩太（Timothy Richard）的年輕傳教士開始了他的東方之旅。三個月後，他抵達上海，並在中國一待就是四十五年。

李提摩太出生於英國威爾斯省卡馬森郡，家中兄弟姐妹九個，他排行老么。二十歲那年，李提摩太開始學習神學，後加入倫敦浸禮會並被派往中國山東一帶傳教。由於中西方文化及習俗等諸多方面的巨大差異，像李提摩太這樣的外國傳教士並不受到中國人的歡迎，譬如他外出散步時，總會有一大群的孩子甚至地痞惡棍跟在後面高喊：「洋鬼子！洋鬼子！」他們甚至會收穫一些石頭和土塊；到了晚上還有人趁著夜色在住所的門上塗上各種污穢骯髒之物。不過李提摩太卻得以相安無事，因為他非萬不得已絕不求助於政府官員的幫助，這總算是保持了相對的和平。

為更好的接近中國人，李提摩太的前輩、麥考文牧師曾仿造當地樣式做了一件皮襖——裡邊是長袍，外罩一件馬褂——當他穿著新衣服出現在街道上時，見者無不捧腹大笑。

吸取了麥考文的教訓，李提摩太換上了當地人的服飾，還剃去前額的頭髮並安上了一條人工的辮子。李提摩太這一次亮相更加轟動，一個賣點心的小男孩乍看到他的裝扮頓時嚇得跳了起來，滿盤子點心撒落一地。李提摩太走到街上時，這個消息似乎已傳遍了整個大街，每一戶人家的男人、女人還有孩子都跑出來要親眼目睹這難得一見的景觀。在眾人的注目禮和驚呼聲中，李提摩太聽到背後一個人對另一個人說：「啊！他現在看起來像個人了。」

李提摩太的想法其實很簡單，他認為這樣做或許會多一些上層社會人士前來拜訪他，後來的事實證明他是對的。當天下午，李提摩太就被邀請到一戶人家去喝茶。這時他才恍然大悟，原來之前沒有人邀請他，原因是他穿著外國人服裝的樣子太古怪。當他坐在屋子裡時，各種各樣看熱鬧的人就會湊到紙糊的窗子前，每個人都悄無聲息地用指頭尖沾著唾沫把窗紙戳一個洞，在上面湊上一隻眼睛。主人每邀請他一次，家裡的窗紙就得修補一次，而當他穿上中國服裝後就像一個普通的中國人，反而不值一看了。

李提摩太發現要獲得中國人的好感，最好的辦法就是給人治病。一八七五年，山東青州有很多人患上熱病，李提摩太便源源不斷地將奎寧丸免費發放給病人，而止痛藥是最受歡迎的。

由於身分特殊，當時的傳教士無論做什麼都會被人懷疑。一八七六年，李提摩太一行人前往山西賑災，但拜訪巡撫曾國荃時被兜頭潑了一盆冷水，曾國荃的下屬說巡撫因他的出現非常生氣。在之前的兩年中，李提摩太因在山東賑災已小有名氣，山西官方為何會如此不友好呢？李提摩太感到困惑不解。他在回憶錄中寫道：「他認為我的到來只是收買人心，使民眾對政府離心離德。儘管見面後我跟他解釋說，我帶來了二千兩白銀要發散給受災最重的災民，並且辦了通行證，他仍然不怎麼高興，依然阻撓我的行動，處心積慮地要使我在剛剛開始時即陷於困境。」

曾國荃之所以反感李提摩太的到來，一是因他的洋教士身分，二是因清廷已發密旨要山西方面對洋教士「婉為開導，設法勸阻」。另一個原因是，清廷擔心洋人在非常時期深入險境，萬一出現人身安全將引發外交爭端，因此「多一事不如少一事」。好在曾國荃是個有歷練、講究實際的幹員，當他發現李提摩太一行人並無惡意而且準備充分時，於是改變態度並派助理為他們安排幾個村莊去救濟，而且還派官員和士紳前去幫助完成賑災工作。

一八七六年後，華北地區連續出現旱情，先是山東，後蔓延至山西、河北等省，史稱「丁戊奇荒」（一八七七年為丁丑年，一八七八年為戊寅年）。自帶銀兩不多的李提摩太通過各種方式向海外通報災情，盡可能的展開募捐。經李提摩太等西方施賑者從饑饉線上挽救過來的家庭數目達十萬戶，獲得救濟約二十五萬人；而據李提摩太自己的記載，在外洋賑款二十餘萬兩中他與助手負責發放了十二萬兩。

之前山東賑災的經驗給了李提摩太很大的幫助，當時他採取的辦法是：站在城裡最貧困地區的一條狹窄小巷的盡頭，讓申請救濟金的人排著長隊從身邊走過，「每有一個人領到救濟金，我就在他那髒兮兮的手上用墨水塗上一個不易被塗掉的標記。有些人利用充足的時間跑到巷子的另一端重新排隊，每當乾乾淨淨的手伸出來，我們就會懷疑這些人早已領過救濟金，只不過用力把墨汁洗掉罷了。於是我們只繼續向剩下那些依舊髒兮兮的手上發放救濟金。」

山西放賑時，李提摩太對災民們說：「你們安靜地坐著不要動，每個人都會獲得一份口糧。」他的自信和井井有條贏得了災民們的信任，他們就這樣安靜地等著。這讓對面官府裡的那些人大為驚異，因他們從來沒看見過這樣的場景，沒有兵也沒有槍，這些隨時可能變成暴民的饑民們是如此地順服聽話和安靜和平。

一八七八年十月，李提摩太離開山西時，曾國荃給他寫了一封充滿讚美之詞的信。李提摩太對此不無感慨地說：「他不僅以個人的名義，而且代表曾受我幫助而擺脫饑餓的山西千千萬萬民眾對我表示了感謝」。

在遊歷與賑災的過程中，李提摩太發現中國官員對交通和通訊漠然視之（一方面也是財政因素的制約），就算在天津這樣新近崛起的大城市，「道路之狹不能容許兩輛馬車交錯而過，這經常在馬車夫之間引發嚴重爭吵，爭執著誰該把車子退回到街頭。」在廣闊的華北平原，每到六七八月份，「當雨季來臨時，路上洪水四溢，水與塵土混合形成無法行走的泥沼。路上的交通都中斷了，三個月裡，一般來說生意也都停下來了，其間所有的資金都被鎖在櫃子裡產生不了任何利潤，對整個中國造成巨大的經濟損失。」

發生災荒時，交通落後的問題日益突出，很多救援糧食從天津轉運而來，但距離山西荒區二千多里，因山多路遠馱運費重，加上經手人難免中飽克扣，救援的成本很高。李提摩太為此多加用心，他經常在空閒時觀測山路並畫為圖形，為日後築路做預備。

離開山西時，李提摩太給山西巡撫曾國荃提出了三條建議，一是修建一條鐵路，改變山西閉塞的局面，以便於賑濟災民；二是開關放行，讓山西饑民能四出就食；三是就地募捐，以解倒懸燃眉之苦急。可惜的是山西地方官員討論後認為：「修築鐵路過於超前，並且必須引進大量外國人，這會導致無窮無盡的麻煩。因此從對山西最有利的角度看，最好是不要修築鐵路。」

一八八〇年，直隸總督兼北洋大臣李鴻章的一席話對李提摩太觸動很大，李鴻章直截了當地批評他們：「你的教徒無非吃教，一旦教會無錢養活他們就會自然散夥。我知道信奉耶穌教的中國人裡沒有真正的讀書人。」李提摩太由此意識到從肉體上救贖一個人意義並不大，更重要的改變他的精神和心靈，而要做到這點必須了解中國文化，並用現代科學知識去贏得中國知識分子的信任。

為此，李提摩太花了一千英鎊購買各種科技書籍、儀器及標本進行自修，在一八八一年到一八八四年的四年間，他每月在太原舉行一次報告會，並邀請當地官員與士紳前來參與。一八八六年十一月，李提摩太移居北京，並受曾紀澤（曾國藩之子）之託為曾氏子侄教授英文，此後李提摩太更加深入地介入了中國上層人物的圈子。

一八九〇年七月，李提摩太在李鴻章的邀請下出任天津《時報》主筆，後他利用這一輿論平臺發表了眾多呼籲中國改革的文章。次年十月，李提摩太赴上海接替韋廉臣為同文書會的督辦。同文學會是由西方在華人士組織的團體（**包括傳教士、外交官、租界官員及洋商等，也有少數受過西方教育的華人**），人數在兩百人上下，主要目的是宣傳西學和聯誼之用。李提摩太上任後，將之改名為「廣學會」，並主張「從宗教的小圈子裡走出去，去影響中國知識界的發展，影響中國政治的進程」。李提摩太強調，今後「廣學會」的爭取對象應以中國士紳和官員為重點，並對中國問題展開具體的調查和研究。

近代以來，湧入中國的外國傳教士數不勝數，只有他能夠贏得極高的聲譽，這與他在「廣學會」長達二十五年（一八九一－一九一六年）的工作經歷是分不開。在李提摩太的主持下，「廣學會」出版了《萬國公報》等十餘種報刊、二千多種書籍和小冊子，它也是當時中國規模最大的出版機構之一。

維新派領袖康有為曾說：「我信仰維新，主要歸公於李提摩太牧師和林樂知牧師的著作。」事實上，當時的維新派人士幾乎都是從「廣學系」下的出版物獲得啟蒙，康梁師徒即為《萬國公報》的忠實讀者，梁啟超還曾主動要求為李提摩太做過私人秘書。李提摩太私下裡也自居為「維新派的老師」，他在給妻子的信中說，「我以前所做的種種建議，幾乎全部概括和凝聚在他那份具體而微的計畫中了。」這裡指的是康有為的變法計畫。

李提摩太一度還影響了光緒皇帝，譬如他編著的《七國新學備要》就擺上了皇帝的書案。一八九八年變法開始後，光緒皇帝曾決定聘請李提摩太擔任私人顧問，但李提摩太卻在變法中扮演了一個出人意料的角色。

據學者雷家聖在《力挽狂瀾：戊戌政變新探》一書中的說法，日本前首相伊藤博文在變法期間訪問中國，李提摩太向康有為建議讓光緒皇帝聘請伊藤博文為顧問，甚至付以事權（**清廷聘請洋顧問是李提摩太一貫的主張**），這引起保守派官員的極大警惕。之後，御史楊崇伊密奏慈禧太后：「風聞東洋故相伊藤博文將專政柄。伊藤果用，則祖宗所傳之天下不啻拱手讓人。」由此，慈禧太后從頤和園突然返回宮中，並部分解除了光緒皇帝的大權（**這是政變的第一步，第二步是因袁世凱告密而引發流血事件**）。

李提摩太還有一個更加驚人的提議，那就是「中美英日合邦論」。變法期間，維新派官員楊深秀在康有為的授意下上奏光緒：「臣尤伏願我皇上早定大計，固結英、美、日本三國，勿嫌合邦之名之不美。」另一維新派官員宋伯魯也在奏摺中以李提摩太的名義轉述了「合邦論」，並極力提倡聘請外國重臣。很顯然，這些言論在當時更多的是「添亂」，李提摩太的想法也確實有譁眾取寵的嫌疑。

庚子國變時，在山西巡撫毓賢的戕害下山西傳教士與教民受禍最深，後來山西省承擔的賠款也極重。《辛丑合約》談判過程中，李提摩太向各方提議從山西教案賠款中提取五十萬兩白銀用於創辦一所近代中西大學堂，這就是後的山西大學。岑春煊任山西巡撫時，李提摩太被聘請為山西大學堂西學書齋總理。為表彰其貢獻，清廷還曾賜他頭品頂戴、二等雙龍寶星並誥封三代。

早在二十年前，李提摩太就向李鴻章建議，中國政府應每年投入一百萬兩白銀進行教育改革，李鴻章的回答是：「中國政府承擔不了這麼大一筆開銷。」李提摩太爭辯說：「那是『種子錢』，將來會帶來百倍的收益。」李鴻章問他何時能見成效，李提摩太說：「需要二十年，才能看到實施現代教育帶來的好處。」李鴻章回答說：「噢！我們等不了那麼長的時間。」

李提摩太曾說，中華民族的改變就意味著世界的改變，而教育是拯救一個民族唯一的方法和出路。庚子年中之所以會出現義和團的排外行為，在他看來根本原因在於現代教育的缺失，如果教育普及的話，類似這樣的仇外事件本不應該發生。李提摩太認為與其使用暴力與罰金，不如用教育來改變愚昧和無知。在他的不懈努力下，山西大學堂成為辛亥革命前中國僅有的三所大學之一。

一九一六年五月，年事已高的李提摩太辭去「廣學會」總幹事的職務回國，後於一九一九年四月二十日在倫敦逝世，年七十五歲。

九、堅硬的膝蓋：百年榮辱，不欠一跪

一八七二年十月，同治皇帝舉行大婚典禮，場面極其隆重，在京的各國使節都以為會受邀觀禮，但令他們大跌眼鏡的是主管清廷外務的總理衙門非但沒有給他們送來請柬，反而派出官員吞吞吐吐地「友情告知」，請他們通知其所在國的僑民們在皇帝大婚之日最好不要外出——當然也包括他們在內。

次年二月，同治皇帝宣布親政，但仍無召見各國公使的意思，英、俄、德、美、法五國公使在忍無可忍之下聯名照會總理衙門要求覲見皇帝。按說皇帝大婚與親政是熱熱鬧鬧的大場面，各國使節受邀觀禮也是當時的國際外交慣例，清廷為何避之唯恐不及呢？

這事得從乾隆年間說起。一七九三年六月（**當年正值得乾隆八十大壽**），英國特使馬戛爾尼率使團來到中國，清廷官員在接待時遇到一個前所未有的大問題：英國人居然不肯向皇帝下跪！乾隆聽後也很不高興，但英國人不遠萬里地前來祝壽，最後還是格外恩准了馬戛爾尼只單膝下跪的要求。英國人或許沒有意識到他們認為單腿下跪是對中國皇帝表示尊重的合適方法，但在乾隆眼中這只是一種表示臣服的粗野方式。

事後，乾隆對馬戛爾尼的覲見方式非常生氣：「英吉利國使臣等前來熱河於禮節多未諳悉，朕心深為不愜。」隨後特別批示：「英吉利國使臣不諳禮節，是以擬於萬壽節後即令回京。」由此，馬戛爾尼的此次出訪遭到了徹底的失敗。二十五年後，英國再次派遣阿美士德使團來華，但同樣因拒行三跪九叩禮而被「即日遣回」。兩次風波後，外國使節覲見清帝的禮儀問題便成了中外交涉的大難題。

中國古代沒有椅子，人們通常席地而坐，跪拜禮原起源於古代「正坐」的鞠躬禮，其本身並無人格侮辱的含義，但隨著專制皇權的日漸加強，跪拜禮開始變味並成為體現上下尊卑的等級強化劑。按照天朝的世界觀，中國就是世界的中心，不獨在地理上位於地球中央，文字、道德、禮儀、制度無一不優於四夷。

因此臣民和外國使節覲見清帝必須行三跪九叩禮，這一禮節不僅象徵著清朝皇帝專制統治和尊嚴，其中也反映了森嚴的封建等級。在乾隆的眼中，中國與海外諸國為宗主國與朝貢國的關係，英國也不例外，英使既以「貢使」的身分「覲見」，當然應該「三跪九叩首」的「行禮如儀」。可惜這只是清廷的一廂情願，英國並不認為是「外藩」下國，而是認為與中國地位平等，既然「中英平等」，當然沒有以「貢使」的身分行「三跪九叩首」之理，雙方在這一問題上根本談不攏。

乾隆朝國勢正盛還算是有本錢擺架子，但後來到了道光、咸豐朝在一系列對外戰爭中迭遭敗績，列強的堅船利炮仍難以撼動天朝「體制」的硬殼。第二次鴉片戰爭中，英法聯軍從天津攻至通州，咸豐皇帝對聯軍的八項議和條件無不應允，唯獨對英方提出親遞國書一條表示萬難允准，因親遞國書須按中國禮節跪拜如儀，否則只能交欽差大臣呈進，此係國體問題萬不可讓步，如洋人「不知悔悟，唯有與之決戰」。

戰爭的結果是英法聯軍攻破了北京城，咸豐倉皇逃往熱河。事至於此，咸豐仍對「夷酋面見朕弟」（**即留京收拾殘局的恭親王奕訢**）一事耿耿於懷，即便英法聯軍已撤出北京仍心存疑慮，他最擔心的是洋人以「堅持入覲」為要脅，最終不得不在殿堂之下面見「夷人」。為此，他寧可病死熱河也不肯返京。

一八六一年後，英法等國相繼在北京設立使館，各國公使要求覲見而又不肯下跪，這一問題成了清廷的一塊心病，好在同治繼位時僅六歲，總理衙門尚可以「皇帝年幼、太后垂簾聽政」為由拒絕其覲見要求，但隨著皇帝年歲日增，清廷也就陷入了無盡的麻煩之中。

經四個多月的反覆交涉後，總理衙門最終與各國使節達成協議，其中要點有三：一是清廷同意外國使節「不行跪拜」而按西方的三鞠躬慣例改為五鞠躬禮覲見清帝，雙方各讓一步，彼此不失體面；二是外國使節覲見時只可禮貌性的致辭而不能涉及具體事務，如「遽然奏陳，國主亦可以禮謝卻」，這主要是防止洋人趁機要脅皇帝；三是覲見事大，不宜輕舉，外國使節應遵守「同見之例，遲早恭侯，諭旨遵行，不能一人隨時請覲，用昭鄭重。」

一八七三年六月，各國公使最終覲見了同治皇帝，但對於中外關係史上的這一重大歷史事件，《清實錄》和《起居注》（**記載皇帝每天重要活動**）卻不願詳細記述，如《清穆宗實錄》中只有簡單的一句話：「六月壬子，日本使臣副島種臣、俄羅斯國使臣倭良嘎理、美利堅國使臣鏤斐迪、英吉利國使臣威妥瑪、法蘭西使臣熱福理、荷蘭使臣費果遜於紫光閣前瞻覲」；《起居注》中的記載更為簡略：「六月壬子，上御紫光閣升座，各國使臣暨翻譯等九人入覲見，上溫語慰問。」

作為當事人，日本使臣副島種臣的回憶似乎更能反映出當日的細節：「二十九日晨……七時，由寶鋆、毛昶熙引導大使（**副島種臣**）及鄭（**永寧**）至紫光閣傍行幄中伺候。八時帝出宮，九時御紫光閣，寶、毛兩大臣引導大使及鄭自閣之左階升，左門進（**鄭捧國書，在大使左肩後一步隨行**）……

大使及鄭開始進前，斜見寶座時，脫帽，作第一揖。再進至中央，正面對寶座時，作第二揖。又進，至御座所在之黃案前中央，立定，作第三揖（**此為覲見三揖**）……

鄭在大使左肩側後一步，寶、毛兩大臣分立黃案兩側，俱面北而立。去黃案數步之正北面設壇。壇上設高座，帝坐其上之龍椅上。座之左右，恭親王及皇族御前大臣侍立。軍機大臣、六部尚書、文武顯官，則在自壇下至黃案間之兩側分別對立……

大使以國書放置黃案上後，作一揖，陳頌來意，由鄭譯述畢，又一揖。帝有覆書，恭親王跪接，自階而下，至黃案前，宣稱：貴國大皇帝國書，朕收到了。大使作揖，恭親王復班……

帝又下敕語，恭親王又跪奉，下壇宣稱：貴國大皇帝安康否？兩國交際事宜，親赴總理各國事務衙門公平商議可也。大使作揖（**此間揖無定數**），恭親王又復班。事既畢，大使又一揖。鄭隨從背行後退，至中央盡頭處一揖，仍背行，至將見不著御案處，又一揖（**此為退出三揖**）。於是戴帽，仍由寶、毛兩氏前導，至時應宮憩息。」

此處有個細節頗值注意，按總理衙門與各國使節的約定，覲見時不行跪拜禮而行五鞠躬禮，但日本使節副島種臣行的卻是三鞠躬禮，這顯然是一種破格的禮遇。清廷此舉，似乎有一種「中日同文同種」的政治示好之意。

對這次的覲見，英法美俄等國公使大體滿意，但唯獨對覲見地點提出質疑，其理由是覲見地點紫光閣乃「接見貢使的地方」，清廷的做法是故意將各國使節降格為昔日貢使，因而他們提出了更換覲見地點的要求（從歷史上看，紫光閣並非清帝接見貢使的唯一地方，譬如乾隆就在熱河行宮接見馬戛爾尼，而一些貢使來京後，遇大朝、常朝之期往往與清廷大臣們隨班覲見；如不遇朝期，則在便殿接受召見）。

英法等公使對此問題的非難，目的是想讓清帝將太和殿作為外國使節的覲見場所。太和殿俗稱「金鑾殿」，是紫禁城中規模最大的殿宇，高約二十七米（連臺基約三十五米），建築面積二千三百七十七平方米，是明清兩代帝王舉行登基、朝會大典等重大禮儀的場所。列強的要求被清廷斷然拒絕，直到中日甲午戰爭期間法國新任公使施阿蘭乘機要脅，清廷以文華殿作為覲見地點作為讓步。一九〇〇年「庚子國變」後，列強再次提出在太和殿舉行覲見儀式的要求，幾經交涉雙方最終約定以乾清宮為覲見地點（其地位僅次於太和殿）。

對於中國禮儀的認識與評價，丁韙良在《花甲記憶》一書中也提及世界上最重禮儀的國家莫過於中國。中國古書即記載，「聖人垂裳而天下治」，即通過繁瑣隆重的禮儀來使得臣民們對皇帝產生一種宗教性的敬畏；時至今日朝廷禮制的威嚴氣勢仍與古代別無二致，禮儀作為一種統治工具已滲透到了社會的每一個角落裡。

無獨有偶，清末外交官顏惠慶在回憶錄也有同樣的認識，有一次他作為外務部部員參與了英國公使朱爾典覲見宣統皇帝並遞交國書的儀式，在宏大的宮殿中英國公使向端坐在寶座之上的皇帝行三鞠躬禮，「隆重的儀式使殿內的氛圍無比莊嚴，乃至見多識廣的英國外交官在宣讀祝詞時聲音也不免有些顫抖」。

甲午戰敗後，變法思維在年輕的士子中迅速流行，其中對留辮、纏足、跪拜等舊俗提出了猛烈的抨擊。如梁啟超在湖南時務學堂向學生宣傳，今日欲求變法，必自天子降尊始；不先變去跪拜之禮，只能受到外國人的訕笑。此議一出，湖南舊儒葉德輝大起反對，其指責梁啟超「欲易中國跪拜為西人鞠躬，居然請天子降尊，悖妄已極！」

據高陽在《翁同龢》一書中的記載，戊戌變法前德國亨利王子訪華，光緒在接見時破除了各種舊有禮儀；後因德國公使克林德被殺，御弟載灃被迫前往德國謝罪，據說德皇一度要求中方在謝罪時行跪拜禮，載灃聽說後託故不行，後在駐德公使呂海寰的交涉下才取消了這一侮辱性的要求——「風水輪流轉」，野蠻的並不止是中國人。

作為唯一出過國的執政者，攝政王載灃的作風明顯要開明許多。據曹汝霖回憶，載灃在接見各國代表時非常熱情並與之一一握手，明顯地表示出欲求親善的願望。

在現代人看來，跪拜導致身體扭曲，隨之而來的是人格的屈就，體現出一種絕對不平等的價值觀，這與現代社會提倡的「自由、平等、博愛」觀念格格不入。如果跪拜是為表示臣服與順從，這種下跪是具有侮辱性的，這也是馬戛爾尼和其他外國使節拒絕下跪的原因。

辛亥革命後，南京臨時政府明令廢止跪拜禮，並規定鞠躬為正式社交禮儀。袁世凱繼任臨時大總統後，隨後正式宣布民國的通用禮節：男子禮節脫帽鞠躬，大禮三鞠躬，常禮一鞠躬，尋常相對只用脫帽禮；女子大禮大致相同，唯不脫帽，專行鞠躬禮。一九一五年袁世凱復辟帝制時，有人阿諛奉承建議恢復跪拜，但袁世凱沒有同意，因他知道這不是簡單的禮儀問題，過去的畢竟已過去，強求毫無意義——但沒有跪拜的帝制仍不受歡迎並很快就破產了。

十、「海歸」容閎：我有一個夢想

一八五四年畢業於耶魯大學的容閎常被人認為是中國近代史上最早的「海歸」，但從嚴格意義上說，他只是從美國取得大學文憑的第一人。

一八二八年，容閎出生於廣東香山縣南屏村（今珠海南屏鎮）的一戶普通農家中，其家鄉離澳門近在咫尺，接觸「洋人」有地利之便。一八三五年，在哥哥已就讀傳統私塾時，七歲的容閎被父親送入傳教士郭士立夫人所辦的教會學校（由倫敦婦女會資助）。容父的做法原因其實很簡單：他只能供養一個孩子讀書，而外國教會學校可以免費就讀並提供食宿。

郭士立夫人所辦的是一所女子學校，容閎就讀的是附設的「男塾」，這其實是籌建中的「馬禮遜學校」的「男生預備班」。馬禮遜是基督教新教派往中國的第一個傳教士，同時他也是最早將《聖經》翻譯成中文的人。後來英國宗教界鑒於其貢獻成立「馬禮遜紀念協會」，協會每月撥出十五英鎊資助郭士立夫人在澳門先行招收部分男童就讀。

一八三九年後，中英兩國因鴉片貿易交惡而爆發戰爭，郭士立夫人的學校停辦，容閎回到村裡後前往澳門某印刷所充當裝訂書籍的小工，每月掙三塊錢。某日，家裡轉來一封信，信是一位澳門醫生所寫。原來，郭士立夫人千叮嚀萬叮囑一定要他找到容閎，送到新開辦的「馬禮遜學校」去上學。令人啼笑皆非的是，容閎其實就在距其醫院僅一英里的地方當小工，而那位醫生卻為此費盡了周折，最終在「馬禮遜學校」開課近一年後才將他找到。

一八四二年，「馬禮遜學校」遷往香港（原址在摩理臣山），當時的校長是來自美國的勃朗牧師，他是一位非常優秀的教育者。容閎在這裡讀了六年書，直到一八四六年八月的一天，勃朗牧師告訴學生們因個人健康的緣故要返回美國，同時希望帶幾個同學跟他一塊回美國繼續學業。

在一片沉寂中，三名學生站了起來，他們分別是容閎、黃勝與黃寬。由於三人都是窮人家的孩子，勃朗牧師除幫他們解決路費和學費外，還給他們的父母籌到了一筆贍養費。四個月後，這三個勇敢的孩子跟隨著勃朗牧師乘上「亨特利思號」運茶帆船，開始了他們人生中的首次驚濤之旅。

經過九十八個日夜的驚險旅程，容閎等人來到了麻塞諸塞州的孟松學校，這也是當時美國最著名的大學預備學校。一年後，同行者黃勝因病回國（其後在香港報館供職並成為著名的華人領袖，一八七三年後曾隨第二批幼童再度來美，並入中國公使館做過譯員），而另一位同學黃寬則被送往英國愛丁堡大學學醫（一八五六年學成回國並被外國僑民稱為「好望角以東最好的醫生」，後於一八七八年去世）。

按慣例，孟松學校可以資助部分學生進入大學，但條件是他們在畢業後必須以傳教士為職業。在這一重大的人生抉擇面前，此時已入教的容閎還是堅決地拒絕了。容閎在回憶錄《西學東漸記》中特別提及此事，他不無激動地表示：「傳道固然好，卻不是造福中國獨一無二的事業……志願書一經簽字就會受到束縛，很可能坐失為國家謀福利的機會」；「人類應盡之天職，不能因貧窮而改變宗旨」。

百年前的話語，如今聽來猶擲地有聲。自由、造福中國、為國家謀福利，這是容閎年輕時的夢想，但它同時是一個代價高昂的決定，因這意味著慈善基金將停止對他的資助。把容閎帶到美國的勃朗牧師對容閎的決定感到失望，但他並不願意看到這位有志向的年輕人就此折翼。一八五〇年夏天，當勃朗牧師前往美國南方看望親友回來後，他給容閎帶來了一個好消息：喬治亞州的薩凡那婦女會願意繼續資助容閎，而且不附加任何條件。

容閎闖過了這一難關。也就在這一年，他帶著辮子、穿著中國長袍進入了耶魯大學。一年後，這兩樣都割棄了。經過四年的苦讀，容閎與同級的九十八位同學一起畢業。在當天的畢業典禮上，很多人趕來參觀，而他們的目的之一就是要看一看容閎——第一位獲得美國大學而且是耶魯大學文憑的出色中國人。

一八五五年，容閎拒絕了朋友勸其歸化並在美謀職的忠告，隨後沿著當年的路線回國。到香港時，容閎激動萬分，但他突然發現自己竟然已完全忘記了中文——某外籍領港員上船用中文問他前方有無暗礁沙灘，但容閎已不知道如何用中文表述（**容閎回國後花了三年時間去重新熟悉中文**）。之後，容閎見到了相隔八年的家人，他們對他從耶魯大學獲得的羊皮紙（**畢業證明**）十分好奇，容閎無從解釋，只好說它相當於「秀才」文憑，而母親還似懂非懂問這個東西可以博得多少獎金。

耶魯大學畢業生在當時的美國往往被視為社會的領袖人物，但容閎回國後的最初幾年卻遭到了普遍的冷遇，當地官僚士紳根本不知道這種洋文憑、洋學問價值何在，他們只認進士、舉人——哪怕是個秀才。回國不久，容閎先在美國傳教士派克（**當時兼為美國外交委員即代領事，也是容閎的校友**）處擔任書記一職，月薪十五兩銀子。數月後，他又改任香港高等審判廳譯員，月薪提高到七十五兩。

時隔不久，容閎受人排擠而於一八五六年前往上海，並在海關翻譯處謀得一職，月薪同樣是七十五兩。直至有一天，容閎問稅務司李泰國：「以予在海關中奉職，將來希望若何？亦能升至總稅務司之地位乎？」李泰國搖頭：「凡中國人為翻譯者，無論何人絕不能有此希望。」容閎聽後隨即提交辭職書，李泰國還以為他是對薪水不滿，當場表示月薪可增至二百兩，但容閎仍拂袖而去。

辭職後的容閎改而從事絲茶生意，他曾為上海寶順洋行前往湖南、湖北、安徽、江蘇等地採辦茶葉，但由於太平天國戰爭尚在進行當中，各地局勢不靖，容閎在一次與土匪的遭遇中「神經受到震動」，為此而患病數月。容閎經此刺激後突然醒悟，自己近年的所作所為已越來越背離了自己回國的初衷：「我志在維新中國，自宜大處落墨。要是讓土匪給宰了，豈不輕如鴻毛。整天為賺幾個茶葉錢奔走於途，我的大事業豈非如水中撈月！」

一八六〇年十一月，在兩位傳教士的邀請下，容閎決定隨他們前往太平天國的都城天京（即南京）。據其自述：「此行的目的，是要去觀察一下太平軍是什麼性質，看看他們能否建立一個新政府以取代滿洲朝廷。」一行人乘坐一艘被稱作「無錫快」的快艇從上海出發，但所過之地令容閎感到觸目驚心，在連年的戰亂和相互殺戮之下，常州至無錫一帶富庶之區竟然少無人煙。

容閎與當時主持太平天國朝政的干王洪仁玕在香港即已相識，他們此行也得到了太平天國的熱情歡迎。數日後，洪仁玕派人送來一顆鐫有「義」字爵位的官印（**太平軍中的第四等爵**）和一幅寫在黃緞上的委任狀，容閎對此大失所望。經過幾天的觀察，容閎認為太平天國即便成功也不過是「一姓之廢興，於國體及政治上無重大改革之效果」；「那些領袖人物，其行為品格與所籌畫，實未敢信其必成」；「至於新入伍者，都是些地痞流氓和社會渣滓，這群烏合之眾，不但沒有增強戰力，反而成了拖累，明顯地削弱了戰鬥力。這幫人既不懂紀律，又沒有宗教信仰以遏制他們不分青紅皂白地到處燒殺搶掠。」

容閎認為洪秀全很可能是因考試失敗而得了神經病，靠基督教救贖結果卻發展出一套不倫不類的東西，這些人在攻取了歷來以財富和美女著稱的蘇杭、揚州等地後，給他們帶來了說不盡的財富和享樂，促使他們更快走向覆滅。容閎的結論是，「太平軍之行為，殆無造福中國之能力，可斷言也」。於是容閎退還官印和委任狀，並立即離開了「天國」。

在朋友的引介下，容閎於一八六三年見到了湘軍主帥曾國藩，據其所說喜歡給人看相的曾國藩見到他後，上上下下地足足打量了好幾分鐘，之後認為他「威稜有膽識」是做軍官的好材料，並提出讓他帶兵。但是容閎自認為對軍事一竅不通，而且太平天國戰爭即將結束，他更願意參與洋務方面的工作。曾國藩隨後委派他前往美國為江南製造總局購買機器，於是容閎攜帶六萬八千兩銀子再度赴美。在美期間正好趕上耶魯大學畢業十周年的聚會。

一八六五年，容閎圓滿達成任務，為節省時間而從巴拿馬地峽經舊金山橫渡太平洋回國。他採購回來的機器使得江南製造總局一躍成為當時遠東最大最完善的機器工廠，不但可以修理製造槍炮，而且可以造船。

在這些洋務活動中，最讓容閎感到驕傲的是「留美幼童」計畫，而這一計畫的背後推動者不僅包括了曾國藩、丁日昌、李鴻章等封疆大吏，還包括了朝廷重臣恭親王奕訢等。在反覆的努力之下，第一批幼童終於在一八七二年赴美留學，而作為副監督的容閎就此長期駐美（兼任駐美副使），實際成為這一計畫的主要負責人。

可惜這項計畫最終未能達成圓滿的結果。問題主要出在留學正監督的身上，特別以陳蘭彬與吳子登為甚。陳、吳都是翰林出身，雖然對洋務還算了解但思想不甚開通，他們對幼童們剪辮子、穿西服、打棒球等「西化」行為大大不滿，而一些幼童入教更是給他們提供了藉口（**違反了當時的禁令**）。吳子登還指責幼童們「離經叛道」，容閎有意縱容、管教失職，留學外洋「利少弊多，難得資力」，「此等學生，若更令其久居美國，必致全失其愛國之心，他日縱能學成回國，非特無益於國家，亦且有害於社會。欲為中國國家謀幸福計，當從速解散留學事務所，撤回留美學生。」此奏入京，朝野大譁。

對幼童們來美後的變化，容閎以為正常無須大驚小怪，但吳子登之舉非同小可，他隨後四處奔走盡其可能地拜訪聯絡美國名流和政要，希望藉助他們的力量挽回事態。在容閎的努力下，美國前總統格蘭特、大作家馬克‧吐溫、耶魯大學校長等人紛紛呼籲或致信總理衙門，但是所有的努力均告無效。一八八一年六月，清廷的答覆和當年批准留美計畫一樣，仍是那四個字：「依議，欽此！」

十年前，容閎的「強國夢」從這四個字開始；十年後，容閎一生中最大的努力同樣被這四字所斷送。失望之餘加上妻子患病（**朝廷重臣沈桂芬即對容閎娶外籍女子為妻頗有微詞，這也側面反應了朝中保守派對容閎的看法**），容閎於一八八二至一八九四年間僑居美國，一時淡出了中國。

甲午戰爭後，容閎重返國內並積極參與了之後的變法運動，他當時有兩個重要的議案，一是建立國家銀行以鼓鑄銀幣、發行國債和紙幣，惜為盛宣懷所壞；一是提議建造天津至鎮江的鐵路（**即後來的津浦鐵路**），再為德國人所阻。戊戌變法前後，容閎與翁同龢、張蔭桓及康有為、梁啟超等人來往密切，其金頂廟住所「一時幾變為維新黨領袖之會議場。」

變法失敗後，容閎避至上海租界，並對清廷徹底死心。一九〇〇年，容閎更有一驚人之舉，即與唐才常等激進的「自立會」人士在張園集會（與會人還有嚴復、章太炎、馬相伯、葉瀚等名流），七月二十六日更是宣布成立「中國議會」，容閎被選為議長。

一個月後，唐才常的「自立會」舉事失敗。當年九月清廷發布通緝令，容閎經由堂弟容星橋的協助離開上海。巧合的是孫中山也在這艘駛往日本的「神戶號」上。在容星橋的介紹下孫中山與容閎相識，他大讚孫中山是「中國政治改革派中眾望所歸的領袖」。容星橋是第三批留美幼童的成員，回國後任職於海軍後來棄職經商，曾任香港太古洋行、俄國順昌茶行買辦，他早在一八九五年即加入革命黨，也是留美幼童中唯一的革命黨。

一九〇一年，容閎避至臺灣，後經香港返回美國。一九一二年四月二十一日，容閎病逝於康乃狄克州哈特福市，終年八十四歲。

十一、留美幼童：橫渡大洋的孩子們

從一八七二年開始，清廷在李鴻章等人的努力下共派出四批幼童赴美求學，每批三十名，共計一百二十人。說起這個留學計畫，首先要歸功於容閎，清廷在他的努力下答應為每名學生支付每年四百兩的費用（加上其他人的費用，每年合計六萬兩），款項由江海關按期撥給。

由於當時風氣未開，容閎的招生計畫並不算完美。在所有一百二十名幼童中，來自廣東的佔絕對多數（共八十二人，接近百分之七十，而其中又有三十九名來自容閎的家鄉香山縣），其次為江浙（分別為二十二人和八人，佔百分之二十五），只有零星數人來自安徽、福建與山東。

當時的上層或學者家庭對容閎的計畫並不熱心，正如第二批幼童李恩富所說：「多數父母並不想送他們的孩子去如此遠而且是他們不知道的一塊土地，何況時間又是那麼長，他們以為那兒的人都是些野蠻人。」

為此，每個幼童在出發前必須完成兩件事，一是他們的父母或監護人必須與清廷簽訂一份文件，保證幼童在留學過程中，不管是任何原因的死亡、生病或殘疾，政府都不負任何責任和義務；其次是必須先參加設在上海的預備學校，只有那些通過考試的人才能被派往美國。

一切就緒後，幼童們由專門的看護官員帶領從上海出發，之後到日本橫濱換乘大海輪橫渡太平洋前往舊金山。據祁兆熙（清朝官員）記載，他們當時換乘的海輪名「日本號」，一些幼童在出洋不久就開始暈船，「嘔吐大作，俱睡而不能起」，晚上則「艙間多啼哭聲，不得安睡」。

暈船還不是最可怕的，數日後「遇橫風，如山巨浪，排闥飛來，聲沸萬鼎」，祁兆熙自覺「昏昏然坐立不安，寢食不穩，船上行走兩腳如醉人，東搖西擲」，所幸此時幼童們多已適應，因免其課讀而嬉戲自得。

近一個月的海上航行結束後，輪船抵達美國舊金山。從古老的帝國來到年輕的共和國，新大陸給幼童們留下了深刻印象。多年後，第二批幼童溫秉忠仍記得舊金山大橋下輪船來往穿梭，樹蔭草地間大廈高聳，而他們入住的皇宮大飯店有九層高，是當時舊金山最高的建築。同批來美的李恩富回憶說：「我從沒有見過有那麼高的摩天大樓」，「這裡有煤氣、有自來水、有電鈴，還有一種『升降梯』，所有這一切極大地滿足了我們到一個新地方的好奇。」

稍作休整後，幼童們開始了橫跨美洲大陸的火車旅行。第一次看見火車，孩子們都為之驚歎不已：「我實在不明白，什麼樣的車可以在那上面行走，而且據說是被『火』推進著。」數年後，一位男孩進入了耶魯大學工程學院，後來主持修建了聞名遐邇的京張鐵路，他就是詹天佑。

祁兆熙也是第一次坐火車，據其記述：「車輪一發，山川、田地、樹木，恍如電光過目。忽進山洞，比夜更黑，不見天日」；在幼童們的喧鬧聲中，他「急令諸生，勿探頭出，恐有撞擊。」那時的火車沒有餐車，吃飯都在停車時解決。作為幼童的保護者，祁兆熙既要「保護諸生下車，點諸生上車」，又要「保護銀箱」，因而他從未下車而始終吃著幼童帶回的麵包並就著冷水解渴。

幼童們的終點站是康乃狄克河畔的春田市。幼童們按計劃將被分別安排在春田市和哈特福市的美國接待家庭中。而容閎的私人關係在此起到了重要作用，在第一批幼童抵達前總共有一百二十二戶美國家庭提出了申請，其中多為當地的教師、醫生或教會成員等。值得一提的是大作家馬克．吐溫一家當時就定居於此，他的兩個女兒後來也成為留美幼童的同學，而馬克．吐溫也成了容閎的好朋友。

為讓幼童們得到更好的關照，康乃狄克州教育局長諾索布還特別寫信給接待家庭，要求家長們對中國孩子們既要慈愛有加也要嚴格要求，特別要保證幼童的健康及避免發生意外。

將幼童安置到美國家庭中，一是為得到更好的照顧，另一個也是為幫助幼童們盡快掌握當地語言。據李恩富的回憶，他們剛到美國時主人往往要求他們通過記憶實物名稱的方法來學習英文，比如在飯桌上讓他們學習各種食物的名字，如果記不住某道菜的名字就不能吃那道菜。幼童們在這種環境下很快地掌握了與當地人交流的語言能力。

來美之初，幼童們都留著辮子、穿著馬褂，這種古怪的裝束讓很多美國人誤以為他們是女孩，為更好地融入美國生活，他們之後被批准剪辨並改穿西式服裝。幼童們很快地「被美國化」，日常生活也與美國兒童無異，但有一件事需要格外注意，那就是來美國前被一再告誡的：不得信教。

一八七四年，清廷批准容閎在哈特福建造了一洋房作為中國留學事務所的永久辦公之地。分散在各處的幼童按規定要定期返回哈特福（**每三月一次，分批安排**），並住進留學事務局中學習中國功課，負責教導他們的是留學事務正監督、翰林陳蘭彬及其繼任吳子登。從他們所作的詩文來看，這些幼童的漢文水準並不算弱。

一八七六年在美國費城舉行世博會，一位名叫李圭的中國代表在博覽會上偶遇了這些中國幼童，他在《環遊地球新錄》中有這樣一段記載：「見諸童多在會院遊覽，於千萬人中言動自如，無畏怯態。裝束若西人，而外罩短褂仍近華式。見圭等甚親近，舉止有外洋風派。幼小者與女師偕行，師指物與觀頗能對答，親愛之情幾同母子。」

李圭所見不虛，幼童們確實與他們的接待家庭結下了深厚的友誼。多年以後，已長大成人的幼童們再次將他們的子女送到美國讀書，一些人仍舊通過同樣的家庭關照自己的孩子，其中就包括了後任總理的唐紹儀。值得一提的是，宋氏姐妹（**宋慶齡和宋美齡**）也是由其姨夫溫秉忠送去的。

「留美幼童」計畫反映了清廷要求富國強兵的迫切願望，幼童們按之前的規劃應在美國學習十五年，他們中的合格者在完成大學學業後將被送入西點軍校和海軍學院深造，但很不幸地這一計畫因種種原因未能繼續執行。一八八一年，在大多數人都未能完成大學學業的情況下，留美幼童被全部撤回，當時只有二人從耶魯大學畢業（**詹天佑和歐陽庚**），而另外三十八人已進入耶魯大學、麻省理工學院、壬色列理工學院等院校學習。

清廷中斷留學計畫有幾個原因：一是留學正監督陳蘭彬及其繼任吳子登的過於保守，他們與副監督容閎的矛盾及對幼童們各種「叛逆」的行為不滿，其態度主導了清廷的撤回決定；二是美國政府拒絕了幼童們在大學畢業後進入軍事學院和海軍學院的要求，這讓李鴻章十分不滿，從而未能大力挽救這一留學計畫；三是美國西海岸掀起了塵囂甚上的「排華」浪潮，這也在一定程度上影響了清廷的決策。

一八八一年六月，已長大的留美幼童們被分作三批撤回，他們中的第一批留學十年，第二批九年，第三批八年，第四批七年。除病故或之前因故撤回及抗拒不回的二十六名之外，其餘九十四名全部撤回。抗拒「召回」的是譚耀勳和容揆，前者在撤回途中逃跑，後者在叔叔容閎的幫助下藏了起來，這兩人後都畢業於耶魯大學。另外，還有李恩富、陸永泉、曾溥、李桂攀、張康仁等人在被「召回」後通過各種途徑重返美國，並完成了之前的大學學業。

幼童們回到上海後，被清廷以「聽候任用」的名義羈留在求知書院，為防止他們逃走，上海道臺還派有兵丁把守大門，即便是中秋佳節也不准幼童與親人團聚。

不久，幼童們被重新安置，有二十一人進入天津電報總局，二十三人被福州船政局、上海機器局留用，其餘五十名「分拔天津水師、機器、魚雷、水雷、電報、醫館等處學習當差」。回國之初，幼童們受到明顯的排斥與冷遇，所獲得的待遇也非常低（**一個月只發給數兩銀子**），以至於數人從天津私自逃回上海謀事，結果又被上海道臺通緝抓捕。

一八八四年的中法海戰有六名留美幼童參戰，其中四人犧牲，在福州馬尾的昭忠祠石碑上，仍刻有「振威二副鄺詠鍾、揚武練生楊兆楠、揚武練生薛有福、揚武練生黃季良」四個人的名字，「振威」與「揚武」，都是他們所屬戰艦的名稱。

一八九四年的甲午海戰同樣有留美幼童的身影，而第四批幼童沈壽昌則是為國犧牲的海軍第一人。「豐島海戰」中，「濟遠艦」在完成護送運兵船任務回航之際，遭到了四艘日本戰艦的突襲。激戰中，正在指揮發炮的幫帶大副沈壽昌被日艦炮火擊中，年僅二十九歲。在之後的「大東溝海戰」中，同為第四批幼童的「致遠艦」幫帶大副陳金揆殉國；在威海保衛戰中，「廣丙艦」幫帶大副黃祖蓮殉國。其他參戰的幼童還有「鎮遠艦」槍炮大副曹嘉祥、「定遠艦」參謀吳應科、「定遠艦」魚雷大副徐振鵬、「廣甲艦」艦長吳敬榮、「廣甲艦」幫帶大副宋文翽、「福龍號」魚雷艇管帶蔡廷幹。

留美幼童一直等到清末新政時期才得以真正出頭，而這與袁世凱有著莫大的關係。袁世凱就任直隸總督兼北洋大臣後，一大批留美幼童投奔到他的門下並得到了重用，其中有後任民國第一任總理的唐紹儀、京張鐵路的設計者詹天佑、北洋大學校長蔡紹基、天津巡警道曹嘉祥、天津招商局總辦周壽臣等，最富傳奇色彩的是連續四任天津海關道全部為留美幼童，他們分別是：唐紹儀、梁敦彥、梁如浩、蔡紹基。

曾在威海保衛戰中率魚雷艇隊出逃的蔡廷幹一度被日軍俘虜，後被袁世凱接納成為其外務方面的幕僚。他在辛亥革命南北和議期間發揮了重要作用，並親自為袁世凱剪去了腦後長辮。當然在留美幼童中還有數位優秀的外交人才，譬如梁敦彥曾擔任外務部尚書、唐國安曾擔任「萬國禁煙會」的中國代表、梁誠曾擔任駐美公使並促成了「庚子賠款留學計畫」，而留學計畫的預備學校——清華學堂的負責人正是唐國安。另外，溫秉忠曾於一九〇五年隨同五大臣出洋考察憲政，而當時的隨員中還有同為留美幼童的電信專家唐元湛，他在出訪途中考察了瑞典「愛立信」公司。

據統計，在一百二十名幼童中，其中三人死於美國，四人從事政治，十六人成為外交官，二十人服務海軍，三人在稅務和海關機構，三人是教師，十四人成為鐵路官員和工程師，九人成為採礦工程師，十六人從事電信工作，八人經商，三人成為醫生，一人成為律師，三人成為記者（**統計未盡準確，因其職業生涯或有交叉重疊**）。

譚耀勳與容揆，這兩位抗旨留在美國完成學業的幼童，前者獲得了中國駐紐約總領事館的職位，不過他很快地因肺病而客死他鄉；後者供職於中國駐美國公使館，兩人都畢業於耶魯大學。另外值得一提的是後來返回美國並同樣畢業於耶魯大學的李恩富成為幼童中少有的報人與作者，而他的那本小書《我在中國的童年》，極其生動地記述了留美幼童的那段歷史。

鍾文耀是前耶魯大學划船隊的舵手，回國後的經歷也很豐富，他既當過外交官也做過滬寧鐵路和滬杭鐵路的總辦，他也是上海灘上最早的汽車擁有者。在所有的幼童中，湘潭煤礦的發現者鄺榮光是最後一位離世的，他於一九六五年在天津辭世，享年一百零三歲。

十二、孤懸海外：琉球是怎樣陷落的

一八七九年十月，三名衣衫襤褸的海外客匍匐在總理衙門的門口痛哭不已，引起了眾多過路人的圍觀。他們是誰呢？原來是做了「亡國奴」的琉球耳目官毛精長等三人。他們在國王尚泰被日本人擄走後，歷經千辛萬苦前來母邦求援以「盡逐日兵出境」，但他們的母邦卻無能為力，事後只能發給他們三百兩銀子作為川資讓他們設法自行回去。求助無望下，琉球國使者林世功悲憤自戕，希望以死來喚起母國的關注。

林世功曾留下一份「以死乞師」的請願書，情極可憐：「琉球國陳情通事林世功謹稟，為一死泣請天恩，迅賜救亡存國，以全臣節事。竊功因主辱國亡，已於客歲九月，隨同前往進貢正使耳目官毛精長等改裝入都，……泣念奉王命抵閩告急已歷三年，敝國慘遭日人益肆鴟張，一則宗社成墟，二則國王世子見執東行，繼則百姓受其暴虐。皆由功不能痛哭請救所致，已屬死有餘罪，然國主未返，世子拘留，猶期雪恥以圖存，未敢捐軀以塞責，今晉京守俟，又逾一載，仍復未克濟事，何以為臣？……」

從地圖上看，琉球群島像彎曲的鬍子一樣散布於東海，距中國浙江、福建約千餘里。《隋書·流求傳》中將之稱為「流虬」，其中就頗為形象地描繪了它的地理形狀。中國古代出海打魚的漁民，對這個海外大島多有提及，其名字也因各朝而變化，或作流求、或作琉球，《元史》中也稱之為「瑠求」。

元朝末年，琉球群島形成北山、中山和南山三個獨立王國。洪武五年，明太祖派楊戴出使琉球，分別冊封了這三國國王，琉球也由此成為明朝的藩國。數年後，中山國統一南北兩島，中山王也就被明朝正式冊封為琉球王，這種藩屬關係一直保持到清朝。

其間琉球與明清的藩屬關係也出現過一定的波折，那就是日本的介入。明朝中後期，日本豐臣秀吉北侵朝鮮時，曾派諸侯島津氏率兵三千征伐琉球，在俘虜了國王尚寧後，又令其向日本薩摩藩輸送錢財糧食以供軍餉之需。直到五十多年後琉球王才擺脫了薩摩藩的控制，隨後又主動遣使到中國請求大清皇帝冊封。當時的順治皇帝應允其要求冊封為尚質王，規定兩年進貢一次。

在地理位置上，琉球與日本也頗有關係，除了明末薩摩藩曾攻伐過琉球一段時間外，之後日本也常假借琉球與中國交通。明清時期，琉球也與日本發展貿易，薩摩藩一度將之視為屬下，由於古代航運條件的限制清廷也未予過問，而日本也未做進一步要求。因此，這種「兩屬關係」維持了很長一段時間。

中日因琉球問題發生衝突，是近代以後的事。一八七一年，琉球所屬的宮古島、八重山島漁民因風暴而漂流至臺灣南部，有五十四人被生番（**即臺灣原住民**）所殺，剩下的十二人死裡逃生回到琉球，史稱「八瑤灣事件」。事後，日本向清廷提出抗議，稱琉球屬民被臺灣人所害，而總理衙門卻以「臺灣生番之地，置於化外，政教未逮」加以敷衍，由此日本人抓住了把柄並在次年出兵征伐臺灣，史稱「牡丹社事件」。

有一點必須指明的是征伐臺灣的並非是日本政府，而是違抗政府命令的西鄉從道，其行為只能算地方軍閥所為。在中方的強大壓力下，加上日軍在臺灣感染時疫，西鄉從道不得不自行撤退，征臺之舉完全失敗。

可惜在此事件之後的談判中清廷犯下重大錯誤，那就是在一八七四年的《中日北京專條》（又稱《臺灣事件專約》）上，寫有臺灣生番「將日本國屬民等妄加殺害」；「日本國此次所辦，原為保民義舉起見，中國不指以為不是」等語，從而造成了一種外交事實，即凸顯了琉球與日本的特殊關係、日本有權保護琉球之後果。不僅如此，清廷還為日本此次出兵賠付了白銀五十萬兩，作為撫恤銀和日軍在臺灣修路及營房的費用。

清廷在這次事件中的妥協，主要原因還在於當時缺乏可供出洋作戰的戰艦，而這也成為中國近代海軍之發軔。李鴻章便從那一年開始向英國、德國購買或者建造軍艦以期捍衛遼闊海疆。

打造一支近代海軍非一朝一夕能成功，而日本抓住時機加快了吞併琉球的進程，這就是所謂的「琉球處分」。一八七五年，日本權臣大久保利通以替琉球討伐生番的名義，將琉球三司官池城親方安規等召至東京，要求他們停止向清廷朝貢、不再接受清廷的冊封、撤銷在福州的琉球館、今後琉球的外交事務統一由日本外務省負責等。琉球三司官以害怕冒犯中國的理由拒絕了大久保利通的提議，要求仍按傳統習慣行事。

在日本的一再威逼之下，琉球一邊遣使說理，一邊派人到中國乞援。一八七七年四月，琉球國王密遣紫巾官向德宏來華陳情，告知日本阻止琉球朝貢中國之事。經閩浙總督何璟、福建巡撫丁日昌上奏後，清廷頒下諭旨，稱「琉球世守藩服，歲修職貢，日本何以無故梗阻？是否藉端生事，抑或另有別情？著總理各國事務衙門即傳知出使日本大臣何如璋等，俟到日本後相機妥籌辦理。」

一八七七年底，首任駐日公使何如璋到達東京，隨即就日本阻止琉球朝貢之事展開了交涉。而琉球官吏也分別拜會了駐東京的英、美、荷蘭等國公使，以爭取這些國家的同情與支持。日本政府得知此事後，隨即對琉球藩吏下驅逐令，禁止他們繼續在東京停留。受此侮辱，琉球官吏全都面露憤然之色，並赴日本官員私邸發洩他們的不滿。

對於中方的抗議，日本外務卿寺島宗則卻藉口何如璋的照會「言辭激烈」而屢屢糾纏不休，不予正面回覆。究竟何如璋在照會中是如何強硬的呢？在現在看來，不過是一說理帖子。試節錄如下：「查琉球國為中國洋面一小島，地勢狹小，物產澆薄，貪之無可貪，併之無可併……我大清憐其弱小，優待有加；琉球事我，尤為恭順。定例二年一貢，從無間斷……又琉球國於我咸豐年間，曾與美利堅合眾國、法蘭西、荷蘭國立約，約中皆用我年號曆朔文字，是琉球為服屬我朝之國，歐美各國無不知之。」這段是梳理琉球的歷史。

接著，何如璋又稱：「今忽聞貴國禁止琉球進貢我國，我政府聞之，以為日本堂堂大國，諒不肯背鄰交，欺弱國，為此不信不義無情無理之事……今若欺凌琉球，擅改舊章，將何以對我國？且何以對與琉球有約之國？琉球雖小，其服事我朝之心，上下如一，亦斷斷難以屈從……務望貴國待琉球以禮，俾琉球國體政體一切率循舊章，並不准阻我貢事，庶足以全友誼，固鄰交，不致貽笑於萬國。」

日本外務卿寺島宗則抓住「日本堂堂大國，諒不肯背鄰交，欺弱國，為此不信不義無情無理之事」數句斥責之語大做文章，非要何如璋做出解釋，實則是在回避「琉球歸屬」的真問題。

李鴻章對於何如璋的強硬頗不以為然。何如璋之前曾給李鴻章寄過一函，其中稱：「如璋熟知中國此時絕非用兵之時，既慮日人，亦我天恩寬大，必不因彈丸之地張撻伐之威。口舌相從，恐無了局。然無論作何結局，較之今日之隱忍不言，猶為彼善於此。即終無了期，而日人有所顧忌，球人藉以苟延，所獲亦多。失此不言，日人既滅琉球，練之為兵，驅之為寇，轉恐邊患無已時，斯又度時審勢，反覆躊躇，而以為不得不言者也。」

李鴻章接信後，儘管其在覆函中也痛斥日本「阻貢不已，旋改年號；改年不已，復欲鎖港。無理已極！」但他又認為，「琉球以黑子彈丸之地，孤懸海外，遠於中國，而邇於日本」；「琉球朝貢，本無大利，若受其貢而不能保其國，固為諸國所輕；若專恃筆舌，與之理論，而近今日本舉動，誠如來書所謂無賴之橫，瘈狗之狂，恐未必就我範圍。若以威力相角，爭小國區區之貢，務虛名而勤遠略，非惟不暇，亦且無謂」。

在交涉沒有結果的情況下，何如璋致函總理衙門，提出「上中下」三策：一是遣兵船責問琉球，徵其入貢，示日本以必爭；二是據理言明，約琉球令其夾攻，示日本以必救；三是外交辯論，或援萬國公法以相糾責，或約各國使臣與之評理。總理衙門在徵求李鴻章意見時，李鴻章從功利的角度出發，認為暫時可用第三策應付。

清廷的妥協主要還是因海軍剛剛起步，外購軍艦尚在詢價當中，無力承擔起對琉球的保護責任。對於日本的舉動，當時能採取的方法也只能是外交羈絆。事實上，日本在一八七七年至一八七八年的國內政局也極為混亂，先是西鄉隆盛在薩摩藩發起叛亂（史稱「西南戰爭」）最終失敗戰死。次年，被稱為「東方俾斯麥」的大久保利通被人暗殺。可惜清廷當時連一艘巡洋艦都沒有，因而也就未能抓住這短暫的機遇。

一八七九年三月，日本政府對琉球下達「廢藩置縣」令，曰：「琉球藩舊服王化，實賴復育之德；今乃恃恩挾嫌，不恭使命，是蓋舟程遠隔，見聞有限所致。朕一視同仁，不深譴既往之罪。茲廢該藩，移置尚泰東京府下，賜以第宅。且以尚健、尚弼置於華族之列，俱置籍東京府，著所司奉行。」由此，日本將琉球王尚泰抓到東京軟禁，琉球群島被日本鹿兒島縣與新設置的沖繩縣一分為二：北部數島併入鹿兒島縣，餘下諸島則成立新的沖繩縣。對於清廷的強烈抗議，日本充耳不聞。

作為琉球的宗主國，清廷始終不承認日本吞併琉球的事實，並向日本進行了多次交涉和抗議。由於琉球問題一直懸而未決，後來李鴻章邀請來華旅行的美國前總統格蘭特設法調解。在壓力之下，日方提出將琉球群島三分，北部歸屬日本，南部即宮古、石垣、八重山群島在內的先島群島（**當時已為日本控制**）歸中國，中間的琉球主島仍劃為日本之沖繩。更為居心叵測的是日本在這份《擬稿》中加上了一個附加條件，即日本也要像英美等國一樣，取得「最惠國待遇」。

當時中俄因伊犁問題也在談判，其間危機四伏。由於擔心日本與俄國勾結起來，李鴻章主張對日本的《擬稿》採取拖延戰術，等待中俄談判結果的明朗化。日方急於騙取中國的「最惠國待遇」，多次催問簽約事宜，但最終因中俄在伊犁問題上達成妥協，總理衙門拒絕在日方擬就的《擬稿》上簽字，日本公使宍戶璣最後只好悻悻離京以示決裂。琉球群島主權歸屬一案也就此擱置，最終未能了結。

直到甲午戰爭後中國戰敗，日本從《馬關條約》裡割佔臺灣及澎湖列島，「琉球問題」也就不再是主要問題。一九〇一年，琉球最後一位國王尚泰在日本死亡，曾經的琉球國隨著時間的流逝也就變成了日本的沖繩縣，琉球的復國運動也日漸消失在歷史的長河之中。

十三、御史屍諫：清末宮荒下的言官稜角

西元一八七九年，即光緒繼承皇位後的第五年，京城發生了一件非常之事：在前任皇帝同治的惠陵移葬大典結束當晚，一位名叫吳可讀的六品主事在毫無徵兆的情況下，突然在惠陵附近的一個荒僻小廟中服毒自盡……

此事說大不大、說小不小。消息傳出後，州官馳報，全城哄動，人們腦海裡湧現出一連串的疑問：吳可讀是什麼人？他為什麼要這樣做？這裡面到底有什麼玄機與隱情？

事件本身並不複雜，從吳可讀的遺摺來看，他的舉動完全是出於主動而且早在計畫當中。令人困惑的是按例這位道光年的老進士並無參加移陵的義務，是他主動要求隨同吏部參加祭禮，因其對先帝至忠至哀方獲允准。旁人或許要問，吳可讀既然「至忠至哀」，那何以要在此敏感時刻選擇在皇陵禁地做出此等不敬乃至於驚世駭俗之舉呢？

七十老翁何所求，吳可讀當時已近七旬，按官場前例完全可以告老還鄉，回家含飴弄孫享天倫之樂，可又為何要選擇暴屍荒野、不得善終呢？

問題的答案還是在吳可讀那道遺疏上。可以肯定吳可讀的自殉絕非無由頭的自尋短見而是歷史上最慘烈的一種諫議方式，即所謂「屍諫」。在這道生前便已擬就的摺子裡，吳可讀公開指責慈禧太后沒有為同治皇帝立嗣，以至於皇位承續的頭等大事一拖再拖、一誤再誤，最終將釀成「綱紀不

振、禮法大壞」的巨患。因此他決定用以「死諫」的方式來要求慈禧太后明降諭旨，確保新皇帝光緒在將來生子後以同治之子的名義承繼大統，以防止因同治無後而紊亂皇位世系。

同治係慈禧太后的親生子，也是咸豐皇帝的唯一繼承人，但這位天生頑劣的小皇帝在大婚後不久便突然駕崩，由於其生前未留下任何子嗣，這就給皇位繼承出了個大難題。按清朝祖制，皇位父死子繼，同治無子理應為之立嗣。但這個問題卻頗為複雜，因同治（**載淳**）屬「載」字輩，如要立嗣理應從「溥」字輩中挑出一合適人選，而人選是否合適主要的標準取決於血緣的親近。

可當時的人選均不符合要求，因在皇族近支中「溥」字輩只有兩人：溥倫和溥侃。溥倫和溥侃均為道光皇帝的長子奕緯（**咸豐皇帝的長兄，死於道光之前**）之孫，當時溥倫十七歲，年齡偏大；而溥侃只有八個月，年齡又偏小。年齡的大小尚有餘地可議，問題的關鍵還在於血緣，因溥倫和溥侃的父親貝勒載治是由旁支過繼而來的養子而不是奕緯的親生子，因此從血緣上來說不應算是近支宗室。

當然，溥倫與溥侃的落選還有另外一層原因，那就是一旦立「溥」字輩為嗣皇帝，慈禧太后勢必要變成「太皇太后」（**慈安太后當時也在世**），之前「垂簾聽政」的議政模式也將無法再續，這也是慈禧太后所不願意看到的。由於各王公大臣們在此問題上拿不出主意也說不出所以然，慈禧太后斷然決定以醇親王奕譞之子、三歲的載湉（**即光緒皇帝**）作為咸豐皇帝的子嗣繼承皇位。朝中重臣對此安排私下裡雖頗有微詞，但懾於慈禧太后的威勢也無人敢公開表示反對。

立載湉為新皇帝引發了一個嚴重的問題，那就是光緒與同治均屬「載」字輩，兩人為堂兄弟關係，這在繼位制度上與禮法不合，勢必引發皇帝世系的紊亂。聖賢有云：「名不正則言不順」，歷史上因禮法問題而發生激烈衝突的案例不可勝舉，其結局大多以悲劇而告終，所謂「前車之鑒、後事之師」。往大裡說，合乎禮法的皇位承續乃數百年立國之本；往小裡說，這也是朝政正常交接運轉的根本保證。

醇親王奕譞是咸豐皇帝的七弟，但這並不是慈禧太后選擇其子載湉為皇位繼承人的主要原因。奕譞的好運氣主要是因為他的福晉，她是慈禧太后的親妹妹。如果單純從皇族血緣親疏來說的話，載湉未必不是最合適的人選，但問題的要害在於——宗法制度如何解決？

慈禧太后提出的折衷方案，其要點有二：一是宣布載湉承續的是咸豐皇帝的皇位，她仍以皇太后的名義承擔將小皇帝撫養成人的責任；二是將來光緒的兒子作為同治的子嗣繼位，以此將繼位名分及皇帝世系的問題加以糾正抹平。

就實用主義而言，慈禧太后的方法稱得上切實可行，但以往並無先例且有違祖制，因而言官們不免在背後議論紛紛。光緒繼位後的第一年，內閣侍讀學士廣安上了一道摺子，他在對光緒未來的皇子承繼同治的安排表示頌揚的同時，又大膽地請求慈禧太后立下鐵券並昭告天下，以免此事在將來旁生枝節。

鐵券之典故出於宋朝初年，據說昭憲太后臨終前告誡宋太祖趙匡胤，宋之所以得天下，「正由周世宗使幼兒主天下耳，使周氏有長君，天下豈為汝有乎？」太后之意是趙匡胤的兒子太小，其「百歲之後」當「傳位於汝弟」，以避後周覆亡之前鑒。趙匡胤表示遵從後，昭憲太后命宰相趙普制立誓書「藏之金匱」，以保證之後再傳位於太祖長子趙德昭。但是這種「兄終弟及」再「還政歸本」的繼承方式顯然是昭憲太后與趙匡胤的一廂情願，宋太宗趙光義即位後即違背諾言將皇位傳給了自己的兒子趙恆，嫡長子繼承制再次成為主流。

慈禧太后未必充分知曉前朝故事的利害關係，但她心裡清楚這次的皇位安排雖有不得已的苦衷，但畢竟經不起儒家宗法制度的嚴格推敲；倘若將此事公開討論勢必令問題更加複雜化，稍有不慎即有無窮之後患。因此慈禧太后從一開始便十分堅決，她在下發的諭旨中將廣安疾言厲色地申斥了一頓，並稱其為「冒昧瀆陳，大膽妄為」，硬是將一場潛在的風波給強行打壓了下去。

五年過去了。正當慈禧太后以為人們已遺忘了此事之時，「吳可讀事件」在同治移陵大葬的敏感時期發生了。

中國的士大夫飽受孔孟之道的浸染，對於不合祖制的安排往往會採取極端行為，譬如明朝嘉靖年間的「大禮獄」一案，一些大臣寧可被廷杖打死，也絕不讓皇帝違反儒家禮法。即便是吳可讀的「屍諫」之舉，道光年間也曾有過先例，當時軍機大臣王鼎彈劾朝中第一權臣穆彰阿「奸詐害國」後仿「史魚屍諫」之義自縊而亡，朝野為之震驚。由此光緒初年的清流黨們對吳可讀的義舉大為讚歎，並稱其為「從容就義，視死如歸，非匹夫之勇，是君子道義之勇」。在這些士大夫們的眼中吳可讀是一個真正崇高赤誠的殉道者，其非常之舉絕非一般人能做到。

據野史傳說，慈禧太后在接到吳可讀的遺疏後勃然大怒，她擲摺於地、拍桌大罵：「不要讓此獠走掉！」身旁大臣從容上奏此人早已將身後之事安排妥當，現已從容赴死，慈禧太后聽後大為震驚。對摺拜讀再三後，她也被吳可讀的忠誠所感染並勾起了對親生子同治早逝的傷心。最終，慈禧太后頒下諭旨再次申明，光緒生子後將作為同治的子嗣繼位，事無更改，而吳可讀「以死建言，孤忠可憫」，命廷議加恩按五品官例議恤。

既獲天語褒獎，清流們隨後在宣武門外的文昌館內為吳可讀設奠開弔，那天的場面可謂規模空前，上至大學士各部堂官，下至各衙門的一般司員，素車白馬、人來人往，就連那些一向自視甚高、清貴耿介的翰林御史們也都自發地代喪家接待弔客，極盡一時之哀榮。

「回頭六十八年中，往事空談愛與忠。坯土已成黃帝鼎，前星猶祝紫微宮。相逢老輩寥寥甚，到處先生好好同。欲識孤臣戀恩處，五更風雨薊門東。」這首吳可讀生前所做的殉道詩在光緒年間為士大夫們傳誦一時，但令人無法預料的是慈禧太后看似圓滿的安排在之後的數十年中又遭遇變數。

這次的問題出在光緒身上。光緒親政以後，隨著醇親王奕譞及福晉先後去世（失去了調解的中間人），慈禧太后與光緒的「母子失和」現象日益嚴重。光緒的「忤逆不孝」令慈禧太后一度萌生廢黜皇帝的念頭，但最終因中外阻力而不得不放棄。次年，慈禧太后宣布「乙亥建儲」，即選中端郡王載漪次子溥儁為皇儲並入繼穆宗同治為嗣，名號「大阿哥」。

這事頗有些弔詭，光緒當年不過二十八歲，為何不待他生下子嗣而急於為同治立嗣，其中必有隱情。最合理的解釋是光緒皇帝很可能因長期的腎炎等疾病而導致無生育能力。慈禧太后對此未必不是心知肚明，因隆裕皇后乃是她的親侄女。

後來光緒無子嗣的事實固然證明慈禧太后提前立嗣是正確的判斷，但因所選非人使得「乙亥建儲」引發了更大的一場災難——「庚子國難」。由於端郡王載漪等人的胡亂作為，慈禧太后與光緒皇帝勉強在八國聯軍攻入皇城前逃出北京，在吃了一場大苦頭後慈禧太后與光緒的關係有所改善，「大阿哥」溥儁則在返京後不久被廢出宮，皇宮恢復了昔日的平靜，但帝、后之間的矛盾仍舊長期存在，在光緒的身體一日不如一日的煎熬中又過了八年。

一九〇八年十一月十四日，年僅三十七歲的光緒於在中南海瀛臺涵元殿黯然離世。慈禧太后也在一天之後宣告死亡，並在死前立醇親王載灃之子溥儀為帝。

「國無長君、婦人執政；國運已墮，事不過三」，如果說同治未能生育是因死得太早，那麼光緒與溥儀很可能是沒有生育能力。在古代皇權社會裡，國事即家事，皇家之事便是國之大事，要是皇帝生不出兒子，那就成了天大的事。晚清七十年，連續三個皇帝都沒有子嗣，這在以往的歷史上實屬罕見。從這個角度上說，導致清廷覆亡的或許就是「宮荒」二字。

十四、清官固窮：「救時宰相」閻敬銘

光緒年間的理財專家——戶部尚書閻敬銘，人稱「救時宰相」，其為官清廉耿介，口碑極佳。閻敬銘，字丹初，生於嘉慶二十二年（一八一七年），陝西朝邑人（今大荔縣），年少好讀，後於道光十四年（一八三四年）中舉，年僅十八歲。他在之後的會試中屢試不中，無奈之下只好參加了吏部舉行的「大挑」以圖進入仕途。

「大挑」是清朝特有的科舉制度，每六年舉行一次，只有在會試中連續三次以上不中的舉人才可以參加。清廷原本的用意是因進士錄取名額太少，而參加會試的舉人人數眾多（每次數千人），為防止人才浪費和士子怨憤，清廷准吏部對連連落選的舉人進行考試，一等以知縣用，二等以教職用，意在讓這些落第的舉子能有較寬的出路。

「大挑」與考舉人的鄉試、考進士的會試還不一樣，它並不重視文章詞賦而主要根據應考者的形貌、應對與時事進行考察，每屆「大挑」由皇帝欽派親王大臣在內閣舉行。據說能被挑中的主要與其相貌有關，這下閻敬銘可就吃大虧了。據《春冰室野乘》中說，閻敬銘長得身材短小，臉型像個棗核，二目一高一低且有大小之分，模樣十分古怪。接受「大挑」的舉人們按每班二十人進入，某親王在眾人站定後立刻被閻敬銘的怪模樣吸引住，他瞧了一瞧認為此人長相實在有損大清形象，於是高聲道：「閻敬銘先出去。」

尚未等到自報履歷便第一個出局，閻敬銘被氣得半死卻又無可奈何，他只能更加發奮讀書以待下一次的會試。好在老天有眼，功夫不負有心人，在道光二十五年（一八四五年）恩科中，閻敬銘考中進士並以優異的成績進入翰林院，散館後被授為戶部主事。閻敬銘在此期間多研究經世致用之學，並小有名氣。

太平天國戰爭爆發後，因戰事緊張，湖北巡撫胡林翼請調閻敬銘擔任前軍糧臺之職。由此，閻敬銘大展身手，他不僅將軍需糧臺處理得井井有條，而且對軍務時有建言，得到了胡林翼與湖廣總督官文的極大讚賞。同治元年（一八六二年）八月，閻敬銘被任命為湖北布政使，仕途青雲直上。

鑒於其突出的才幹，閻敬銘不久調任山東巡撫成為獨當一面的開府大員。總的說來，閻敬銘一生中最大的成就不是為官一方，而是為國理財。光緒八年（一八八二年），他奉命入京出任戶部尚書。上任後，發現戶部官員素質低下、帳目混亂，一些貪官往往利用職權中飽私囊，因此他決心革除積弊。上任第一天就親自看帳，並找來各管事的官員問帳，結果發現無論是領辦、會辦還是總辦都不知部庫的存銀幾何、出納幾何和盈虧怎樣，有的人甚至連基本的算帳、看帳都不會。

他查完帳目後，再查三庫。所謂「三庫」，係指戶部所管的銀庫、緞匹庫和顏料庫。閻敬銘發現緞匹庫和顏料庫中物品堆積如山、毫無章法，加上日積月累的鼠咬蟲蛀，很多存品（很多還是貢品）都已黴爛而無人管理。銀庫問題更大，那些司官差役無不從中上下其手，就連搬運銀錠的庫兵也都抓住一切機會從中竊取，有的甚至把銀子塞在肛門偷帶出庫。

一番查驗後，閻敬銘當場斥逐一批書吏差役，並奏參了當時號稱戶部「四大金剛」的司官姚覲元、董俊漢、楊洪典及旗人啟某，此四人後被清廷「革職回籍」。

早年在湖北掌辦軍需時，閻敬銘即實行「一體辦公」的制度，也就是說主官與同僚們在一個大屋裡辦事，以防止有人從中買通牟利行貪賄苟且之事。到戶部後，閻敬銘將所有辦事章程都公開張貼在牆上，以杜絕書吏差役們「搞貓膩」、「講慣例」。這種「政務公開」的方式，實際上也堵住了這些人搞權力尋私的可能。

在整頓戶部積弊過程中，影響最大的是「雲南軍費報銷案」。軍費報銷一向私弊甚多，當時各省報銷者往往將並非軍事用途的款項納入軍費報銷中，經辦的戶部官員也藉機納賄舞弊，各方心照不宣，大量的公家錢款就此流入了私人的腰包。雲南方面早在閻敬銘上任前即來京打點，正當他們與戶部官員討價還價時，閻敬銘被調任戶部尚書的消息傳來，於是雙方趕緊談妥了八萬兩好處費，之後從速了結了本次報銷。

這等事在之前可以說是習以為常，由於其中往往牽涉到朝中與地方大員，一般人即便深知內情也不敢揭發，由此積弊日深。閻敬銘上任後，正好遇上御史陳啟泰揭參此案，由於涉及到軍機大臣王文韶、景廉（**原戶部尚書**），清廷並不打算大動干戈，但在閻敬銘的堅持與言官鄧承修、張佩綸、盛昱等人的推動下，「雲南軍費報銷案」最終牽藤摸瓜懲處了一批參與分利或有瓜葛的大小官員，如戶部雲南司主事孫家穆、太常寺卿周瑞卿等均被革職賠贓流放，而王文韶、景廉也因失察而受到降級處分，前者還被逐出了軍機處。

戶部掌管朝廷財政命脈，但因管理無方竟成為官員貪污的利藪。對實際情況了然於胸後，閻敬銘開出藥方，戶部中的「滿員多不懂籌算，事權多半由胥吏掌握，這些胥吏平日弄虛作假，貪得無厭，要想從根本上釐清度支帳目，凡南北檔房及三庫等處，非參用漢員不可。」由於當時財政困難、庫款缺乏，慈禧太后駁回滿大臣的反對意見而同意了閻敬銘的整頓要求。在閻敬銘的主持下，戶部採用了新的度支記帳制度，隨後又裁退了部分蛀蟲官員及胥吏，並重新選用了一些有才幹的漢人官員，從而在很大程度上扭轉了清廷的財政困窘狀況。

經數年的整理後，清廷國庫開始逐步豐盈，以光緒十五年（一八八九年）為例，清廷歲入八千零七十六萬兩，歲出為七千三百零八萬兩，當年盈餘七百六十八萬兩，這已是太平軍興後的最好成績。更令人敬服的是閻敬銘經手的國庫銀子數額巨大，但他卻是出奇地儉樸。正所謂「人以群分」，閻敬銘最信任的兩個司官，一名李用清，一名李嘉樂，作風與閻敬銘極為相似。

李用清回原籍山西守制三年期滿後，返京時居然自己背著一個小鋪蓋捲徒步三千多里進京；李嘉樂則每次都是讓夫人幫他剃頭，目的就是為省錢。閻敬銘對這兩個人非常欣賞，他以為做官必須從「儉」做起，唯此才能「無欲無貪」。

一八七七年，山西遭遇災荒，大量饑民流離失所，清廷雖屢派官員前去賑濟，但饑情並沒有得到緩解，後即調閻敬銘去視察賑務。受命後，閻敬銘一路上敝車荊服，到山西後更是穿一身粗糙的「褡褳布」官服上任，屬下有穿著綢緞的定要被他責罵，甚至要罰捐餉濟災。事後，閻敬銘查辦了在賑濟中貪污舞弊的知州段鼎耀等人，並嚴厲彈劾了禮部尚書恩承等官員對地方的滋擾，在他苦心經營下山西災情才有所緩解。

身為大清財相，閻敬銘反對一切無謂的開支。光緒十二年（一八八六年），慈禧太后想重修頤和園，以便在撤簾歸政後有一個頤養天年之所，由於工程浩大、費用極高遭到了朝中大臣們的反對，其中又以閻敬銘的反對聲最為激烈。後來大臣們的諫阻雖然成功，但這大大得罪了慈禧太后。

不久，慈禧太后便找碴將閻敬銘革職留任以示警告。

受此打擊，閻敬銘不久即以年老為由請求退休，但當時朝中還離不開他，於是慈禧太后又加以慰留，直到兩年後才得以退歸鄉里。儘管不在朝堂之上，閻敬銘仍不忘國事，繼任戶部尚書翁同龢有一次去看望他，據其日記中所說閻敬銘自稱有「三大願不遂，激昂殊甚。三大願者：內庫積銀千萬，京師盡換制錢，天下錢糧徵足。」

回鄉後，閻敬銘仍熱心地方公益，他不僅捐款修建義學，而且還在朝邑縣城西側（今大荔縣城東）建起一座規模宏大的「豐圖義倉」，慈禧太后特為之題寫了倉名曰：「天下第一倉」。十餘年後，這個義倉在庚子年的災荒中賑濟了眾多饑民，救人無數。家鄉父老為紀念他，後在倉西面修建了一座「閻公祠」，如今「豐圖義倉」的遺址猶在，穩固如初。

一八九二年，閻敬銘病逝於山西寄寓。自古難當官，清官更難當。閻敬銘為官四十餘年，一生經手錢物何止千萬，但從不妄取一分一毫。閻敬銘終其一生不講排場、不蓄家財，雖身居高位而「望之若老儒」，其儉樸雖有矯枉過正之嫌，但對老百姓來說卻也不失為一好官；而其淡薄名利、兩袖清風的作風更是為晚清官場少有，為天下士人所尊崇。

十五、不敗而敗：中法之戰的「求和論」

一八八五年四月七日，也就是鎮南關大捷後沒幾天，正當前線老將馮子材聯合各路清軍將領準備分兵南下收復河內、太原時，清廷卻突然下達了「乘勝即收」、停戰撤兵的命令。清軍將士接令後，捶胸頓足、「拔劍刺地，恨恨連聲」。許多士兵甚至跑到將帥帳外寫血書、立軍令狀，「磨拳擦掌，同聲請戰」，「戰如不勝，甘從軍法」。馮子材等清軍將領也聯合致電兩廣總督張之洞，要求代奏清廷誅殺議和之人，以振士氣。

時人寫詩諷刺清廷：「十二金牌事，於今復見之。黃龍將痛飲，花目忽生期」。「十二金牌」指的是當年南宋朝廷令岳飛從朱仙鎮退兵的金牌詔故事。就連清廷派赴廣東會籌防務的彭玉麟，當時也憤然賦詩一首：「電飛宰相和戎慣，雷厲班師撤戰回。不使黃龍成痛飲，古今一轍使人哀」。但胳膊畢竟扭不過大腿，馮子材最終還是被迫遵旨撤軍，彭玉麟只能歎道：「老臣抗疏千行淚，一夜悲歌白髮生！」

事實上，以慈禧太后為首的清廷即使在宣戰以後也始終在或明或暗地尋求和平活動。鎮南關大捷本來使中國在軍事和外交上都處於一個相對有利的地位，但慈禧太后擔心法國會「因憤添兵」，不斷地擴大戰爭，而主管談判事務的李鴻章也表示「諒山已復，若此時平心與和，和款可無大損，否則兵又連矣」，「當藉諒山一勝之威與締和約，則法人必不再妄求」。慈禧太后對此點頭稱是，以勝求和也就順理成章了。

武人好戰，情有可原，但慈禧太后作為大清帝國的總管家考慮的可能要多一點。就當時的情況而言，雖然清軍在鎮南關、諒山等地大敗法軍，並在北越處於一個有利的地位；但法國艦隊當時也佔領了澎湖列島並對臺灣形成了封鎖狀態，中法雙方在陸海兩個戰場上互有勝負，總體上形成一種均勢。

慈禧太后擔心法國人會因失敗而憤怒，因憤怒而繼續擴大戰爭，這是她所不願看到的。實事求是的說，不要說慈禧太后對於越南未來的戰局沒有十分的把握，恐怕前線將士心裡也未必有底，因鎮南關大捷和臨洮大捷在很大程度上是因清軍在人數上有壓倒性優勢所取得的，而雙方在軍事實力上的差距卻非短時間所能彌補。

譬如在海戰方面，清朝海軍和法國艦隊根本不是一個級別，這從馬尾海戰及南洋艦隊的兩艘軍艦在浙江石浦被擊沉的慘痛失敗可以看出。更讓慈禧太后擔心的是法國艦隊可能會對南方到北方的海上漕運構成威脅，法國艦隊甚至可能像第二次鴉片戰爭一樣北上進行騷擾並再度攻擊京畿，這也導致清廷對持續作戰底氣不足。

海防空虛，加之戰爭耗費巨大，清廷在財力上難以支撐是停戰求和的重要原因。據後統計，清廷在中法戰爭總共耗資一億多兩白銀，並為此欠債達兩千萬兩，其中相當部分是以海關稅收作為擔保向外國銀行所借的債款。而清廷此時期的財政收入大約在七千萬兩左右，每年刨去開支只有數百萬兩的盈餘。這樣的戰爭顯然不是清廷所能長期承受的。

從當時的國際形勢來看，雖然英美等國在戰爭期間保持中立，但戰爭的過分延長會危及他們在中國的商業利益。因此英美等國也一直給清廷施加壓力，迫使中國盡快對法妥協早日結束戰爭。英美等國並不希望中國取得對法戰爭的全面勝利，因為這可能會使得清廷對西方列強採取強硬措施。英國外交大臣就曾說：「中國的任何勝利，一般都會對歐洲人發生嚴重後果。」

而中國的兩個近鄰俄國和日本，此時也在虎視眈眈地觀察著戰爭的進程。俄國早兩年就因強佔伊犁的陰謀未能得逞，目前正企圖利用中法戰爭混水摸魚。一八八四年九月，在法國突襲馬尾港的福建水師之後不久，俄國報紙竟然聲稱：「中國伊犁背約，將來法攻中國，俄亦欲奪疆土。」俄國人對土地的貪婪的確讓清廷頭疼不已。

更為嚴重的是未來的中日衝突。中法戰爭期間，日本策動朝鮮的親日派開化黨發動「甲申政變」遭到失敗後也不斷鼓吹武力侵朝，這對中國北方的安全形成了潛在的巨大威脅。一八八五年初，正當中法軍隊在北圻激戰之時，日本代表伊藤博文來華與李鴻章談判有關朝鮮「甲申政變」的善後事宜，卻暗中與法國駐華公使巴德諾暗通來往。清廷當時最擔心的是法國和日俄勾結，如果他們南北呼應乘機在北方挑起事端，到時清廷根本無法同時應對，畢竟以清廷當時的實力是無法同時打贏兩場戰爭的。

此外，當時臺灣仍受到法國艦隊的嚴密封鎖，形勢險惡。而越南當局在中法戰爭中一味的妥協投降，甚至在法國人的脅迫下公開斷絕了同清廷的宗藩關係。越南的離心離德也讓清廷心灰意冷，失去了繼續援越抗法的信心和理由。

正是出於多種考慮，慈禧太后在權衡利弊後決定捨越南而保臺灣，承認越南為法國保護國。法國茹費理內閣恰在此時垮臺，新的法國政府對持續的戰爭也感到不堪重負。既然雙方都不想再打下去，兩國間已進行了多日的秘密談判也就互相妥協，彼此都表現出和平解決的意願。

一八八五年一月，在中國海關總稅務司赫德的插手干預下，清廷授權中國海關總稅務司駐倫敦辦事處的英國人金登幹作為中國代表，同法國外交部進行秘密談判。得到清廷授權後，金登幹於四月四日同法國外交部政治司司長畢爾簽訂了《巴黎停戰協定》（又稱《中法議和草約》）。

金登幹簽的只是初步的意向書，正式文本還要雙方正式代表重新談判擬定之後，法國政府代表兼駐華公使巴德諾來到天津和李鴻章進行談判以敲定和議最後的正式文本。一八八五年六月九日，中法雙方在天津簽訂《中法會訂越南條約十款》（通常稱《中法新約》），和約共十款內容。在隨後的一八八六年到一八八八年，根據《中法新約》的約定，清廷又和法國簽訂了《中法越南邊界通商章程》、《中法界務條約》、《中法續議商務專約》等後繼條約。由此，法國終於打開了通往中國西南的商業之路。

中法戰爭結束了。清廷在這個戰爭中乘勝求和基本沒有什麼疑問，但中法戰爭到底是不是「不敗而敗」，學界一直爭論不休。

《中法新約》的最大爭議，莫過於關於越南的保護問題。正如從中調停的中國海關總稅務司赫德所說：「中法爭端是解決了，條件是所能希望中最易行的，簡單的說就是承認現狀，正所謂：『誰能搶就搶，誰能搶到就算他的！』」

關於越南淪為保護國，筆者以為其主要責任不在清廷而在越南阮氏王朝。退一步來說也就是實力問題，無可奈何之事。據說李鴻章和福祿諾於一八八四年五月簽訂了《中法簡明和約》後不久，越南阮氏王朝就在法國人的指使下將清廷頒發的玉璽、封冊等當眾焚毀，公開宣布斷絕和中國的藩屬關係，接受法國的保護。

皮之不存，毛之焉附。越南阮氏王朝公開投降法國的舉動，讓中國軍隊援越抗法失去了前提和理論依據，而這對後面的戰局也有重大影響。清軍取得勝利的鎮南關等地都靠近中越邊境，後勤保障和補給相對容易，而且得到了當地人民的支援，但如果深入越南中部和南部，沒有越方的支援，情況就很難預料了。

當時的大清帝國在西方列強面前遠談不上是什麼強國，在國力並不強大而萬事待興的情況下，去保衛一個沒有太多利益且已單方面宣布中斷傳統關係的藩屬國，未必是一個明智的選擇。譬如越南乃至後的朝鮮，早放棄，早受益，似無必要去背這樣一個包袱。

從戰略上來說，決策前必須要界定自己的威脅是什麼，利益在哪裡，在怎樣的資源條件下採取什麼樣的手段。就當時的情況而言，大清帝國的實力有限，去保一個對自己沒什麼實質意義的藩屬國，正如李鴻章認為的「避重就輕，意義不大」。

如果按這樣的思路，中法和談如能早日實現反倒是件好事。加州大學教授徐中約在《劍橋中國晚清史》中指出，「事實證明，清廷的優柔寡斷和舉棋不定造成了災難。堅定的作戰政策本來可能制止法國的侵略；如果堅持和平政策，本來也可以保住福建水師和馬尾船塢。可是庸碌無能的領導層卻毀了這兩者，而且還喪失了安南這一朝貢國。清流黨意氣用事，無補於事，因此對這些後果應負大部分責任。」

決策最忌首鼠兩端、舉棋不定，最後弄得兩頭落空、損失慘重。這些損失和慈禧太后的意氣用事是分不開的。至於《中法新約》，就條約本身而言不能說是失敗，儘管後人大都認為清廷腐敗無能，但平心靜氣的說，後人們似乎沒有必要妄自菲薄，更不必因此認為它是賣國條約，儘管它存在著一些不盡如人意的地方。

十六、長崎事件：北洋水兵的洋鬥毆

一八八六年七月，北洋水師提督丁汝昌率「定遠」、「鎮遠」等六艦前往朝鮮東海岸海面巡防操演。操練結束後，艦隊由丁汝昌率領前往日本長崎進行修理維護。

之所以要前往長崎，是因旅順軍港尚未完工，而當時亞洲只有長崎才有供巨艦維修的大船塢。由於中日間在最近的十年中因琉球、朝鮮乃至臺灣問題多有齟齬甚至懸案未結，李鴻章此次派出「定遠」、「鎮遠」兩巨艦前往日本，其中也不乏「震懾嚇阻」之意。

「定遠」、「鎮遠」為同級姊妹艦，由德國伏爾鏗船廠製造，在一八八五年十月交付，兩艦共費銀三百四十萬兩，當時號稱「全球第一等鐵甲艦」。鐵甲艦在當時海軍中的地位就像今人眼中的航空母艦，而號稱「亞洲第一巨艦」的「定遠」、「鎮遠」也確實非同凡響，二艦長九十四·五米、寬十八米、吃水六米，排水量七千三百五十五噸，航速十五節；兩艦的主要武器為：四門克虜伯三百零五毫米後膛主炮二座、克虜伯一百五十毫米後膛副炮二門、七十五毫米克虜伯舢板炮四門等。

八月一日，北洋四艦抵達長崎港，立刻在當地引發了轟動。日本人對中國的感情一向複雜而矛盾，原因是他們在歷史上飽受中國文化的浸染，一向有「學生對老師」的心理。但近代特別是「明治維新」後，日本走上了「脫亞入歐」的道路，相比於固步自封的大清國，他們在心理上難免有傲視之意。這次北洋水師的來訪，對他們的心理打擊太大了。

日本原本也是閉關鎖國，像中國開放廣州「十三行」一樣，日本也只開放長崎作為貿易窗口，因而中國人在長崎做生意已有一定的歷史。但是，這些被限制在一定地域的中國人常被日本員警欺凌，這次北洋水師的到來也算是給了他們一次揚眉吐氣的機會。日本員警對此也是看在眼裡，恨在心裡。

由於常年漂泊在海上，數月不見大陸，水兵們上岸後總是喜歡胡鬧。或許是因聽了同胞的訴苦、或是因枯燥的海上生活後引發的放縱，一些上岸醉酒的北洋水兵，「簡直是橫著身子走路」（日本人語），以至於日本員警也只能給他們讓路。「我已侮彼，彼亦侮我」，雙方的情緒對立日益嚴重。

八月十三日，北洋水師放假一天，水兵們藉機上岸購物，其中有幾個水兵跑到當地妓院尋樂，結果捅下大簍子。據說當時因妓院賓客盈門，這幾個中國小夥在排隊等候時，有個聲稱是常客的日本客人不經排隊便逕直入內，這下惹出了事端。一番爭執後，水兵們與妓院老闆大打出手，砸壞了人家的玻璃和家具，結果把員警給召來，但北洋水兵人多勢眾，趕來平息事端的日本員警反被打成重傷。

當時的情形混亂。《長崎快報》報導說：「一群帶有醉意的水兵前往長崎一家妓館尋樂，因發生糾紛，館主前往警察局報告。一日警至，已順利將糾紛平息，但由於中國水兵不服，不久乃有六人前往派出所論理。他們大吵大鬧地引起衝突，日警一人旋被刺傷，而肇事水兵也被拘捕，其他水兵則皆逃逸。」

當日事件中有一名日本員警重傷、一名中國水兵輕傷，事後都交由中國駐長崎領事處理，但日本人在自己國土上吃了虧，斷然不會輕易嚥下這口氣。事後，提督丁汝昌嚴飭水兵不許滋事，不許上岸，因而十四日那天彼此相安無事，事態似乎得到了平息。但在這看似平靜氣氛裡，十五日卻發生了一場更大規模的衝突。

十五日下午，北洋水兵被許可上岸購物消遣，當天上岸的人數有四五百人之多。這些人當時主要集中在華人街一帶的餐館或商店裡，渾然不知危險一步步向他們靠近。傍晚時分，早有預謀的數百名日本員警、浪人將各街道兩頭堵住，突然持刀追殺那些在街上遊逛的北洋水兵。混亂當中，一些當地的日本人也從樓上澆沸水、擲石塊，有的甚至也拿著刀棍參與混戰。

猝不及防加上沒有攜帶武器，北洋水兵們這次吃了大虧。事後統計，北洋水兵在這次衝突中當場死亡五名（**事後因重傷又死亡兩名**），四十多人受傷；日本員警也被打死一名，受傷三十名，另外當地日本人也有多名負傷。

根據日方製作的驗傷報告，北洋水兵受刀傷的三十七人，日方為十四名，而雙方撞傷與打傷的數字基本接近，前者分別為六人，後者北洋水兵七名，日方九名。北洋水兵的刀傷大多集中在背後，可見當日被追殺的情形。毫無疑問，這是一起赤裸裸、有預謀的報復行動。

據《申報》駐長崎訪事人（**即記者**）的報導分析，「華兵與日人啟釁之由，蓋因日本巡捕向來輕視華人」，十三日的事件本不是什麼大事，日本人吃虧後心存謀害之心，十四日就暗中聯絡並集合了包括士兵和當地浪人在內的一二千人，並由日本警察局配發武器，圖謀在次日對中國水手進行報復。

八月十七日，駐日公使徐承祖向日本外務省發出照會，稱「昨日我水手登岸，八點鐘有日本巡查多人近前挑釁；又有數百名將各街巷之兩頭堵塞，逢兵便砍；並有日民千餘各持兵刃亂殺……日本人預存害心，千數百人以刀砍，又於沿街樓上潑滾水、擲石塊，我兵無預防散於各街頭，購物者皆徒手故吃大虧……」

日本外務省則詭辯稱：「本月十三日夜，支那水兵對我人民逞凶，我巡查迅速前往制止，支那水兵以刀砍傷我巡查，支那兵亦有微傷。十五日，支那水兵上岸，人數眾多，至下午八時，突有一名支那兵，欲摘取巡邏於廣馬場巡查之制帽，此時忽有百餘名水兵紛然衝出聚眾毆打，遂打死巡查一名……近旁人民攜帶防身武器衝向水兵，殺傷多名……」

日方的說法顯然不值一辯，其將責任推給連是誰都不知道的所謂日本「人民」，其用意在於掩蓋那些策劃並製造這場事件的日本員警，以免引起更嚴重的外交衝突。畢竟員警是公職人員，而所謂「人民」，這責任就不好追究了。

為防止事件升級和密謀外洩，日本外務省在二十二日成立了新聞檢查科，命令長崎、大阪、兵庫和其他府縣的各家報刊在報導長崎事件時，必須事先交新聞檢查科審稿，以禁止刊登辱罵中國的言辭與涉及機密的報導。

「武人好色，乃其天性，但能貪慕功名，自然就我繩尺」，李鴻章在得知「長崎事件」後，一邊給自己的北洋士兵護短，一邊大為憤怒地召見了日本駐天津領事波多野，其中不無威脅地說：「如今開啟戰端並非難事。我兵船泊於貴國的艦體、槍炮堅不可摧，隨時可以投入戰鬥。」北洋水師總教習琅威理也建議立刻對日本宣戰，炮轟長崎作為報復。

事後，日方隨即對沖繩和對馬的戰備情況進行調查，而沖繩縣知事立刻帶領幾十名員警踏上歸途**（因中日間的「琉球案」仍舊懸而未決）**。儘管一些日本好戰分子大肆叫囂，要求政府「不屈服於任何恫嚇或壓力」，但底氣畢竟不足。

日本雖說已開始變法維新，但在十來年間便要完全改變也不可能，何況日本還是一個資源貧乏的國家。儘管日本人對「頑固保守」的中國報以蔑視，但中國畢竟是一個古老而龐大的帝國，這種歷史的陰影並不能輕易抹去，更重要的是當時中國的國力及軍力都是日本難以企及的。僅就海軍而言，日本當時只有三艘三千噸級的鐵甲艦，而北洋水師光七千噸級的鐵甲艦就有兩艘，其他巡洋艦、炮艦、運輸艦等的數量和品質也遠在日本之上。

但到最後李鴻章和總理衙門還是冷靜下來，因當時中法戰爭剛剛結束，國家財政困難，一下也拿不出那麼多錢來動員軍隊。如果因「長崎事件」而向日本宣戰，勢必引發更大的國際衝突，而英法美德等國此時正虎視眈眈。中日兩國畢竟同文同種，一衣帶水，當時的關係也沒有必要那樣極端對立，貿然開戰於人於己都未必是一件好事。在這個前提下，中日雙方還是決定以外交和法律的形式來解決這一事件。

在各國調停和外交折衝下，中日雙方在半年後達成協議，稱「爭鬥事件原為語言不通，彼此誤解遂致互鬥死傷」；根據中日之前簽訂的天津條約，「兩國司法部門根據本國法律，各自斟酌處辦，互不干預」；至於各自的死傷者，中日互給撫恤，日本賠付中國五萬二千五百元（其中士官一名六千元，士兵七名共三萬一千五百元，致殘六名共一萬五千元），中國賠給日本一萬一千五百元（其中警部一名六千元，巡查一名四千五百元，致殘二名各五百元），長崎醫院的醫療救護費二千七百元由日方支付，這事算是和平解決，雙方互讓一步，彼此體面下臺。

從賠款上來看，看似中國贏得了這場外交談判，但如此重大的事件只賠款不懲凶，也不追究背後的陰謀，顯然日本佔了便宜。李鴻章事後也頗有些悻悻然地說：「長崎之哄，發端甚微。初因小爭，而倭遂潛謀報復，我兵不備，致陷機牙。觀其未晚閉市，海岸藏艇，巡捕帶刀，皆非向日所有，謂為挾嫌尋釁，彼復何辭？」

李鴻章派北洋四艦去長崎，確實有「炫耀武力」的意思，但他沒有想到的是北洋水師的兩艘巨艦對日本人民族心理產生了極大的刺激。經此事件，日本的反華仇華情緒反而進一步高漲，從軍國主義分子到普通老百姓都對北洋水師充滿了敵意。在他們看來，外國水兵喝醉了酒來本國滋事，最後竟然要本國賠款，這種憤恨和受辱感很容易便被煽動了起來。

日本的反華情緒在日本政府的鼓動下，很快變成了超越北洋水師的動力。「長崎事件」結案不過一月，明治天皇便頒發敕令：「立國之務在海防，一日不可緩」，隨後便以身作則撥出內帑三十萬日圓作為海軍的補助金。之後，明治天皇又發布敕諭，決定在其後六年中每年撥出三十萬日圓，並從文武員薪金中抽出十分之一作為造艦費繳納國庫。首相伊藤博文也發表演說，呼籲國民捐款捐物，縮衣節食為日本打造一支更強大的海軍。在這場獻金熱潮中，日本在半年間便籌集了兩百多萬日圓。

之後，日本政府更是不顧財政困難，逐年增加海軍經費並發行巨額公債，其數量幾乎超過其財政收入的三成。譬如一八八六年，日本政府就發行了一千七百萬日圓的海軍公債，而在一八八九年，日本的海軍軍費已接近一千萬日圓。

一八八八年後，日本開始了的大規模購艦、造艦進程，六年間共添置軍艦十二艘，總計新添海軍噸位近一萬八千噸。到甲午戰爭前夕，日本海軍主力艦總噸位已達三萬七千噸，大大超過了北洋水師主力艦總噸位（**不到三萬噸**）。北洋水師昔日的輝煌已成昨日黃花。

十七、購艦記：甲午海戰中的「外援春夢」

一八八八年北洋水師正式成軍時，計有「定遠」和「鎮遠」兩艘主力鐵甲艦（排水量達七千四百噸），五艘次羽量級的巡洋艦（即「致遠」、「靖遠」、「經遠」、「來遠」、「濟遠」五艦，排水量在二千噸到三千噸之間），加上早前購買的「超勇」、「揚威」兩艘千噸級的巡洋艦和其他國產木甲戰艦、炮艦和魚雷艇，即為北洋水師的主力陣容。

萬噸級戰艦出現前，北洋水師中的兩艘主力鐵甲艦「定遠」和「鎮遠」堪稱海上巨無霸。在成軍時的軍事年鑒排名中，北洋水師也曾名列亞洲第一、世界前八，而每次艦隊出海操練時也是「檣櫓如雲、旌旗蔽空」，各國海軍都為之側目。

但是一八八八年北洋水師初具規模後，由權貴們把持下的海軍衙門竟然未給北洋水師添購過一艦一炮。更有甚者，主管撥款的戶部在一八九二年中日局勢已相當緊張時，宣布為慈禧太后萬壽籌款停購艦艇兩年。

逆水行舟，不進則退。作為北洋水師的當家人李鴻章，他何嘗不知北洋水師的致命弱點在於艦體老化，整體速度不夠快又極度缺乏速射炮。在戰爭爆發前，李鴻章曾數次請求添購快船快炮，但由於朝廷官員的短視和傾軋，每次都是毫無下文。

直至一八九四年戰爭一觸即發之際，清廷中樞才想到要為北洋水師添購新艦。當時的購艦管道主要有兩個，一個是海關總稅務司赫德在通過在英國倫敦的代辦金登幹聯繫購買，另一個則是李鴻章通過當時的駐外使節廣泛搜求。

最開始時還算順利，金登幹於七月五日報告阿姆斯壯公司在十個月內便可交貨，而且是最快速的巡洋艦；如需小型捕雷驅逐艦的話，五個禮拜即可交貨。第二天，金登幹又發電報說，如果中國急需，英方還可以將他國定製的軍艦優先供應。李鴻章得知後，急令駐英公使龔照瑗即刻聯繫將合適的快速巡洋艦趕運回國。七月二十六日，金登幹報告英國尚有一艘與「吉野號」同級別但規模、火力和速度更佳的巡洋艦要出售，報價是三十四萬英鎊（**折合白銀約二百四十萬兩**），欲購從速。

清廷這次的反應還算迅速，八月二日即發上諭批准撥款二百萬兩購買軍艦，但要命的是英國在中日宣戰後便宣布中立，交戰國不能從英國直接發貨。本來開戰前德國方面表示有二艘「薩克森」級的鐵甲艦可以出售，但德方開的價格太高，幾經磋商後駐德公使許景澄選中了其中一艘巡洋艦（**後來的「飛鷹號」**）。但由於戰爭爆發，這艘軍艦和在英國訂購的驅逐艦「飛霆號」一起被扣留在歐洲港口，要等到戰爭結束才能交付。而義大利、奧匈等國出於嚴守中立的政治考量，最後都放棄了賣軍艦給中國的計畫。

歐洲購艦受挫後，李鴻章不免愁容滿面。這時他的一個老朋友——怡和洋行的老闆克錫突然找上門來，說智利在英國建有三艘新式巡洋艦，願意照原價出售。原來，智利的國土海岸線漫長，又與屢屢鄰國阿根廷發生戰爭，因而對海軍極為重視。在多年的戰爭中，智利海軍一度十分強大。但到了十九世紀的後期由於戰爭不再，智利海軍的軍艦無用武之地，便打算趁他國急需之際狠賺一筆以高價出售本國現役軍艦。

李鴻章當時也管不了那麼多，他聽到這個消息後便急令龔照瑗聯繫購買。八月二十一日，龔照瑗回電已和智利達成協議購買「恩卡拉達號」和「卜拉德號」，合約簽訂後十天便可成行。「恩卡拉達號」是一八九三年九月在英國阿姆斯壯公司製造下水的大型穹甲巡洋艦。它的船型設計與「吉野號」相仿，但其裝備設施更為先進，除了速度稍遜與「吉野號」，其在噸位和火力都佔優勢。「恩卡拉達號」雖然先進，但智利的要價也十分高昂，而且日本後也參與了搶購。當時日本和中國先後出價英鎊四十萬和四十二萬，智利仍舊待價而沽，最後價格竟然哄抬到五十萬英鎊，超過了當年北洋水師訂購定遠和鎮遠兩艦的費用。

在冗長的談判過程中，黃海海戰已結束，北洋水師失利。這時，智利又來吊李鴻章的胃口，並陸續拿出「恩卡拉達號」、「卜拉德號」、「埃斯美拉達號」、「額拉粗力士號」、「平度號」、「康德爾號」和「林則號」七艘巡洋艦供出售，這幾乎是當時智利海軍的全部家當了。

李鴻章聽說後怦然心動，他在與龔照瑗商議後提出了一個非常大膽的戰略，那就是購買其中的四艘軍艦，然後重金聘請英國著名海軍將領進行編隊指揮，配足彈藥航行至呂宋島休整，隨後便一鼓作氣地直搗長崎，切斷日本和東亞大陸的聯繫。

當時李鴻章看中的四艘軍艦是「恩卡拉達號」、「卜拉德號」、「康德爾號」和「林則號」。北洋水師內部得知這個計畫後都十分興奮，提督丁汝昌甚至召集高級將領討論過作戰方法，據英籍顧問戴樂爾回憶說：「電購智利某新巡洋艦，為世界最捷之艦，開來中國海岸」，「數日後聞購艦事已辦妥，予為之手舞足蹈，心中充滿關於用人及儲煤之計畫。」在大家的想像中，這支新加入的生力軍將直撲日本，炮擊其後方、掠捕其運兵船和商船，最終與北洋水師會師，並將勝利的旗幟飄揚在黃海之上。

無獨有偶，容閎也向清廷提出了類似的設想，即向英國商借一千五百萬元，以購買三四艘已成的鐵甲艦，並雇傭外兵五千人，由太平洋抄襲日本使之首尾不能相顧。由此，日本在朝鮮之兵力必分而弱，中國可乘此間隙急練新軍，海陸並進以敵日本。容閎之言，當然也有些書生談兵的味道，因英國與日本當時已達成同盟，英國嚴守中立已屬必然。

可惜清廷雖然批准了李鴻章的購艦計畫，但智利突然又反悔前議，無論中方出價多少都不出售其中的任何一艘軍艦，弄得李鴻章一頭霧水，他急令經手此事的駐英公使龔照瑗去查明毀約的原因，並設法補救之。至於智利毀約的原因，當時有兩種說法，一種是說由於當時智利和阿根廷的關係突然緊張，智利害怕出售軍艦會削弱其海軍實力；另一種說法是認為日本在其中作梗，特別是數月之後，日本購得其中的「埃斯美拉達」巡洋艦，更接近了部分真相。

李鴻章等人辛辛苦苦忙乎了半天，最後竹籃打水一場空。清廷對此不去反思多年不購艦的錯誤，反而把北洋水師失利的責任全怪到李鴻章的頭上。

李鴻章搞洋務運動十幾年，最後的結果卻因《馬關條約》而幾乎身敗名裂。正如他自己所說，「十年以來，文娛武嬉，釀成此變。平日講求武備，動輒以鋪張靡費為疑，至以購械購船懸為厲禁。一旦有事，明知兵力不敵而淆於群哄，輕於一擲，遂至一發不可復收。知我罪我，付之千載」。在戰場上失利的同時，清廷在世界軍火市場上的努力也歸於失敗。由此，李鴻章回天無力，不得不自嘲自己只是個「裱糊匠」了。

甲午戰敗後，北洋水師艦艇除「康濟號」練習艦外全部喪失，廣東水師也失去了僅有的三艘巡洋艦。至此，中國海軍元氣大傷，精華盡失。戰爭結束後，已無船可依的海軍衙門及北洋水師三百一十五名軍官編制全部被裁撤，原為人所豔羨的海軍軍官全部下崗。

一年後，直隸總督王文韶上奏清廷，稱「海防之利鈍，總視水師之強弱。水師任戰，陸軍任守，奇正互用，庶應變不窮」，由此拉開了恢復海軍的序幕。說來可憐，當時海防只剩下「建靖」、「康濟」兩艘練習艦和剛從英國、德國購來的「飛霆」、「飛鷹」驅逐艦外，別無他艦。

為此，清廷將原南洋艦隊的「開濟」、「鏡清」、「寰泰」、「南瑞」四艘巡洋艦及福建的「福靖號」巡洋艦調來北洋駐防。但這些巡洋艦的排水量只在一千噸至二千噸之間，而且大多為陳舊老艦，實際上也起不到什麼作用，不過聊勝於無。直到一八九八年十一月，向德國訂購的三艘巡洋艦「海籌」、「海容」、「海琛」號（排水量二千九百五十噸）來華，而次年向英國訂購的二艘巡洋艦「海天」、「海地」（排水量四千三百噸，「海地」艦後改名「海圻」艦）回國後，清末海軍才稍具規模。

一八九九年四月，清廷重新起用原「靖遠艦」管帶葉祖珪為北洋水師統領，原「康濟艦」管帶薩鎮冰為幫統以重整北洋海軍。不幸的是在庚子年大沽口一戰中，停泊在海口內的「海容」巡洋艦及剛從德國購回的的四艘小型驅逐艦「海龍」、「海青」、「海華」、「海犀」號（排水量二百四十三噸）被八國聯軍擄去。戰爭結束後，「海容艦」經談判後贖回，而四艘小型驅逐艦則被英、法、德、俄四國瓜分，清末海軍的重整進程再遭重創。

清末新政後，在兩江總督、南洋大臣周馥的建議下，清廷於一九〇五年下令統一南北洋海軍，由葉祖圭任提督（葉於同年去世，薩鎮冰接任提督）。一九〇八年溥儀即位後，清末海軍建設開始加速。一九〇九年，攝政王載灃之弟、貝勒載洵和薩鎮冰被任命為籌辦海軍大臣，之前防區疊加的五支艦隊（北洋、南洋、福建、廣東、湖北）被統一改編為巡洋和長江兩支艦隊，其中以程璧光任巡洋艦隊統領、沈壽堃任長江艦隊統領，薩鎮冰擔任統制（海軍總司令）。在清末財政極其困難的情況下，載灃仍要求度支部必須拿出七百萬兩作為海軍開辦費，以後每年五百萬兩的海軍常備費由各省分認。

一九一〇年十二月，清廷正式成立海軍部，載洵擔任海軍大臣，譚學衡任副大臣，薩鎮冰任統制。雖然中國首次成立了海軍部，但當時巡洋艦隊的主力陣容僅為「海圻」、「海籌」、「海容」、「海琛」四艘巡洋艦（「海天號」於一九〇四年四月二十六日在鼎星島海域觸礁沉沒），顯得十分單薄寒酸。

身為海軍大臣的「皇叔」載洵當然無法容忍這種狀況。在此期間海軍籌辦處制定了七年規劃（一九〇九年至一九一五年），其中提出在七年內添置頭等戰艦八艘、各型巡洋艦二十餘艘、其他軍艦十艘，另設水魚雷艇三隊等，此規劃不可不謂之宏大。

為完成這一宏偉計畫，載洵與薩鎮冰等人於一九〇九年十月前往歐洲考察，一行人先後訪問了義大利、奧地利、德國、英國的海軍學校和船廠，而此行最重要的是向各國訂購新式戰艦，其中包括向義大利訂購炮艦一艘、奧地利訂購驅逐艦一艘、德國訂購驅逐艦三艘、英國訂購巡洋艦二艘。次年八月，載洵與薩鎮冰一行人前往美國、日本考察海軍，並向美國訂購巡洋艦一艘、日本訂購炮艦二艘。

載洵兩度出訪所訂的軍艦，除美、奧、義三國因艦款糾紛而取消外，其餘九艘均在民國初年交貨。其中，德造驅逐艦被命名「同安」、「建康」、「豫章」；英造巡洋艦被命名為「肇和」、「應瑞」，日造炮艦被命名「永豐」、「永祥」（**「永豐艦」即後著名的「中山艦」**）。

一九一一年「海圻號」的出訪是清末海軍最後的亮點。一九一〇年，英王愛德華七世病死，英國政府定於次年為喬治五世舉辦加冕儀式，而按英國傳統在加冕儀式活動中還包括了規模龐大的國際海上觀艦式（**即國際海上閱兵式**）。

清廷接到邀請後，即派出當時最像樣的「海圻號」前去躬逢盛會。「海圻號」由英國阿姆斯壯公司建造，一八九八年下水，排水量四千三百噸，艦長一百二十米，航速二十四節，因其體形大、航速快，直至民國三〇年代仍為中國海軍的主要軍艦（**抗戰爆發後，為攔阻日軍海軍前行，服役近四十年的「海圻號」與其他十一艘軍艦在江蘇江陰攔江自沉**）。

辛亥革命爆發後，薩鎮冰率海軍前往漢口鎮壓，但「海容」、「海琛」、「海籌」等艦官兵大都同情革命並準備發動起義，薩鎮冰無奈之下只得黯然離開艦隊，海軍隨後易幟。由此，清末艦隊劃上了歷史的句號。

十八、驚天密謀：「圍園殺后」真相可循

光緒親政以後，隨著醇親王奕譞及福晉的先後去世，慈禧太后與光緒的「母子失和」現象日益嚴重，戊戌變法那一年更是演化到極端，而其觸發點則是康梁等人的「圍園之計」。

關於戊戌年的那場政變，時人蘇繼武在《戊戌朝變紀聞》中繪聲繪色地描述了當時的場景：在光緒接見伊藤博文的第二天，慈禧太后突然御臨便殿，設竹杖於座前，並召集了慶親王及軍機大臣、御前大臣等人跪於案右，光緒皇帝則跪於案左。慈禧太后疾聲厲色地呵斥光緒並稱「康有為叛逆，圖謀於我」，接著又厲聲追問：「你知道還是不知道？或者你也是同謀？」威嚇之下，光緒嚇得魂飛齒震不知所對，好半晌才擠出兩個字：「知道。」慈禧太后喝道：「既知道，還不將康有為正法，反要放走？」

惲毓鼎也在《崇陵傳信錄》中稱，慈禧太后曾當面怒罵光緒：「我養育你二十餘年，乃聽小人之言謀我乎？」光緒戰慄半天，說：「我無此意。」慈禧太后唾之曰：「癡兒，今日無我，明日安有汝乎？」

在處死譚嗣同等「戊戌六君子」之後，清廷曾發布了一道有關康黨罪狀的上諭，其中稱「前日竟有糾約亂黨謀圍頤和園，劫制皇太后，陷害朕躬之事」，但由於清廷的倒行逆施，近代以來的歷史書寫多不採信或乾脆忽略處理，康梁等維新黨人也從未承認有過圍園密謀。民國後參與修撰《清

史稿》的金梁曾當面問康有為，是否真有「兵劫頤和園事」，康有為怫然變色道：「烏得有此？我朝以孝治天下，小臣面對，誰敢妄言？此皆榮、袁輩不學無術，藉危詞以邀權勢耳！」

康有為說的「榮、袁」，即榮祿與袁世凱，正因其告密而引發了一場流血的政變，清廷上諭極可能是以此為根據。近代史家描寫戊戌變法多以梁啟超的《戊戌政變記》為底稿，其中對「圍園密謀」隻字未提而多稱頌變法志士的非凡事蹟。但入民國後，梁啟超在《中國歷史研究法》中又稱：「吾二十年前所著《戊戌政變記》，後之作清史者記戊戌事，誰不認為可貴之史料？然謂所記悉為信史，吾已不敢自承。何則？感情作用所支配，不免將真蹟放大也！治史者明乎此義，處處打幾分折頭，庶無大過矣！」

康有為生前密不示人的《自編年譜》中透出了一絲非同尋常的信息：戊戌年八月初三日接到光緒「朕位幾不保」的密詔後，康有為與梁啟超、譚嗣同等人決定由譚嗣同去遊說袁世凱勤王，儘管文中沒有提及「兵圍頤和園、捕殺慈禧太后」之密謀，但有要袁世凱「率死士數百扶上登午門而殺榮祿、除舊黨」之語。當天晚上，楊深秀、宋伯魯、王照等人前來探慰，康有為未向他們洩漏密詔事，「而以李提摩太交來《瓜分圖》令諸公多覓人上摺，令請調袁世凱入京勤王」。康有為的記載與梁啟超在《戊戌政變記》中的描述有明顯不同，即康有為所記明確為在北京搞政變，而梁啟超卻稱要趁光緒皇帝九月份去天津閱兵之時發動政變。

之後，康有為又在《自編年譜》中稱，譚嗣同去遊說袁世凱的當晚，梁啟超在金頂廟容閎處等候消息，而他也於凌晨進城，與梁啟超一起「候消息」，後「知袁不能舉兵，扶上清君側，無如何，乃決行」。由此或可看出梁啟超之說有故意轉移視線之嫌，如果等到九月份在天津發動政變，何以等候消息的心情如此急切？

譚嗣同被捕後，在獄中題寫的絕命詩：「望門投宿思張儉，忍死須臾待杜根；我自橫刀向天笑，去留肝膽兩崑崙。」詩中說張儉與杜根都是不畏權貴、敢於直諫的大丈夫，此詩用典準確，讀起來雄渾悲壯、豪邁激揚，可惜原文卻是：「望門投趾憐張儉，直諫陳書愧杜根。手擲歐刀仰天笑，留將公罪後人論。」這裡面透出的一個細節差異原詩是「手擲歐刀仰天笑」，改作之後卻成了「我自橫刀向天笑」，一個主動，一個被動，性質完全兩樣。

改詩的人不是他人，而正是譚嗣同的同志兼好友梁啟超。那麼，梁啟超為什麼要篡改？是否如他所撰的《戊戌政變記》一樣，為掩蓋某些可能的歷史真相呢？光緒與慈禧太后先後離世後，康有為在《上攝政王書》中把「圍園殺后」傳聞指為守舊派及袁世凱等人對維新派的誣衊，其在文中稱：「逆臣世凱無端造出謀圍頤和園一語，陰行離間，遂使兩宮之間常有介介，而後此事變遂日出而不窮，先帝所以備歷艱險以迄今日，實唯此之故。」

上世紀八〇年代，歷史學者楊天石在日本發現參與其事的維新黨人畢永年所撰的《詭謀直紀》，之後在史學界引發了一場大討論，其中不乏湯學均、房德鄰、孔祥吉等名家參與。《詭謀直紀》中，作為譚嗣同的好友兼同鄉的畢永年自稱受命為「圍園」的執行人，事前康有為曾告訴他準備以袁世凱兵力為後盾，並讓他帶領百名壯士「奉詔往執西后而廢之可也」，而後又有人告訴他，康有為的真實用意是「俟往頤和園時，執而殺之可也」。

作為另一個輔證，當時的新政顧問、英國傳教士李提摩太在其《留華四十五年記》中稱：「（慈禧）下諭秋天要在天津閱兵，皇帝恐怕在檢閱的藉口之下慈禧將要奪取所有權柄，而把他放在一邊、維新黨催著他要先發制人，把她監禁在頤和園，這樣才可以制止反對派對於維新的一切障礙。皇帝即根據此點召見榮祿部下的將領袁世凱，計畫在他的支持下帶兵至京看守她住的宮殿。」

得知譚嗣同遊說袁世凱失敗後，畢永年知事機已洩隨即遠遁避禍。流亡日本期間，畢永年與康梁等人發生矛盾，由此才有了這本揭露性的《詭謀直紀》。儘管各史家對史料所述內容的真實性有過激烈的爭論，但因它與袁世凱在民國後公布的《戊戌日記》有頗多相印證之處，因而這本《詭謀直紀》雖有不少失實之處，但也不能完全認定為「偽作」。而康有為逃至香港後，負責營救他前往日本的宮崎滔天也回憶說，兩人相見後康有為曾告知他整個變法的過程與失敗原因，其中即認為當前的急務是除掉慈禧太后。當宮崎滔天問他如何做到時，康有為即列舉了日本的諸多志士，似乎對東亞的刺殺歷史耳熟能詳。

如果說清廷的上諭是「欲加之罪」、袁世凱的《戊戌日記》可以因人廢言的話，結合畢永年的《詭謀直紀》、康有為《自編年譜》及諸多時人筆記，似乎可以推斷康有為等人在戊戌年確實有利用袁世凱「兵圍頤和園」的計畫。茅海建先生在《戊戌變法史事考》中認為戊戌政變可分為兩個階段，在光緒接見伊藤博文後，慈禧太后只是限制了光緒的權力，過程相對和緩，但在袁世凱告密的消息傳到京城後，政變立刻走向流血化，這似乎也是目前近代史家的共識。

如果「密謀說」與「階段說」成立的話，歷史學界外的兩種大眾觀點或有必要更正：一是袁世凱告密導致戊戌變法失敗（**政變非因告密引起，但告密導致了嚴重的流血後果**），二是慈禧太后發動流血政變的原因不僅僅是因保守，而是因她的生命安全受到了威脅。假如回到歷史的現場，在一個號稱「以仁孝治天下」的時代（**即康有為所稱的「我朝以孝治天下」**），如果維新變法由此而遭受失敗，康梁等人的急切與毛躁或許也有可罪之處。

康梁等人逃亡海外之後，事件中的另一個重要當事人——光緒皇帝陷入了困境。蘇繼武與惲毓鼎對政變過程的描述有不一致的地方，即：蘇繼武稱光緒知道康梁等人的「圍園之計」，而惲毓鼎稱光緒並無謀害慈禧太后之意。從記述人身分的角度看，時任起居注官的惲毓鼎所說似乎更可信一點（**茅海建先生也認為光緒並不認可「圍園殺后」之說**）。

以光緒的性格，如果說他敢於對慈禧太后下手，這似乎有點說不過去。作為一個四歲即脫離親生父母而被強行抱入深宮的孩子，光緒雖然貴為皇帝，但其成長史卻頗多辛酸之處。據說光緒剛進宮時因身邊沒有親人而日夜啼哭，慈禧太后無奈之下只得賞與光緒的乳母四品官服並將之召進宮中（**當時規定入宮須四品以上**），小皇帝才破涕為笑。但第二天早上小皇帝又放聲大哭，慈禧太后不知所措，問光緒乳母才知道原來小皇帝在醇親王府時常與府中某馬夫的兒子一塊嬉戲，慈禧太后聽後只好再次破例賞給馬夫的兒子四品官服並立刻接到宮中，承擔陪小皇帝玩耍的重大政治任務。小馬夫來後，小皇帝才嬉戲如常，慈禧太后也樂得輕鬆。

以上野史當真不得。不過話說回來，慈禧太后對光緒的關係也未必是外間人所傳的那樣惡毒與刻薄，當時既是姨媽又是伯母的監護人慈禧太后須親自過問小皇帝穿衣、吃飯、洗澡、睡覺等生活瑣事。但在教育孩子這方面，雖然她很想做好，但由於其性格及耐性方面的缺陷加上政務纏身，慈禧太后的表現實在不能算合格，其親生兒子同治就是一個非常失敗的案例。

應該說慈禧太后對光緒還是抱有很大期望，她為小皇帝精心挑選了師傅，其中包括書法及學問都聞名遐邇的翁同龢等人。但由於慈禧至高無上的威權，對光緒的教育方法十分粗暴性急，光緒稍微不合己意便是譏諷、呵斥甚至責打，這對後來光緒的性格影響極大。慈禧太后對光緒過分嚴厲的原因或許是因當年對同治過於縱容，但她忽視了一點：同治畢竟是她的親生骨肉，即使遭到呵斥和懲罰也不會感到過分害怕；光緒就不一樣了，他在宮中非常地無助與孤獨，他對於慈禧太后感到的不是親情而是恐懼。

太監寇連材在《宮中日記》中說，慈禧對光緒一貫疾聲厲色，在光緒小時每天總是呵斥之聲不絕，稍不如意常加鞭撻，或罰長跪。長此以久，光緒見了慈禧太后如同老鼠見貓總是戰戰兢兢，膽為之破。孤身入宮的光緒本就膽小，在慈禧的威嚴強壓之下以至於長大之後都害怕聽鑼鼓吆喝之聲，聽到天上打雷也會嚇得腿直哆嗦。

寇連材還說，光緒每次吃飯時，雖然有十幾種菜肴饌品羅列滿案，但離得稍遠的菜大多已臭腐，原因是菜幾天都沒有換過，而離得近的菜雖不臭腐，然大多久熟乾冷一點都不可口。光緒每次都吃不飽又不敢說，有時想御膳房換一饌品，御膳房就必須奏明慈禧太后，而慈禧太后往往要他從小培養勤儉之德，光緒也就不敢再提。信修明在《老太監的回憶》中也說：「光緒在十歲左右，由於經常吃不飽，他每至太監房中必先翻吃食拿起就跑，等到太監追上跪地哀求，小皇帝已將饃饃入肚一半矣。小皇帝如此饑餓，實為祖法的約束，真令人無法理解。」

心理學理論認為，兒童被父母譏笑或虐待時，往往會產生一種叛逆心理，但在父母的威權下，這種叛逆心理又誘發一種內疚感，從而否定自己的行為。長此以往，這種環境長大下的兒童往往患得患失，做事情猶豫不決、缺乏自信。光緒每次到慈禧那裡去請安，只要慈禧不命他起來，光緒就只能跪在那裡，動也不敢動一下。慈禧太后過分的責罰嚴重打擊了光緒的自信心，以至於其性格懦弱怕事，但不容忽視的是這種性格在青少年時往往又會出現強烈的叛逆，正如他在甲午戰爭和戊戌變法中的表現一樣。

光緒親政後叛逆的表現更加重了慈禧太后對他的不信任。在她眼裡光緒始終是個懦弱自卑、猶豫不決、依賴性強、難以獨當大任的孩子。她在光緒親政後對朝政的不斷干涉和把持，很大原因就是出於這種心態。

光緒進宮後，小皇帝與醇親王府的關係完全被切斷，即使是他的親生父母醇親王夫婦也不許有任何的聯繫。從小就缺乏母愛的光緒成天生活在恐懼當中，這對其成長是極其不利的。翁同龢在日記中說，他第一次見到光緒時，發現小皇帝性情敏感、體弱多病，學習時經常哭鬧不止或靜坐不理，令他極為頭疼。在翁同龢的諄諄教導下，光緒突然找到了久違的人間情感，他逐漸接受了這個對他關心備至的師傅並漸漸愛上了學習。

對師傅翁同龢的依戀是光緒發奮學習的一個重要因素。作為帝師，翁同龢不僅在學習上耐心教導，而且在生活上也給了小皇帝無微不至的照顧。時間久了，翁同龢在小皇帝心中某種程度上扮演了父親的角色。光緒七歲時，翁同龢因回籍辦事，小皇帝得知後整整一天情緒低落、彷徨不已。在翁同龢離開的兩個月裡光緒無心學習，翁同龢回京後，小皇帝拉著師傅的手高興得眼淚直流。這一天，小皇帝精神振奮，朗朗讀書聲連太監們都被吸引了過來。後來書房裡的太監偷偷地告訴翁同龢：「自從師傅走後，皇上從來沒有這樣大聲讀書過。」翁同龢聽後老淚橫流——小皇帝在宮中真的是太孤單、太可憐了！

對於光緒的成長，太監寇連材在《宮中日記》中總結說：「中國四萬萬人中，境遇最苦者莫如我皇上（指光緒帝）。蓋凡人當孩童時，無不有父母以親愛之，顧復其人，料理其飲食，體慰其寒暖，雖在孤兒，亦必有親友以撫之也。獨皇上五歲（實為不足四歲）登基，登極基後無人敢親愛之，雖醇邸之福晉（即光緒的生母）亦不許親近，蓋限於名分也。名分可以親愛皇上者，唯西后（慈禧）一人。然西后驕侈淫佚，絕不以為念。故皇上伶仃異常，醇邸福晉每言輒涕泣云。」

寇連材雖然是個太監，但人情的認識上卻是深刻的。與他相比，慈禧太后在這方面的情商就有些太低了。

十九、御弟載灃：不想當皇帝的富貴閒人

以載灃的性格，他或許不該生在王府，或者說他的不幸在於他生在亂世。如果是天下太平，載灃當然能夠做個太平王爺，而且相信他會做得很好。但正如沒有人能夠選擇自己的出身一樣，慈禧太后選中了他。

載灃雖然被推上了「事實皇帝」的位置，但他畢竟不是皇帝，何況他本就不是做皇帝的料。對於載灃來說，「皇帝」或許只代表了堆積如山、煩瑣沉重的政務，對一個對政治不感興趣的人來說，這更多的是一種痛苦的煎熬。必須指明的是，載灃被慈禧太后選為百年後的權力接替者，絕不是因為他的才能，而實在是因為無人可選。因此，對於這樣一個非常的際遇，載灃當時的惶恐是可想而知的，這種惶恐並沒有因為慈禧太后對他進行了八年的刻意培養而有所減弱。

《異辭錄》在「議立宣統」一節中稱，慈禧太后病危之時召見慶親王和軍機大臣，問及光緒皇帝病況，慶親王回奏「疾大漸」（意思是快要死了），請立皇子。慈禧太后沉吟了半晌後說：「先令載灃之子入宮讀書。」一旁侍立的載灃趕緊推辭：「臣之子幼，載濤之子長，願太后善為計。」慈禧太后聽後捶床怒罵：「你可真是糊塗！如今都什麼時候了，還說這種無用話！現在立你的兒子為穆宗毅皇帝（同治）的嗣子，你為攝政王。你雖然沒什麼才能，但擇有才能者為佐，好歹把這江山坐住！」

《異辭錄》雖係野史，但作者劉體智出身名門（**同治、光緒年間，四川總督劉秉璋第四子，娶大學士孫家鼐之女**），又曾任戶部郎中、大清銀行安徽總辦等職，以其對朝政的親身經歷及對前朝掌故的熟悉程度，此傳聞記載亦非空穴來風、憑空構撰。

載灃生於一八八三年，係醇親王亦譞第五子。奕譞的福晉葉赫那拉氏係慈禧太后親妹妹，但載灃並不是她的親生子。葉赫那拉氏生養過四個孩子，但不幸的是，只有次子載湉（**即光緒**）長大成人。奕譞的側福晉，即載灃的生母劉佳氏出身低微，但她為醇親王生了三個兒子，即載灃、載洵、載濤，載洵和載濤在小的時候即先後過繼給瑞郡王奕誌（**道光第八子**）及鍾郡王奕詥（**道光第九子**）為嗣，而同父異母的哥哥載湉已是光緒皇帝，因而載灃成為醇親王府中唯一的男性繼承人。一八九一年，剛滿五十歲的老醇親王奕譞去世後，未滿八歲的載灃便成為了新一代的醇親王。

奕譞在世時，對載灃的教育尤其重視，當時來王府中任教的老師都是博學通儒，而載灃的性格與兄長光緒皇帝頗為相似，都好靜不好動，學習固然認真刻苦，但對外界事物缺乏激情。當然，在那些普遍不學無術的皇族子弟中，載灃算是好學有知。

載灃的老父親老醇親王奕譞為人本分、性格隨和，其才能遠不及六哥恭親王奕訢，但他最大的優點在於懂得謙恭自抑，不像奕訢那樣張揚，因而頗得慈禧太后的歡心。據說在同治死後，慈禧太后選中其子載湉為皇位繼承人，在天大的「喜訊」面前，奕譞竟然嚇得當場昏厥在地。載湉當了皇上後，奕譞在慈禧太后面前更是恭順有加，從不敢以皇帝的生父自居。在外面，奕譞也從不招搖，甚至連親王的架子都不敢擺，生怕有人到慈禧太后那裡告密，危及自己與兒子的安全。

為了讓慈禧太后放心，奕譞有意將王府的廳堂命名為「退省齋」、「九思堂」、「恩波亭」

等，以示自己忠心耿耿，絕無二心。在書房常用的象牙鎮紙上，奕譞特意命人刻寫了自撰的八字題詞：「困可養心，退思補過」，以表明自己無干涉朝政之想法。醇親王府的家訓也是奕譞親自撰寫，以警示後人：

「財也大，產也大，後來兒孫禍也大。若問此理是若何？兒孫錢多膽也大，天樣大事都不怕，不喪自家不肯罷。財也小，產也小，後來兒孫禍也小，些許財業知自保，儉使儉用也過了。」

也許是受家庭的影響，載灃的性格從小謙遜溫和，做事多有退讓，生活知足常樂，和父親十分相似。但可惜的是，奕譞太早去世，載灃沒有機會獲得父親那樣豐富的政治閱歷，因而也遠沒有像父親那般精明。

奕譞去世後，醇親王府主要由載灃的母親劉佳氏掌管，或許因其出身的緣故，劉佳氏對政治不感興趣，而宮中那位「老佛爺」屢屢干涉王府家事，譬如兩次出繼自己的親生子，據傳劉佳氏因此而略有瘋疾。後來載灃的婚事也是一波三折，最開始時，載灃已與某滿洲貴族之女訂婚，不料在庚子之變中遭遇不測，後來劉佳氏又給載灃定了一門親事，卻被慈禧太后橫加干涉，非要將自己的寵臣榮祿之女指配給載灃不可，劉佳氏所定的親事只能告吹。懾於慈禧太后的淫威，劉佳氏雖然在背後千百遍地咒罵皇宮裡的這個老妖婆，但也只能讓兒子按照慈禧太后的指配完婚。在溥儀被接進王宮繼為皇帝的晚上，這位老祖母得知後非但未有驚喜，反而昏死過去，背後居然對慈禧太后口出不遜：「搶了人家的兒子不算，還要搶人家的孫子！」

載灃的性格天生軟弱，口才不佳，平時幾乎無話，最要命的是他做什麼都沒有熱情。「蝸牛角上爭何事，石火光中寄此身。隨富隨貧且隨喜，不開口笑是痴人。」這首白居易的詩，載灃倒是把它錄在團扇上，頗為自得。在他的書房，懸掛一聯：「有書大富貴，無事小神仙。」載灃對讀書是有興趣的，但對政治則是避之唯恐不及。

倘若是山野人士，讀書固然可以避禍，但載灃出身於最顯赫的家庭，想要超脫政治，談何容易。事實上，慈禧太后對載灃的培養早有安排，絕非一二日之計，特別是在與光緒鬧翻之後，載灃更是直接進入了慈禧太后的夾袋。由於年齡的緣故，載灃盡管貴為親王，但在大多數的時間裡都沒沒無聞。載灃在世人面前的首次亮相，則是因為庚子年後的出使德國。

一九〇〇年庚子之役中，德國公使克林德被殺，《辛丑條約》中規定清廷須派遣親王前往德國謝罪。如此，身兼親王與「御弟」的載灃只能接受這一尷尬的出使，並於一九〇一年前往德國。是年，載灃年方十八，「皇室成員不得出洋」的規定也由此被打破。載灃的這次歐洲之行並不順利，德方挾戰勝之威，要按清廷的跪拜禮來為死者謝罪，載灃聽說後便託病不行，稱「寧蹈西海而死，不甘向德皇跪拜」。幾經外交斡旋後，德皇迫於輿論的壓力，這才答應行鞠躬禮。

《異辭錄》載，德國「脇取逾額賠款猶以為未足，必須皇帝母弟醇王親赴彼都謝罪，可謂法外行凶。醇邸抵柏林，德主強其行一跪三叩之禮，醇邸以電請命，政府無如何，勖以善體上意而已。西俗以跪拜為背教，受人跪拜亦如之，德國輿論大不謂然。外部密戒吾國使臣，力拒不允，仍行三鞠躬之禮，幸未辱命。」

這次的歐洲之行，給載灃帶來了刻骨銘心的記憶。退位後，載灃偶然從舊書攤上購得一本小書《醇親王使德始末恭紀》，書中詳細記述了他當年這段並不算愉快的經歷。載灃閱後感慨萬千，他在書的扉頁上寫道：「予於光緒辛丑年，使出洋已成陳跡也。茲於越十四載……世事滄桑，時虞變化，而今回憶十四年前，竟如一夢焉！」

在之後的三十年中，載灃多次閱讀此書並分別寫下批注，如一九二二年寫道：「越二十一稔歲，逢壬戌，余已行年四十。再檢出是冊翻閱之，余彌增感謂，其世態滄桑，時生變化，自辛丑至今局勢改而特改，中外皆然，吁可嘆甚矣！」一九四一年批注：「越四十年，庚辰正月，余已行年五十有八，檢出此冊一觀，無限感慨焉！」一九四六年，載灃再次批注：「丙戌正月一觀，尤覺珍貴，舊事重提也。余行年六十四矣。」

從德國回來後，載灃便奉旨成婚，其婚禮頗為引人注目，因為其規格遠高於一般親王的標準而接近了皇太子的水準。這裡面究竟隱含了怎樣的政治意義，恐怕只有慈禧太后心裡最清楚。之後，載灃先後擔任宮廷行走、閱兵大臣、隨扈大臣等差使，二十三歲的時候便被任命為正紅旗滿洲都統，成為一品大員。一九〇七年六月，二十四歲的載灃受命入軍機處「學習行走」，從此進入了清廷最核心，最機密的部門接受鍛鍊。次年，載灃成為軍機大臣，接班的跡象十分明顯。也就在這年，光緒和慈禧太后先後去世，載灃的兒子溥儀繼位，年號「宣統」，載灃則以攝政王監國，時年二十六歲。

不管載灃願意也好，不願意也罷，只要坐上了「攝政王」這個位置，就算不是為了天下黎民蒼生，也得看在王朝、家族、兒子或是自身的份上竭心盡力，不容退縮。可是載灃畢竟是一個只參加過幾年朝政的年輕人，他能做什麼呢？

皇帝不僅僅是一個人，更直白地說，它是一個機構，而且是皇權專制體系中最核心的部件。任何一個皇帝的成長都是千錘百鍊的，歷史上的一些皇帝之所以年紀很輕便可以接管朝政並維持不墜，一來是他做太子時便接受了相當正規而長期的針對性教育，二來是官僚體系的完整可以令朝政按部就班。但據已有的材料來看，載灃顯然缺乏「監國」的系統性教育，他在王府之時，豈敢有做天子的非分之想？

過於年輕，缺乏政治經驗，這些都可以通過一定時間的歷練加以彌補，但一個人的性格卻是極難改變的。性格決定命運，這句話是老生常談，但未嘗不能解釋很多問題。正如前文所述，載灃最要命的問題是，他的性格和無所作為的人生態度。

載灃的老弟載濤曾這樣評價他的那位老兄：「遇事優柔寡斷，人都說他忠厚，實則忠厚即無用之別名」。但載灃真的「無用」否？

早在戊戌變法期間，有官員曾上書請求光緒皇帝出訪國外以增見識，但奏章上去後被慈禧太后嚴厲批駁，險些丟了性命。皇族不能出國，不能去那些無君無父的「蠻夷之邦」，這是老祖宗立下的規矩，載灃當年雖然去了一趟德國，但那完全是出於無奈。但值得一提的是，載灃的這次「德國之行」，收獲遠遠大於折辱。

載灃到德國後，德皇威廉命胞弟亨利親王專任招待。亨利親王在陪同載灃參觀了德國海陸軍、軍校及禁衛軍之後，特向載灃面授機宜：德國皇室制度，無論皇子皇弟，均須入讀軍事學校並投入軍隊，從士兵到將軍，逐級而上，確保軍隊掌握於皇室之手。正因為皇帝對軍隊的極大重視，德國軍隊才最大可能地吸引了國內的優秀人才，並將最優質的資源優先分配給軍事及軍工企業，而這也是德國在統一後得以迅速崛起的奧妙。十九世紀是一個弱肉強食的時代，窮兵黷武的軍國主義固然最終是要失敗的，但在一定時期裡卻極其有效，譬如東鄰日本、北居沙俄，均以此起家。反觀此時期之中國，在一個婦人的統治下，得過且過，斷無此等念想。

湖南才子楊度曾在日本留學時提出「金鐵主義」：金者黃金，鐵者黑鐵；金者金錢，鐵者鐵炮；金者經濟，鐵者軍事；「欲以中國為金國，為鐵國，變言之即為經濟國、軍事國，合為經濟戰爭國」。

從定義上來看，楊度的「金鐵主義」較德國俾斯麥的「鐵血主義」更勝一籌，因為楊度不但要提倡軍國主義，還要搞「經濟霸權主義」，這種稱王稱霸的策略，對當時內憂外困、積弱渙散的中國來說，無疑是一劑猛藥。

載灃比楊度要更早地接觸到德式的「軍國主義」，這也是他在德國印象最深刻的。回國後，載灃即向慈禧太后奏請設立貴胄學堂，但懾於慈禧太后的威勢、加上胞兄光緒皇帝被禁，載灃不敢對設立皇族武裝有過分的要求。直到一九〇五年，亨利親王來華訪問，載灃這才藉機提議模仿德國軍制，設立皇家禁衛軍。等到慈禧太后歸西後，載灃立刻按照亨利親王的建議，先以北洋六鎮的標準創建禁衛軍，自任軍統；隨後復設海軍部，以胞弟載洵為大臣；再次為改革軍制，設立軍諮府，以胞弟載濤為軍諮大臣。

十多年前，中國軍隊之所以在甲午戰爭中慘敗，除武器、訓練、將帥、後勤等落於人後之外，缺乏專業的參謀部門也是原因之一。而所謂「軍諮府」，實質上是仿照德國、日本的「參謀本部」

制度，行使軍隊建設與調度、軍事教育與軍官任免、戰略與情報分析等職責。

從載灃的這個布局來看，不能說他毫無見識，假以時日，這三兄弟可以掌握全國兵符也未可知。但可惜的是，載灃的這個戰略在施展過程中「所用非人」，歷史也沒有給他足夠的時間，但這並不是最致命的。載灃的問題，不在於他對大局的認識，而在於執行力的嚴重缺乏。一個好的戰略，不能得到堅決有效的執行，那結果仍等於零。由此，載灃的失敗也就事在必然了。

二〇、使館之圍：宣戰背後的難言之隱

一九〇〇年六月二十日，在德國公使克林德被殺後，北京的各國公使們陷入了恐慌，他們更加堅定地認為清廷要對他們進行有預謀的屠殺，於是立刻取消了撤出使館的計畫，並打算在北京使館區固守待援，等待天津出發的各國軍隊。

由於距離英法等主要使館較遠，比利時、荷蘭、奧地利三國使館的外交人員隨後離開了他們的使館，來到防衛較好也比較寬敞的英國使館。當時的英國使館是使館區中面積最大也是房子最多的，院子裡有個很大的花園，還有五口淡水井和兩口鹹水井。隨著局勢的不斷惡化，在京的外國人（近九百人）也都紛紛躲進了英國使館，很多傳教士也帶著他們的一些中國教民來到使館區避難。

英國使館原本只住六十餘人，這些人來後讓使館完全變了樣，就連馬廄裡都擠滿了人。避難者也帶來了他們的私人物品，其中包括一百五十匹馬和騾子、一小群羊還有一頭奶牛。另外，英國使館還囤積了大量的食物，二百噸的白麵和大米、成箱的葡萄酒，必要時還可以屠宰馬和騾子。

就在六月二十日這一天，清廷發布上諭，稱「近日京城內外，拳民仇教與洋人為敵，教堂教民連日焚殺，蔓延太甚，剿撫兩難。洋兵麇聚津沽，中外釁端已成，將成如何收拾殊難逆料」。隨後清廷將上諭以六百里加急的速度發給各省督撫，要求各省「通盤籌畫於選將、練兵、籌餉三大端，如何保守疆土，不使外人逞志；如何接濟京師，不使朝廷坐困」。

就在當天下午，清軍向使館區發動了進攻。人們長期以來一直以為攻打使館的主要力量是義和拳，而清軍則在暗中保護使館，事實上是一種誤解。李希聖在《庚子國變記》中說，六月二十日下午，「董福祥及武衛中軍圍攻東交民巷，榮祿自持檄督之，欲盡殺諸使臣。炮聲日夜不絕，屋瓦自騰，城中皆哭，拳匪助之，巫步披髮，升屋而號者數萬人，聲動天地」。由此可見，拳民們並沒有親臨攻擊第一線，他們雖然人數眾多卻只能「升屋而號」，這說明他們是完全被隔離在戰線之外。

事實上從拳民們進入北京到使館最終解圍，除了極少數拳民的的零星活動外，義和拳自始至終都沒有能夠直接地、大規模地進攻過使館區，這遠未構成對使館的真正威脅。義和拳並不是不想去焚燒或進攻使館區，而是他們做不到。因早在六月十六日時，榮祿的武衛中軍便奉命保衛使館，義和拳根本就靠近不了使館區。就這點而言，英國公使竇納樂的報告、普特南・威爾所著的《庚子使館被圍記》和中國教民鹿完天所寫的《庚子北京事變記略》中均反覆講到清軍的進攻，而對義和拳的進攻行動卻隻字不提或匆匆帶過。

六月二十日下午進攻開始後，首先遇到攻擊的是在主要使館之外的比利時使館和奧地利使館，由於這兩個使館的人員已撤退到英國使館，因此留守的衛隊士兵幾乎未經抵抗便撤出。當天晚上，這兩個使館被大火燒毀。

緊接著放棄的是荷蘭和義大利的使館衛隊，因荷蘭使館在使館區外，而義大利使館處於使館區防線的突出部位，兵力薄弱難以防守，因此清軍一進攻使館衛隊便主動放棄。為此，義大利公使薩瓦戈事後還極為惱怒，稱這是一個「誤解造成的極大失誤」——義大利人撤出後，使館便被焚毀。

六月二十一日，清廷正式發布「宣戰詔書」，此詔書使用的是離騷體，曰：「我朝二百數十年，深仁厚澤，凡遠人來中國者，列祖列宗，罔不待以懷柔……詎三十年來，恃我國仁厚，一意拊循，乃益肆梟張，欺凌我國家，侵犯我土地，蹂躪我人民，勒索我財物。朝廷稍加遷就，彼等負其凶橫，日甚一日，無所不至……昨日復公然有杜士立照會，令我退出大沽口炮臺，歸彼看管，否則以力襲取。危詞恫喝，意在肆其猖獗，震動畿輔……朕今涕淚以告先廟，慷慨以誓師徒，與其苟且圖存，貽羞萬古，孰若大張撻伐，一決雌雄……」

這份以光緒名義發布的詔書是耐人尋味的。首先，清廷以洋人強行索要大沽口炮臺為由進行宣戰，殊不知此時大沽口炮臺早在六月十七日便已失陷，只不過直隸總督隱瞞未報而已。換句話說，聯軍在六月十七日攻佔大沽口炮臺的行為，其實是構成了事實意義上的侵略，而六月二十一日清廷的宣戰反而落在了後面。換句話說，庚子年的戰爭完全是列強一方挑起的。其次，詔書宣戰的並沒有具體對象，而只是使用了一個帶有藐視的代稱「彼等」，因此在國際公法上並不能算是對外宣戰。事實上，後來沒有任何國家宣布正式應戰。而認為清廷不懂國際法上的宣戰形式也說不過去，因為在甲午戰爭時中日雙方都發布過正式的宣戰書。其三，這個詔書向國民解釋了朝廷為何要做出如此決策並呼籲共同禦敵，這更像是一個對內的戰爭動員令。因此清廷在庚子年對十一國宣戰在法理上是站不住腳的。

清廷在二十一日發布詔書後的一個重要舉措便是將義和拳稱為「義民」，並聲稱要將之編為民團，由端王、莊王和剛毅統率。表面上看，這似乎是清廷「由剿改撫」的根本轉變，表明清廷已與義和拳合流，但歷史背後的事實真相並非如此。

義和拳被招撫後並沒有完全投靠到清廷門下，他們仍舊保持了自己的獨立性和無組織的特性。

那種認為清廷試圖依靠義和拳來保衛政權的觀點顯然是極為荒謬的，即使清廷在公開招撫義和拳之後，這也並不代表對義和拳的能力加以信任。當然，顢頇而不識時務的剛毅和載漪等人是例外，他們在褒獎義和拳為「義民」的過程中可能在其中起到了重要作用。

作為動機而言，剛毅可能因見識短淺的原因（或者說根本就是上當受騙）相信了義和拳，而載漪等人可能是抱有利用義和拳趕走洋人並製造混亂局面以乘機奪取皇位的私心。譬如在六月二十五日早晨，「端莊二王（載漪和載勳）與貝勒載廉、載瀅，率領義勇六十餘人，膽敢闖入大內搜拿教民……大聲鼓譟，云以我等頗願見皇上，因有緊要之事等語。言畢口出不遜，竟敢詈上以二毛子。」所幸慈禧太后及時趕到，這場試圖弒君的政變才被制止。

由此看來清廷此時對義和拳的招撫不過是權宜之計，目的是安撫拳民、防止拳民暴動，而其對外宣戰則給了拳民一個怒氣的宣洩口，同時也在失控的局面中維護了清廷的合法性地位。也就是說在局勢失控的情況下，清廷必須順應義和拳扮演一個「愛國愛民」的朝廷，如果貿然地剿殺義和拳，恐怕等不到外國干涉便已亡於拳民之手了。只有領悟到這點才能體會到清廷「宣戰詔書」的深刻含義，這也是所謂的「宣戰詔書」對內而不對外的原因所在了。

事實上，有很多證據可以證明清廷的用意。就在六月二十日發布的上諭中，清廷便提到「近日京城內外，拳匪仇教與洋人為敵，教堂教民連日焚殺，蔓延太甚」而導致的「剿撫兩難」困境；六月二十八日，清廷又向列強表示「此種亂民，設法相機自行懲辦」。

六月三十日，朝廷向各省督撫解釋「宣戰」的原因：「此次義和團民之起，數月之間京城蔓延已遍，其眾不下十數萬，自兵民以至王公府第處處皆是，同聲與洋教為仇勢不兩立。剿之，則即刻禍起肘腋，生靈塗炭。只可因而用之，徐圖挽救。奏稱信其邪術以保國，亦不諒朝廷萬不得已之苦衷矣」。「禍起肘腋」的含義，讀者自當察之。

吳永在《庚子西狩叢談》中記載了慈禧對當時失控局勢的描述：拳民們「勢頭也大了，人數也多了，宮內宮外紛紛擾擾，滿眼看去都是一起兒頭上包著紅布，進的進，出的出，也認不定誰是匪，誰不是匪，一些也沒有考究」，「因此更不敢輕說剿辦」了。這大概就是所謂的「法不及眾之憂，尾大不掉之勢」，在面臨危機考驗時，決策只能暫時順應民意所指，不然即會引火焚身。

太常寺卿袁昶曾奏稱：「現禁城有拳團三萬餘人，來者穰穰不止，日久必生變，既不能部勒使受約束，不如導使隨往津禦洋兵，少兩得之」；《石濤山人見聞志》也有這樣一段記載：「聞各路兵及莊王、榮相、董軍門、各統兵大臣，皆設密法收撫團眾。有不受撫者，均遣至各處攻打前敵，少有退縮，迎以大炮，一炮休矣，升天矣。實露半撫半剿之法。」

袁昶後因載漪「撫拳」的政策而被殺，但他的說法是很值得玩味的。所謂的「兩得之」和石濤山人說的「半撫半剿」正好是理論與實踐的結合，其用意不過是在表面「招撫」的名義下將大批拳民引出京外，以減輕朝廷的危險和壓力；同時，又可以通過拳民們暫時抵擋一下洋人的軍隊，稍微延緩其進軍北京的速度；同時又借洋人之手消滅義和拳，或者清軍乾脆直接上陣剿殺。很顯然，慈禧太后這種「中外平衡、一石雙鳥、多重功效」的陰險策略絕非是拳民的智商所能理解的。

這個策略在七月二十二日清廷給東北地區大吏的上諭中明顯的透露了出來：「我仍可作彈壓不及之勢，以明釁不自我開。各該省如有戰事，仍應令拳民作為前驅，我則不必明張旗幟，方於後籌辦機宜可無窒礙。」

在解決了這個內部問題後，再看庚子年中的這個「使館之圍」就沒那麼複雜了。很顯然，清廷對於外國公使們絕無加害之意，而他們一再要求公使們離開北京前往天津的用意，不過希望在局面失控中盡量減輕自己的壓力或者試圖甩掉這個包袱，而絕不是公使們認為的「有預謀的大屠殺」——這其實也證明了這些公使們對中國事務和中國人的思維方式實在是太不了解了。如果做一大膽推測的話，假定公使們真的於六月下旬在使館衛隊和清軍的保護下離開北京前往天津，庚子年的災難可能會小得多。當然，在義和拳蜂起的局面下，公使們懷疑清軍的保護能力甚至動機也不是沒有道理，因歷史本就是由太多的偶然構成的。

在這個基本前提之下，使館之圍也就有了合理的解釋。當時參加圍攻使館的主要是董福祥的甘軍和榮祿直接指揮的武衛中軍，另外還有少量由慶親王奕劻指揮的軍隊。在整個進攻過程中，榮祿和奕劻很聰明，他們心裡十分清楚攻擊外交人員會在日後帶來極大的危害，想必也能體會慈禧太后的良苦用心。至於董福祥的甘軍仇恨洋人是發自內心的，但他們的武器裝備相對落後，正如當時一個笑話說的，李鴻章得知進攻使館的軍隊是董福祥的甘軍後，他大笑著告訴外人：「儘管放心，使館無恙。」

董福祥當時和端王載漪等人走得很近，他在接到進攻使館的命令後自然盡心盡力，但問題是慈禧太后在圍攻使館的決策中也相互矛盾，圍攻使館時斷時續，並不是一個持續的過程。正如吳永在《庚子西狩叢談》中記載的，慈禧太后曾說：「我本來是執定不同洋人破臉的，中間一段時間因洋人欺負得太狠了也不免有些動氣。但雖是沒攔阻他們，始終總沒有叫他們十分盡意地胡鬧。火氣一過，我也就回轉頭來處處都留著餘地。我若是真正由他們盡意地鬧，難道一個使館有打不下來的道理？」

慈禧太后說的「他們」，顯然指的是載漪等人。儘管中間可能會存在失控的情況，但慈禧太后對載漪、董福祥他們終究還是能掌控的。事實上，慈禧太后的做法也很陰險，她在事後把圍攻使館的責任推到了載漪等人身上，殊不知她才是最後的決策者。

也許有人要問，慈禧太后既然不想傷及公使又何必要命令圍攻使館呢？這可能有兩方面因素，第一是在詔告義和拳為義民後，清廷在義和拳反洋情緒高漲時必須要有所表示，那圍攻使館就具有很好的象徵意義——與其讓義和拳去圍攻使館最後弄得不可開交，倒不如讓可控的清軍來完成這個表演。當然，這個表演還不能演的太假。

慈禧太后下令圍攻使館的另外一個原因恐怕是為了給公使們製造一定的壓力，類似於通常說的「以戰促和」，或者乾脆把公使們變成「人質」。這種策略在第二次鴉片戰爭時曾經用過，那就是將當時英法談判代表巴夏禮等人拘捕，用以挾制英法並迫其接受停戰。

林華國先生在《庚子圍攻使館事件考》一文中詳細闡述了這個觀點：「庚子年對使館的進攻，很像是故伎重演。西太后的目的是想把租界內的洋人變成自己手中的人質。清廷的方針是：一方面想攻佔肅王府使英使館陷入『無法防守』的險境，另一方面盡力避免對英使館內的外國使節及其家屬造成重大傷亡。除猛攻肅王府外，清軍還力圖攻佔位於英使館東南方的法使館，這似乎也是為了對外國使節加大心理上的壓力。看來，清廷的目的並不是真要『夷平使館』，而是要通過攻打使館使外國使節陷於『準人質』的危險境地，以此作為向外國求和的一種輔助手段。既然如此，進攻必然兼有兩方面的特點：一方面，為了對外國使節形成威脅，進攻必須有一定的猛烈程度；另一方面，為避免對使館人員（**特別是外交官員**）造成重大傷亡，給議和造成新的障礙，進攻又必須留有餘地而不能是摧毀性的。」

理解了這層含義後，使館圍而不克的道理便不言而喻，要不然以使館僅有五百人不到還極度缺乏重武器的衛隊豈能抵抗得住？從慈禧太后的話來說，倘若真有心來攻，「難道一個使館有打不下來的道理？」事實上，當時被圍困的人在後來的回憶錄中都曾提到清軍當時奇怪的進攻，譬如康格夫人在《北京信札》中就曾說，「中國人的射擊角度總是過高」，他們甚至還「繳獲了一些來福槍」（**這似乎與榮祿暗中給使館運送軍火的傳聞相關**）。

當然，即使是流彈也能對使館區裡的人員造成一定的傷亡，但外國人主要聚集的英國使館卻並沒有受到太多攻擊，各使館中的主要人員大都安然無恙，除了那個膽小的荷蘭公使諾貝爾，他在使館被圍攻的過程中就一直躲在英國使館的地窖裡不肯出來，但他在使館解圍的當天從地窖中出來察看聯軍是否到達時，被一顆流彈擊中大腿——由此他也成為當年唯一受傷的公使。

使館被包圍的時間長達四十多天，但真正受到攻擊只有二十多天（**六月二十日至七月十三日，八月十一日至十四日**），中間的局勢大都以緩和為主。在最開始時，周邊的戰鬥還是很激烈的，使館防線一次次被突破，險情不斷出現。到七月十三日時，清軍攻佔肅王府和法使館的意圖已接近實現。英國公使竇納樂當時估計，如果清軍繼續這樣進攻最遲在七月二十日即可將這兩處地方完全佔領。但清軍在七月十四日後攻勢突然減弱，十六日後更是基本中止了進攻。

導致清軍發生如此變化的無外乎兩個原因，一是逼迫公使們的目的已達到，二是天津戰局的急劇惡化。與圍攻使館幾乎同時進行的是一直在進攻天津的紫竹林租界，但七月十三日後，增援的聯軍反攻天津並於十四日晨攻破天津城。慈禧太后意識到洋人的軍隊難以抵抗，如果戰爭一直持續下去的話就更加難以收拾，於是便加緊進行求和活動。雙方的信使在這段時間往來不斷，清廷還給使館送去了西瓜、蔬菜、大米、麵粉等等。在此期間，「投擲石塊代替了槍炮，雙方都習慣了與敵人近距離對峙。隨著號角之聲發起的夜襲，實際上只是毫無意義的槍聲大作，然後又停下來，人們稱之為『起床號』。」

八月一日後，清軍又恢復了象徵性的炮擊，隆隆炮聲雖然給了使館人員帶來恐懼，但炮彈大都是在空中呼嘯而過。直到八月十一日，八國聯軍開始逼近北京，清軍才再度對使館發動十分猛烈的進攻，但這種報復性的進攻只持續了三天，北京便宣告陷落。八月十四日下午四點左右，英屬印度軍團經西直門進入內城，在被圍困的人們的歡呼聲中進入公使館。

頗具諷刺意味的是，那些聯軍部隊原本以為「這些被圍困的人應當是筋疲力盡、饑腸轆轆、衣裳襤褸，或者是受了傷甚至氣息奄奄，或者根本就已死亡了」，但當他們進入使館區時，「紳士們衣著得體地出現在眼前，許多人，如英國公使竇納樂、義大利公使薩瓦戈和美國公使康格都新刮了鬍子，雖然穿著便裝但都整整齊齊的；女士們則穿著優雅的夏裝、戴著帽子、打著洋傘。聯軍中有人開玩笑地說，我們是不是意外地走進了一個宴會會場？」相比之下，那些「解放軍」就寒酸多了，他們蓬頭垢面，沾滿了泥土和汗水的軍裝皺巴巴地掛在身上。這或許部分透露了庚子年那場奇特的「使館之圍」的真相。

值得注意的是，後來《辛丑合約》的正式措詞並不是戰敗後所使用的Peace Treaty，而用的是Final Protocol for the Settlement of the Disturbances of 1900。Protocol的意思是「議定書」，之所以用「議定書」，恐怕還是因清廷當初的「宣戰詔書」並沒有指明交戰對象，而只是用了「彼等」這個含糊的用語，而列強也無一宣布迎戰。

二一、小報涅槃：「蘇報案」的「案中案」

一九〇三年的「蘇報案」曾經轟動一時，這一事件通常被視為革命黨對清廷的一次大勝利，但革命的光環往往遮蓋了一些不為人知的細節，而正是這些細節才會讓碎片化的歷史更加接近真相。

《蘇報》創刊於一八九六年六月，創辦者胡璋以日籍妻子生駒悅的名義註冊，因而當時掛的是「日商」的牌子。這份誕生在上海公共租界的小報，最初格調頗為陳腐低下，登載的也大多是市井瑣事，後因銷路不佳而不惜刊登一些黃色新聞以招徠無聊讀者。但儘管如此，這份報紙最終還是因賺少虧多而不得不於一八九八年轉手。

接手《蘇報》的人姓陳名范，字夢坡，湖南衡山人（生於江蘇常州），此前他曾是江西鉛山縣令，後因處理教案不當而被巡撫德馨彈劾落職。陳范的出身並不簡單，其父陳懷庭曾為浙江巡撫楊昌濬幕僚並擔任浙江富陽等地縣令三十年，陳家子女十三人，陳范排行第三，其長兄陳鼎曾中進士並入翰林院，後因戊戌政變牽連而遭清廷「永不敘用」處分；其弟陳韜舉人出身也曾為官一方。另值得一提的是陳范的兩位堂兄陳嘉言與陳毓光曾是同榜進士，當時陳家一下出了三位進士、兩位舉人，一時傳為美談。

陳范也是舉人出身，不過他的科考路並不順利，他雖然很早中了秀才但之後累試不第，不得已而捐資買了個知縣的頭銜候補，但當時候補官員多如牛毛，最終他還是通過科考得中舉人，這才於一八九一年外放為江西鉛山知縣，但這個縣令也僅僅做了四年而已。

陳范被罷官後一度流寓上海，後因報刊業興起於是將《蘇報》盤了過來，「思以清議救天下」。話雖如此，但辦報畢竟是生意經，陳范接手幾年《蘇報》仍未見起色。據民國名記包天笑在《釧影樓回憶錄》中的描述，一九〇〇年時的《蘇報》，「說來真是寒傖得很，開設在英租界棋盤街一家樓下（今福州路），統共只有一大間，用玻璃窗分隔成前後兩間。前半間兩張大寫字臺，陳夢坡與他的公子對面而坐，他自己寫寫論說，他的公子則發新聞，有時他的女公子也來報館在寫字臺打橫而坐。她是一位女詩家，在報上編些詩詞小品之類，所以他們是闔家歡，不另請什麼編輯記者的。

再說那後半間呢，一邊是排字房，排列幾架烏黑的字架；一邊是一部手攞的平板印報機。排字房與機器房同在一房，真有點擠了。前半間沿街是兩扇玻璃門，玻璃門每扇上有『蘇報館』三個紅字。推門進去，有一小櫃，櫃上有一塊小牌，寫著『廣告處』。」

包天笑後在《時報》任副刊主編，《時報》是大報，似乎有理由看不起像《蘇報》這種小報，但其描述倒也大體不差。陳范接手《蘇報》，很大程度上是因妹夫汪文溥的慫恿（所以他當上了主筆），而陳范原非報界中人，一來經驗不足；二來也算不得什麼名流賢達，社會交際有限，因此也沒有什麼好的稿源。陳范與其子陳仲彝不得已也編發新聞並兼寫評論，其女陳擷芬也來幫忙，負責編寫小品詩詞之類的副刊。此時的《蘇報》確實有些夫妻老婆店的味道。

搞媒體最重要的是影響力，沒有好稿子就沒有影響力，沒有影響力就沒有銷量，報紙經營當然困難。事實上，《蘇報》在陳范接手後的數年間一直慘澹經營，勉力維持，這種狀況直到與蔡元培、吳稚暉等人組織的「愛國學社」建立戰略合作關係才有所改觀。

一九〇二年十一月，南洋公學因「墨水瓶事件」而發生退學風潮，事因是某學生在師座上放置墨水瓶捉弄某守舊夫子，校方追查中與學生糾纏不清，校長汪鳳藻一怒之下將該班學生全部開除，由此引發全校約二百名學生集體抗議退學。身為教員的蔡元培翰林在力爭無效後憤而辭職，之後即與吳稚暉、章太炎等人在「中國教育會」（一九〇二年四月由蔡元培、黃宗仰、葉瀚等名流創辦）的基礎上創辦「愛國學社」以收容這些退學生。

陳范也是「中國教育會」成員，《蘇報》當時苦於稿源匱乏而銷路不暢，因而極願意與「愛國學社」合作。雙方約定學社名流蔡元培、吳稚暉、章太炎等人輪流為《蘇報》撰寫評論文章，報館則每月資助學社一百元作為報酬，雙方共贏互利倒也不失為一個好的解決辦法。

也就從那時開始，《蘇報》由一份名不見經傳的市井小報轉型為政論性報刊。當年底，《蘇報》開闢「學界風潮」專欄以鼓勵學生運動為能事；一九〇三年後，《蘇報》更趨激進並公開倡言革命，如一九一三年五月十三日即刊發《敬告守舊諸君》一文，其中聲稱：「居今日而欲救吾同胞，捨革命外無他術，非革命不足以破壞，非破壞不足以建設，故革命實救中國之不二法門也」。

一九〇三年五月二十七日，陳范聘請章士釗任《蘇報》館主筆，此舉在很大程度上改變了《蘇報》及一批人的命運。章士釗，字行嚴，一八八一年生於湖南善化縣（今長沙），後就讀於武昌兩湖書院並結識黃興，思想轉而激進。一九〇二年三月，章士釗考入南京陸師學堂學習軍事，一年後因「拒俄運動」發生而與同學三十餘人退學赴上海，之後加入「愛國學社」。

章士釗上任主筆不到一周，即對《蘇報》進行大改革，其中最重要的措施是將「學界風潮」移到頭版「論說」後的顯著位置。由於當時上海大報如《申報》、《新聞報》等成立已久，其辦報理念成熟、銷量也大，要動搖它們的地位並搶奪其市場份額有相當的難度。因此章士釗的經營手段就是走激進道路，用他的話來說就是扔出一束手榴彈轟開局面，即便封館亦在所不惜。如此《蘇報》才能在報林中殺出一條血路，並迅速提升影響力和銷量。

作為一種商業的上位手段，鼓動「學潮」當然是成功的，《蘇報》發行量的迅速飆升即為證明。但是這種做法同樣蘊含著巨大的政治風險，而這也是引爆「蘇報案」的主要原因。

說起「蘇報案」得從鄒容的《革命軍》說起。鄒容，四川巴縣人，一八八五年出身富商家庭，他曾於一九〇一年入讀上海廣方言館，一年後轉赴日本東京留學，一九〇三年留日學生鬧「拒俄運動」時，他與張繼、陳獨秀等人將清廷所派的留學監督姚文甫強行剪辮（**據說是張繼抱腰，鄒容捧頭，陳獨秀揮剪云云**），由此一戰成名。之後，鄒容返回上海並於當年五月出版了小冊子《革命軍》（**全書約二萬餘字**）。

六月九日，章士釗以「愛讀革命軍者」的筆名在《蘇報》上發表《讀〈革命軍〉》一文，其中對該書大加吹捧，並稱之為「今日國民教育之第一教科書」。次日，《蘇報》又發表章太炎署名的《〈革命軍〉序》，加強對該書的推介工作。

說起章太炎也是個傳奇人物，其原名絳，字枚叔，號太炎，浙江餘杭縣人，生於一八六七年。按說他的年紀本不該和章士釗、鄒容這些小青年廝混在一起，但章太炎偏偏是個怪人，據說還有些神經病（**考秀才時突犯癔症而不得不放棄科考**）。話雖如此，人還是相當有才的。章太炎早年從學於浙省大儒「曲園主人」俞樾，學問功底相當深厚，但後來受甲午戰敗的刺激轉而激進變成了「革命理論大師」，也就與鄒容等人走到了一起。據說《革命軍》一書也出自其「潤色」。

當時清廷的反對派勢力有「兩黨」，一是革命黨，另一是康有為、梁啟超的「保皇黨」。戊戌變法失敗後，康有為等人逃亡海外仍以光緒皇帝為念，走的是反對革命、主張改良的道路，他們所辦的報紙在留日學生中影響頗大，康有為寫了一篇文章批評鄒容的小冊子，由此引發了章太炎的一篇雄文《駁康有為論革命書》，該文刊登於六月二十日的《蘇報》顯要位置，而這也是引發「蘇報案」的導火線。

六月二十三日，署理湖廣總督端方致電兩江總督魏光燾，其中稱：「上海《蘇報》係衡山陳編修鼎胞兄所開，悍謬橫肆，為患非小」，望江蘇方面「設法收回自開」。端方的電文顯然沒有搞清陳鼎與陳范的關係（**陳鼎為兄，陳范為弟**），但陳范之兄陳鼎曾為朝廷的翰林編修，此事非同小可，魏光燾隨後即派江蘇候補道俞明震前往上海查辦此事。

俞明震到上海後先到《蘇報》館找陳范，不巧陳范正好外出；第二天，俞明震找到《蘇報》的主要撰稿人之一吳稚暉，雙方於是有了如下對話：

俞稱：「蘇報鬧得太厲害了，夢坡我熟人……先生等勸其溫和些，太炎先生似乎鬧得亦太凶。」吳說：「二人脾氣，恪士先生所知（**俞明震字恪士**），但朝政如此，亦難怪出言憤激。」俞稱：「話如此說太厲害，也叫當道受不了。」

說罷，俞明震抽出一公文給吳看，上面是魏光燾所發命令：「照得逆犯蔡元培、吳敬恆，倡言革命，煽亂謀逆，著俞道會同上海道密拿，即行審實正法。」吳稚暉讀至此，俞明震即將公文抽回，兩人對視，一笑而散。

吳稚暉，名敬恆，江蘇武進人（今常州），生於一八六五年，舉人出身，一九〇二年赴日本留學時，有數名來自江蘇、浙江、江西的自費學生想進入成城學校（**日本士官學校的預備學校，合格者一年後升入士官學校**），但因當時進入此類軍事學校須經國內公費保舉，因而被駐日公使蔡均所拒。學生向吳稚暉求援後，吳遂與一同赴日的舉人孫揆均帶著二十幾名學生前去理論，但蔡均見他二位不過是個舉人，接待冷淡並嚴詞拒絕。

受辱之下，吳稚暉憤而率學生在使館抗議，數日不去。惱羞成怒之下，蔡鈞竟將日本員警招來將之強行帶離，後吳稚暉、孫揆均被日方以「妨害治安」的罪名驅逐出境。吳稚暉氣得要死，走到半路上投水自盡，幸好被日本員警救起，後由同在日本的蔡元培將之護送回國。事後，吳稚暉轉而反清並成為「愛國學社」的主要成員。

俞明震生於一八六〇年，祖籍浙江山陰（今紹興），其父那代已居官湖南，俞本人生於長沙。俞家歷代官宦，時為湖南大族（**與曾國藩家族、陳寶箴家族有聯姻關係，其後代中更是名人輩出**），俞明震於光緒十六年（一八九〇年）考中進士，在甲午戰爭時協助唐景崧據守臺灣，事敗後回返大陸並擔任過南京陸師水師學堂總辦等職。

俞明震身為查辦大員，但其親訪《蘇報》館、暗告吳稚暉的做法看似暗通關節，實則為思想開通的表現。按當時的官場習氣，蔡元培、吳稚暉、陳范等人都是士林中人，章太炎雖無功名，但其學問早已名聲在外，而章士釗又曾為其賞識的學生，彼此都是士子一族、斯文一脈，如下手羅織，未免物傷其類。他的做法無非是想大事化小，小事化了，有意放過《蘇報》館一干人等。

讓俞明震感到鬱悶的是，《蘇報》館接到警告後非但不予理睬，反而變本加厲的刊出文章《論江南陸師學堂指退學生為革命黨事》，其中即指名斥責俞明震。六月二十七日起，《蘇報》連續兩天發表文章悼念留日學生陳海鯤（福建福州人，自號「仇滿生」，常有「殺滿之聲」，一月前蹈海自殺）；六月二十九日，章士釗更是在頭版顯著位置刊出章太炎的《康有為與覺羅君之關係》（節選自《駁康有為論革命書》），其中直呼光緒之名：「載湉小丑，未辨菽麥！」此文一出，清廷震怒。也就在這一天，《蘇報》館的厄運來了。

當日，租界工部局在清廷地方當局的強烈抗議下發出對陳范、陳吉甫、陳叔疇、章太炎、鄒容、龍積之、錢允生等七人的拘票。奇怪的是，拘捕名單上沒有主筆章士釗與吳稚暉的名字，而陳范與陳叔疇實為一人（陳范別號「叔疇」），陳吉甫為報館司帳員無關輕重，錢允生、龍積之根本與《蘇報》無關。如此名單看似弔詭，實則意味深長。

巡捕們前往報館抓捕時，陳吉甫率先被捕，陳范趁亂逃脫，之後讓兒子去通知章太炎逃避。接報後，章太炎慢條斯理地說：「諸教員方整理學社未竟，不能去，坐待捕耳」。旁人勸他暫避一時，章太炎卻「哂之以鼻」。次日，章太炎聽說巡捕前來捉他，他一時瘋勁上來，非但不躲避反而迎上前去，大喊：「章炳麟是我。」

進了巡捕房大概是太寂寞，章太炎寫信給鄒容，讓他前來自行投案。鄒容本在虹口某外國傳教士處藏得好好的，他接信後左思右想，不能負了這份義氣，遂於七月一日前往租界四馬路巡捕房投案，曰：「我鄒容。」

更令人叫絕的是，館主陳范逃走後《蘇報》在章士釗主持下仍得以繼續出版了一週，而且還在七月六日發表了章太炎的《獄中答新聞報記者書》。文中，章太炎坦然表示：「吾輩書生，未有寸刃尺匕足與抗衡，相延入獄，志在流血。」直到第二天下午，《蘇報》才最終被查封。

有意思的是，在這場中外矚目的「蘇報案」庭審中，控辯雙方均聘請外國律師，而主審方也是中外合辦的會審公廨（**由外方陪審官如領事等與上海道臺委派的中方讞員會同審理租界內與華人有關的訴訟案件，係列強行使領事裁判權並侵犯中國司法主權的特殊司法機關**）。清廷對「蘇報案」態度明確，一是引渡，二是嚴懲，兩江總督魏光燾為此致信上海美領事古納，稱「此為中國主權，他國不得侵奪」，要求租界當局將章太炎、鄒容等交給中方。

「蘇報案」開庭六次，其間中外各方反覆爭駁，清廷控告《蘇報》館的章太炎、鄒容等人「大逆不道，煽惑亂黨，謀為不軌」，而「主犯」章太炎與鄒容則在律師點撥下為自己作無罪辯護。最令清廷惱火的是章太炎那句「載湉小丑，未辨菽麥」，其「詆毀聖上，呼為小丑，立心犯上，罪無可逭」。章太炎對此指控半戲弄地回應：「『小丑』兩字，本作『類』字或『小孩子』解，並不毀謗。至今上聖諱，以西律不避，故而直書」，其直言：「不認野蠻政府」。至於鄒容，除承認《革命軍》是自己所作外，其他一概否認。

更逗趣的是，第一次庭審完畢，章太炎半途作詩，並誦「風吹枷鎖滿城香，街市爭看員外郎」而返。後與之鬧矛盾的吳稚暉即不無揶揄地說：「他以坐牢為榮，亦很好」，「可謂求仁得仁矣」。

十二月七日，代表清廷參加會審的上海縣令汪瑤庭單方面擬定判決：章太炎、鄒容應予「永遠監禁」，但英美領事對此很不滿，因他們不能開此先例，否則在之後的華人案件中領事裁判權或將不保。與清廷僵持近半年後，雙方最終妥協，會審公廨於五月二十一日做出判決：章太炎監禁三年、鄒容監禁二年，罰做苦工，「期滿驅逐出境，不准逗留租界」。

事實上，清廷注定要成為這場訴訟的失敗者和被嘲諷對象。原因很簡單，在傳統專制年代，君主擁有無上神威，倘若被隨意辱及乃至騰笑各方，即便將章太炎、鄒容永遠監禁也無可挽回。正如梁啟超在袁世凱稱帝時說的，神像一旦打破即不再具有神聖性，而對於那些正值叛逆的年輕學生來說，這無疑是最具刺激的。

章太炎與鄒容的輕判與當時另一起案件有密切關係。一九〇四年七月三十一日，《天津日日新聞》職員沈藎因揭發中俄交涉秘密事項而遭逮捕（也有說沈藎原係唐才常「自立會」成員，因被通緝而死），因逢慈禧壽慶而不宜公開殺人，遂改判「立斃杖下」。行刑時，「特造一大木板，而行杖之法又素不諳習，故不至二百條下，血肉飛裂猶未至死，後不得已用繩緊繫其頸，勒之而死。」

上海《字林西報》對沈藎被杖斃的細節做了繪聲繪色的描寫：「可怕的刑罰在四點鐘開始執行，在此後的兩個小時裡，鈍竹條像雨點一樣落在可憐的犯人的四肢和背上直至鮮血淋漓，但是犯人還沒有死。他痛苦萬分，請求行刑者速將其勒死，最終採取了類似的辦法。直到夜幕降臨，血肉模糊的身體才停止了顫動。」事件披露後，輿論一片大譁，英國首相為此向駐華公使直接發出訓令：現在《蘇報》館之人，不能交與華官審判。

「沈藎案」或許說明了在租界裡盡可以亂罵，但出了租界的地面就恐怕死罪難逃。從某種意義上說，租界是近代中國的自由滋生地，特別是對報刊輿論的培育更是作用匪淺。清末民初時，租界內的輿論堪稱自由乃至放縱，多數報紙開了封，封了再開，換個名字即可，如章太炎等人被抓後，章士釗不僅沒有逃離上海，反而在一個月後又創辦了號稱「蘇報第二」的《國民日日報》。再如民初影響頗大的《民立報》（于右任等人創辦），其原名《民呼報》，被封後改名《民吁報》，再封後才改名《民立報》。

「蘇報案」得以如此結局，這與租界特定的體制是分不開的。但是這種歷史的錯位往往給著史者帶來了莫大的困惑：一方面，主流著作一直在抨擊列強的領事裁判權，其在租界的治外法權是對中國司法主權的破壞；而另一方面，當「革命志士」們託庇於這種治外法權並得以逃出生天時，治外法權似乎又不再是一個問題。這種「批清廷則說治外法權喪權辱國，革命則不說治外法權侵犯主權」的做法，當然也是一種「雙重標準」。

章士釗曾說，「租界革命萬人，不如租界外一人」。近代以來，中國從來不缺「遠距離革命家」和「口水民主派」，租界也確實為各派系的「革命活動」提供了便利而安全的保障，弄不好會掉腦袋的「革命」尚且如此，「口頭革命」乃至恣意妄罵就更不在話下了。

《蘇報》為了宣傳革命甚至不惜造假造謠，譬如捏造無中生有的《嚴拿留學生密諭》，譬如虛構北京學生「結秘密社與海內外志士聯絡，希圖革命」的情節，並以此號召北京的學生們起來暴力革命。對此，當時出版的《蘇報案紀事》一書也批評《蘇報》中人「明知其無而鼓吹之」，這種背離新聞精神與良知的做法，實際上將報刊當成了政治鬥爭的工具。

「蘇報案」後，鄒容雖判兩年但在出獄前的一個月不幸瘐死獄中，年二十歲。從這個意義上說，章太炎與章士釗都是踩在鄒容屍體上成名的。民國後，孫中山追贈鄒容「大將軍」稱號。據《革命逸史》所說，鄒容「所著《革命軍》風行海內外，銷售逾百十萬冊，佔清季革命群書銷場第一位」，但這一切都與他無關了。

章太炎於一九〇六年六月二十九日刑滿出獄，在「蘇報案」的光環下，他隨後凱歌東渡日本，但後也與孫中山等人鬧翻，最終被視為「章瘋子」（**吳稚暉又罵他「裝瘋子」**）而游離於革命陣營之外。至於「愛國學社」的幾位要角，革命翰林蔡元培早在案發前半個月就去了青島，而章太炎等人被捕後，吳稚暉也在親友的勸說下很快離開上海，後轉赴英國留學。

革命年代總是充滿了激情。民國元年，戴季陶在主編上海租界內某小報時發表了一篇言辭激烈的短文，題目就叫《殺》：「熊希齡賣國，殺！唐紹儀愚民，殺！袁世凱專橫，殺！章炳麟阿權，殺！……」這篇微博體文章，全文加題目不過一百七十字，而其中竟然出現了七個「殺」字，可謂是殺氣騰騰。但此時剛從英國留學回來的章士釗卻搖身一變，開始訓起戴季陶這樣的小輩過於激進了——他大概忘記自己當年那些「殺人」的狂呼小叫了。

至於報館主人陳范，他在僥倖逃脫後帶著二妾二女東渡日本，但因失去經濟來源最終家破人亡，兩子出走不知所蹤，兩妾隨他流落日本後改適他人。一九〇五年夏，陳范從香港回到上海，後被兩江總督端方的偵騎探得而投入獄中關押了一年多時間。一九〇六年秋，陳范出獄，之後孑然一身，並在各地過著飄泊不定的生活。此期間的陳范居無定所、窮困潦倒，據說在香港時因酒癮發作而無錢買酒，只得將陳少白的藥酒一飲而盡。

民國後，陳范回到上海並重操舊業，一度擔任《太平洋報》筆政。一九一二年七月，應北京《民主報》社的邀請北上擔任編輯，但不久又返回上海。一九一三年五月，這位昔日的《蘇報》館主在貧病交加中去世，終年五十四歲。據說其死時，兩個女兒均不在身邊，死後也無錢入殮，後還是靠著親友的捐贈才將其遺體裝殮，置棺於上海西門斜橋外的湖南會館。北伐勝利後，南京國民政府「特予明令褒揚」，但這已是陳范死後二十四年的事了。

二二、漂洋出海：五大臣西方取經

一九〇五年九月二十四日，正陽門車站熱鬧非凡，載澤、徐世昌、紹英、戴鴻慈和端方五位大臣在一片喧囂聲中登上火車，他們此行的目的是要出訪歐美各國考察憲政。正當車輛準備駛離時，只聽得「轟」的一聲巨響，將尚未完全啟動的火車震得左右亂擺，隨後一團濃煙和烈焰從車廂中衝出——一顆炸彈爆炸了！

戴鴻慈在《出使九國日記》中說，炸彈爆炸後，載澤「眉際破損，餘有小傷」，紹英「受傷五處，較重，幸非要害」；徐世昌「亦略受火灼，均幸安全」。後查明是革命黨人吳樾精心策劃的一次暗殺，而「肇事者」當場被炸身亡。

事後，清廷一度推遲了考察事宜，但由於輿論的堅決要求，清廷最決定再次派遣大臣出國考察。由於紹英受傷未癒、徐世昌另有任用，後由山東布政使尚其亨和順天府丞李盛鐸二人替換。為防止再次發生炸彈襲擊事件，第二次大臣出洋考察決定低調地分批出發。

一九〇五年十二月七日，迎著凜冽的寒風，端方和戴鴻慈帶領首批考察團（下稱端戴團）進入正陽門火車站。鑒於上次的教訓，「車站稽查嚴密，外人不得闌入」。按計劃考察團先到天津，之後由軍艦「海圻號」護送至上海。十二月十九日下午二時，在眾多國民的殷殷期望中，端戴團登上美國太平洋郵船公司的巨型郵輪「西伯利亞號」。隨著郵輪汽笛的拉響，「西伯利亞號」收錨啟航，緩緩駛離上海向日本駛去。

一九〇六年一月十四日，由載澤、李盛鐸和尚其亨率領的第二批考察團（下稱載澤團）也從北京低調出發，之後前往上海搭乘法國輪船公司的「克利刀連號」揚帆啟程。幾經周折的出洋考察團終於離開國門正式出發了。

由於分工不同，端戴團只是途經日本橫濱，之後即直接去了美國。十天後（一月二十四日）載澤團來到日本神戶，開始了對日本的考察。在日本方面的安排下，考察團分別拜見了日本總理大臣西園寺公望、外務大臣和陸軍大臣等人。在日期間，載澤團重點考察了日本的上下議院、郵政、教育和地方行政機構等。日本方對載澤團的來訪非常熱情，專門指派了著名的法學家惠積八束博士給考察團仔細講解了日本的君主立憲體系。

日本考察期間，正值中國的春節。這年的大年初一，日本天皇特意派出御用馬車迎接載澤考察團入宮覲見與參觀。覲見天皇後，考察團對日本前首相伊藤博文進行訪談。伊藤博文對此非常重視，他在會見之前便派人向載澤團贈送了自己的兩部著作——《皇室典範譯解》和《憲法譯解》，以幫助載澤考察團更好的理解日本憲政。講解完後，伊藤博文又對載澤團提出的問題一一詳答：

載澤問：「我們實行立憲，以何國最為適宜？」

伊藤博文說：「各國的憲政，無外乎兩種，一種為君主立憲國，一種為民主立憲國。貴國數千年為君主國，主權在君，和本國的歷史頗為類似，參用我國的制度頗為適宜。」

載澤又問：「立憲後，對君主制度有無阻礙？」

伊藤博文說：「對我國而言，並無阻礙。日本憲法規定，天皇神聖不可侵犯，天皇為國家之元首總攬大權，並不旁落於臣民。」

載澤似有不解，便問：「那君主立憲和君主專制有何區別？」

伊藤博文答道：「最主要的區別在於專制國的君主不經過法律隨意下詔，而君主立憲國的法律必須經議會討論通過後由君主裁定公布。法律公布後任何人等均需遵循，這是關鍵問題所在。」

載澤聽後，似有所悟。

隨後，載澤團的成員又結合中國和日本的實際情況與伊藤博文進行了深入的探討。伊藤博文試圖向載澤團表達的大概意思有兩點：一是實行憲政，君權仍舊是國之權威，而增設議院等機構不過是輔佐君主；二是憲政的核心在法治，任何國民（包括天皇在內）都要受到已公布的法律之約束，法律一旦頒發，天皇也必須遵守，而不是像以往的專制君主可以口含天憲任意妄為。

載澤團在日本期間，先行出發的端戴團先後抵達了夏威夷與舊金山。從日本到美國距離大約四千五百英里，一路上都是風浪險惡的茫茫大海，很多考察團的成員都是第一次真正看到大洋，沒多久便被海上的大風大浪折騰得上吐下瀉、苦不堪言。好在隨員溫秉忠是二十多年前留學美國的幼童，他不斷安慰各位同行以緩解海上的枯燥氣氛。

考察團到達舊金山後，美國總統派遣特使精琦前來迎接。精琦係耶魯大學教授，也是考察團參贊施肇基（後任駐美國大使）的老師，他也曾在兩年前應清廷邀請來到中國考察幣制改革。因這層關係，美國總統便讓他來負責考察團在美國的整個行程安排。

當時的舊金山，儼然是一個現代化的大城市，一棟棟摩天大樓拔地而起直入雲霄，街道上也是車水馬龍人流如織，好一派繁榮景象。不過和紐約比起來，舊金山又差了不少，考察團在紐約下榻的賓館有二十八層之高，是當時世界上最高的建築。從賓館的高樓上俯覽紐約街景，考察團的成員們大開眼界。紐約是美國蓬勃發展的一個縮影，在這個人口眾多、日新月異的大都市有許多聞所未聞的新鮮事物，比如電車、紅綠燈、百貨公司、報亭都讓他們嘖嘖稱讚，他們還參觀了紐約證券交易所。

在日本天皇接見載澤團的那一天（一九〇六年一月二十四日，即農曆大年三十），美國總統羅斯福接見了端戴考察團。一個半月後，載澤團來到美國也得到羅斯福總統的接見。令考察團覺得不可思議的是在他們參觀美國國父華盛頓的紀念館和故居時，發現裡面居然「設施簡陋，無異平民」。戴鴻慈在日記中寫道：「蓋創造英雄，自以身為公僕，俾宮惡服不自暇逸，以有白宮之遺型，歷代總統咸則之。誠哉，不以天下奉一人。」也許此時考察團成員才明白了皇帝和總統的區別。

端戴團在美國一個多月，先後訪問了十幾個城市包括芝加哥、費城、波士頓和西雅圖等。他們在有限的時間裡參觀訪問了美國很多知名的大學、工廠、圖書館和博物館等，並得到了美國方面的熱情接待。考察團前往芝加哥考察時，芝加哥市政府甚至特意派出一百多人前來迎接。就連羅斯福總統在接見完考察團後，還在百忙之中特意給光緒皇帝寫了一封信：「我非常樂意接待這些先生們，我將精心安排他們去考察我國的一些地方和部門以便讓他們順利完成考察任務。我將為您的考察團提供一個方便而有效的計畫。」

結束了美國之旅後，端戴團於一九〇六年二月二十三日抵達歐洲。按先前的考察計畫，德國、俄國、奧匈帝國和義大利為重點考察國，英國、法國和比利時等國是順路考察，北歐國家丹麥、瑞典、挪威和瑞士及荷蘭本無考察計畫，但這幾個國家聽說考察團來而紛紛邀請考察團前往訪問。

　　載澤團在考察英國憲政時，由法學家埃喜為他們講解英國憲法。埃喜先向考察團介紹了英國的政治體制，特別是君主許可權和三權鼎立之制。埃喜指出君主是一國至尊，議會通過的法律形式上都需要君主批准頒布，君主在近兩百多年來從未批駁過議會通過之法案，這在英國已形成了憲法慣例，並有法律的約束力。另外，英國的國家行政權由內閣掌控，君主不得干預。至於法院之權力，自有法院之體例獨立運行。

　　在英國期間，載澤還特意向英國議院提起禁止鴉片一事，要求英國通過禁止向中國輸送鴉片的法案。除此之外，英國還安排考察團參觀了劍橋大學和牛津大學。兩所大學還特別授予載澤法學博士學位。

　　當時的法國則和英國有很大的區別，它是一個完全的民主共和國。法國是典型的大陸國家，它的歷史倒和中國有幾分相似之處。在巴黎期間，法國總統偕夫人及女兒還特意陪同考察團登上著名的艾菲爾鐵塔俯覽巴黎這個魅力之都。

　　臨近法國的比利時也是君主立憲國。聽說中國考察團來歐洲後，他們十分重視並給予高規格的禮遇進行接待。為此，比利時國王還特地派出專輪前往迎接，考察團到達比利時港口後還鳴以二十一響禮炮。七十高齡的比利時國王盛情接待了考察團一行，甚至還親自到使館回訪一次。載澤頗為動情地說：「人之重我者，或非無因，在我要當亟圖自重之策。人之輕我者，何莫非忠告，我當益自警覺憤發，勿啟自侮之端。」

　　最令考察團感到驚訝的是各國國宴上不但有各國元首和各級官員，連企業主和商人等也可以共同出席。宴會後，這些企業主和商人甚至和本國高官甚至元首隨意交談，大家不分尊卑一起談論時事。這種事在大清簡直不可想像。考察團在遊覽奧地利皇宮時，發現裡面「列樹遮罩，蔚然深綠，景色絕佳」，園中「工人士女來遊者甚眾」，滿是普通國民——皇家花園竟然是對外開放的。

考察團對歐洲大部分國家的考察都還算順利，唯有俄國比較棘手。俄國幅員遼闊和大清領土相接，本也是歷史悠久的君主專制之國。這幾年由於戰爭的緣故（剛被日本擊敗）政局很不穩定，頗有革命之象，正因如此才先行一步實行憲政，因此考察團也想去俄國看個究竟。遺憾的是雖然俄國當時已宣布實行憲政，但似乎並沒有取得預想中的效果。

而在德國的考察則頗為尷尬。眾所周知，德國公使克林德於庚子年在北京被打死而引發了一場軒然大波。時隔六年之後，考察團來到德國心裡也頗為忐忑，害怕德國人會記仇而對他們有意為難。由於德國一些大企業在中國有頗多投資與合作，考察團不但未受冷遇，反受到社會各方極為熱情的接待。當時德國皇帝、皇太子和高官們都親自宴請了考察團，並安排他們到各地考察。一些知名企業如克虜伯公司、西門子公司和拜爾公司等更是熱情，他們也希望能藉此擴大在中國的業務。

在歐美各國兜了一圈後，載澤團於一九〇六年五月十九日乘坐法國輪船先行打道回府。六月二十一日，端戴團也隨後踏上回程。經過近兩個月的海上顛簸，載澤團於一九〇六年七月十二日回到上海；端戴團則於七月二十一日回國。

之後，載澤很快趕到北京覆命。在慈禧太后和光緒皇帝接見時，載澤力陳各國之所以富強主要是均以憲法為國本，而中國推行多年的洋務運動卻沒有成效，原因就在於不得要領。由此，載澤提出清廷立憲最好以日本模式為效仿對象。

當年八月，考察團又向朝廷上了一道密摺，其中明確指出立憲有三個好處：一是君主神聖不可侵犯，君位萬世不易，相位旦夕可遷，君主不負行政責任；二是外患漸輕，立憲是國際潮流，立憲後外國將尊重我國；三是內亂可平息，實行立憲後，革命黨人也無話可說，即使想作亂也無人跟從。據說慈禧見此摺後大為動容，足足看了有三個時辰。

儘管有各種困難，但考察大臣們還是大有收穫，譬如戴鴻慈和端方署名編著的《列國政要》，還有戴鴻慈留下的《出使九國日記》、載澤的《考察政治日記》等等。這些早已束之高閣、滿是灰塵的考察日記，在經過百年的喧囂之後仍具有相當的先進性。

考察團這次考察的首要目標是憲政，每到一國必然要去議院參觀並考察其議會制度，因此各國憲政記載最詳，也引發了頗多值得借鑒的思考。比如當戴鴻慈等人看到美國的議員們在國會中為議案而爭得面紅耳赤，「恆以正事抗論，裂眥抵掌，相持未下，及議畢出門，則執手歡然，無纖芥之嫌。蓋由其於公私之界限甚明，故不此患也」。這種公私分明（**公事和私人友誼**）的議事方式，讓考察團的成員們大為歎服。

考察團在英國時發現，「議員分為政府黨與非政府黨兩派。政府黨與政府同意，非政府黨則每事指駁，務使折衷至當，而彼此不得爭執。誠所謂爭公理、不爭意氣者，亦法之可貴者也」。這裡說的政府黨，其實就是執政黨；而非政府黨，指的是在野黨（**反對黨**），這種良性的政治互動關係看似吵鬧其實更加穩定。

義大利考察時，考察團甚至發現議會有權決定國王所任命大臣的去留，「義國任命大臣之權，操諸國王之手。而大臣之不職者，得由下議院控訴之，而由上議院以裁判之。歐洲諸國，政制相維，其法至善，胥此道也。」這種議會和君主的關係，對於長期生活在專制社會下的中國官員來說無疑是個極大的震動。

考察團在歐美各國不僅參觀了議院和政府機關，他們也參觀了大量的圖書館、博物館和美術館，也去戲院看過表演，並遊覽過一些公園和動物園。這些公共文化設施是文明國家的標誌，卻大都是中國所沒有的，這難免讓考察團意識到中國「數千年文明舊域，迄今乃不若人」。據《大公報》載，考察團從國外還買回了一批動物，包括一頭大象、兩頭獅子、三隻老虎、兩匹斑馬、兩頭花豹、兩頭野牛、四隻熊、一隻羚羊、四隻袋鼠、四隻鴕鳥、六隻仙鶴、八隻鹿、十四隻天鵝、三十八隻猴等，林林總總地裝了五十九個籠子。

考察團回國後上奏朝廷：「各國導民善法，擬請次第舉辦，曰圖書館，曰博物館，曰萬牲園，曰公園。」隨後，清廷責成學部承辦，命各省興辦圖書館、博物館、公園、動物園等。從外國帶回的那些動物，後來被安放在北京新建的萬牲園中，算是中國最早的動物園。隨後，各省也積極籌建圖書館、公園等公共設施，而這些社會文化事業的進步和五大臣出洋考察不無關係。

五大臣出洋考察是清末難得的一抹亮色，曾給沉淪中的國人帶來了無限的希望和遐想。這次出洋考察，清廷事實上承認了西方文明在政治制度上的優越性。一九〇六年九月一日，清廷正式宣布預備立憲，終於邁出了清廷乃至中國歷史轉型的第一步。但令人遺憾的是清末各種矛盾的糾葛和皇族親貴的倒行逆施，使得清廷這十年來新政和立憲的一切努力最終化為東流。這所有的一切，伴著憲政考察的曾經夢想漸行漸遠、漸成輓歌。

二三、科舉殘夢：舊秀才與洋進士

庚子年後，張亨嘉以光祿寺卿充大學堂監督，有人問及中西學優劣，張曰：「中國積弱至此，安有學？即有學，安敢與外人較優劣？假而甲午爭朝鮮，一戰而勝，再戰而勝曰：戊戌援膠州，再戰而勝德。諸夷伎足東望，謂中國之盛由人才，人才出科舉，歐美各邦將有效吾楷折八股而立中華學堂者矣！」憤激之辭以詼諧出之，聞者莫不傾倒。

戊戌變法期間，康有為等維新黨人提出「廢除八股、改試策論」，尚未觸及科舉存廢本身已激起了眾士人們最強烈的反抗。如唐德剛所言，科舉考試乃涉及到「數百翰林、數千進士、數萬舉人、數十萬秀才和數以百萬童生」的榮譽和進身之道，康有為考中進士不過數年，卻企圖將這一數以千萬人已為之奮鬥或正為之奮鬥的制度廢除，這意味著什麼？這意味著這些人所做過的努力付之東流，如今說取消就取消，這筆帳又如何算？

果不其然，消息一傳出，天下的讀書人一個個激憤異常，口誅筆伐不算，據說直隸的一些士子甚至打算對康有為行刺，從肉體上消滅這個「名教罪人」。這樣的結果，恐怕是康有為等人始料未及的。

一九〇四年七月，清廷按常例舉行甲辰科會試，由於次年宣布廢除科舉，因而此次科考成為中國歷史上最後一次科舉考試。值得一記的是，這次殿試的前三名為：狀元劉春霖、榜眼朱汝珍、探花商衍鎏；最後一次的進士則有以下聞人：譚延闓，三十五名；蒲殿俊，四十一名；陸光熙（陝西巡撫陸鍾崎之子），六十二名；沈鈞儒，七十五名；黃遠庸，八十名；湯化龍，一百零八名；張其鍠，一百一十八名。

就在同一年日俄戰爭爆發，兩個強盜在中國的大地上大打出手，主人卻只能無奈又頗為無恥的高掛「免戰牌」，宣布在這一場令國人蒙受恥辱的戰爭裡「嚴守中立」。無論誰是這個戰爭中的贏家，清廷這種夾起尾巴做人的鴕鳥政策都將令後人感到羞愧。

各省在清末新政以後普設新學堂，「時局多艱，儲才為急」也成為朝中大員與各省疆吏們的共識。痛定思痛之下，舊科舉的不合時宜及與新學堂的抵觸顯得格外地鮮明，「東西各國富強之效，無不在於學堂」，「設學堂必自廢科目始」，科舉制度也就此走到了終點。

一九〇五年，直隸總督袁世凱會同盛京將軍趙爾巽、湖廣總督張之洞、兩江總督周馥、兩廣總督岑春煊、湖南巡撫端方聯銜會奏，以科舉「阻礙學堂、妨礙人才」為由「請宸獨斷，雷厲風行，立沛綸音，停罷科舉」。詔書一紙，鄉試、會試、科考、歲考一律停止，行之千年的科舉制終於壽終正寢。

屢試不第的山西老舉人劉大鵬雖早已放棄功名仕進，但他在聽說廢除科舉已成事實後仍舊有一種天崩地裂、萬念俱灰的痛感。當年十月十七日的日記中，劉大鵬寫道：「甫曉起來心若死灰，看得眼前一切均屬空虛，無一可以垂之永久，唯所積之德庶可與天地相始終。但德不易積，非有實在功夫則不能也。日來凡出門，見人皆言科舉停止，大不便於天下，而學堂成效未有驗，則世道人心不知遷流何所，再閱數年又將變得何如，有可憂可懼之端。」

數日後，劉大鵬又記道：「昨日在縣，人皆言科舉一廢，吾輩生路已絕，欲圖他業以謀生，則又無業可託，將如之何？吾邑學堂業立三年，而諸生課業尚未曾廢，乃於本月停止，而寒酸無生路矣。事已如此，無可挽回。」之後數月，劉大鵬仍感慨萬千不能釋懷：「科考一停，同人之失館紛如，謀生無路，奈之何哉？」「頃聞同人失館者多，家有恆產尚不至於凍餒，若籍舌耕度歲者，處此變法之時，其將何以謀生乎？」

精神的幻滅尚在其次，失業導致的生計之壓力才是最痛楚入膚的。科舉再無復活之可能，已入仕的上層士紳固然無礙，那些有勢力或有金錢者也可以利用自己的資源搶佔新學堂和留學帶來的好處，唯獨那些已從事舉業而未成功、年齡偏大不易改行且家境困窘的童生、生員甚至舉人們，這些散居於農村的舊士紳其利益受損又有誰來關心？

次年三月，劉大鵬聽說昔日的舊友塾師因失業而陷入「仰屋而歎無米為炊」的窘境後，不免大歎息：「嗟乎！士為四民之首，坐失其業，謀生無術，生當此時，將如之何？」半月後，劉大鵬憤憤然寫道：「當時弊政莫甚於賣官鬻爵，乃新政既行於今五年，依舊捐納賣官未曾停止，令人莫解。維新之家動曰除弊，賣官之弊何以不除耶？」

歷史車輪滾滾向前，順之者昌，逆之者亡，清末科舉制度的廢除把士子們推向了時代的洪流，不管你是惶恐、是哀怨，或者憤懣，這終究是不可改變的歷史定數。所幸清末新政的決策者們比當年的維新派要老練成熟許多，在廢除科舉的同時也及時採取了逐步替代的補救措施以解決讀書人的出路問題。

一九〇六年，清廷頒布《舉貢生員出路章程》六條以廣開門路，盡量安排原有的貢員、舉人和生員，穩定那些上了年齡又難以接受新式學堂的部分士人。另外按《各學堂獎勵章程》，朝廷對中學堂以上的各級畢業生分別獎予相應的科名，如通儒院畢業獎予翰林出身，大學堂畢業獎予進士出身，高等學堂畢業獎予舉人出身，中學堂畢業獎予優拔等貢生。這些舉措讓那些士紳們得到些許慰藉並機敏地停止了抵抗轉而積極投身於新學堂，以此來彌補他們在功名上的損失。

在張之洞、張百熙、榮慶等人的努力下，清廷於一九〇四年制定近代第一個系統學制（**因當年為癸卯年，亦稱「癸卯學制」**），在這個以日本為參考的新教育體制中，全國學堂分為基礎教育和職業教育，其中基礎教育分為三等七級，即初等教育（**包括蒙養院、初等小學堂和高等小學堂**）、中等教育（**中學堂**）和高等教育（**包括高等學堂、大學堂和通儒院**）；職業教育則包括師範教育、實業教育和特別教育等。就內容層次而言，「癸卯學制」已非常接近現代社會的教育體系，這也是中國向近代轉型的重要一步。

一九〇五年十二月，作為中央教育行政機構的學部正式成立，在傳統六部之一的禮部被削弱的同時，學部執掌教育並將具職能大為擴充。新教育鋪開後，其成效不可不謂顯著，據宣統元年（**一九〇九年**）《第三次教育統計圖表》中的資料，一九〇四年全國學堂總數為四千二百二十二所，學生總數為九萬二千一百六十九人，而五年之後已擴至五萬二千三百四十八所，學生增至一百五十六萬零二百七十人，發展之速可謂驚人。郭廷以在《近代中國史綱》中具體列出：一九〇九年全國高等學堂學生約四千餘，專門學堂學生約二萬餘人，普通中學堂學生約四萬餘人，實業師範學堂學生亦約四萬餘人。以此計算，則中學堂以下學生佔了大多數。

初級學堂及學生數量的激增，既以教育新政鋪開未久相關，也與清廷頒布的《議定強迫教育辦法十款》有莫大關係。「強迫教育」類同於現代的義務教育，該《辦法》從勸導入手，要求各省會至少設蒙學堂一百處，每堂至少五十人；各州府縣至少設四十處，學童至少二千人；幼童最遲到十歲必須入學，如一年後尚有未入學者，按荒學律懲其父兄。儘管該《辦法》未必能得到百分之百的執行，但其強度可想而知。

一九〇九年六月，山東巡撫袁樹勳專摺上奏，請求朝廷對「行乞三十年，興學三州縣」的「義丐武訓」進行表彰；一九一一年五月，江蘇川沙廳已故職商楊斯盛因「傾產興學」而被清廷下令「付史館立傳，並贈鹽運史銜」。清廷的鼓勵與提倡，無非是要在民間樹立「興學育才」的風氣。

新教育以西學為先，張之洞也在《勸學篇》中極口稱讚留學外國效果大，說「出洋一年，勝於讀西書十年；入外國學堂一年，勝於中國學堂三年」，而「留學之國，西洋不如東洋，以路近費省，文字易曉，西書多已刪繁存要；中、日情勢風俗相似，不難仿行」。在其影響下，時人出國留學的首選地便是日本，而當時的日本駐華公使矢野文雄也在其中大力推動，並稱願為每年接納二百名學生前往日本而提供便利。

為解西學人才之匱乏，清廷積極推動官費留學、鼓勵自費留學，對學成回國的留學生經考核合格分別賜給進士、舉人、貢生等相應出身，並在用人時予以優先任用。一時間，海外留學掀起熱潮，而其中又以留學日本的為最多。

日本的學問體系主要來自歐美，當時選擇留學西洋的中國學生也有，但人數遠不及日本。十九世紀七〇年代，中國曾從福州船政學堂中選派部分畢業生前往英國學習海軍，也曾選派了數批幼童前往美國留學，後因各種原因撤回。同期間，在華教會曾選派了一些中國青年前往歐美留學，但人數不多。八〇年代後，李鴻章選派段祺瑞等四人前往德國學習陸軍（蔭昌比之更早），人數更為有限。直至清末新政，清廷和各省均選派了一些留學生前往英、法、德、俄、比等國學習，人數有所擴大。

特別值得一提的是，美國在一九〇八年後將庚子賠款用於資助中國選派的留美學生，平均每年六十名。為此還在北京西郊清華園還設立了遊學肄業館（後改名清華學堂，即清華大學的前身），專門負責選派赴美留學生。民國後，此制度並未因清朝覆亡而終止，庚款留學（留美、留英等）在二三十年後結出碩果，民國的很多大師如胡適等均出自於此。

留學歐美的人數雖少，但品質遠高於留日學生。郭廷以在《近代中國史綱》中指出：留日學生中「已入學者半數為各省公費生，習師範、政治速成科者百分之六十，習普通科者百分之三十，入高等、專門學堂者百分之三、四，入大學者百分之一」。比較而言，留學歐美的中國學生大都完成了大學教育，其中拿到博士學位的不乏其人（如施肇基、陳錦濤等），而留學日本的中國學生雖然人數眾多，但博士卻寥寥無幾。

一九〇五年六月，學部舉行首次遊學畢業生考試，通過者分別授予進士和舉人功名。據本次高中的曹汝霖回憶，學部尚書張百熙「以學者從政，羅致人才尤重視留學生，特議考試留學生，以備任用。第一次應試者，只有十四人，西洋留學生，無一應試。第二次人即多了，西洋學生應試者亦多，顏惠慶等即是第二次應試者。考試留學生分兩次，第一次在學務處，及格者再行保和殿殿試……此次學務處考試，即等於會試，由於晦若（式枚）、王書衡（式通）兩先生監試，特別優待，中午備席（第二次即沒有這樣優待）。試題為一論一策，皆關於新政，惜不能記憶，試後一榜皆及第。」

曹汝霖忘記的題目分別為：《楚莊王日訓國人申軍實論》及《兩國交戰，局外之國不得干預，謂之局外中立。局外中立國與交戰國之間其權利義務若何？試據學理，並參各國成例評論之》。前者為傳統題，後者為新學。

曹汝霖畢業於東京法學院，卒業於早稻田大學政經科的陸宗輿也參加了此次考試，被獎予舉人出身，以內閣中書用。後來的同道中人、撰有《日本遊學指南》影響頗大的章宗祥則先是留學於東京帝國大學，後獲明治大學法學士學位，回國後雖未參加留學生考試，但被特賜進士出身。在科舉制被廢棄之後，新的進身之路卻假借傳統的功名重新復活，只是規模已遠不能與之前的科考相比，像曹汝霖、陸宗輿、章宗祥三人在清末官場的崛起無疑是其中的獲益者。

被曹汝霖在回憶錄中點名的顏惠慶參加了第二次的遊學生考試，當時的主考官為唐紹儀，副考官為嚴復與詹天佑。嚴復為當年選派留英學習海軍的福州船政生，而唐、詹均為當年的留美幼童，詹天佑係耶魯大學畢業。

這次考試中，耶魯大學博士陳錦濤名列第一，畢業於維吉尼亞大學的顏惠慶列第二，其弟顏德慶（**畢業於理海大學**）列第四，畢業於康乃爾大學的施肇基列第五，前十名均被授予進士出身，且大多為美國大學畢業。其餘四十多人，名列二等，均授舉人出身，其中多為留日學生。與曹汝霖這批活躍於官場的留日生相比，顏惠慶這批人大多活躍於外交界。

這次考試尚有一花絮，當時名列前十的有兩位牙醫，其中一位本職為內科醫生，牙科只是其副業，而另一位則是單純的牙醫。總理大臣慶親王奕劻認為進士頭銜只能授予讀書人，像牙醫這樣的方術之士根本沒有資格躋身此列。因此前者獲得進士出身尚可，後者只能屈居二等，授予舉人頭銜。舊士紳們對此還大為不滿。《國乘備聞》中記載了這麼一段：「王闓運晚年被薦，特旨授檢討，已七十餘矣，時科舉早廢，遊學生返國試高等，有牙科進士亦同時授館職，王闓運因撰聯自嘲云：『愧無齒錄稱前輩，幸有牙科步後塵。』」言談之中對此等新科考頗有鄙視。

蔣夢麟也曾說過這樣一個「笑話」，說有一次他與陳獨秀談天說到秀才，陳是秀才，蔣也是個秀才。陳問蔣：「唉！你這個秀才是什麼秀才？」蔣說：「我這個秀才是『策論秀才』。」陳說：「那你這個秀才不值錢，我是考八股時進的『八股秀才』。」蔣聽說後便向陳作了一個揖，說：「失敬，失敬。你是先輩老先生，你這個『八股秀才』的確比我這個『策論秀才』值錢。」

原來，鼎革之際的清末秀才也有分兩種，一種是考八股時進的秀才，稱為「八股秀才」，庚子年後科舉考試廢除八股改考策論，稱為「策論秀才」，後者因偏於洋務西學，古典根基不如前者，因而常被人認為學問不夠，蔣所記載雖係笑話，卻也非憑空構撰。

二一四、不道德的收入：清末禁煙的悖論

一九〇三年初夏，翰林學士惲毓鼎奉命前往開封充任癸卯科同考官，返京路上，他驚訝地看到黃河沿岸竟然種植著綿延連片的罌粟。在色彩暗淡的豌豆或麥田的襯托下，那些罌粟花開得如此的豔麗而惹人注目，讓惲大學士忍不住賦詩一首：「曉渡黃河走轉車，離家較近轉思家；南風十里鴛鴦錦，開遍連畦罌粟花」。

七年後，美國社會學家羅斯也在陝西看到類似的情形，「成片的罌粟花長得如火如荼，異常耀眼。它們的主色調是雪白色，花冠則五顏六色，有紫色、粉色、深紅色、猩紅色、紅寶石色，這些顏色點綴在白色罌粟花上五彩繽紛，煞是好看……它們就像是技藝高超、美豔絕倫的美女蛇，引誘驅使著眾多的追隨者」；「罌粟花在陽光下搖曳生姿，鴉片種植的繁榮，讓人絲毫不會覺察這個國家的暮氣沉沉」。

羅斯還觀察到罌粟成熟的季節，農民總是先用小刀把球狀的罌粟果劃開一個口子，然後牛奶一般的汁液就會從小口子滲出；一兩天後，汁液會變成棕黃色的膠狀物，把這些東西刮下來，就是「原生」的鴉片——事實上，這種未經加工和提純的鴉片本身就是一種毒藥。與糧食作物相比，罌粟的產量十分有限，每英畝只能產幾英鎊鴉片而已（**一英鎊為四百五十三克**），但到鴉片出售時，每英鎊可以賣到二至十美元，是種植小麥收入的數倍。

鴉片屬初級毒品，因產地不同而顏色或有差異（黑色或褐色），其外觀與氣味並不討人喜歡，因初提煉的生鴉片會有一種強烈的氨味（或可稱之為陳舊尿味），往往令人作嘔；但經燒煮與發酵後，被製成條塊狀或餅狀的熟鴉片則呈現出棕色或金黃色的外觀，而且吸食時會產生出一種令人醺醺欲醉的香甜氣味。

道光時期，鴉片戰爭尚未開戰，全國各地早已是煙館林立，上自王公大臣，下至普通百姓，吸食鴉片竟被視為富貴榮華的標誌，就連道光皇帝也一度沾染成癮。道光在《賜香雪梨恭記》中說：「新雪初晴，園林風日佳麗，日蝕微研朱讀史，外無所事，倦則命僕炊煙管吸之再三，頓覺心神清朗，耳目怡然，昔人謂之酒有全德，我今稱煙曰如意。嘻！」

後來，道光發現吸食鴉片費用甚大，而他又是「史上最吝嗇的皇帝」，於是將煙膏毀棄並處死了最早進煙的太監。戒除煙癮後的道光不無擔憂地說，此物如不禁絕而任由它流行於內地的話，不但亡家，實可亡國！

「禁煙」並非始於道光，早在林則徐「虎門銷煙」之前，雍正朝即有規定凡私開鴉片煙館、引誘良家子弟者比照邪教惑眾懲處，最高可處絞監候。但嚴刑峻法下的鴉片非但屢禁不止，反而隨著兩次鴉片戰爭的戰敗而氾濫成災。據統計，一八五六年從境外輸入的鴉片價值三千五百萬銀元，至最高峰的一八七九年達到九萬四千八百三十五箱，合一千三百一十二萬英鎊（約五千二百萬銀元），而聞名上海灘的怡和洋行和沙遜洋行，當時都是著名的鴉片販子。

「洋藥」（進口鴉片）潮水般湧入的同時，作為貨幣使用的白銀則不斷外流，這對於一個「銀本位」國家來說可不是什麼好消息。為此，清廷想出了一個「進口替代」的高招，那就是准許本國種植罌粟。如此一來，「內地之種日多」，「夷人之利日減」，「迨至無利可牟，外洋之來者自不禁而絕」。在此思維啟發下，就連林則徐也在道光二十七年（一八四七年）改變了之前的強硬主張，他認為「內地栽種罌粟，於事無妨……若內地果有一種芙蓉勝於洋販，則孰不願買賤食？」

背離了保護國民身體素質的基本宗旨，清廷的「禁煙」政策也就變成了防止白銀外流乃至於「與洋爭利」的經濟手段，開禁也就是遲早的事了。「煙禁」開放後，一些適合種植鴉片的地區為追逐豐厚利潤而改種罌粟，很多肥沃的「生穀之土」被擠佔，而在大量煙土湧入市場後，鴉片價格隨之下降，這又導致吸食者成倍的增加。

湘軍大老、曾任多省督撫的曾國荃對此極為痛心：「以前力耕之農夫，絕無吸食洋煙之事。今則業已種之，因而吸之，家家效尤，鄉村反多於城市。昔之上農夫，浸假變而為惰農矣；又浸假而為乞丐、為盜賊矣。」

從鴉片戰爭結束到清末禁煙，鴉片在中國已弛禁半個多世紀。據《劍橋中國晚清史》的統計，鴉片貿易在鴉片戰爭前佔到中英貿易的一半以上，而鴉片在整個十九世紀是世界貿易中交易金額最大的單宗商品。與此同時，國內鴉片種植也十分普遍，據一九〇六年的統計全國共播種罌粟近一千八百萬畝，佔當時全國總耕地的百分之一．五。而在部分地區，如四川、雲南、貴州三省，罌粟種植面積佔到全部可耕地面積的百分之八以上。

以四川為例，當時「川東無處不種罌粟，自楚入蜀，沿江市集賣鴉片者，十室中不罌六七」；川土「行銷湘、鄂、陝黔等省，道途數千餘里」，而在清廷宣布禁煙的前夕，四川「有四十餘州縣，除邊廳者，向資罌粟為生計」。光緒年間，雲、貴、川三省的煙土產量最高，其原因有二，一是當地罌粟種植的收益遠高於糧食種植，二是與西南地區多山地而少良田的自然條件有關。

鴉片經濟的繁榮與眾多的吸食者互為因果。據統計，一九〇六年全國鴉片產量約五千八百萬斤，鴉片吸食者超過二千萬人。而在部分罌粟種植區，由於鴉片十分便宜以至於吸食者眾多，如四川、甘肅等地，近半甚至超過四分之三的男人都吸食鴉片，而女性也為數不少。有一些地方，人們討論婚嫁時，最需要了解的細節竟然是這個家庭中擁有幾杆煙槍。

清末新政後，國內對革除鴉片陋習的呼聲日益高漲，經反覆爭論後，清廷最終於一九〇六年九月二十日頒發「禁煙上諭」，宣稱在「十年以內，將洋、土藥之害，一律革除淨盡」。當年十一月三十日，會議政務處擬定《禁煙章程》十條，其中對禁吸、禁種、禁運等各項舉措做了具體規定。一九〇八年四月，清廷委派恭親王溥偉充任「禁煙大臣」以示重視。

鴉片吸食者中，有很大一部分人是各級官員與隨從者，鴉片戰爭之前即有人估計京官中吸食鴉片者佔十分之一、地方官中則有十分之二、三，至於「刑名錢穀之幕友，則有十分之五六，長隨、胥吏更不可勝計」。或許是出於表率作用或改善政府形象的考慮，清末禁煙的最大亮點即在於禁煙從官員開始。

按《禁煙章程》第九條的規定，凡六十歲以下的官員限六個月戒斷（**此條同樣適用於學堂教習、軍官、士兵、學生等**），否則即要辭去公職。為此，各省先後設立禁煙局所五十二處，並令各級官員、有職人等分期調驗。這種專門的檢查場所，生活必需品一應俱全，唯獨沒有鴉片供應，受驗人員必須在這裡待滿三天才算通過。據報告，到一九一一年四月二十日，京內各衙門已戒斷者近五千四百人，因「戒煙不力」而被「革職休致」或自請開缺者達二百九十人，更有一百三十六人

「因戒吸而病故」。

清末禁煙的另一大突破是通過外交談判與英國達成協議。自一九〇七年開始，英國承諾每年自印度輸入中國的鴉片數量減少百分之十，如清廷在其後三年的禁煙成績有重大進展，英國將繼續減少進口（**如無進展，中國需賠付英國此前損失的三倍**）。一九〇九年二月，清廷在上海主辦了世界上第一次國際禁毒會議——「萬國禁煙會」，會議地點設在外灘最豪華的滙中飯店，當時有來自中、美、英、法、德、俄、日、意等十三個國家的代表出席會議。本次「萬國禁煙會」最重要的成果是直接催生了首部國際禁毒公約——一九一二年《海牙鴉片公約》。

在三年試驗期即將到期之時，清廷於一九一〇年與英國重開談判，但英國人對中國的禁煙成果將信將疑，遲遲不肯兌現在之後七年內停止向中國輸出鴉片的承諾。為調查清廷的實際禁煙情況，英國外交部委派資深外交官謝立山展開實地考察。從一九一〇年五月到一九一一年五月，謝立山用一年的時間走訪了山西、陝西、甘肅、四川、雲南、貴州六個主要鴉片種植省分，在其後提交的評估報告中，謝立山認為「山西實際上已完全停止了罌粟種植，陝西罌粟種植減少大約百分之三十，甘肅種植減少不到百分之二十五，雲南全省自從採取禁煙措施後種植減少大約百分之七十五，貴州鴉片種植已減少百分之七十。」

隨著國內禁除鴉片呼聲的高漲，資政院在首次年會上通過決議，奏請清廷於一九一一年一月二十九日全面禁止鴉片種植，並全面禁止鴉片進口。該決議通過的次日，清廷外務部向英國駐華公使朱爾典提交備忘錄。其中特別強調，如果中國徹底禁絕本土鴉片而英國仍向中國出口鴉片的話，這不但有違公平而且是不道德的。在國內外輿論的壓力下，英國最終同意繼續減少鴉片出口，並於一九一七年全面停止對華鴉片貿易。

清末禁煙取得了一系列的成果，但其背後也不乏艱辛。鴉片禍國殃民，其危害人所皆知，但半個多世紀的弛禁使得一些地區已對鴉片種植產生了嚴重的經濟依賴，禁煙的直接後果是地方財政收入銳減，許多人在鴉片產業中失去經濟來源，其中尤以煙農的矛盾最為突出。對煙農來說，如果「易煙而穀，其利入不十之一」，「既不足以贍其身家，且農具牛種早已蕩然」。

從長期說，禁煙對整個國家、整個民族都是有益的，但就短期而言，但凡禁煙嚴格的地方通常都伴有各種反抗，其中不乏激烈之舉。據《東方雜誌》的報導，禁煙令下發之後，各地煙農紛紛起而抵制，如四川眉州，煙農「群起反對，竟將局署圍攻打毀，地方匪徒，乘機起亂」；河南汝州、陝州一帶，「因委員禁拔煙苗，大滋鄉民之怒，當時委員敷衍了事，僅將道旁各處煙苗拔去銷差，不意今年該處所種較去年又多數倍，地方官雖出示禁止，而該鄉民以性命相拼，致死不拔」，「省臺委人前往禁止煙館，拔去煙苗，委員甫到該處，即為鄉民所知，聚眾違抗」。

禁煙過程中，激起民變甚至打殺官員的事件屢見不鮮，如陝西鳳翔府、眉縣等地的縣令下鄉禁煙時，往往受到煙農的圍攻乃至追打；甘肅皋蘭縣強迫煙農拔除煙苗時引發事變，蘭州知府甚至因禁煙而導致全家被殺；陝西武功縣的煙農們敲鑼打鼓，拿著鐵叉鐮刀逼退了禁煙的官員和隨從們；山西太原更是發生流血事件，禁煙官員被阻後，協助禁煙的清軍士兵使用空心子彈進行恐嚇，但此舉遭到了農民們的嘲笑，結果士兵們用實彈打死了五十多位受害者。悲劇發生後，一些帶頭抵抗或肇事的農民再次被殺。

農民在官方壓力下也有變通辦法，他們往往會把罌粟苗轉移到離道路較遠的地方，以逃避官府的檢查。事實上，很多地方官也不能過於為難老百姓，因一旦激起民變自己頭上的烏紗帽往往難保，而煙農也多苦苦哀求希望地方官行行好，至少也要讓他們把這一季種完。再者，禁令本身也可以權力尋租，其中即有一些官員被煙農或鴉片商買通，他們在睜一眼閉一眼的同時趁機中飽私囊。

不管怎麼說，清末禁煙在短短的數年間還是取得了顯著的成果。禁煙後，隨著小麥稻穀種植面積大大增加，糧食供給變得充足，而被鴉片擠佔的商業也在恢復。以甘肅為例，內地商人在禁煙後來此改為收購羊皮、豬鬃等。作為禁煙成效的另一個證明是，鴉片價格在此期間連翻數倍，據說四川奉節縣因遠離總督府而禁煙鬆弛，大約有五分之四的耕田都種了鴉片，結果那些滑頭的煙農們都發了一筆橫財。

作為一項「善政」，清末禁煙卻引發了另一個「惡果」，那就是大大加劇了清廷財政上的危機。庚子年後，由於推行新政和外加各項賠款，清末財政已是捉襟見肘，而禁煙更是令其雪上加霜。據統計，在禁煙政策實施前清廷每年從洋土藥所得收入高達一千萬兩（**含進口鴉片的進口稅、土藥的釐金、煙畝捐等**），約財政收入的百分之八左右。

為彌補因禁煙而導致的財政損失，清廷想方設法另開稅源，譬如推行印花稅、鹽斤加價等，但這些遠遠不能堵住由此帶來的財政窟窿。地方督撫們也是為此絞盡腦汁地掘鼠羅雀，如雲貴總督沈秉坤開礦增收，廣西巡撫張鳴歧請收宰牛之稅，四川總督趙爾巽擬抽肉釐，江西巡撫馮如騤對出口之米徵稅等等，不一而足。

清末新政中最重要的一項要務是練新軍，而很大一部分軍費是來自於鴉片稅款。以張之洞創辦的湖北槍炮廠為例，在一八九五—一九〇五年期間的經費有百分之三十來自於鴉片稅，而禁煙令後來自鴉片稅的經費下降為百分之十三，結果導致原本可以生產出世界最新式槍炮的兵工廠最終難以為繼而停滯不前。

各省在嚴重的財政困難下不得不削減用於軍隊的開支，而這又招來了軍界人士的極大不滿。一九一〇年十月，被派往江寧陸軍中學學習的第九鎮軍官被宣布只發給七成薪俸時，學員們的情緒表現十分激憤。一九一〇年底，湖北宣布削減新軍開銷，總數達五十六萬兩，軍人對此表示抗議，有的甚至帶著武器離開了軍營（一條步槍可賣數十兩銀子）。一九一一年，清廷已無可能足額發放官兵們的薪俸，於是在當年五月宣布各級軍官的俸銀削減百分之四十，這無疑是新軍軍官們在辛亥年與清廷離心離德的一大原因。

正如歷史學者田海林指出的，清末禁煙新政實行得越好，清王朝就覆亡得越快。作為悖論的是，清廷既要禁煙又要依靠鴉片收入輸血，原本是想通過禁煙洗刷污垢的政治形象，但斷絕鴉片稅收也就等於拔掉了其賴以苟延殘喘的輸血管，這種做法無異於快速自盡。

更可悲的是各項禁煙舉措包括禁止鴉片進口在辛亥革命爆發後陷於停滯，革命政府威脅列強不得援助清廷，也不得在革命之後再與清廷簽定任何協議，否則視為敵對革命。但革命黨的警告沒能阻止列強代表於一九一二年一月二十三日在海牙簽訂《萬國禁煙公約》，清廷代表梁誠正式參加了簽字儀式。當然這是中國禁煙運動的勝利，而不僅僅是為避免清王朝「不光榮的死亡」。

二五、錢是萬能的：赤字財政逼倒清廷

歷史學者王樹槐在《清末民初江蘇省的財政》中說，「財政為行政之母，財政不健全，行政則無從發揮其功能。近代政治革新，社會福利措施，經濟發展，無不以財政之健全與否為成敗之關鍵：一在辦事非錢莫行，一在籌款必有良方。近代中國政治、經濟之失敗，原因固多，而財政尤為其重要原因，清末如此，民初亦然。」

自康熙朝以來，清廷即以「永不加賦」為國策，但在「不加賦」的前提下，清廷只能維持一個不作為或少作為的「小政府」，這在十九世紀這樣一個弱肉強食的國際社會中顯然不合時宜。大體上說，中國的傳統政治是一種「小政府、大社會」的模式，而所謂「中央集權」也只在中央這一層面上才是真正的集權，地方上則是一種相對放任的半自治政治。

這種政治模式的運作成本和資源需求都不高，因而不需要大量的徵收賦稅，這對於傳統的農業社會來說未嘗不是一個合理的選擇，但在鴉片戰爭之後的大變局及列強的重重壓迫下，一九〇一年後開始的清末新政以極快的速度演變成為一場全方位的改革，而各項新政舉措的重大開支與傳統的賦稅狀況產生了極大的衝突，由此對清末社會造成了深遠的影響。

錢不是萬能的，但搞新政、練軍隊、辦實業、興學堂、還有警政、地方自治等等，不管主事者抱持什麼樣的美好願望和善良動機，沒有充足的資金保障終究什麼都辦不成。所幸清末新政的「總規劃師」——張之洞與劉坤一，這兩位老成之臣在《江楚變法三摺》中即附有一篇專門論及辦理新政如何籌集巨款，實屬先見之明。

咸豐時期為了撲滅起事的太平軍、捻軍使得國庫告罄、國力凋敝，直至同治、光緒近三十年的恢復，清廷的財政收入才勉強恢復到八千萬兩左右的規模。但刨去各項開支後，每年所剩不過數百萬兩甚至不敷使用，有時甚至要靠短期借債方可度日。

據估計，慈禧太后在庚子年前的主政時期，清廷的財稅收入僅佔全國GDP的百分之三（**因地方上的各種陋規及腐敗，老百姓的實際負擔又遠遠超過百分之三**），其中還有很大一部分是靠總稅務司赫德主管的海關所繳納。中央財政極其有限的財稅收入，不免令洋務運動大打折扣，光打造一支北洋水師就歷時十餘年，其間資金騰轉挪移的辛酸恐怕只有主事者李鴻章心裡最清楚。

清末推行新政的時機並不算好，僅「庚子國變」所鬧下的巨額賠款已足以令清廷喘不過氣來。但在「不變亦亡、亡國亡種」的壓力下，清廷為推行新政也只能以「赤字財政」作為代價。

自古以來，各朝代均奉行重農抑商、壓抑私人資本的政策，商業發展水準緩慢遲滯。新政推行後，發展經濟即成為當務之急。在末代狀元、實業論者張謇等有識之士的大聲疾呼下，獎勵實業、扶植工商的政策依次出臺，一九〇三年更是新設立了商部。商部宗旨在於保護與開通工商實業，在各部中的地位僅次於外交部，這也是中國歷史上政府首次公開扮演宣導與獎掖實業的角色，堪稱開創了以經濟建設為中心的先河。

為促進工商實業的發展，商部特意出臺政策獎勵有特殊貢獻的工商業者，如能製造輪船、火車、鐵路橋、發電機及對探礦、冶煉、水利、墾植等有突出成績者，還有創辦農工商礦或經營公司確有成效者，「即各從優獎勵」。清末的最後十年中，朝廷鼓勵工商實業的政策取得了相當成效，自一九〇二年至一九一一年，中國自行創辦了超過三百三十家廠礦，資金量達七千多萬兩（**軍事工業除外**）。

這十年的廠礦增加數是過去的兩倍，資金則增長了一倍多，進步可謂迅速。在這些廠礦中，民營廠礦約八十家，為過去二十年的八倍，其中湧現了一大批資本家，近代知名的企業如張謇的南通大生紗廠、孫氏兄弟（**孫多松、孫多森**）的上海阜豐麵粉公司、榮氏兄弟（**榮宗敬、榮德生**）的無錫茂新麵粉公司均為當時創辦。

實業的振興對清廷財政收入的增長起到了相應的推升作用，到了一九一一年前後全國財政收入接近三億兩（**一八八五年為七千七百萬兩**），其中農業稅增至五千萬兩（**一八八五年為三千萬兩**），各種雜稅約為四千五百萬兩，商稅則超過二億兩，成為政府財政收入的主要組成部分。

財稅的迅疾增長固然是史無前例，但隨著清末各項新政的逐次鋪開，財政支出的日益擴大，整個帝國的財政情況仍不容樂觀。清末十年中，中央財政赤字已是見慣不怪，各省財政狀況也大多入不敷出。嚴重的財政赤字使各省督撫們在談及財政問題時無不搖頭歎息，「支絀」二字幾乎成為他們的口頭禪。

清廷及地方各省為推行新政而徵斂無度，進而導致民生日困。新政是用銀子鋪出來的，清末十年中財稅收入的劇增與新增加的各種捐稅有著直接的關係。清末各地徵榷的名目，計有肉捐、車馬捐、釐捐、酒捐、煤炭捐、房捐、鋪捐、茶捐、船捐、獵捐、漁捐、剃髮捐、糖捐、雞鴨捐……等不下百種，這些歷朝歷代聞所未聞的稅目平等幾同於天羅地網網住了黎民百姓，更網走了他們本就有限的錢財。

在新政考核目標的壓迫下，各省自開捐稅已無法度可言。中央無款可撥，地方便自行其是，對百姓的盤剝更是百般設法無所不用其極。大量搜刮民財後，各項新政的效果也未必見佳。民國知名遺老、清史撰者柯劭忞在述及清末新政時曾不無沉痛地說：「庚子以後，驟增各國賠款，財力已屬不支，加以興學、練兵及開辦工藝、巡警各局，地方行一新政即須籌一巨款，商捐民捐，叢見迭出，幾同竭澤而漁。然錙銖取之泥沙，用之薪水之濫、建築之侈、購買之貴與夫管理之侵漁，開支之浮冒，固已耗之大半，其施之於實用者，不過十之三四。」

腐敗是歷朝歷代難以克服的痼疾，特別在新政十年裡，在大量錢財的收取與運用過程中更容易找到營私舞弊、貪腐自肥的良機。正如民眾所揭露的，「他們總是假借地方自治的名義徵稅，並把稅款落入腰包」，在各項舉措的成效彰顯之前，各級官吏們貪污腐敗所引發的民怨無疑是激起民眾對新政反感、對清廷痛恨並誘發革命的導火線。

二六、猛虎中箭：岑春煊的肅貪與挨整

清末官場有「三屠」，即「士屠」張之洞、「民屠」袁世凱、「官屠」岑春煊。「三屠」來由，一則張之洞不謹言細行，盛氣凌人，士人深以為苦，遂有「士屠」之稱（**一說其主張廢科舉而獲此名**）；二則袁世凱練兵主政，心狠手辣、殺人無數（**特別是庚子年中**），人稱「民屠」（**袁善於籠絡人心，花錢如流水，又有「財屠」之稱**）；三則岑春煊性情剛烈、不畏權貴，任內彈劾了大批貪官、庸官，大小官員談「岑」色變，一時有「官屠」、「猛虎」之稱。

岑春煊，字雲階，廣西西林人，一八六一年生於顯宦之家，其父岑毓英曾位居雲貴總督。岑毓英生七子，岑春煊排行第三，人稱「岑三公子」，年輕時放蕩不羈，又與瑞澄、勞子喬並稱「京城三少」。後來，其父為之代捐工部主事，後又報效海軍經費而晉郎中。一八九二年後，岑春煊任光祿寺少卿，旋升太僕寺少卿，署理大理寺正卿，於冷衙門中打發光陰。

戊戌變法期間，岑春煊上奏自請將任職的衙門予以裁撤，這一驚人之舉令人大跌眼鏡。倘若朝廷准奏，自己官位不保固不待說，尚且累及同僚，豈非自討苦吃，惹人非議。不過從結果上看，岑春煊之舉更像是「苦肉計」，冷衙門雖被裁撤，但此舉大獲光緒賞識並蒙召見，隨後岑春煊被特旨超擢為廣東布政使。

光緒對岑春煊的擢拔並不奇怪，因變法期間各方熱議裁汰冗餘衙門，但整個部門全體下崗的事情落在誰頭上都不好受，而身為長官的岑春煊敢於拿自己開刀，這種犧牲精神堪稱表率，由此獲取回報也屬當然。也有人說是政治投機，犧牲同僚為上位臺階，但所有被裁撤的衙門在變法失敗後一律恢復，倒是岑春煊從這些短促的人事變動中獲得了實實在在的好處。

據岑春煊自述，光緒曾在其離京赴任前與之密語：「兩廣總督譚鍾麟老邁不能辦事，去後須認真察看，據實奏聞。」有此「尚方寶劍」在手，岑春煊在廣州果然鬧出動靜。岑春煊到任後雷厲風行，隨即查出總督親信、釐金局總辦兼督署文案王存善貪腐百萬（有「王半城」之名），當他請譚鍾麟將其撤職查辦時，譚斷然拒絕。一怒之下，岑春煊未經總督認可即將王存善拿下。譚鍾麟得知後拍案大罵，氣得連眼鏡都給摔碎了。而岑春煊不甘示弱，亦拍案曰：「藩司乃朝廷大員，所言乃公事，即有不可，總督不應無禮至此。既不相容，奏參可也！」說罷，岑春煊「擲冠案上，拂衣而去。」

大吏相爭，轟動朝廷。岑春煊以一布政使而公然與總督相拮抗，即便有理也難免在官場上招引非議。胡思敬在《國聞備乘》中即不以為然地說：「岑春煊性極粗莽，戊戌服闋入京，結交康黨，入保國會，慷慨上書，急欲一試，遂由候補京卿外簡廣東布政使。蒞任不數月，即與總督譚鍾麟騰章相詆。太后惡之，榮祿為緩頰，乃調甘肅。」

岑春煊是否「康黨」（即康有為之維新派）姑且不論，但他至少是以維新派面目出現並得以提升的。「戊戌政變」後，岑春煊從廣東布政使「平調」至甘肅布政使，從富庶之所調至貧瘠之地，其間自有天壤之別。不過這還算好的，岑春煊畢竟沒有被守舊派清算，而其冒犯的上司譚鍾麟卻最終因老邁昏庸而被罷官（譚鍾麟即民國聞人譚延闓之父）。

《國乘備聞》中說，岑春煊之所以安然過關，主要是慈禧太后的身邊紅人、時任軍機大臣的榮祿為他說了好話。蟄伏邊陲兩年後，岑春煊再次抓住機會一躍龍門。庚子年中，八國聯軍圍攻京城，各地勤王師遲遲其行，遠在甘肅的岑春煊憤然請纓，率一小隊騎兵一路疾馳抵京，榮祿命其往察哈爾招募營勇作為預備隊之用。京師陷落，帝、后倉皇出逃，岑春煊正好就近接駕，由此深得慈禧寵信並迅速拔為陝西巡撫。

同樣接駕有功的吳永（曾國藩之孫女婿）則在《庚子西狩叢談》中對其大加貶斥，他說岑春煊「本在甘藩任內，聽說聯軍入都，自請帶兵勤王。甘督知其人躁妄喜事，意不謂然，而以其名義正大不便阻遏。因撥步兵三營，每營約四百餘人，騎兵三旗，每旗二百餘人，合計不過二千餘人，並給以餉銀五萬兩。岑因先行就道，自草地經張家口馳騎入都。陛見時，太后問帶兵若干？以如數對。太后覺事近兒戲，意殊不懌。問兵在何處？曰尚在途中。因有詔令其辦理察哈爾防堵事宜，……蓋聊以藉此安頓也。」

如此說來，岑春煊的「勤王」之舉更多是精神層面，其本人也在《樂齋漫筆》中承認所帶騎兵不過百數十人，如此兵力當然不堪大用。不過，來得早不如趕得巧，慈禧太后出逃的路線正好經過他駐紮之區，機緣湊泊而成大功。岑春煊在護駕過程中也確實有膽有識，做事很有魄力，他曾在太后輿前親自手刃一亂兵，由是沿途安靖，無敢放肆者。某夜，太后夢中忽驚呼，廟外徹夜看護的岑春煊朗聲應曰：「臣春煊在此保駕！」慈禧太后深感其恩，至西安後曾泣謂曰：「若得復國，必無敢忘德也。」

一九〇二年，岑春煊署理四川總督，上任伊始即計畫一次性彈劾三百官員，後因幕僚苦勸而作罷，但仍有四十多名官員因此去職，官場風氣為之一新。一九〇三年，岑春煊調任兩廣，隨後又展開大規模的「肅貪」風暴，任內共劾罷不法汙吏、貪瀆官員一千四百多位，舉國為之震動，一時有「官屠」之稱。

岑春煊在廣東辦的兩個標誌性案件，一是南海知縣裴景福的貪污案，另一是粵海關書辦周榮曜的侵吞巨額稅款案。這兩大案主所貪贓銀均為上百萬兩之多，而周榮曜不過一介書辦，竟以巨款買通慶親王奕劻，進而搖身一變為出使比利時的欽差大臣，誠可謂官場奇聞。

清末官場腐敗，買官賣官之風盛行不衰，在彈劾並罷斥了一大批官員後，岑春煊也因此開罪了這些官員的後臺——人稱「慶記」權錢交易所的老闆慶親王奕劻。只是，岑春煊深獲慈禧太后的寵信，奕劻一時也拿他沒辦法，只能暫時隱忍不發。

當然，岑春煊也不是一味地「屠官」，對於有功有才的能員幹吏，他同樣不吝提拔，譬如後來的風雲人物陸榮廷（**民國後任廣西督軍**）、龍濟光（**民國後的廣東軍頭**）等，而後任廣西巡撫乃至兩廣總督的張鳴岐也曾是他最為賞識的親信幕僚。張鳴岐出任封疆大吏時不過三十出頭，若無岑春煊的保舉，這在當時官場上是不可想像的。

岑春煊在清末新政中的表現極為搶眼，一九〇五年他曾同袁世凱、張之洞等人上疏請求廢止科舉；一九〇六年，他又支持張謇等人在上海組織預備立憲公會，並派幕僚鄭孝胥出任會長，儼然以立憲派領袖自居。清末地方總督中，袁世凱和岑春煊被認為是最有希望的政壇之星，時稱「南岑北袁」，一時無副。此二人均為榮祿識拔，但最終成了權力場上的死對頭，兩人從清末纏鬥到民國，至死方休。

清末官場中有一談資，說張之洞「有學無術」，袁世凱「無學有術」，端方「有學有術」，至於岑春煊，則「氣」多於學，亦多於術。他與袁世凱最大的區別也是最大的弱點，就是意氣用事，並一再開罪當時最有權勢的慶親王奕劻。庚子年後，奕劻不僅是世襲罔替的鐵帽子王，而且是領班軍機大臣，權傾一時。在岑春煊不斷與之為難時，袁世凱卻與奕劻結成了堅定的政治同盟，雙方的爭鬥最終在一九〇七年的「丁未政潮」中得以徹底了結。

一九〇六年冬，雲南片馬交涉事起，奕劻趁機請調岑春煊任雲貴總督。理由是雲南邊患非得幹練知兵之大員不能勝任，慈禧太后顧念邊防安全不能不同意，而奕劻的真實用意卻是將岑春煊貶到邊陲僻遠的貧瘠之地，一則假公義而報私怨，二則企圖將之政壇邊緣化，讓他遠離權力中心。

對於岑春煊的被貶，奕劻的朝中對手、軍機大臣瞿鴻禨心知肚明。巧合的是瞿鴻禨也是在庚子之役中護駕有功，由此得到了慈禧太后的重用（**瞿鴻禨在庚子之難中為慈禧代擬詔旨，從而成為軍機重臣**）。在與奕劻、袁世凱集團的爭權過程中，自成清流一派的瞿鴻禨勢單力薄，於是趁機聯手岑春煊，意在放手一搏。

在瞿鴻禨的策劃和幫助下，岑春煊決意要親見慈禧太后以求事有轉機。初接調令時，岑春煊在上海稱病不行，奕劻見其不肯就範，又請將之調補四川總督，而且「毋庸來京請訓」，排擠之心昭然如揭。岑春煊將計就計，他隨後假裝離開上海前往漢口，走到半路卻突然來了個大轉折，乘火車「迎折北上，堅請入對」。

岑春煊的突然到來，令奕劻、袁世凱等人頗有些措手不及，但也只能靜觀其變。在瞿鴻禨的幫助下，岑春煊不出意料地得到慈禧太后的召見。老太后談起當年蒙難之事，君臣未免一陣唏噓。

慈禧太后想起岑春煊當年的護駕往事也頗為動情，她指著光緒說：「我常和皇帝講庚子年要是沒有你，我們母子何有今日？」岑春煊就坡下驢，乘機向太后表明自己「不勝犬馬戀主之情」，請求開去四川總督之任而留在都中效力。慈禧太后當即表示：「你的事情我知道了，我總不會虧負於你。」

岑春煊很快地從四川總督任上開缺而獲任郵傳部尚書，這也標誌著瞿鴻禨和岑春煊的正式結盟。他尚未就任就來了個大動作，中招的正是他的第一下屬、郵傳部侍郎朱寶奎。朱寶奎係奕劻私黨，平時聲名狼藉，靠錢打點關係才獲得這個副部級的位子，沒想屁股還沒坐熱，其上司便要將他罷官。在給慈禧太后謝恩時，岑春煊向太后力言朱寶奎的惡行劣跡，「不能與此輩共事」，並說不將此人革職就不去就職。慈禧太后勸慰無效，只好賣一個面子給他，將朱寶奎革職——長官未到任而先將副手革職，這種事情在中國官場上可不多見。

首戰告捷後，瞿鴻禨等人再度發起攻勢。朱寶奎去職不到三天，御史趙啟霖上奏彈劾並要求查辦奕劻父子受賄賣官的劣行。原來，當年四月發布東三省督撫任選，其中徐世昌為總督，唐紹儀、朱家寶和段芝貴分別為三省巡撫，這實際上是把東三省劃到了奕劻、袁世凱集團的勢力範圍之下。瞿鴻禨等人對此十分氣憤，之後便伺機反擊。

蒼蠅不叮無縫的蛋，其他人沒什麼大問題，主要是段芝貴的把柄被人抓了。段芝貴是袁世凱的私黨，有一次奕劻的公子載振（**後任農工商部尚書**）前來天津，袁世凱命段芝貴好生接待。段芝貴心領神會，他在設宴給載振接風時，將當時的名伶楊翠喜請來助興。翠喜姑娘色藝俱佳，把載振迷得是神魂顛倒。段芝貴也不是傻子，事後一擲千金將翠喜買下並給了她一筆價值不菲的妝奩費，把她打扮得漂漂亮亮送給了載振。載振高興得合不攏嘴，回去後便在老爸面前大力誇讚小段能幹懂事，於是乎段芝貴連升三級，由候補道搖身一變成了署理黑龍江巡撫。

這事被捅之後，慈禧太后下令徹查，段芝貴最後雞飛蛋打，巡撫位子沒坐熱便被攆了下來。至於載振，不僅到手的美人離己而去，就連農工商部尚書的位置也最終不保。面對「瞿岑聯盟」的步步緊逼，奕劻、袁世凱十分惱怒。不過相對於瞿岑「激於義憤」式的書生手段，奕劻的反擊可就老道許多。他首先指使親信在軍機處檔案裡精心查找，將當年瞿鴻禨保舉康有為、梁啟超的三份奏摺和岑春煊保舉立憲黨人張謇（**翁同龢的門生**）的奏摺翻出，隨後奕劻帶著這些證據去見慈禧太后。奕劻這招很陰險，因他深知慈禧太后最恨康、梁、翁三人，雖然此番搬弄沒能將瞿鴻禨等人立刻掰倒，但足以讓慈禧太后有所警覺。

狠招還在後頭。由於廣西革命黨人頻頻起義，袁世凱先是在慈禧太后大誇了岑春煊一番，然後推薦岑春煊調任兩廣總督，意在拆散「瞿岑聯盟」。慈禧太后知道岑春煊不願去外地任職，正猶豫間，袁世凱不緊不慢地說了一句：「君命猶天命，臣子寧敢自擇地。春煊渥蒙寵遇，尤不當如此。」

「尤不當如此」的大帽子一扣，在京城剛待一個月的岑春煊只得回廣州去了。這次岑春煊故伎重演，他到上海後稱病不行想靜觀事態能否好轉。但令他萬萬沒有想到傳來的消息卻是瞿鴻禨被趕出了軍機處——這又是怎麼回事呢？

原來，岑春煊被逐出京城後，瞿鴻禨將奕劻貪黷無厭的劣跡加以稟報，慈禧太后聽後微露罷免之意。奕劻要被罷免的傳聞不知何故竟然於次日登載到英國的《泰晤士報》和都中《京報》，英國駐華公使的夫人在參加慈禧太后遊園招待會時無意中問起此事，慈禧太后大為驚訝，矢口否認。事後，慈禧太后十分生氣，她懷疑瞿鴻禨口風不緊洩漏於外人。奕劻趁熱打鐵，隨即買通翰林院侍讀學士惲毓鼎寫了一份彈劾奏摺，其中列舉了瞿鴻禨的「暗通報館、授意言官、陰結外援、分布黨羽」等種種罪名，這下打得又準又狠，瞿鴻禨很快就被開缺回籍從此一蹶不振。

聽到這個消息後，岑春煊仰天長歎，只得打點行裝前往廣州就任。但還沒等他動身，朝廷一紙詔令飄來，岑春煊頓時傻了眼，只見詔令上寫著：「岑春煊前因患病奏請開缺，迭經賞假。現假期已滿，尚未奏報啟程，自係該督病未痊癒。兩廣地方緊要，員缺未便久懸。著岑春煊開缺調理，以示體恤。」

殺人不見血。岑春煊頭腦都沒摸著就被趕出了清末政壇，這事不用懷疑當然是奕劻、袁世凱在背後搞的鬼。清人筆記《一士譚薈》中說，這事乃袁世凱委託他的兒女親家、時任兩江總督的端方給陷害的。端方是個新潮人物，酷愛攝影，後來這門手藝還真發揮了作用。他利用沖洗技術將岑春煊與梁啟超的相片合在一起，成了岑梁兩人的並肩親密交談照。

袁世凱接到相片後，立刻將之呈遞給慈禧太后過目。據說，慈禧太后看到相片後默然不語，十分地傷感，最後說：「春煊竟然也和亂黨勾結，這天下的事情真是不可預料啊！雖然，彼負於我，我不負他！准他退休罷。」**（另有一說是袁世凱指使上海道蔡乃煌偽造岑春煊與康有為的合照）**

說來可笑，被偽造相片陷害的事情，岑春煊並非第一例。早在光緒十年（一八八五年），馬建忠就曾偽造相片陷害對手沈能虎，可是上司李鴻章並未上當，而岑春煊這次卻中招了。

短短幾個月時間，瞿鴻禨、岑春煊及相關的數人相繼罷官**（包括御史趙啟霖和共同參與彈劾段**

芝貴的軍機大臣林紹年等人，當時均為是瞿鴻機一派），而奕劻、袁世凱集團在這場政治大對決中大獲全勝。這一事件史稱「丁未政潮」。

其後，岑春煊寓居上海，直至一九一一年四川保路運動爆發。在「川路風潮」已無可收拾時，清廷命岑春煊前往四川會同總督趙爾豐辦理剿撫事宜，但岑春煊並不想去蹚這趟渾水，他最初稱病，後至武漢而遲遲不行。武昌起義爆發後，岑春煊立刻返回上海，清廷任命他為四川總督，他也以「道路梗阻」為由拒不就任。在清廷大勢已去的情況下，「世受國恩」的岑春煊竟領銜發出共和通電要求清帝退位。由此可見，功臣之後也未必可靠，特別像岑春煊這種多變投機之人，但凡有風吹草動，君臣之義即可棄如敝履矣。

民國後由袁世凱執掌大權，岑春煊當然是靠邊站。一九一三年「二次革命」時，岑春煊被革命黨人遙舉為全國討袁軍大元帥，但舉事很快失敗，岑春煊也因被通緝而逃往南洋。一九一六年袁世凱復辟帝制時，廣西督軍陸榮廷電請岑春煊回國主持討袁戰爭，據說岑春煊曾以個人名義向日本政府借得日幣一百萬元供應兩師之槍械，岑本人也被推為護國軍都司令。

袁世凱死後，岑春煊被西南軍閥舉為名義領袖，直至一九二〇年十月護法軍政府取消。此後，岑春煊寓居上海不再介入政事。一九三二年「一二八」淞滬抗戰時，岑春煊曾捐助三萬元支持十九路軍抗日。次年四月，岑春煊因病逝於上海，年七十三歲。

岑春煊初任兩廣總督時，廣州的米商們給新任總督送上例行的「公禮」——在稟貼中夾帶了一張四十萬兩的銀票。岑春煊收到後嚴加拒絕，米商們非常驚恐，以為岑春煊將要對他們不利，但沒想到沒有收禮的岑春煊比那些盡情收受錢財的官員們更加愛護商民，以至於商民們在岑春煊離任時含淚相送，連稱「知不收禮而肯為民任事者尚有人也」。

《國聞備乘》中說：「春煊每主一省必大肆糾彈，上下皆股慄失色，股慄失色者如皆貪官，岑春煊所屠如皆汙吏，則是人民之德，亦屠官者之德矣。」岑春煊以「屠官」而聞名，在百姓眼中他是個「好官」，被參劾的官吏也大多罪有應得，但不可否認的是其行事過於操切，處置有失公允，則亦有可商榷之處。

岑春煊的一生複雜多變，若以「三屠」論，張之洞有識，袁世凱有能，岑春煊則是有氣，他雖然有膽有識，但失之過粗。在官言官，官必有術，這或許是岑春煊在官場上走不遠的原因吧。

二七、俠女競雄：秋瑾的生前與身後

一九〇七年七月十五日也就是農曆六月初六，在天色濛濛亮時，三十一歲的秋瑾被押至紹興山陰縣軒亭口當街斬首，血濺三尺白練。據報載，遇難前的秋瑾「身穿白色汗衫，外穿原色生紗衫褲，腳穿皮鞋，釘有鐵鐐，兩手反縛」；「行至軒亭口，秋瑾不作一聲，唯注視兩旁諸人一周，即附首就刑。觀者如堵。」

軒亭口一向是處死強盜的地方，女子犯罪按大清律例一般用絞刑而不用斬首，在社會各界要求廢除殘酷肉刑的呼聲下，作為新學新女性代表的秋瑾被地方當局殘忍處死，這引起了社會輿論的強烈反響。

秋瑾，小名玉姑，別號競雄，祖籍浙江紹興，一八七七年生人。秋瑾的童年在廈門度過，父親在她十七歲那年官調湖南，秋瑾隨家人入湘。三年後，秋瑾和湘潭富紳之子王廷鈞成婚，次年生一子。一八九九年，王廷鈞捐了個戶部主事的京官，隨後秋瑾攜子赴京，一九〇〇年因鬧義和團而回湖南暫避，次年再生一女。一九〇三年，王廷鈞回北京復職，秋瑾隨同至京。

如果沒有與吳芝瑛做鄰居的話，秋瑾的人生或許與其他傳統婦女一樣在家相夫教子，沒沒無聞地度過平凡的一生，但與吳芝瑛相遇後，秋瑾的命運被改變了。吳芝瑛的丈夫當時也在戶部任職，他們同住在繩匠胡同，兩位女子由此相遇並成為至交。

吳芝瑛比秋瑾大十歲，別號「萬柳夫人」，她的出身背景與秋瑾極為相似，其父曾任寧陽、禹城、蒲台、武城等地知縣，其伯父、晚清名士吳汝綸是曾國藩的入室弟子，是當時知名的詩文大家並被譽為最後一個「桐城派」。生於詩書之家的吳芝瑛與秋瑾一樣也是一位工詩文、善書法的女才子，與秋瑾相遇後，兩人一見如故、無話不談，並結為義姐妹。

儘管同在戶部為官，但吳芝瑛之夫與秋瑾的丈夫卻是迴然相異的兩人。吳芝瑛的丈夫廉泉善詩而有才名，其思想維新，曾在京開設文明書局，並與日人合辦東文學社，頗有影響力。秋瑾的丈夫王廷鈞則不同了，雖然其出身富貴亦不失為翩翩佳公子，但是個地道的紈褲子弟，與秋瑾成婚後，兩人「琴瑟異趣，伉儷不甚相得」。

在吳家接觸了許多新學書刊後，性格原本就伉爽若鬚眉的秋瑾眼界大開、膽識與增。也就在這個時期，秋瑾的個人作風發生突變，她不願再過這種飽食終日、碌碌無為的日子而對婦女解放有著強烈的嚮往，正如她對吳芝瑛的剖白：「女子當有學問、求自立，不當事事仰給男子。今新少年動曰『革命，革命』，吾謂革命當自家庭始，所謂男女平權事也。」

這期間的秋瑾改易男裝，並在公開場合露面，由此引發了與丈夫的尖銳矛盾。王廷鈞出去吃「花酒」應酬時，秋瑾也女扮男裝出去看京戲，最終夫妻反目。一九〇三年中秋節，秋瑾從家中出走。半年後，她不顧家人的眾多阻擾，靠變賣首飾等物湊足了學費和路費，最終踏上前往日本留學的道路。離國之日，吳芝瑛邀集眾女友在陶然亭為秋瑾餞行，吳於席間揮毫作聯：「駒隙光陰，聚無一載；風流雲散，天各一方」，以志別緒。

儘管已是兩個孩子的母親，但秋瑾最終選擇了「娜拉式」的道路（娜拉出自易卜生的《玩偶之家》。她是個具有婦女解放思想的叛逆女性，不惜反抗社會和棄家出走），這在當時無疑是驚世駭俗的。從這個意義上說，秋瑾在做出這個決定的同時，實際上也拋棄了過去的那種傳統女性的身分，甚至不乏母性的丟失。她在留日期間僅探視過一次子女，其目的還是向公公索款辦學。當朋友問起她的家庭時，秋瑾只淡淡地說：「如隔世矣」。

在日本期間的秋瑾似乎找到了自己的新生，一九〇四年至一九〇五年，秋瑾至少參加了天地會、三合會、光復會、同盟會等六個會黨抑或革命組織，其熱情和精力為大多數革命男黨所不及。一九〇五年春，秋瑾一度回國並先後拜訪了蔡元培、徐錫麟，由此走上了革命的不歸路。一九〇五年七月，秋瑾再次來到日本並被推為同盟會浙江主盟人。

「休言女子非英物，夜夜龍泉壁上鳴」。此時的秋瑾無疑是特異獨行的，她已完全褪去了女性的衣著而改穿日本和服、腰佩倭刀，並改名為「競雄」。據日本女子教育家服部繁子的回憶，秋瑾初次與她相見時，「高高的個頭，蓬鬆的黑髮梳成西洋式髮型，藍色的鴨舌帽蓋住了半隻耳朵，藍色的舊西服穿在身上很不合體，袖頭長得幾乎全部蓋住了她那白嫩的手」。這個裝扮讓服部繁子完全不辨雌雄，而秋瑾的話更是讓她感到震撼：「我之所為並非個人之事，是為天下女子。我要讓男子屈服。我要做男人也做不到的事情。」

一九〇五年，日本頒布《清國留學生取締規則》，留日學生大譁，陳天華蹈海自盡。據說周樹人、許壽裳等人在追悼會上主張繼續留在日本讀書，而秋瑾力主回國以示抗議。話到激動處，秋瑾竟從靴筒裡拔出倭刀插在臺上：「如有人回國，投降滿虜、賣友求榮、欺壓漢人，吃我一刀！」

之後，秋瑾踐守諾言返回國內。她開始到浙江吳興潯溪女校任教（校長為其好友徐自華）。

兩月後，秋瑾赴上海設「銳進學社」作為光復會的聯絡點。一九〇七年一月，秋瑾創辦《中國女報》，她在發刊詞中將之形容為中國女性「脫身黑暗世界放大光明的一盞神燈」。

辦報是秋瑾的夙願，但此時有更重要的任務需要她去完成。一九〇六年冬，光復會領袖徐錫麟派王金髮找到秋瑾請她主持紹興大通學堂事務，實則為舉義準備力量。為掩人耳目，秋瑾主持大通學堂時以「新學」相號召，紹興知府貴福也為之迷惑，並曾前來參觀並送對聯：「競爭世界，雄冠全球」，賓主雙方還在校內攝影留念。

大通學堂暗地裡實為革命聯絡站，但徐錫麟於一九〇七年七月六日倉促起事，後來兩人通信被官方發現，浙江巡撫張曾揚急電紹興知府貴福派兵查封大通學堂並拘捕同黨。七月十三日，貴福會同山陰縣知縣李鍾嶽、會稽縣知縣李瑞年**（紹興為府治所在地，同時又是山陰、會稽兩縣的縣治所在地，大通學堂屬山陰縣管轄）**，並由常備軍第一標第一營管帶徐方詔督率一營之兵圍搜大通學堂，當場抓獲秋瑾、程毅等十三人，另有十餘人逃散。

秋瑾等「人犯」隨後被押至府署，由知府貴福與李瑞年、李鍾嶽連夜「會審」，但當晚的審訊毫無結果，之後貴福又命山陰知縣李鍾嶽繼續審訊。李鍾嶽科舉中人，為人寬厚，不忍心對一女子施用酷刑，而秋瑾只以「秋雨秋風愁煞人」七字相答。貴福聞之大怒，隨後氣勢洶洶地責問李鍾嶽：「為何不用刑訊，反而待若上賓？」李以「均係讀書人，且秋瑾又係一女子，證據不足，礙難用刑」回稟。

秋瑾因「徐錫麟案」牽連而起，因徐錫麟是在職道員，刺殺省部級大員案情極其重大，「秋瑾案」被波及也在所難免。或為邀功心切，或為洗脫與秋瑾曾經交往的嫌疑**（或兩者兼備，殺人滅**

口），貴福之後親赴杭州面見浙江巡撫張曾揚並報告案情，因「造反」為「十惡」之罪，張曾揚即下手諭：就地正法。

當天深夜，貴福趕回紹興府署並立即召見李鍾嶽，令其立即處死秋瑾。因案未結，李鍾嶽抗辯曰：「供證兩無，安能殺人？」貴福出示張曾揚的手諭並厲聲道：「此係撫憲之命，孰敢不遵？今日之事，殺，在君；宥，亦在君。請好自為之！」

李鍾嶽受逼之下將秋瑾提至山陰縣署大堂並宣布巡撫手諭。他頗為無奈地說：「余位卑言輕，愧無力成全，然死汝非我意，幸諒之也。」秋瑾對此結果表現得還算鎮定，她只提出了三件要求：一、准寫家書訣別；二、勿梟首；三、我係女子，勿剝我衣服。

秋瑾遇難後，輿論一片大譁，當時各報刊都做了連篇累牘的報導，而其中最大的質疑在於，秋瑾不過是回國辦報辦學的新女性，此案沒有確供就行殺戮，實為「冤獄」。如《神州女報》即發表《秋瑾有死法乎》一文，其中稱：「浙吏之罪秋瑾也，實為不軌、為叛逆。試問其所謂口供者何若？所謂證據者何若？則不過一自衛之手槍也，一抒寫情性之文字也。」

八月十三，《申報》登出官方偽造的《紹獄供詞彙錄》，編者在後面加有按語：「按秋瑾之被殺並無供詞，越人莫不知悉。有之，則唯『寄父是我同黨』及『秋風秋雨愁煞人』之句耳。而今忽有供詞，其可疑者一秋瑾之言語文詞，見諸報章者不一而足，其文辭何等雄厲，其言語何等痛快，而今讀其供詞，言語支離，情節乖異。其可疑者二：然死者已死，無人質證，一任官吏之矯揉造作而已；一任官吏之鍛鍊周納而已。然而自有公論。」

輿論的攻擊下，紹興知府貴福也有些慌了手腳，他命山陰縣令李鍾嶽前去秋家搜查軍火，但一無所獲。之後，貴福又對被捕的大通學堂學生及教員程毅等六人嚴刑拷打，令其「跪火鏈、火磚，慘狀不忍睹」，但還是未能從他們口中獲得秋瑾「通匪」的確證。

當時各報之所以否定「秋瑾案」，道理其實很簡單，秋瑾雖然加入了光復會、同盟會等秘密組織，但其「革命」尚處於密謀狀態而沒有公開發動的事實。秋瑾在大眾輿論的眼裡是敢於打破舊傳統的新女性代表，其公開的身分是歸國留學生，而且是從事新教育的知識女性，其「無端受戮」自然激起了輿論的強烈反彈。

就傳播學的角度來說，各報對秋瑾及其案情的報導可謂是事無巨細、不餘遺力。秋瑾被殺後，《神州日報》連續公布案情的有關通報、函電與文告，並轉錄外電、外報的相關消息；《時報》不僅對「秋瑾案」做了連篇累牘的報導，而且還刊發了〈哀秋瑾案〉、〈記秋女士遺事〉等幾十篇評論文章和詩詞漫畫；《申報》發表了各種體裁的報導評論三十餘篇，還刊登了秋瑾的男裝照、遺詩、生前演說稿及其好友徐自華、吳芝英所寫的紀念文章等。

更離奇的是秋瑾的身後「十葬」。秋瑾遇難後，其親屬害怕株連而不敢前去收屍，之後遺骨由紹興同善局草草成殮，葬於紹興府城外臥龍山西北麓；兩個月後，秋瑾長兄秋譽章秘密雇人將秋瑾遺體挖出，放入棺木後暫安於紹興常禧門外嚴家潭殯舍，殯舍主人得知這是「女匪」屍首而迫其移至附近一荒地，僅以草扇覆蓋。這是秋瑾的「二葬」。

秋瑾死後，其生前結拜姐妹吳芝瑛、徐自華為之哀傷不已，後按秋瑾遺願，「卜地西湖西泠橋畔，築石葬之」。一九〇八年二月，秋瑾棺厝落葬於杭州西泠橋西側，吳芝瑛親書墓碑「鑒湖女俠秋瑾之墓」。吳還做了輓聯數副，其中之一為：「今日何年，共諸君幾許頭顱，來此一堂痛飲；萬方多難，與四海同胞手足，競雄廿紀新元」。此為「三葬」。

一九〇八年十月，秋瑾葬於西湖之事被人告發，浙江當局強令秋墓遷葬。當年十二月，秋瑾家人將西湖畔的棺梓遷回紹興城外嚴家潭暫放。翌年秋，其夫家出面將棺骨運至湖南湘潭昭山與秋瑾丈夫王廷鈞合葬。這是秋瑾的「四葬」與「五葬」。

辛亥革命成功後，長沙嶽麓山建烈士陵園，黃興、蔡鍔等相繼落葬，秋瑾墓也隨後遷葬於此，此為「六葬」。一九一三年秋，在浙江革命黨人與秋瑾結義姐妹徐自華的要求下，秋瑾棺骨仍還葬於西湖西泠橋原葬處，並在墓邊修有風雨亭和秋瑾祠堂。此為「七葬」。

本以為秋瑾將會就此安息，但人算不如天算，五十多年後（一九六四年），有人提出「不能再讓死人佔據美麗的西湖」，於是西湖邊的那些「死人」墓便被遷到了西湖的「邊陲」雞籠山，秋瑾、徐錫麟墓均在此列。有關部門不知何故在次年又悄悄把秋瑾墓恢復，但秋瑾墓在隨後的「文革」中再次被踏平。上世紀八〇年代，重建秋瑾墓的呼聲再起，但雞籠山腳下的辛亥革命烈士陵園已種了莊稼、樹木，遺骨已無存。後來文管部門在一株柏樹旁挖出一陶罐，經有關部門鑒定該遺骨屬秋瑾，於是秋瑾墓再次遷回西湖之畔。此為「十葬」。

一百多年之後的紹興，站在古軒亭口放眼望去，街上車水馬龍，一片繁忙蕪雜。秋瑾的紀念牌正對西邊的古軒亭口牌樓，而它的東後側有一尊漢白玉雕像，背後是孫中山的題字——「巾幗英雄」。

二八、光緒之死：千古疑案下的合理邏輯

一九〇八年七月的一個傍晚，天色漸暗，一位名叫趙士敬的士人與朋友吃完飯後在一起談天說地，突然窗外有大光亮，同時還伴有隆隆霍霍的響聲，似雷非雷、似鳥飛鳥。趙士敬等人急忙出屋觀看，只見一顆大流星慢慢地從西北掠過，聲如巨雷、光芒耀眼尾長數十丈，最後在嗶嗶啵啵的爆裂聲中向東南方向隕落。目睹者議論紛紛，有人說這是紫微星墮落，恐怕這年要出大事了……

流星之事，記於時人筆記《十葉野乘》。果不其然，當年十月二十一日（一九〇八年十一月十四日）晚，年僅三十八歲的光緒皇帝在中南海瀛臺涵元殿黯然離開人世。那天早晨，御醫周景燾曾入內看脈，據他說當時看見「光緒仰臥在床上，瞪目指口，大概是想吃東西，而那時身邊一個太監都沒有。就連寢宮裡的器皿也都被太監們盜竊殆盡，只剩下一個玉鼎」。頗為淒慘的是光緒臨終前沒有一名親屬或大臣在身旁，等被人發現時早已死去多時了。

據《清光緒外傳》中說，十月初十是慈禧太后的生日，身體虛弱的光緒前去賀壽，有值班的太監窺見光緒在進門前扶著近侍的肩膀做疏鬆筋骨的動作，大概擔心給慈禧太后跪拜時爬不起來。但正要進去時，太監忽傳太后的懿旨：「皇帝臥病在床，免率百官行禮，取消賀拜儀式。」

原來慈禧太后當時患有痢疾，拉肚子已有一兩個月，她畢竟年事已高，經這麼一折騰也已是日薄西山，快不行了。光緒聽到這個消息後便返回自己寢宮，心情似乎還不錯。光緒的臉上表情被監

視的太監看到，隨後跑去密告慈禧太后：皇上聽說太后病重，臉有喜色。慈禧太后聽後勃然大怒：「我不能死在你前頭！」

隨後的幾天裡，慈禧太后和光緒的病情都無任何好轉的跡象，太監和宮女們一個個臉色陰沉，整個皇宮一片悚然。七月十八日，慶親王奕劻奉慈禧太后之命前往普陀峪的陵區視察壽宮。

七月十九日，皇宮禁門開始增加衛兵，凡是出入宮的人都要檢查，當時傳言慈禧太后和光緒皇帝兩人隨時可能崩逝，宮中氣氛非常緊張。十月二十一日，隆裕皇后去瀛臺涵元殿時，光緒早已死去多時，當時竟然無人知道。隆裕皇后心裡害怕，大哭而出，奔到慈禧太后那裡告知光緒已死。慈禧太后聽後也只是長歎一聲——這次她又比光緒稍勝一籌。

隨後，光緒的遺體被早已準備好的吉祥轎抬到乾清宮。由於光緒死前沒人在身邊，當時也沒有換壽衣，正當隆裕皇后指揮那些太監七手八腳地安頓光緒遺體時，一太監急匆匆地趕來報告說慈禧太后也不行了，隆裕皇后驚慌之下又丟下光緒的遺體，帶著太監們急急忙忙往慈禧太后那裡趕。當時太監李蓮英看見光緒的遺體放在殿中無人看管心有不忍，便對身邊的小太監說：「我們先把皇上弄好吧？」最後在李蓮英的指揮下，光緒的遺體才被草草料理好放進梓宮。

就在隆裕皇后為光緒遺體穿衣時，慈禧太后也撒手人寰，死在了中南海儀鸞殿內，終年七十四歲。慈禧的死亡時間是光緒死去的第二天下午，兩者相差不到一天。

《清光緒外傳》是清宮野史不可全信，但也透露了部分的真相。另一位重要的當事人、攝政王載灃則在日記記載：二十日，上疾大漸，……欽奉懿旨：醇親王載灃著授為攝政王，欽此；又面承懿旨：醇親王載灃之子溥儀著在宮內教養，並在上書房讀書，欽此；叩辭至再，未邀俞允，即命攜之入宮。萬分無法，不敢再辭，欽遵於申刻由府攜溥儀入宮。又蒙召見，告知已將溥儀交在隆裕皇后宮中教養，欽此。……二十一日，癸酉酉刻，小臣載灃跪聞皇上崩於瀛臺。……面承懿旨：攝政王載灃之子溥儀著入承大統為嗣皇帝，欽此。

從時間上看，兩段記載有相互補充與重合之處，但宮中密闈非外人所能探知，其中是否有隱情，只能說是千古之謎。作為歷史事實，慈禧太后與光緒皇帝這兩個大清帝國的權力象徵者和實際掌握者在戊戌政變後一直是矛盾重重，雖然他們在血緣上為伯母侄子及娘姨外甥的血親，但兩人在政治上是競爭對手。光緒在這場皇宮的權力鬥爭中一直都處於劣勢，在最後的十年中更是鬱鬱寡歡，飽受打擊。兩人的競爭到最後變成了身體和生命存續的競爭，體弱多病的光緒和年邁衰敗的慈禧展開了一場時間上的持久戰。

一九〇八年，兩人都意識到自己不行了，但都盼著對方先死。十月十六日，慈禧太后與光緒最後一次在西苑勤政殿召見大臣，據那天被召見的新任直隸提學使傅增湘說，「太后神態疲憊，據說幾個月的痢疾腹瀉不止。而皇上臉色晦暗，說話聲音無力，靠座位中間墊了幾個靠枕才勉強支撐」。看來，兩人在這個馬拉松式的爭奪中都已是筋疲力盡，隨時都有可能會倒下。

很遺憾，先倒下的還是光緒。無可否認光緒的一生是不幸的，正如惲毓鼎在《崇陵傳信錄》中說的，「緬懷先帝御宇不唯不久，幼而提攜，長而禁制，終於損其天年。無母子之親，無夫婦昆季之愛，無臣下侍從宴遊之樂，平世齊民之福，且有勝於一人之尊者。」人生苦短，血色殘陽，也許只有死去，光緒才能得到真正的解脫。

光緒終生活在慈禧太后的陰影下，而死亡之日又恰好在慈禧咽氣的前一天。對此，朝野人士議論紛紛，猜測裡面可能的隱情。據《清宮瑣談》（**清宮太監的回憶錄**）中說：光緒在彌留之際，當時在瀛臺侍疾者共六名，其中兩人餓死，剩下幾人食不果腹，「因餓失血者又凡三人」。光緒在死前曾在床上召喚醫生周某，周某見光緒兩眼瞪大，四次用手指口，知道光緒是餓急了，但環顧周圍實在是沒有吃的。後來，光緒帝便漸無聲息了。

啟功也曾談及其曾祖溥良的一件往事：當光緒帝和慈禧太后傳出「快不行了」的消息後，時任禮部尚書的溥良和其他相當級別的官員也都晝夜守候在慈禧太后的寢宮之外以防不測。大臣們惶惶不可終日，就等著屋裡一哭，外邊就舉哀發喪。由於慈禧太后得的是痢疾，從病危到彌留之際的時間拉得比較長，守候的大臣們時間久了都有些體力不支，便也顧不得大臣的禮儀，或坐臺階上、或依靠在廊柱邊，大家一副疲困不堪的狼狽相。就在宣布慈禧太后「駕崩」前，溥良見一太監端著一個蓋碗從寢宮中出來，他便上前問這太監端的是什麼，太監說：「這是老佛爺賞給萬歲爺的塌喇（**滿語「優酪乳」的意思**）。」送後不久，就由隆裕皇后的太監小德張向太醫院正堂宣布光緒帝駕崩了。而這邊屋裡的那位還捱了一段時間才算完，也不知道裡面是真死了還是密不發喪，非要等到宣布光緒死後才發喪。

溥儀在《我的前半生》一書中談到，袁世凱在戊戌變法時辜負了光緒的信任，在關鍵時刻出賣了皇上。袁世凱擔心一旦慈禧死去，光緒帝絕不會輕饒他，所以藉進藥的機會暗中下毒將光緒帝毒死。這種說法雖然像事出有因，但袁世凱當時的勢力畢竟難以接近宮廷，因而也沒有什麼可信度。

《花隨人聖庵摭憶》中說光緒並非善終，但其懷疑的對象卻指向了隆裕皇后和其寵信的太監小德張，而幕後的指使人可能是慈禧太后。隆裕皇后是慈禧的侄女，作為當時後宮中的主要人物，隆裕皇后要搞點陰謀當然不是沒有可能，但要說隆裕皇后能像她的姑媽那樣心狠手辣也不可信。

據目前公布的醫案看，光緒在臨終前半年的病勢十分嚴重，如江蘇名醫曹元恆在三月初九的醫案中寫道：皇上肝腎陰虛，脾陽不足，氣血兩損，在治療上不論是寒涼藥還是溫燥藥都不能用，已處於無藥可對症的病狀。最後，曹元恆也只開了一些「鰲心甲」、「新會皮」之類的「平安藥」。五月初十，上海名醫陳秉鈞也在醫案中寫有「調理多時，全無寸效」一語。

光緒本人對自己病情的惡化也極度焦慮，他對那些所謂的「名醫」們極其失望。五月二十六日，光緒斥責御醫們說：「病勢遷延，服藥總覺無效，且一症未平，一症又起。」七月十七日，又說：「服藥非但無功，而且轉增，實係藥與病兩不相合，所以誤事。」八月初七日，光緒更是大罵：「每次看脈，忽忽頃刻之間，豈能將病詳細推敲？不過敷衍了事而已。素號名醫，何能如此草率！」光緒的焦躁和絕望可見一斑。

為給光緒治病，宮廷打破先例起用西醫。當時天津知名的西醫屈桂庭對光緒進行過診治，他認為光緒的病徵主要有：常患遺泄，頭痛，發熱，脊骨痛，無胃口，腰部顯是有病；此外，肺部不佳，似有癆症；面色蒼白無血色，脈搏弱，心房亦弱。

屈桂庭的判斷是，光緒的體質本不強壯，容易神經過敏，或因早年房事過度，腰病之生由來已久。其身體禁不住刺激，神經稍受震動，或聽到鑼鼓響聲、或受衣褲磨擦、或偶有性的刺激即行遺精，還不能經常吃補藥，越吃遺精就越頻繁。由此看來，光緒的病情是綜合症，兼有腎炎、高血壓、胃炎、肺癆等症，諸病齊發極難救治。

江蘇名醫杜仲駿在《德宗請脈記》中說，他在七月十六日的第一次入診後便對戶部尚書陸潤庠說：「我此次進京，滿以為能夠治好皇上的病來博得微名。今天看來徒勞無益。不求有功，只求不出差錯。」十月中旬後，光緒除原有病症又增加了咳嗽氣逆發喘等症，並出現肺部炎症及心肺衰竭，已處於病危狀態，杜私下對朝臣說：「此病不出四日，必有危險。」

二〇〇八年五月，《近代史研究》刊登了一篇《光緒死亡原因探析》的文章，其中宣稱通過最新的檢驗資料分析得出了「光緒死於急性砒霜中毒」的結論。該文作者包振遠係北京市公安局多年從事刑偵工作的調研員，其在文中稱在二〇〇三年到二〇〇六年期間，北京市公安局的偵查人員會同中國原子能科學院的科研人員運用中子活化實驗並結合從河北易縣光緒崇陵提取的光緒頭髮、衣物等重要檢材，對光緒死因進行了反覆的核對總和縝密的分析。

根據北京市公安局法醫檢驗鑒定中心對「光緒頭髮含砷量中子活化分析」等資料，光緒枕部、頸後部和髮梢出現砷含量高倍超過致死量的情況，作者提出這是由「死後嘔吐」所造成的。所謂「死亡嘔吐」，在刑偵學中是指「由於腐敗氣體使腹腔內壓增高、胃腸受壓迫而使胃內食物溢出口腔之外，或者進入喉頭、氣管之內」，屍體腐敗過程中均會出現類似情況。作者認為光緒頭髮出現砷含量高峰段位證實了「光緒頭髮中所含致命砷（砒霜）是由於光緒屍體腐敗時『死後嘔吐』而形成的」。文章綜合中子活化分析實驗、法醫病理毒化檢測結果及運用偵查方式進行的分析判斷，「光緒明顯符合急性中毒死亡的特徵」。

據西醫屈桂庭的回憶，他在給光緒正常治病一個月後，某天光緒突然連呼腹疼，汗如雨下，捂著肚子在床上亂滾，連喊：「肚子痛得了不得！」屈桂庭當時也心裡打鼓，感覺裡面有問題，但也不敢多言怕惹禍上身。當時他能做的就是讓光緒躺在床上，以毛巾施行熱敷而已。等到光緒疼痛稍緩，屈桂庭便匆匆辭去。屈桂庭自稱此後宮內情形和光緒病狀毫無所知，他曾說光緒之死實是個難解之謎，以至於斧聲燭影，人言人殊，至於怎麼回事他也說不清楚。他說的這些東西也只能為研究者提供佐證而已。

結合啟功之前所稱的「老佛爺賞給萬歲爺的塌喇」、屈桂庭觀察到的「忽然肚痛」及最新發現的「死亡嘔吐」後的高倍砒霜含量，似乎也不能排除光緒被人下毒的可能性。不過在該文發表後，也有專家提出質疑並指出文中存在大量錯誤，而一九八〇年清西陵文物管理處在清理崇陵地宮時，發現光緒的遺體完整，體長一點六四米，無刃器傷痕，當時的刑偵學界也介入了光緒之死的調查，後通過化驗頸椎和頭髮並沒有發現中毒現象。二〇〇三年，有關部門再次取樣檢測，依然沒有得出確切的結論。

砒霜中毒在歷史上極為常見，古代也積累了大量的豐富經驗，應該說不難檢驗分析，何至於前幾次都不能定論而這次卻言之鑿鑿。再者，光緒皇帝的崇陵曾於一九三八年被盜後又經清理，其現場是否紊亂也是個問題。換句話說，也不能完全排除光緒正常死亡的可能。

從目前留下的醫案來看，慈禧太后與光緒當時均身患重病，兩人都可能挺不過這個月，但對於光緒為什麼偏偏比慈禧早死一天的問題，諸多解釋看似都有道理，但又無法定論。筆者認為對這種歷史的巧合或疑案在沒有十分確鑿的證據及合理的推斷之前，最好還是持存疑的態度而不必迷信權威，畢竟現代科學未必盡能解釋歷史的所有事務。

當然，光緒被慈禧太后謀害的可能性非但不能排除而且機率很大，但如果真是這樣，這就引發了一個問題：她為什麼要這樣做呢？

如果簡單的以兩人矛盾來解釋，未免失於簡單草率，因慈禧太后想要謀害光緒的話，在之前的十年即可實行，大可不必在兩人都已危在旦夕之時才進行。因此筆者大膽地推測，慈禧太后之所以要用砒霜加速光緒的死亡，很可能是為安排繼位的方便（慈禧太后甚至有可能先死而秘不發喪）。

正如前面所說，慈禧太后對光緒沒有生育能力心知肚明，而設立皇儲又遭到國內外一致反對並引發「庚子國變」，由此也就無所作為。鑒於光緒即將不久於人世，而慈禧太后先行一步的話，如不對皇位問題早做安排，清廷朝政很可能陷入到崩塌的境地。

正因如此，慈禧太后必須在自己死前做出皇位繼承的重大安排，以便於朝政的正常過渡，而出於實用主義的考慮，一個垂死而喪失了行政能力的皇帝反成為這一過程中的重大障礙。為讓新皇帝名正言順地接替皇位及小皇帝的父親載灃能夠順利地接管朝政，慈禧太后與光緒這兩個即將走向死亡的人，其同赴地府反而是一個合乎邏輯的選擇。

凡是人終究都要死的，作為近半個世紀的當政者，慈禧太后也意識到自己百年之後找好替手的重要性，而當時唯一合適的人選只能是光緒的弟弟載灃。如果這個邏輯成立的話，後人再透過歷史的長鏡頭或許會恍然大悟，在一九〇八年十月二十一日的那場無聲無息的朝政更替看似謎團，其實一切都早在計畫中。

二九、罪多虛妄：李蓮英的太監往事

晚清有幾個知名的大太監，如安德海、崔玉貴、小德張，但其中名聲最大的莫過於李蓮英——當然，名聲也不是什麼好名聲。李蓮英生於道光二十八年（一八四八年），本是直隸（今河北）河間府大城縣李家村人，野史中常說他性本無賴，曾經私販硝磺而差點被抓下獄，後僥倖逃脫改行補鞋，因而有個綽號叫「皮硝李」。

製鞋補鞋離不開皮子與硝磺，不過「皮硝李」說的並非李蓮英，而是其家族從事的行當，因李蓮英八歲淨身、九歲進宮，恐怕還來不及學習補鞋販硝這門手藝。清朝時河間府盛產太監，經常有人閹割了進宮去做太監，運氣好的還真發了財，至於李蓮英則是因家中受人欺負而淨身入宮，以此為自己和家人謀一條出路。

當時宮裡有個太監叫沈蘭玉，是李蓮英的老鄉，他見李蓮英剛進宮又不認識人，頗為可憐，恰好這時他得到一個消息，慈禧太后聽說外邊流行一種新髮髻（髮型），但宮裡太監怎麼也梳不好，慈禧太后為此很不高興。沈蘭玉便把這個消息告訴了李蓮英，讓李蓮英好好揣摩新髮型的梳法，等到李蓮英練得差不多了，沈蘭玉便將他推薦給了慈禧太后，李蓮英由此展露身手，而這也就是李蓮英得寵的開始。

慈禧太后對梳頭極為重視，甚至有髮癖之嫌。自從有了李蓮英後，不管是挽髻還是簪花都指定要李蓮英親自動手，不然她整天都會覺得不自在。

除梳頭外，李蓮英還有個專長就是善於逢迎並揣測慈禧太后的心意。李蓮英性格詼諧、喜歡說笑話，雖然小時候讀書少，但講出來的笑話玲瓏圓轉並不粗俗，倒也頗招人喜歡。慈禧太后沒事時，經常讓李蓮英說幾個笑話來給大家解解悶，他總有本事把大家逗樂，即使是說一些街面上諷刺官府的政治笑話也能說得委婉詼諧，讓人聽不出有諷刺抵觸的意思。

作為宮中的大總管，李蓮英也並非浪得虛名。他對於宮中的各項管理工作也是精通熟練。對於宮中物品的陳設位置和禮儀程序無不爛熟於心，太監們遇到難題往往都要向他請示指教。碰到宮裡有喜慶等大事，李蓮英最善於安排調撥，以至於其他王公大臣家有什麼喜事，特別是慈禧太后要「臨幸」的話，往往都要請李蓮英先來指點一下禮儀和布置，以討得慈禧太后的歡心。

清廷覆亡後宮女散出宮外，後來有位宮女口述了一本《宮女談往錄》，書中將李蓮英比作「佛見喜」——「佛見喜」是東陵馬蘭峪產的一種梨，皮黑，外表也不漂亮，看起來並不招人喜歡，可是吃起來又甜、又酥、又細、又嫩，慈禧太后喜歡吃，因而宮裡管這種梨叫「佛見喜」。李蓮英之所以得這個綽號，那是因李的外表長相難有印象分，但他當起差來處處想得周到，「宮裡的行話叫『兜水不漏』，讓老太后感到放心舒服，深得太后的喜歡」，「這位『佛見喜』披星戴月，起早貪黑，匆匆忙忙而又有條不紊……像遊湖這樣的事，安排得井井有條、嚴絲合縫，不經過他的深思熟慮是很難讓老太后舒心如意。」

然而李蓮英在宮中也不是一帆風順，與他同時進宮的安德海已是慈禧太后身邊紅人時，李蓮英當時還位居下層，直到安德海被殺後才得以嶄露頭角。安德海曾在「辛酉政變」中立下大功，但其為人囂張，凡事不知道給自己留餘地。有一次，安德海想出宮去風光風光，慈禧太后便派他到南方去置辦皇帝的龍衣，不料這安德海一路上招搖過市，向地方官員大肆索賄，結果被山東巡撫丁葆楨逮住並以清廷祖訓「太監不得出宮」為由處死。就這點來說，李蓮英遠比安德海來得聰明而且低調得多。

一八八六年，北洋水師初具規模，李鴻章奏請朝廷派員前來檢視閱兵，慈禧太后擬派醇親王奕譞，但奕譞係光緒生父生怕慈禧太后猜忌，於是主動要求讓慈禧太后身邊的紅人李蓮英陪同前去，以表示自己沒有二心。慈禧太后也想趁著這個機會讓李蓮英出去見見世面、風光一下，於是醇親王便作為朝廷的正使、李蓮英為副使前去視察北洋海軍。在其他朝代由太監作為朝廷欽差大臣外出視察並不奇怪，但在清代則是第一次。

要是換了安德海，那尾巴肯定翹到天上去了，李蓮英則不然。為避免別人說閒話，李蓮英出發前特別把慈禧太后破格賞賜給他的二品頂戴換成四品頂戴（**按理太監最高只能獲得四品頂戴**），然後規規矩矩地跟在醇親王後面出發了。一路上，李蓮英絲毫沒有欽差大臣的架子，而是一直跟在醇親王的後面好生伺候，不知道的人還以為李蓮英是專門派來伺候醇親王的。就連晚上醇親王洗腳都是李蓮英親自打熱水，還說自己以前沒機會伺候王爺，這次一定要盡點孝心，一下把醇親王感動得連連拱手，回去後自然在慈禧太后的面前極力稱讚李蓮英忠誠可嘉。

按說李蓮英也是檢閱人員之一，但他在檢閱時刻意和醇親王、李鴻章保持距離，他拿著醇親王的大煙袋，退後半步，低眉斂目，看起來就像是給醇親王站班伺候的。一路上，李蓮英也不像安德海隨意結交地方大員，他基本不出去，那些準備好了貴重禮品想要討好他的人根本就進不了門。就這次出差來說，李蓮英算是給慈禧太后掙了面子也堵住了那些大臣們的嘴。

宮中政治波詭雲譎，李蓮英也不是一直受寵不衰，特別是在光緒成年之後，由於太后與皇帝之間摩擦不斷，作為宮中大主管的李蓮英就難免有些走鋼絲了。一方面，他受慈禧太后的恩寵多年應該效忠於太后；但另一方面，慈禧太后年歲已高，光緒皇帝遲早要掌握大權，得罪任何一方都可能給自己帶來殺身之禍。李蓮英的左右搖擺漸漸地讓慈禧太后瞧出來了，他在戊戌政變後也就逐漸失去了慈禧太后的信任，而另一名太監崔玉貴則趁機得勢，譬如到瀛臺監視光緒、甚至把珍妃扔進井裡這樣的髒活也都是崔玉貴幹的。

《德宗遺事》中說，庚子年慈禧太后帶著光緒西逃，一直到《辛丑合約》簽訂後才重返北京。一行人走到保定停下休息，當時慈禧太后的臥室鋪陳華美、供給周備，當李蓮英伺候慈禧太后睡下後，各太監及內務府的人也紛紛散去，或飲酒賭博或休息。李蓮英後走到光緒的臥室，發現裡面居然一個太監都沒有，只有光緒一個人對著油燈枯坐，李蓮英跪安後問：「主子為何這時還不睡？」光緒說：「你看看這屋裡，教我怎麼睡？」李蓮英一看，發現這隆冬季節屋裡除了坐褥和椅子靠枕外，竟然連被子都沒有。

李蓮英見後，當即跪下並抱著光緒的腿痛哭道：「奴才們真是罪該萬死！」隨後便趕緊把自己的被褥抱來，說：「今夜已深，不能再傳他們，這是他們為奴才所設被褥，請主子將就用之，奴才罪上加罪也沒有辦法了。」

光緒回到北京後經常念叨此事，說：「若沒有李俺答（滿語，即師傅之意），我恐怕都活不到今日。」光緒的最後十年經常被慈禧太后為難，李蓮英也沒有落井下石，有時還會在能力範圍之內給光緒一點照顧，相比其他趨炎附勢的太監們來說李蓮英還算是厚道的。

一九〇八年，光緒和慈禧太后相繼去世，李蓮英在給慈禧太后守孝一百天後，在宣統元年正月底向隆裕太后請求退休，隆裕太后准其「原品休致」（即享受原薪每月六十兩銀子的退休待遇）。就這樣，李蓮英無比眷戀地離開了他生活了五十二年的皇宮。

中國自古以來就是「一朝天子一朝臣」，李蓮英心裡清楚慈禧太后死了，他的後臺也就倒了，與其被人一腳踢開，倒不如識相點早些離開，免得到時遭遇不測之禍。據說他在離宮前辦了一件聰明事，那就是將歷年慈禧太后所賞的珍寶（共七大捧盒）全獻給了隆裕皇后，並說：「這是皇家東西，不應該流入到民間，奴才我小心謹慎地替皇家保存了幾十年，現在年老體衰乞求離開宮廷，所有這些寶物奉還給主子。」這事讓隆裕太后十分滿意，所以李蓮英死後，隆裕太后還按大臣的禮恤賞給喪葬費二千兩。

宮中太監雖多，但絕大多數無權無勢、淒苦一生，只有像李蓮英這種能在慈禧太后面前說上話、並且掌管宮中實際管理權的（實則相當於宮中辦公廳主任的角色），才有可能被人奉承乃至招權納賄。在《宮女談往錄》中這樣評價：「李蓮英厚道的地方在於對待底下人從來不克扣，所以下邊的人很少有人咬牙切齒恨李蓮英的。」

李蓮英出宮後行為謹慎，不輕易出頭露面也不與社會上的人交往，因有傳言說他家財萬貫怕被人綁票。隱居期間，李蓮英一再告誡自己的侄子們要時時警惕「財大禍也大」，但他的那些侄子們並沒有把他的話放在心上，由此破家亡命。

李蓮英為清宮服務了一輩子，他死的那年也正好是清朝覆滅的一九一一年。據其家人所說李蓮英得的是「鎖喉痢」，這種病非常厲害，李是正月二十九日發病，二月初四就死了，年六十三歲。李蓮英死後，隆裕太后賜塋地一塊，在恩濟莊大公地內安葬。恩濟莊在阜成門外，從雍正朝開始就是專門埋葬太監的墓地。

同樣是墓地，各太監的身後待遇卻大不相同，譬如南邊墓地荒丘累累、一片淒涼，那都是普通太監們的最後安身之所；北邊就大不同了，只見「矮樹蔥蔥、青磚瓦舍，頓時使人有枯榮懸殊的感覺」。由於李蓮英是二品太監，又是隆裕太后加恩禮葬，因而恩濟莊裡還修了一座石頭牌坊，上邊刻著「欽賜李大總管之墓」幾個大字。

據《宮女談往錄》中說，恩濟莊關帝廟的西偏殿裡有一張李蓮英的全身坐像，高二尺上下，「由頭上往下看：二品的紅頂子，身穿團龍護心的黃馬褂，絳紫色的吉服，胸前掛著朝珠。粉底高筒靴子，兩腳八字形踏在腳凳上，兩手自然地垂放在兩腿上……看面貌：一張赭黃臉，高高的顴骨，兩頰略長，腫眼泡子，眼睛微合，大鼻子，厚嘴唇，長下巴。這確實是李蓮英，只是眼睛畫得差一些。他是胡椒粒眼，雖然小，但非常敏銳，這一點沒有傳神。看起來他是特意要把莊重樸厚的形態留給後人了。」

赭黃臉、高顴骨、長臉、腫眼泡子、小眼睛、大鼻子、厚嘴唇、長下巴，從歷史圖片來看李蓮英的相貌確實有些「佛見喜」。只是這位橫跨晚清半個多世紀的歷史見證人，何以在凶險狡詐的宮廷政治取得成功？據說李蓮英曾用八個字總結了自己的一生，那就是「事上以敬，事下以寬」。此八字可謂處世真言。

三〇、一九一〇：一個美國社會學家的中國觀察

一百年前的中國究竟是什麼樣的？這個問題非但現在的中國人不知所以，恐怕百年前的人們也說不出所以然。不過在一九一〇年，有位名叫E・A・羅斯的美國社會學家（威斯康辛大學教授）來到中國，他從華南到華北然後再到西南轉了一圈，回國後寫了一本觀察集，對當時中國的社會生活狀態做了頗為立體生動而不乏深刻的記載。

在六個月的行程中，羅斯一邊遊歷一邊思考，他看到了中國古老的城牆、坑坑窪窪的道路，人們在曲折不平的土路上趕著騾車或推著吱咯咯的獨輪車；在各地的城裡，僅六英尺寬（不滿兩米）的街道擺滿了各種用籃子、竹簍組成的貨攤，人與馬、驢等牲畜相擁擠幾乎不能通行。中國的人口之多，讓羅斯見識了一個地大物博的中國，雖然未必是盡善盡美的。

讓羅斯感到不能適應的是每當黑夜來臨街道上便一片漆黑少有行人，只有在北京、上海等裝備有煤氣燈的極少數大城市才有真正的「夜生活」。在途經太原時，羅斯欣喜地發現「家家戶戶用上了電燈，鋪著碎石的十字街道乾淨整潔，帶有小湖的公園清爽宜人，音樂廳、劇院、廣場等公共文化設施齊全，明顯帶有西方文化影響的痕跡」。

羅斯也明確指出，他所看到這一切僅僅限於「新興城市」太原，從太原往南再走兩天彷彿又回到了中世紀的社會。羅斯的印象是，在使用煤油燈之前人們常常用蠟燭或油碗裡的棉花條燈芯照

明，因此當時的中國人大多過著「日出而作、日入而息」的生活。城市裡因燃料極其缺乏，每天都有許多成捆的木材被擺放出來作為商品出售，但燒柴會導致是房屋經常會被煙熏得黑乎乎的，而中國人似乎對此習以為常，他們唯一的補救辦法就是在窗戶上按時糊上新的白紙以保證室內的亮度。

在當時的中國可以說是一片「藍色的海洋」。在多數地方人們都穿著質地粗糙的深藍色粗布衣服，這種衣服不易磨損而且厚實，只有在節日裡才會換上色彩鮮豔的絲質服裝或淺藍色的精緻衣服，它們的開口也通常是留向側邊而不是中間。與外國人所不同的是中國人很少穿著毛料服裝（**譬如當時時髦的西服**），因中國沒有大規模養羊，而要生產出自給自足的羊毛則需要相當長的時間。

近代以降，中國積貧積弱、屢戰屢敗，列強蔑之為「東亞病夫」，羅斯對此提出了完全不同的看法，他認為中國人的身體素質其實比西方人強得多，但這種現象的根源在於殘酷的生存考驗，弱者總是被徹底無情地淘汰。當時中國嬰兒的成活率只有百分之二十，但他們生命中某些異常堅強而優越的基因由此被遺傳下來，並依次傳給了他們的子孫。舉例而言，白種人如果染上血毒症往往必死無疑，但中國人卻大多能奇蹟般地痊癒；另外，中國人對高燒有很強的耐受力。

羅斯聽過廣州的斯文醫生說曾遇到過這樣一件事：有一次他請一位撐舢板的懷孕女船主將他擺渡到對岸去，但她很抱歉地讓他等一刻鐘到半小時，而她居然在如此短的時間裡已在船上將懷胎十月的孩子生下，然後將他送到了河對岸。外國人通常認為中國人有很強的忍耐力，但在羅斯認為這種對痛苦感覺遲鈍的原因並不是某個種族的個性，而是其困苦生活所造成的結果，這完全是「沒有辦法的辦法」。

最令羅斯感到吃驚的是中國勞動力價格的低廉。一個在上海繅絲廠每天工作十一小時的女工，月收入大概在八到十一美元，而當時擁有五千工人的漢陽鐵廠，一個普通工人的月薪只有三美元，僅為芝加哥鋼鐵公司最初級工人薪酬的十分之一。按蔣夢麟在其回憶錄《西潮》中的記載，他在一九〇八年赴美留學時，一美元可以兌換二塊墨西哥銀元，大概相當於一‧五兩銀子。以此換算，漢陽鐵廠的工人月收入為四‧五兩，而上海女工每月十兩以上的收入可算是高工資了，因為一個山西長工的年收入也不超過十兩銀子。

當時的西方經濟學界盛行一種「黃禍論」的論調，他們認為：「中國人既聰明又勤勞，一旦他們把西方先進的科學技術和文化知識用於本國的經濟建設和人力開發，中國的迅速發展可想而知，其影響力也是無法消除的。到那時，西方人仍想繼續維持高工資的現狀並使經濟不斷增長將是不可能的，由此西方社會也將不可能再繼續擁有像今天這樣多的悠閒人士」；有人甚至預測，「中國將變成一個工業製造大國，將通過大量質優價廉的產品把西方國家的產品從中立國家的商品市場上趕走」，因此西方國家應該聯合起來制定統一的政策以維護自己的利益。

羅斯對此論調很不以為然。他認為儘管「沉睡中的中國巨人正在醒來，中國正處於工業發展的前夜」，但工業化的基本規律是不可逾越的，中國工業的真正崛起至少還需要好幾代人不懈的共同努力。就當時的現狀而言，中國必須創建更多、更有效的民族工業，以滿足國內消費市場對廉價的紡織品、服裝、糧食製品、鐘錶刀具等生活用品的需求，然後才可能逐步進入東亞市場並進入西方商品市場的競爭，而在中國實際消費水準還不到美國七分之一的前提下，中國人想把西方人從南美或非洲等國際市場上擠出去的日子仍將是非常遙遠而且沒有現實意義的。

羅斯還觀察一個奇特的現象，那就是中國的勞動力價格越低，商品的價格反而越高，這與勞動者的基本素質、技術水準及整體的科技水準低下是緊密相關的。羅斯舉了一個例子，當時華北某鐵路公司從比利時進口建築橋梁的材料以節省成本，但最後的結算卻出人意料。經中國工人組裝以後的橋梁造價比直接從比利時進口的整橋進口所花的費用多得多。他分析儘管中國工人的工資只有比利時工人的五分之一，但一個比利時工人所創造的價值卻遠高於五個中國工人。

他認為隨著工業的發展，中國需要引進先進的科學技術，但中國的勞動力則需要經過不斷接受先進教育、技術培訓和適應工廠生產環境的漫長過程，要想達到西方發達國家工人相同的技術水準並創造相應的生產價值恐怕還需要幾代人的努力。

對於當時盛行的「保路運動」，羅斯的觀察更接近於問題的本質。在他看來中國現有的十三條鐵路基本存在一個共同的特點，就是這些鐵路打著強調民族自尊的「完全由中國人自己建造」的旗幟，但工程的全部耗費卻遠遠超過實際應該花的。當時的粵漢鐵路，用股東們的話來說，「工程進展的速度幾乎像蝸牛爬行一般」，而工地上露天堆放著堆積如山的鐵軌、枕木，任其日晒雨淋而生鏽腐爛；安徽鐵路公司為工程支付了五百萬兩白銀，但一英里的鐵軌都不曾鋪就，而更讓人痛心的是公司的工程資金和工程信譽完全沒有了，工程也幾乎處於一種停止的狀態。類似的事例在當時國內的鐵路公司比比皆是。

更令他感到心驚的是很多企業或工程的負責人都是一些標準的官僚，他們既無專業知識也無實際經驗，卻認為經營工作是「具體而又粗俗的」。官方公司的內部則裙帶關係盛行，很多人每天只抱著水煙袋吸煙卻領著數目可觀的薪水；某家官方工廠的主管曾對其下屬的一個經營不善的部門進行調查，結果發現該部門五十五個員工中，其中竟然有三十三名是該部門負責人的親屬。當時有家鐵路公司，整個鐵路工程還沒有鋪設一節鐵軌，但公司裡已有了十幾個無所事事的部門負責人，而且各工程段的段長都已委任並發放了薪酬。更弔詭的是這些薪酬的很大一部分又被作為回報而重新回到了那些有權委任的「恩人」或「後臺人物」的手中。

當時中國發展民族工業最大的障礙在於一些毫無責任感和羞恥心的地方官員「絲毫不顧及私人企業的死活」，其所作所為就是勒索與要求上貢。當時福建沿海有很多移民東南亞的華僑，當他們已是當地成功的商人、種植園主、礦主、承包商和工廠主時，他們卻不願意回國投資家鄉的工業建設。事實上，他們並不是不想把資金、技術和經驗帶回國內，而是官員們的「巧取豪奪和官僚作風」令人望而卻步。當時有一位高級官員就公然不諱地對羅斯說，這些人投資的企業都不得不藉助地方舊勢力的保護，否則任何事情都無法做成。羅斯感慨私人財產得不到有效的保障，這才是中國政治的最大缺陷之一。

另外，一些不道德的陋習（譬如收取回扣）幾乎盛行於社會的每一個角落，當時一家德國公司參加某鐵路公司的枕木競標並以最低價獲得了合約，但當他們準備提供更多的枕木時，這家鐵路公司卻沒有舉行新的招標而是發了一份電報給他們，稱「一家日本公司打算以低於他們公司的價格提供枕木，這是極有誘惑力的，但貴公司如果願意提供一筆適當的酬金的話，那麼可以考慮讓他們繼續供貨」。

這種收取傭金、回扣的陋習就連家中的女傭都不能免俗。一位供職於海關的外國人對羅斯說，三十年前他到中國時，幾乎完全看不慣中國傭人對他的肆意剝奪，當他向他的漢語老師講述此事時，那位老師卻很坦然地說這種事情並非只針對外國人。譬如他給自己的女傭人五個銅錢去買些食品時，她會悄悄地收起一個銅錢；如果他只給她一個銅錢去買醋的話，儘管她無法掰下半個銅錢藏入自己的腰包，但她很可能會在回來的路上故意撒掉一點，這樣才能讓她感覺舒服一些。

羅斯認為中國的工業化基於種種因素不太可能在短期內取得巨大的成就，因「外國人的嫉妒、資金的匱乏、勞動者的無知、官僚的腐敗無能和勒索貪污、裙帶關係、缺乏專家、經營管理效率低下」等不利因素將長期阻礙著中國工業的發展，在這種態勢下即使有著大量的廉價勞動力也無濟於事。羅斯的結論是：「我們這一代到下一代都不必為中國工業的發展會對西方造成威脅而擔心，這將是我們的孫子們應該考慮的問題。可以預測如果中國終於能克服限制其發展的種種不利因素，中國的現代經濟觀念在二十世紀的後半葉將有望逐漸形成，並進而影響整個世界的政治經濟走勢。」

他對於中國當時推行的新政也有獨到的看法，譬如清廷全力打造的新軍。在羅斯看來中國人並不好戰，因從新軍的各級指揮官臉上看不出多少要征服他人的願望，而從士兵們所流露出的溫和的表情和毫無挑釁之意的舉動上，可以毫不費力地看出這些穿著黃色卡其布軍裝的農村青年是極其純樸和善良的，這與西方軍隊咄咄逼人的姿態形成了鮮明的反差。羅斯認為中國人比西方人看問題更加全面，其視野和心胸也要廣闊得多，因他們認為使用武力不是解決問題的唯一方法，而日本與中國相比就要好戰得多。

再如廢除科舉，羅斯認為儘管科舉制度及其填鴨式的教育耗盡了中國人的智慧並泯滅了人們的創造力，但傳統儒學所宣導的信條與觀念使得中國這個人口眾多的國家保持了一種相對穩定的社會秩序、人身安全和一定程度上的幸福。更令人敬服的是羅斯從中看出了中國將因此面臨一場傳統與道德的巨大危機。

西方的旅行者通常發現在中國幾乎沒有綠地、沒有草坪、沒有鮮花，也沒有點綴生活的樹木、公園和乘涼的地方，人們找不到被留下來用做娛樂場所的空地——除了寺廟周圍的樹木之外。羅斯也認為「在中國，國家是貢品的徵收者，而不是大眾福利的保護者」，一般人也沒有形成保護公共利益的意識。舉例而言，在渭河沿岸的莊稼地裡散種著大量茂密的樹木並影響了莊稼的生長，但在二三英里外的山上卻是光禿禿的。人們寧願在自己的莊稼地裡種樹，而不肯在不適合種莊稼的山上種草種樹，其原因在於公共管理的山地不屬於任何人，那裡的所有東西都可能遇到毀損和搶奪。

羅斯在書的最後憂心忡忡地告誡說，儘管中國時刻都在變化與進步，但他們忽視一個很重要的因素，那就是科學技術背後的道德支撐。在放棄了舊式教育後（指廢除科舉和儒學教育），中國如果發展出一種自私的物質主義而不再重視社會公共道德的基礎性建設的話，那麼即使中國富裕了，也不是真正的富裕而是災難。一百年過去了，掩卷沉思，我們不得不為他的種種預見而折服。

三二、搶米：撫衙門口的革命總預演

一九〇九年，湖南發生水旱兩災，先是洞庭湖區大水，接著衡陽長沙一帶又遇旱災以致糧食減收過半，等到次年春夏之交長沙糧價飆升，老百姓大受其害。

四月十一日，長沙南門外有一戶挑水為生的黃姓人家，男人辛辛苦苦賺了八十文錢，讓妻子去買一升米回來做飯。妻子走到社壇街某糧店，店家說她的錢裡有幾文不通行的製錢要她換了再來，但等到她再次來到這家糧店時米價已漲到八十五文一升。由於家中已無餘錢，孩子又嗷嗷待哺，其妻在羞辱憤恨之下竟走到老龍潭投水自盡，身邊兩個尚不懂人事的孩子還立在潭邊哀哀哭泣。黃某聞訊趕到後自覺心灰意冷，悲痛之餘也帶著兩個孩子跳入水潭自溺而亡。

悲劇很快傳遍全城，人心極為激憤，黃某的鄰居們按傳統的抗議方式將這四位死者的遺體抬到糧店門口，要求店家備辦棺材安葬受害者。正當此事紛紛擾擾未了之際，一名婦女與另一家米店的老闆又因米價的突然上調而發生爭吵，兩人激烈的爭吵聲很快引起了眾人的圍觀。在這種形勢下，爭論本身的是非對錯已不重要，米店老闆很自然的遭到了憤怒的指責，他的店面也被圍觀民眾一併搗毀，為此還波及了周邊的其他糧店。

事件發生後，巡警們趕來彈壓，當他們試圖將一名帶頭的木匠帶走時，結果反被街上的民眾包圍。事態的擴大化使得善化知縣（**當時長沙同城分治，城北屬長沙縣，城南為善化縣**）不得不親自出面前來平息這場糾紛，但他也很快地陷入了民眾的汪洋大海之中。在憤怒的抗議聲中，知縣大人得知此事件係糧價高昂所引起，遂在慌亂中答應次日開倉平糶才使自己擺脫了困境。

當晚，知縣大人因自己的輕率許諾被湖南巡撫岑春蓂狠狠訓斥了一番，因而次日並沒有平糶的舉動。米商們提前得到了消息，他們預知了可能的後果，於是這一天都紛紛關店歇業。次日，饑民們懷抱著希望來到義倉，但那裡卻異常地寧靜毫無開倉放糶的徵兆。在等待了一段時間後，這些人亂糟糟地回到了昨日鬧事的地點，受到欺騙的不滿情緒很快地傳染給在場的每一個人，不久便有人高聲叫罵並引起了眾人的共鳴，民眾的怒罵聲不久傳到了巡撫大人的耳中，使得他不得不採取一些措施以防止自己的威信受到損害。

巡撫大人派出了巡警道賴承裕前去開導彈壓，但後來的事實證明這是一個極其錯誤的選擇。賴承裕祖籍福建，他的功名是花錢買來的，因而民眾對他並不尊敬。他在多名弁兵的護衛下，乘坐一頂綠呢大轎威風凜凜地來到事發現場。鑒於老百姓給他添了麻煩，道臺大人不免惡聲惡氣地訓斥周圍的饑民：「我們福建人在茶館裡喝一壺茶就要一百文，你們長沙人進茶館喝的也是一樣，為什麼不嫌貴？米是大家都要吃的，每升製錢八十文，哪裡貴了？你們在這裡鬧事，就是造反！造反是要殺頭的！」

自古以來，因饑荒鋌而走險的災民比比皆是，所以賴道臺的恐嚇並沒有起到作用。憤怒的民眾蜂擁而上將賴道臺的翎頂官帽掀翻、官服扯爛，賴大人見勢不妙拼了命逃出人群，躲進了附近的一個巡警崗亭，但很快地又被狂怒的饑民拖出，最後髮辮被吊在樹上給人狠狠地揍了一頓。眾怒難犯之下，賴道臺的護衛弁兵們大都悄沒聲息地逃走了，只有一個聰明蛋脫下制服後佯裝站在群眾裡邊，然後建議大家去向巡撫請願，這才使他那個倒楣的上司擺脫了險境。

在走向巡撫衙門的路上，請願的人數急劇增加，至少有上萬人穿過城門、走過大街來到了巡撫轅門外。饑民們將巡撫衙門圍了個水洩不通，他們一面要求巡撫接見，一面高呼：「撫臺給我們飯吃！」至此，事態已到了爆發性的階段。

其實此等事件在歷史上並不罕見，巡撫大人按通常的經驗應走出衙門溫言撫慰那些憤怒的子民，並給他們一個確定性的答覆。但這一次，巡撫大人卻不屑於見那些暴民，他只命令衙役掛出牌示說五日後開倉平糶，米價定在六十文一升。

巡撫的態度大大地激怒饑民們，他們將牌示撕了個粉碎。這時，巡撫大人又犯了一個錯誤，他命人將六十文改為五十文。民眾很顯然不喜歡這種討價還價的方式，因為在他們心目中的官府應該是一言九鼎，這樣既小又遲的讓步只能讓巡撫大人的威信大打折扣。於是乎在地動山搖般的呼號聲中，憤懣的饑民們衝破轅門、搗毀照壁，所幸忠心耿耿的巡撫衛隊將民眾給打了回去。

巡撫轅門前的騷亂雖然被平息，但這種憤怒的浪潮隨後席捲了長沙城。到這一天的晚上，很多糧店遭到襲擊和劫掠，就連一些外國的教堂也被波及。到十四日，局勢仍舊沒有安靖的跡象，民眾再次聚集並要求釋放前一天因鬧事而被拘押的木匠劉永福。在人潮洶湧之下，巡撫衙門前的秩序再次失控。這一次，不幸的事件發生了，巡撫衛隊開槍打死打傷民眾數十人，受到驚嚇的人群如潮水般暫時後退。之後，一些勇敢的造反者再次向前發起反擊，巡撫衙門的號房、大堂、二堂、文武巡廳等均被焚毀。由此，一場因米價飆升而引起的危機事件，終於被顢頇的官吏們導演成了一幕官逼民反的經典史劇。

但凡天災的背後都有人禍的影子。糧食歉收、糧價上漲原本都是可以理解的，但米價漲得過於離譜，其中必有其他原因。事實上，災荒並不是這場風潮的唯一禍首，因濫鑄銅元而引發的通貨膨脹也在其中起到了推波助瀾的作用。

清末新政後百業待興，中央與地方在財政上都十分困難。為增加財政收入，大量鑄造銅元以支付新政費用也就成為清末十年來各省的通常做法。新銅元俗稱「銅板」，面值一般為十文。相比傳統的銅錢，新鑄的銅幣既標準又美觀，投放之初很受民眾的歡迎。由於一枚銅元的用銅量和鑄造成本遠在十枚銅錢之下，因而用機器大量的製造銅元便成為各省的生財之道，而這一利潤豐厚的行當事實上也只能被政府壟斷（**實為收取鑄幣稅**）。

用機器鑄造銅幣始於光緒二十八年（一九〇二年）袁世凱任直隸總督之時，當時天津因銀根收緊而致錢荒，銅元開鑄由此而起。直隸當局在之後的三個月內共鑄造了上千萬枚新銅元，獲利豐厚，於是各省競相效仿。三年後，共有十二省設立銅元局，鑄錢機器超過八百台。倘若這些機器全數開工，每年可製銅元一百六十億枚，以當時人口四億計，每人可分得四十枚。據統計，各省在一九〇四年到一九〇八年的五年間實際鑄造了一百二十四億枚銅元，人均可分得三十一枚。

儘管不能與濫印紙幣相提並論，但過多地鑄造銅幣同樣會帶來相應的通貨膨脹。一九〇五年十二月，在各地商會及各國公使團的交涉下，清廷曾於次年五月命各省銅元局停止鑄造，但禁令僅維持了兩個月，之後各省銅元局再次開鑄，而清廷也在一定程度上分得一部分的鑄幣之利。鑄造新幣的好處是顯而易見的，譬如湖北造幣廠僅在一九〇八年就取得了七十二萬兩的純收益，而據日本東亞同文會的報告，湖南當局在一九〇二年到一九一一年的十年間從湖南造幣廠提取了四百萬兩用以維持新軍，一九一一年的湖南財政說明書更是隱晦地證明了所有的新政措施和新軍經費均來自鑄造新幣。

一九一〇年，梁啟超寫了一篇《各省濫鑄銅元小史》的文章，文中抨擊了清廷各級政府過度鼓鑄銅幣而導致國內貨幣價值貶跌，進而導致「物價騰貴，民生凋敝，實為全國人民切膚之痛」的嚴重後果。銅元開鑄之初，一銀元可換取八十銅元，到一九〇九年底已跌到一百八十銅元換一銀元。據駐宜昌的英國領事立特觀察，芝麻油、皮棉、小麥、酒類、食鹽、豬肉的價格在一九〇八年之前的十年內幾乎翻倍，而米價的上漲更為突出。一九〇九年底後，兩湖地區的米價一路高升，長沙八十五文一升時，漢口已突破九十文。這次搶米風潮後，英國使館代辦馬克思・穆勒也認為「由銅幣貶值引起的物價上漲」是騷亂的首要原因。

傳統社會中，地方紳士在饑荒之時往往要帶頭賑災，這既是慈善義舉，也可以認為是他們的道義責任，否則將不容於士林。但這一次，長沙士紳們的表現令人失望，他們非但沒有開倉放糶，反而持續地收購與囤積糧食，目的是想在糧價高時賣個好價錢。當時長沙的「四大名紳」是王先謙、葉德輝、孔憲教、楊鞏，四人均參與了糧食投機並囤積了大量的存糧。事後傳聞，葉德輝共囤積了約一萬石的存穀，楊鞏家也有七八千石。

儘管不經常露面，但王先謙被公認為湖南保守勢力的代言人，因他做過國子監祭酒和嶽麓書院的山長，學問很好、著述很多；葉德輝進士出身，後辭官回里，他精於經學，也是近代知名的藏書家；孔憲教既是進士又是翰林編修，為人極端保守與固執，當時任長沙書院的學長；四人中，楊鞏名聲最壞，因其特別殘忍與邪惡，人又稱其「楊三豹子」。

巡撫轅門被焚事件後，長沙的士紳們秘密召集會議，隨後給湖廣總督瑞澂發電報，要求以布政司莊賡良接替岑春蓂的巡撫職位。儘管王先謙並沒有參與其事，但他在電報上仍被列為首名。

湖廣總督瑞澂同時接到岑春蓂請求辭去巡撫之職的電報。儘管岑春蓂沒有與長沙士紳們有過溝通，但兩份電報在目的上是契合的。這兩份電報令瑞澂感到震怒，他沒有答覆其中的任何一份而是致電北京，要求將岑春蓂從速革職。岑春蓂治事無方、地方劣紳干涉用人，這為之後的懲處與清算埋下了伏筆。

岑春蓂逃出巡撫衙門後，莊賡良在頑固士紳們的支持下以布政使的名義護理巡撫，但城內局勢仍處於失控之中，一些學堂、商店甚至巡警局被焚燒，其中也少不了搶掠行為。為盡快平息風潮，莊賡良親自坐著綠呢大轎上街巡視，他派出衙役們扛著高腳牌打頭陣，牌上寫著十六個大字：「眾紳公議，平價伸冤，藩臺擔任，諸君請退。」為達到更好的效果，有手下扮成群眾沿路高呼「莊青天」，莊賡良則順勢下令平糶做出恰當的親民狀。

但在十四日晚，一些教堂、洋行與外國人住宅遭到襲擊，在夜色的掩護下並沒有受到生命威脅，但其中的一些建築被無情地焚毀。儘管當晚的行動看起來離奇地克制，但還是引發了新當權者的極大驚恐，因這樣的排外行為很容易讓人想起十年前的拳民運動及由此帶來的巨額賠償和嚴厲的政治懲處。次日，街上再次出現巡街的牌示，不過這一次不再是文謅謅的十六字而改成了惡狠狠的「放火搗亂者，就地立殺無赦」，扛牌的人也換成了全副武裝的巡防營士兵。

據目擊者稱，當天上午長沙某兵備道帶著大批的兵警上街，走在最前面的劊子手，左手拿著滴血的大刀，右手拎著一顆血淋淋的人頭，據說是因滋事而被當場拿獲梟首的。這樣的殺戮在之後的幾天發生了好幾起，事態也漸由此轉為安靖，一場風波被平息了下去。

正當莊賡良和士紳們長出一口氣時，朝廷的一紙電諭令他們瞠目結舌：岑春蓂被革職係意料之中，但莊賡良非但未能如願以償地接替巡撫之職，反而與其他一些稍低級的官吏一同被革職；「四大名紳」王先謙、葉德輝、孔憲教、楊鞏被革除功名和候補官職，罪名是「囤積穀米、教唆風潮與妄圖指定私人擔任公職」，他們同時被禁止在嗣後干涉地方事務。

湖廣總督瑞澂將本次事件歸咎於湖南的民風和當地的「劣紳」，其中特別指責王先謙最初阻撓官府「義糶」，後又公開發電要求撤換巡撫，「殊屬不知大體」；葉德輝被指為「積穀萬餘石，不肯減價出售，實屬為富不仁」。王先謙和葉德輝事後都有自辯，葉稱其「兄弟四房，收租僅及千石，此有糧冊可稽」，因此是否出售並非他一人可以作主。處分案發布後，葉德輝還不無自嘲地稱「愧居王後，恥在楊前」，因王先謙的地位很高，而楊鞏不但吝嗇自私而且幾乎就是個流氓。

饑民是點燃「搶米風潮」的最初發動者，但他們並不是這一事件的主導力量，在洶湧的人群背後不乏一些對政府不滿並有意要顛覆清王朝的會黨分子。作為這次活動的主力，有必要特別提到長沙城內建築業的那些匠人們（包括木匠、石匠、漆匠等），他們因技藝陳舊的原因而未能參與官府的新政工程，這也是那些新式建築被有意識地焚毀的一個重要原因。

積極參與風潮的人群並不局限於饑民、會黨分子和匠人們及一些被西方工業衝擊而生計日艱的手工業者，還有與義和團同樣狹隘仇外的民眾。另外還有一些對現狀不滿的無直接利益者也在從眾心理的驅策下進行了一次痛快淋漓的宣洩，這也是本次風潮多樣化的一個體現。從某種角度來說，長沙搶米風潮是清末各階層各種不滿情緒的大展示，也是冥冥之中王朝即將崩塌的一次預演。

三二、皇帝的香案：假保路幹掉了真鐵路

二〇一〇年八月十八日，湖北宜昌至重慶萬州電氣化幹線鐵路在恩施鋪下最後一段鐵軌，其實宜萬鐵路在一〇一年前即已開建，其前身為一九〇九年由詹天佑主持開建的川漢鐵路，但宜萬鐵路從宜昌往秭歸修了二十多公里即無限期停工。如今宜萬線已通車，但這條在中國鐵路史上修建時間最長並引發革命的鐵路，其延宕百年的命運何嘗不是近代中國的一個縮影。

大體上說，清末的鐵路政策始為「官商合辦」，繼以「商辦為主」，最後才推行鐵路「國有化」，而正是這個「國進民退」的政策異動誘發了「保路運動」並為清朝覆亡埋下禍根。當然就清末鐵路狀況而言，盛宣懷在一九一一年初上任郵傳部所提出「國有化」政策尚稱得上是對症下藥，因鐵路建設周期長、投資大，商辦鐵路公司「一無資金、二無經驗、三無技術」，結果「奏辦多年，多無起色」。而藉助外資修建的鐵路大都資金充足，建設速度有保證，如京漢鐵路、滬寧鐵路和汴洛鐵路三條長線均順利竣工，反倒是那些商辦鐵路「後路未修，前路已壞」，相繼陷入困境。

資金不足是商辦鐵路的最大問題，譬如粵漢鐵路廣東段須投資近三千萬兩，實際募集一半不到；湖南段須投資二千五百萬兩，實際只籌集五分之一；四川籌集的資金最多，但也只相當於川漢鐵路西段（**成都至宜昌**）投資的六分之一。另外，這幾個省為集股，又設立米捐、房捐，甚至抽收租股（**按畝收租股**）、鹽股、茶股、土藥（**鴉片**）股，令小戶、貧農徒增負擔。然而各鐵路公司的

內部管理極為混亂，職員的侵蝕挪用司空見慣，如一九〇三年成立的川漢鐵路公司，數年下來尚未修一寸鐵路，帳目卻已是堆積如山。如此商辦，粵漢、川漢鐵路通車不知要等到猴年馬月。

一九一一年五月五日，都監察院給事中石長信上了一道關於「鐵路國有化」方案的奏摺，其中將全國鐵路分為幹路和支路，這與盛宣懷的主張不謀而合（**或為盛宣懷的授意**）；五月九日，即「皇族內閣」成立次日，清廷以上諭的形式宣布了「鐵路國有化」政策；五月二十日，盛宣懷與德、法、英、美四國銀行團簽訂六百萬英磅（**合白銀約四千八百萬兩**）的借款協議；五月二十二日，清廷任命端方為粵漢、川漢鐵路督辦大臣，並令湘川兩省停止徵收「租股」。

平心而論，這次的借款協議還算合理，因當時中國也確實無法籌集到如此大數目的資金，而根據一份一九一〇年的日方報告，中國錢莊的平均利率都在百分之十二到百分之十五，因而本次借款百分之五的利率並不算高。當然，外國資本家並不是來中國做慈善事業，只不過當時國際資金充足，其國內存款利率比百分之五還要低，因而對中國借款仍舊有利可圖。本次借款按協議在四十年內歸還，以湘川兩省的百貨釐金、鹽釐金等合計五百二十萬兩作為抵押。借款協議中還另外約定，鐵路建造與管理權歸中方所有，中方自行選派三名洋人總工程師，其委任、辭退有關人員須經中方總辦同意，鐵軌須使用漢陽鐵廠的產品，其他原料也應優先購買中國原料或產品。

拋卻歷史的有色眼鏡，這次的鐵路建造借款協議大體上是一種互惠的商業性行為，這與過去列強動輒攫取鐵路的經營管理權、鐵路周邊的礦產開採權等嚴重損害中國主權的前例有所不同（**如中東鐵路、膠濟鐵路等**）。更重要的是這次的借款協議沒有其他的政治性附加條件，盛宣懷自稱在談判中竭盡全力亦非虛言。

盛宣懷是個精明的商人，但不能算是一個合格的大員，因其上任郵傳部尚書後仍慣用商人的思維而不是公共政治的角度去處理問題，譬如這次推行鐵路「國有化」政策，他不是一開始就亮出自己的底牌以示誠信，而是以討價還價的方式有意給各省督撫設套。

盛宣懷拋出的第一套方案是，將川粵湘鄂四省鐵路公司的資金凍結，原有股票全轉成國家股票；遭到反對後，他又拿出第二套方案：願意領取國家股票的按六厘支息；不願意轉為國家股票的可按入股價格退還現銀，但要在五年之後才開始退款，十五年內返還完畢。這個方案自然又遭到了股東們的抵制。盛宣懷最後才提出對各省區別對待的第三套方案：廣東鐵路公司的股東先返還原投資現銀的百分之六十，剩下的百分之四十轉成國家無息債券，日後擇期還清；湖南及湖北鐵路公司的商股按原值返還現銀，另外少量的米捐、租股、賑糶捐款轉為國家保利股票，年息六厘。

從實際情況來看，廣東鐵路公司的虧損很大，因而股東們拿回六成的現銀已感滿意，剩下的四成雖無利息，但日後也會返還；湖南、湖北的鐵路公司虧損不多，商股數額也不大，全部退還，待遇最優，至於米捐、租股、賑糶捐這些公股性質的股票，收取人與利益代表實際上都是當地政府，因而反對者寥寥。一位外國研究者評價說，「鑒於情況的複雜以及每一個鐵路公司實際上已破產的事實，政府的建議看來不僅是合理的而且是寬宏大量的」，湖南、湖北、廣東三省的股東們沒有從投資中賺到錢，但畢竟要回了自己的本錢，由此也未掀起大的波瀾。

四川就不一樣了，因川漢鐵路公司的情況遠較他省要特殊而複雜。按一九〇六年的勘測，川漢鐵路全線（**成都到宜昌**）約長二千四百里，需投資白銀七千二百萬餘兩，而川漢鐵路公司成立後，其募集的股資又分四種：一為商股，即士紳們直接出錢認購的股份；二為官股，即政府公款入股；

三為租股，凡年收租十石（約一千二百斤）糧食以上者均按其當年實際收入的百分之三抽取「股金」，實則是「以稅代股」；四為公利之股，即鐵路公司經營其他項目獲得的收入轉為資本金。

租股的問題比較麻煩，這實為對農民的攤派所得。表面上看，被抽租的農戶都是川漢鐵路公司的股東，但實際情況又並非如此，因為公司股票每股面額五十兩，而絕大多數農戶一年不可能交出五十銀子，因而股票不能發給而只能以收據記帳，等交個七八十年到了兒孫輩或許能換一張股票回來（**前提是川漢鐵路公司必須健在**）。因此租股的產權名義上屬於被抽租的農戶，但收取者和實際控制者都是當地政府。這個所謂的投資表面上是為修鐵路而「被租股」，實則是硬性攤派的一種負擔，至於傳說中的投資收益，對農戶們來說那是看不見、摸不著，遙遙無期。

一九一一年後，川漢鐵路公司共募集約一千四百萬兩的股款，按盛宣懷的第三套方案，其中的一半換取國有股票，而另一半中的四百萬兩只發給不分紅的國家保利股票。有人會問，剩下的三百萬兩哪裡去了，該如何處理？

盛宣懷不予承認的三百萬兩與「倒帳案」密切相關，當時川漢鐵路公司的資金有很大一部分放在上海的錢莊，由上海分公司經理施典章進行投資管理，但在一九一〇年的「橡膠股票危機」中，因投機失敗加上存款的錢莊倒閉而虧空近三百萬兩。盛宣懷認為虧空是川漢鐵路自己造成的，國家沒有義務補償。

盛宣懷從骨子裡就是個十足的商人，對於經濟利益的斤斤計較遠勝於政治的考量。正如張謇批評在事關大局時仍帶著經商的「算盤思維」，這種聰明勁似智實愚。盛宣懷敢這樣做的另一個原因是他認為川漢鐵路公司的股份有四分之三都是由稅轉來的「租股」，換句話說都是國有資產（**地方**

政府掌握），如今把地方「國有資產」轉為郵傳部的「國有資產」，在他看來並不過分。

精明的商業算計激起的是無邊的政治風潮。當年五月十六日，川漢鐵路公司緊急召開第一次股東大會，會後決定去督署請願。當時四川總督處於缺位狀態，署理總督趙爾豐正以籌邊大臣的身分在川藏一帶處理邊亂，實際主持工作的是「護理總督」、布政使王人文，他請求將川民商股發還、鐵路暫緩接收，但被清廷駁以川路公司「虧倒巨款、殃民誤國」。

屢遭申飭之後，王人文將盛宣懷的來往電報交給了川漢鐵路公司及四川省諮議局的負責人等，試圖以民意為後盾為四川人爭取權益。王人文這一舉措所引發的後果是他自己都沒有預料到的，四川士紳立刻被激怒了。六月十七日，四川保路同志會成立，諮議局議長蒲殿俊被推為會長，副議長羅綸為副會長。二十天不到會員發展到二十多萬人，全川上下無處不保路，遍地是會員，民眾的熱情一旦被點燃，多年積怨迅速被釋放，亢奮的情緒蔓延全川。在每一場保路演說中都不乏聲淚俱下的痛訴場面，而部分會員寫血書、斷指刺股的激烈方式更是將抗議活動推到了無法挽回的失控局面。

八月初，王人文被免職，署理四川總督趙爾豐返回成都，而盛宣懷在此期間又搞了一個小動作，他說服川漢鐵路公司宜昌分公司經理李稷勳將現款上交，交換條件是李被任命為新的國有鐵路公司宜昌分公司經理。消息傳開後川民怒不可遏，在保路同志會的組織下成都開始罷課罷市，百業停閉、交易全無。為保證鬥爭的合法性，街頭出現一道奇景，市民、商人和士紳們頂著光緒皇帝的牌位，旁邊則用大字寫著光緒皇帝曾經頒布的上諭，「川路仍歸商辦」、「庶政公諸輿論」。在滿街的香案中，川民走上街頭奮起相爭。八月二十八日後，成都的罷課罷市之風傳到四川各地，進而發展成全省規模的抗糧抗捐，部分地區甚至發生搗毀巡警局的事件，局勢已一步步的走向了失控。

李尋在《四川保路運動再梳理》一文中指出，保路運動中夾雜著三股政治力量，除了檯面上的諮議局議員（**或者說上層士紳**）外，另外兩股力量為革命黨與民間會黨。革命黨以攪動天下為己任，路好路壞、國有或商辦並不是他們關注的焦點，他們要做的是抓住時機顛覆他們所仇視的政權。各地保路同志會成立後，四川革命黨人分別在七月中旬與八月初召開「新津會議」與「資州羅泉井會議」，準備發動起義。

會黨是革命黨所要爭取的重要力量，而且是這次保路運動中的利益攸關者。川漢鐵路籌組期間，當地政府為徵集租股而在各地設立徵股局，其中多為會黨成員染指（**催逼索要是會黨們的強項**）。四川保路運動的沖天波瀾與會黨的介入有很大關係，因一旦停收「租股」，勢必斷了他們維繫了五六年的財路，這是他們萬萬不肯答應的。

面對朝廷「嚴厲彈壓、毋任囂張」的朝旨和先帝亡靈的木牌，趙爾豐也是左右為難進退失據。在一片茫然失措中，四川局勢並無絲毫的好轉，朝廷也對此失去了耐心。九月二日，督辦川漢鐵路大臣端方被命率兩千湖北新軍入川彈壓。

三天後，一份名為《四川人自保商榷書》的傳單被大肆傳播，其中倡議「編練國民軍、製造軍械，實現川人自保」。趙爾豐看到傳單後，意識到這已超越了保路的界限而向著造反的道路前進了，於是他在九月七日將保路同志會的領袖蒲殿俊、羅綸及川漢鐵路股東會的領袖顏楷、張瀾等人騙到總督府扣押了起來，企圖用「擒賊先擒王」的辦法控制局勢。

這一次，趙爾豐判斷錯了。事實上，《四川人自保商榷書》並不是蒲殿俊等人所寫，而是出自於同盟會員朱國琛的手筆。蒲殿俊等上層士紳雖然被各地會黨及革命黨夾裹的保路同志會推為領袖，但他們並沒有節制下層會員的能力。譬如上層士紳認為運動的最高手段只限於罷市，但革命黨與會黨卻要主張暴動，這完全不是蒲殿俊等人所能控制的。因此趙爾豐扣押蒲殿俊等人非但毫無效果，反而給保路同志會起事提供了絕佳的藉口。

誘捕了蒲殿俊等人後，趙爾豐貼出告示，令「即速開市，守分營生，如若聚眾入署，格殺勿論」。群情洶湧之下，「格殺勿論」的恐嚇並沒有生效，當天即有上千人手捧光緒皇帝的靈牌將總督衙門團團圍住，要求釋放蒲殿俊等人。正在後堂的趙爾豐掂量了許久之後，斷然下令：開槍！

督署門口一時間槍聲大作，請願人群一片驚慌尖叫，瞬間陷入混亂與血泊之中。在這場震驚中外的「成都血案」中，共有五十多人被槍殺或者踐踏而死，其中年紀最大的七十三歲，最小的只有十五歲。

血案後，同盟會員龍鳴劍等人裁取木板上百塊，上書「趙爾豐先捕蒲、羅諸公，後剿四川各地，同志速起自救」等字後包上油紙分投江中，消息傳遍四川，人稱「水電報」。各地保路同志會聞訊後紛紛展開行動，成都附近的同志軍甚至次日即進攻成都，將省城圍了個水洩不通。由此，趙爾豐困守城內，陷入了人民的汪洋大海之中。

九月二十五日，也就是榮縣宣布獨立之日，盛宣懷終於意識到事態的嚴重性，他上奏清廷，請求按王人文之前提出的方案，即將七百多萬兩現銀退還四川，其餘已用的路款轉成國家保利股票。但是晚了，辛亥革命的腳步已是清晰可聞。

失策的還不僅僅是盛宣懷與清廷。令人無語的是當年強烈反對「鐵路國有」的川民們，在民國可以自修自辦鐵路後，在之後的近半個世紀中卻未曾在省內享受過哪怕是一里的鐵路便利。相反，川民們迎來的是無窮盡的各路軍閥，四川的內戰既是軍閥混戰的典型代表也是為禍最烈的。如果時光可以倒流的話，那些群情激奮的保路士紳們該作何感想呢？

民國後的鐵路政策與清末如出一轍，民國政府在短短兩年內相繼與湘、蘇、豫、晉、皖、浙、鄂等各省八家商辦鐵路公司簽定收路協議並償付金額連本帶息共計六千五百餘萬元。但這些款項從未真正兌付過，民國政府只是開了一些無法兌現的空頭支票，最後乾脆就不了了之……真是天大的諷刺。

歷史往往就是這樣弔詭，「保路運動」風起雲湧，亂哄哄地鬧到最後人也殺了、命也革了、錢也沒了，眾聲鼎沸之下……那條誓死力「保」的鐵路卻沒了。讀史至此，又怎能不讓人唏噓再三。

三三、宋教仁：一介書生要革命

上海閘北公園的一個偏僻角落有一座顯得有點落寞和孤寂的雕像，這座雕像的主人名字叫宋教仁。在一九一三年那場舉國震驚的暗殺事件中，宋教仁究竟死於何人之手至今仍是一個難解的謎團。歲月匆匆，白駒過隙，一百年的時間很快過去，原處鄉間的宋氏墓園早已棲身鬧市。在這個被人遺忘的角落裡，宋教仁和他的事蹟早已湮滅在歷史的塵煙之中，如今他和那他寂寞的墓園已是少有人知。

宋教仁，字遁初，號漁父，湖南桃源人，家中上有一兄，下有兩妹，家境最初還算殷實，直到十歲那年父親因病去世，家道開始衰落。宋教仁從小天資聰穎，入讀桃源漳江書院很得山長黃彝壽的重視。一九〇三年，宋教仁在山長的推薦下報考武昌文華書院並以第一名的成績入學。

宋教仁入學未及一年，黃興的出現改變了他的人生軌跡。黃興生於一八七四年，比宋教仁大八歲，他二十二歲中秀才，後被選送到武昌兩湖書院深造。一九〇二年春，黃興被選派日本留學，入讀東京弘文學院師範科。次年，黃興與留日學生百餘人自發組織「拒俄義勇隊」，以抗議沙俄對東北的侵佔。但是這些年輕人的愛國活動遭到清廷猜忌並被誣為「亂黨分子」，這使得其中一部分人憤而投入革命陣營，黃興即為其中之一。

黃興在一九〇三年底回國並曾以學長的身分在武昌的學堂中進行過演講，當說到沙俄強橫、清廷無所作為並打壓學生愛國活動時，年輕的學子們如炸了鍋一樣沸騰了，宋教仁也列身在這群憤怒的年輕人當中。

此後，宋教仁跟隨黃興走上了革命的道路。一九〇四年二月，湖南有一群包括宋教仁、陳天華、劉揆一、章士釗等人的熱血青年，他們在慶祝黃興三十歲生日的聚會上倡議成立一個革命組織，這就是辛亥革命史上的「華興會」。

華興會以黃興為會長，宋教仁、劉揆一任副會長。當年七月，宋教仁與胡瑛、呂大森、張難先、曹亞伯等人在武昌成立科學補習所宣傳革命。兩個月後，黃興等人成立「華興礦業公司」，看似要辦實業，實則是圖謀革命的「空頭公司」。它的主要業務不是探礦採礦而是發行「股票」，為革命籌集經費。華興公司的股票很闊氣，長五寸、寬三寸，票面一千文，背面註明「革命成功，加倍償還」的字樣。庚子年唐才常的自立軍起義時也曾發行過「富有票」，孫中山也以興中會的名義在美國發行過類似的革命債券，華興會的籌款模式並不算稀奇。

華興會將按計劃在當年十一月十六日也就是慈禧太后萬壽節（七十大壽，農曆十月初十）那天舉義，因省裡的文武百官屆時將在萬壽宮舉行慶祝活動，黃興們趁此機會用預先埋好的炸藥將他們一塊送上西天，然後省內四路起兵，從常德、衡州、寶慶、岳州分別攻入長沙並宣布獨立。

宋教仁負責常德路，準備情況並不理想。儘管他贏得了當地會黨的支持並被推為「龍頭」老大，但這些人更看重經濟利益。起義將近時，某會黨首領游得勝因兜售「華興公司」股票而被人告發，當地政府查明這起「非法集資案」的背後隱藏著巨大的造反密謀後即刻上報，湖南巡撫陸元鼎收報後立刻觸發了當年「富有票案」的警覺，於是下令緝拿革命黨。

游得勝被殺前供出常德一「姓宋的」學生主謀，好在他把名字記錯了。當桃源縣令將湖南巡撫的電文轉到漳江書院時，山長黃彝壽看到裡面有捉拿亂黨「宋敏仁」等語，便知道是自己的得意弟子宋教仁惹禍，他一邊回電稱「查無此人」，一邊通知宋教仁趕快離開湖南免遭毒手。

宋教仁得報後趕忙乘坐一炭船逃往武昌。說來也巧，宋教仁到達武昌那天正值慈禧太后萬壽節，督撫衙門張燈結綵，街道商鋪龍旗高懸，市集上人來人往，車馬之聲如鼎方沸，大有歌舞昇平之氣象。武昌的喜慶色彩與宋教仁的落寞心情形成了巨大的反差。失落之下，他跑進一家書店買了本《施公案》和《七俠十五義》回客店聊以解悶。

幾天後，湖南革命黨「圖謀不軌」的消息傳到武昌，宋教仁等人所辦的科學補習所也被關閉，「華興會」成員人人自危。事無可為的情況下，宋教仁逃亡上海，之後於一九〇四年底東渡日本，開闢海外革命的新天地。

到日本後，首先要解決的是語言問題，好在宋教仁的學習能力超強，他先在順天中學學習日語、英語，半年後進入日本法政大學，再半年後考入知名的早稻田大學（兩校均為私立學校），成為留學生部的預科學生。

日本求學期間，宋教仁的興趣主要在法政方面。他第一次進書店買的就是法律書，一本是《婚姻進化》，另一本是《法律上之結婚》。另外他對心理學與哲學也有相當的興趣，曾寫下一段段的學習心得。在黃興等人的影響下，他初到日本時對軍事也頗有興趣，他在日本體育會接受過徒手操和兵式操的訓練，還曾嘗試過價格不菲的騎馬練習。不過宋教仁在體育方面並不出色，在騎馬練習中受傷後也就不再嘗試。

宋教仁在語言方面很有天賦，他曾對日語及漢語的發音做了相當獨到的研究，並將心得寫在日記中。一九〇六年到一九〇七年間，宋教仁翻譯了一些憲政書籍，包括《日本憲法》、《英國制度概要》、《美國制度要覽》等，這些活動雖談不上研究精深，但基本奠定了他在憲政和法律認識方面的基礎。

宋教仁利用課外時間做翻譯，主要是透過同船來日的楊篤生介紹，當時楊篤生等人創辦了一本名為《遊學譯編》的雜誌，因立憲運動的開展使得國內對法政方面的書籍有迫切的需求，宋教仁所翻譯的這些書大體上屬於法政叢編方面的約稿，由此獲得了一筆穩定的收入。

儘管楊篤生經常給宋教仁送來四五十日圓的稿費，但從日記中看得出宋教仁在日本的生活並不是那麼的愜意。一九〇六年九月二十七日，他在日記中寫道：接到哥哥的家信說家裡生活很困難，衣物都拿出去典當得差不多了，家裡剛長出青苗的田地也賣了，老母親很想念他，並希望他能寄錢回家或自己帶回家，以緩解家裡的經濟困難。宋教仁讀完後愁苦不堪，他恨不能長出翅膀飛回家去看望母親，又想從哪裡想辦法弄一筆錢寄回去，可他左思右想還是一點辦法也沒有。

異國生活的艱辛使得宋教仁希望賺取更多的稿費，他一度因翻譯太勤而導致精神衰弱住進了醫院。這種狀況到一九〇七年後才有所緩解。他在翻譯之餘還做過漢語教習等兼職，但這段時間裡也逐漸荒廢法學業，早稻田的課也不大去上了。

按傳統習俗他結婚很早，他十六歲時即與方氏完婚並育有一子。年輕的宋教仁在流亡異國的歲月裡也不是沒有動情的時刻，至少在日記裡能找到兩個女子的蛛絲馬跡：一個是處過一段時間的女友永井德子，另一個名叫西村千代子。特別是西村千代子更讓宋教仁為之著迷，他曾在日記中稱自已想到千代子就久久不能入眠，心中總是浮現出她的一笑一顰，而她的每一個動作都讓他回味無窮。但限於各方面的原因，宋教仁與千代子最後無疾而終。

革命是宋教仁在日本期間的另一件重要事。到日本不久，宋教仁即與革命同志在東京創辦《二十世紀之支那》，他不但擔任經理人而且還承擔了主要的寫作任務。雜誌草創時期遇到很多困擾，如經費問題、人員退出等，但宋教仁仍極力維持並出版了兩期。正當雜誌難以為繼之時，一位神秘的日本友人找到宋教仁，他就是跟隨孫中山多年的宮崎滔天。

宮崎滔天早在十九世紀末就開始關心並參與中國革命。在他的撮合下，幾個流亡在日的革命小團體如華興會、光復會和興中會等於一九〇五年七月三十日在東京赤坂區檜町三番地黑龍會本部（內田良平宅）召開同盟會籌備會議，其中包括孫中山、黃興、宋教仁、陳天華、劉道一、張繼等十省代表，加上宮崎滔天、內田良平與末永節三位「日本志士」，到會人數合計七十九人，革命陣容可謂強大。

同盟會雖然成立，但有兩件事對宋教仁刺激頗大，一是他辛苦創立的《二十世紀之支那》被日本地方警局強制停刊，經多方斡旋仍得不到解決，最後只好將雜誌改名為《民報》，並作為同盟會的機關報發行。《民報》社成立後，很快成為同盟會的主要據點，宋教仁雖然還負責社內事務，但已非昔日可比。

據常在同盟會本部（即《民報》社）碰面的鄧家彥回憶，宋教仁「頗具才識，亦通辭令，喜做高談闊論，因『間島問題』而嶄露頭角，彼在東京主張對於『間島問題』應如何處理，因此頗為引動彼邦朝野人士之注意」。老同盟會員楊熙績也曾說孫中山善於演講，黃興是個實幹家，而宋教仁深沉穩健又通達計謀是智囊。孫、黃、宋是同盟會的主要領導，但三人個性差異也曾惹出風波。

一九〇七年二月，孫中山與黃興因採取何種旗幟而發生激烈爭執，孫主張沿用當年興中會的青天白日旗以紀念那些犧牲的革命黨人；黃興則主張用華興會的井字旗，並認為青天白日旗有效仿日本國旗之嫌疑應予毀棄。孫中山聽後勃然大怒：「我當年在南洋鬧革命時，幾萬人託命於此旗下，你要想毀棄的話就把我給毀棄了先！」黃興也被激怒得跳了起來，當場發誓要「脫同盟會籍」。

表面上看這僅僅是會旗之爭，但其背後隱藏的實為同盟會的領導權之爭。宋教仁作為原華興會主要成員當然站在黃興一邊，他在當天的日記中認為黃興不快的原因是「蓋孫文素日不能開誠布公，虛懷坦誠以待人，做事近乎專橫跋扈，有令人難堪處故也。今既如是，則兩者感情萬難調和，且無益也，遂不勸止之……將來之不能有所為，或亦意中事。不如另外早自為計，以免『燒炭黨人』之譏。」

宋教仁之後有些心灰意冷，他在《民報》社向黃興提出辭去同盟會職務及《民報》職務，黃興開始不應，過了一會突然也提出要退會，當時《民報》的諸革命黨人俱在。第二天，宋教仁果然如日記中說的那樣向孫中山當面辭職並轉交文件，孫一直挽留，宮崎滔天也仍想撮合他們關係，但宋的去意已決。

眼看事情越鬧越大，為大局考慮的黃興只好退讓一步，他事後向胡漢民寫信表示願意服從孫中山的決定。儘管如此，他本人仍「意頗怏怏」。「爭旗」事件對同盟會的發展影響頗大，黃興這一退，以後便一直以大局為服從，但宋教仁等人就未免與孫中山及他的廣東人馬心存芥蒂了（所謂「燒炭黨人」，即太平軍「粵匪」之譏也）。

宋教仁在一九〇七年初就對「間島問題」感興趣，這次事件後更是下定決心去東北。當年三月，宋教仁化名桃源宗介，在與另一個革命黨員白逾恆渡過鴨綠江後，於四月一日到達安東（今丹東市）與當地同盟會員吳昆接頭。宋教仁此行目的有二，一是調查間島問題，二是聯絡當地反清武裝力量以「統籌遼海東西、黑水南北之義軍，共舉大事」。在與東北新軍中的吳祿貞、藍天蔚及同盟會員張榕等人秘密會面後，由於吳、張等人的反對使得宋教仁聯絡「馬匪」的計畫未能成功。

但在「間島問題」上，宋教仁憑著自己的智謀取得了突破性的進展。所謂「間島」，原本指吉林延邊圖們江北岸的一塊灘地，在十九世紀六七〇年代一些朝鮮農民越過圖們江來到這裡進行墾殖，由此形成領土與管轄的爭議。甲午戰爭後，日本為取悅朝鮮人而大造輿論，硬說「間島」係「朝鮮的屬地」，甚至越庖代俎向該地派遣員警對墾民進行管理，其目的是想利用「間島」作為跳板藉機入侵東北。而此時日本在東北地區活躍著兩個由浪人與軍人相勾結的間諜組織，一個是為人所熟知的「黑龍會」，另一個則是「長白山會」。當時的「長白山會」專門製造假證據以證明「間島」不屬於中國領土。

宋教仁得知了日本人的陰謀，隨後易名「貞村」，並在日本革命黨人片山潛的幫助下秘密打入「長白山會」，他在實地考察了間島地區並收集了大量的第一手資料後，又冒險將「長白山會」所製造的偽證拍照攜回。爾後，宋教仁又分赴漢城圖書館、東京帝國大學圖書館查閱相關資料並於一九〇八年八月出版《間島問題》一書，書中對日本陰謀做了淋漓盡致的深刻揭露，這也為後來吳祿貞籌辦邊務時與日本談判提供了有力證據。

日本方面得知此事後，曾派人質問他身為「革命黨」卻為何幫助「他所痛恨的清廷」，宋教仁不為所動；此計不售，日本人又出價五千元索購書稿，但仍遭到拒絕。在此事件中，宋教仁以民族大義為重，他所提供的寶貴資料令日方製造的謊言與偽證被一一揭穿，最後只得放棄侵吞間島的陰謀。為此，時任外務部尚書的袁世凱還親自下令讓駐日公使獎勵宋教仁一千銀元（**一說為兩千日圓**），但也被宋教仁婉拒。

事後，宋教仁曾說：「吾著此書為中國一塊土，非為個人之賺幾文錢也。」，但此事也讓同盟會的同志懷疑他投靠清廷，並且讓日本政府將他看作清廷奸細並對他進行監視。或許是巧合，在《間島問題》出版後的第二個月（**準確的說是在光緒與慈禧太后崩逝的第四天**），日本政府下令禁止《民報》出版，宋教仁也就此結束了他在日本的辦報生涯。一九一〇年十二月，宋教仁結束了近六年的流亡生涯返回上海，而此時已是辛亥革命的前夕了。

三四、革命浪人：宮崎滔天英雄夢

位於南京的中國近代史遺址博物館裡，其內院有一組以孫中山為中心的小型銅像，孫的兩側跟隨著兩個國際友人，一個是美國軍事顧問、曾幫助孫中山練兵的荷馬・李，另一個則是臉色沉毅、行走於孫中山背後的宮崎滔天。銅像底座鐫刻著四個字：「赤誠友誼」。

宮崎滔天，日本熊本縣荒尾村人，本名宮崎寅藏，號「白浪庵滔天」，其出身於一個沒落的日本武士家庭，家中兄弟姐妹十一人，他是老么。作為昔日的武士，宮崎滔天的父親經常教導他「要做英雄、要當大將」，每當他的手觸及金錢便會受到父親嚴厲的斥責，「這是乞丐的行為」。宮崎滔天的母親也常對宮崎兄弟說：「死於枕席之上是男兒的莫大恥辱。」她要他們以長兄八郎（**一八七七年參與西鄉隆盛起事而戰死疆場**）為榜樣去建功立業。

在此影響下，宮崎滔天從小就懷揣一個「英雄夢」。一八八六年，十五歲的宮崎滔天離開家鄉到東京求學，在此期間受二兄宮崎彌藏的影響而對「中國革命主義」發生興趣。當時日本有一種「亞細亞主義」的思潮（**或稱「興亞論」**），即在西方列強的壓迫下，日本聯合亞洲各國力量以抵抗白種人入侵（**「黃禍論」與「白禍論」**），「中國革命主義」即為其中一分支，其大意是拯救日本和亞洲，關鍵在於幫助地大物博的中國進行革命和改造。

為實現這個主義，宮崎滔天「決意親自深入中國，遍訪英雄，遊說他們共圖大事。如果找到治世豪傑，願效犬馬之勞，否則將挺身自任。」一八九一年五月，宮崎滔天隻身前往上海，但他的盤纏在啟程前被一個名叫白米伯的前輩借走多半，原本答應到上海後匯給他，但之後音信全無。白米伯有封信讓他帶給在上海開辦「日清貿易研究所」（實為培養間諜的學校）的宗方小太郎，當宮崎滔天的盤纏用盡之時，宗方小太郎讓他加入這個學校，白米伯在信中也是這個意思。

這事說來有些弔詭，似乎有一隻看不見的手在故意設下圈套讓宮崎滔天加入這個間諜集團，但不願受人擺布的宮崎滔天在兩個月後即返回日本。

一八九三年七月，宮崎滔天結交了流亡日本的朝鮮「開化黨人」金玉均，但金玉均於次年三月二十八日在上海被刺死。宮崎滔天因金玉均的緣故得以結識後成為日本首相的犬養毅，犬養毅也由此成了宮崎滔天的主要資助人並對他的一生影響至大。甲午戰爭爆發後，日本軍方同時徵召宮崎兄弟出任隨軍翻譯，但宮崎滔天拒絕了這一徵召，他認為自己的中文尚不足以承擔這一職務，因為他打從內心不認同這場戰爭（「日清貿易研究所」的學員們則多數派上了用場）。

戰爭結束後，宮崎滔天一度辦起了向泰國移民的事務，但這項事業沒有什麼前途。讓他備受打擊的是他的「革命引路人」、二哥宮崎彌藏於一八九六年七月病死。臨死前，宮崎彌藏給弟弟預留了一個重要關係人，即參與廣州起義並與孫中山一併逃亡日本的陳少白。

一八九七年，宮崎滔天和平山周等人在犬養毅的引介下拜見日本外務大臣大隈重信，並約定由外務省提供機密費資助他們前往中國調查秘密結社等活動。正是在這次的行動中，宮崎滔天得知了孫中山的大名，並隨後前往陳少白的橫濱寓所拜見。

宮崎滔天這樣描述初見孫中山的情形：只聽「吱嘎」一聲，一個穿睡衣的男子出來，用英語說了一聲「請進」，此時他剛起來，口也未漱、臉也未洗，宮崎滔天「覺得他有點輕率，不夠穩重」，不禁產生疑問：「這個人能夠肩負起四百餘州（中國）的命運嗎？他能夠身居四萬萬群眾之上掌握政權嗎？我幫助這個人究竟能否完成一生的志願呢？」待孫中山洗完臉並換上西服後，宮崎滔天仍覺得不很滿意，因孫中山看起來有些像紳士了，但依然沒有他想像的那種豪傑之風。

交談之後，宮崎滔天的失望一掃而空，因演說是孫中山長項，不開口時靜如處子，一開口則「一言重於一言，一語熱於一語」，話如脫兔之勢，進而漸如虎吼深山，句句到位，切中要點，讓宮崎滔天聽得如癡如醉、五體投地。事後，宮崎滔天大加推讚：「如孫逸仙者，實已近天然純其境界之人也。彼之思想何其高尚，彼之識見何其卓越，彼之抱負何其遠大，而彼之情感又何其誠摯！我國人士中如彼者究竟能有幾人？是誠東亞之珍寶也！」

宮崎滔天將會談情況詳細彙報給犬養毅，犬養毅大為高興，於是犬養毅又交給他一筆數千金的巨款，讓他再次去中國遊歷一番。這一次他的任務是考查中國政情，特別是康有為、梁啟超等維新派人士。一八九八年八月二十四日，宮崎滔天再次來到上海，之後又南下廣州、香港。讓他感到有些得意的是這時期周旋於革命黨和改良派之間「發揮了交際家的手腕」，「竊以為自己的表現，即使是歐美的職業外交家，亦不能相比」。

未及一月，戊戌政變爆發。康有為在英國人的保護下僥倖脫險，而宮崎滔天也與搭檔田野橘次分工配合，將康有為在廣州萬木草堂的幾十名學生們設法帶到香港。康有為來港後，對宮崎滔天的義舉表示感謝，但他發現田野橘次同時與革命黨來往密切而有所戒備。期間，宮崎滔天勸說康有為與革命黨、秘密會黨合作，他認為中國的改革難度太大、沒有出路，只能通過革命才能達到目的。

在宮崎滔天的一番努力下最終說服康有為前往日本避難，並親自陪同登上輪船。這可能是宮崎滔天最風光的時期，由於陪同了康有為而備受各方關注，一向手頭困窘的他也因各種資助而闊綽了起來。他在自傳中記載這段時期到處吃喝、眠花宿柳，好生享受了一番榮華富貴。不過讓他有些失望的是，他的恩主犬養毅等人希望康梁維新派與孫中山等革命黨人聯合起來反清的目的最終卻沒有結果。

宮崎滔天認為康有為實在算不得什麼英雄人物，「見識既不豐富，經驗也不足」，「度量似乎亦狹隘」，只不過是「受到皇上知遇」的「一介草莽書生」，而他身邊的那些浪人也作如是觀。之後，宮崎滔天、內田良平、平山周、清藤幸七郎等人開始積極追隨孫中山赴南洋、臺灣等地伺機發動起義。

庚子年，當八國聯軍肆虐北方時，日本方面在南方先後策劃了李鴻章華南獨立、唐才常自立軍起義，企圖把水攪渾來分裂中國，但圖謀都先後落空。之後，孫中山等革命黨人又在日本浪人的幫助下策劃惠州起義，宮崎滔天負責軍械供應。但令他感到極度頹喪的是，在這一事件中竟然扮演了一個被人愚弄、代人受過的角色。

事情的原委是這樣：革命黨人交給他六萬五千元購買軍械，但實際經辦人中村彌留在與小倉交易時相互勾結，所購二百萬發槍彈實為廢品（**多為甲午戰爭淘汰下來的廢槍廢彈**），而中村彌留從中拿取回扣一萬五千元。孫中山得知真相後命宮崎滔天要求小倉退款，但小倉只答應退款一萬二千五百元。後來在犬養毅、頭山滿等人的斡旋下，小倉答應退款一萬五千元，而中村彌留中飽私囊的一萬五千元也被迫吐出。

交涉中，惠州起義已發動，最初進展也算順利，但因籌款、軍械等均不到位，加上日方答應的援助因伊藤博文再度出任總理大臣而驟然中止。失去日援的惠州起義最終一敗塗地，知名浪人山田良政也死於此役，為日本志士為中國革命獻身的第一人。

事後，拋頭顱、灑熱血的日本浪人們大為憤激，當時又謠傳宮崎滔天在本次事件中貪污了一萬元，黑龍會浪人內田良平在一次爭吵中甚至與宮崎滔天大打出手，兩人從房中廝打到走廊，宮崎滔天的前額也由此多了一塊永久性的新月形疤痕。

這一事件中的種種狡詐、愚弄與誤解，讓宮崎滔天備受打擊。經此挫折，他感到自己「做大將、當英雄」的夢破裂了，「回顧半生，只是一夢，而且完全是失敗的夢。追懷夢跡，痛恨難堪」，一度還想遁入空門。一九〇一年，心灰意冷的宮崎滔天投入演藝界人士桃中軒的門下。犬養毅得知後將他召來，大罵：「太沒有出息！我寧願把酒潑在地上，也不能跟你這種人喝！」酒力激動之下，宮崎滔天也憤而回擊：「誰願意向你這樣的庸俗政治家敬酒！」

隨後，宮崎滔天開始連載《三十三年之夢》，向世人述說自己的「英雄夢」。由於中國的冒險經歷在日本浪人界是一個極有意思的話題，這本書竟誤打誤撞地成為暢銷書並一度發行十版，這種超乎尋常的關注讓宮崎滔天爆得大名。

客觀的說，宮崎滔天是社會平等與自由民權的堅定信奉者，他希望的的世界是一個「車夫馬夫有車坐，窮苦農民亦富有，四海兄弟皆自由，萬國和平自由鄉」。在他看來，日本的變革少不了中國的革命與現代化，由此才能阻止歐美的侵略並進而推動整個世界的變革。在這個意義上說，宮崎滔天是一個世界革命主義的先行者，只是他把這個目標寄託在了中國革命的先行者孫中山身上。

「但聞頭領一聲令，扶危濟困不問程；名揚江戶人欽慕，長兵衛者乃我名。」現實中的宮崎滔天身材魁梧、長鬚飄飄、性喜聲歌、有豪傑之風，孫中山在《三十三年之夢》的序言中說他為「今之俠客也」，「識見高遠，抱負不凡，具懷仁慕義之心，發拯危扶傾之志，日憂黃種陵夷，憫支那削弱，數遊漢土，以訪英賢，欲共建不世之奇勳，襄成興亞之大業。」

有一次，日本浪人首領頭山滿送琵琶給他，陳少白在上面題詩，不料竟成讖語：「英雄漂泊紅顏老，同抱琵琶委秋草；贈爾琵琶作伴遊，一撥十年長潦倒。」宮崎滔天在自傳中也自嘲說，「半生夢覺思落花，對鏡自照，不禁笑道：你的相貌頗不凡，而志氣為何這樣頹唐。風度似亦英俊，而才能為何這樣魯鈍。你的身軀徒然高大，而胸襟狹小如豆，行為雖似磊落不羈，奈何感情卻如婦人。你終非什麼天下的英雄！」

宮崎滔天的弱點在於他為人太善良，所以成不了大事。中村彌留事件對他來說堪稱奇恥大辱，事後他寫了一封信給孫中山極力解釋，其中洋洋萬言內責不已，但他對「革命理想」與「人心狡詐」之間的關係似乎終未認清。所以宮崎滔天的「英雄夢」實際上也只是一個夢，正如他在《落花之歌》中唱的：「如今一切計劃破，此夢遺留浪花節。棄刀廢劍執手扇，一敲即響黃昏時，與鐘同謝是櫻花」。

清末新政後，大量中國留學生湧進日本，革命形勢再度高漲，據說黃興看到《三十三年之夢》後找到宮崎滔天，而孫中山與黃興、宋教仁的相識也是由他牽線搭橋。一九〇五年八月二十日，中國同盟會在東京成立，事前的籌備會議在赤坂區檜町三番地黑龍會本部（**內田良平宅**），宮崎滔天的家則為同盟會機關報《民報》的最早發行所。

作為武士的後代，宮崎滔天為人豪爽、廣交朋友，但另一面是放浪形骸、行為不羈。《三十三年之夢》中，他即描寫了不下三個紅顏知己的故事。宮崎滔天一生視錢財如糞土，有錢時任意揮灑，無錢時則四處求助於人。一九一一年武昌起義後，日本志士們個個疾奔中國，作為前輩的宮崎滔天本應立即動身，但因家裡貧困到了極點而不能成行，後來還是靠別人資助才得以趕赴上海。後來，他又到香港迎接孫中山，並躬逢了當年之盛事。「二次革命」失敗後，可能是年歲漸大，也可能是因日本方面不再支持孫中山等革命黨人，宮崎滔天此後也日漸失去了革命的熱情。

一九二一年，孫中山在廣東組織軍政府，曾給宮崎滔天拍過三次電報要求他去廣東，但此時宮崎滔天的身體已不行，他去了不到半年就回國，於一九二二年十二月六日病逝。

三五、梅屋莊吉：千金一諾為革命

東京某僻靜的街巷裡，有一別具特色的家族歷史陳列室——「梅屋莊吉資料室」，其中尤其引人注意的是一件被支架撐起來的黑色布織短袖衫，據主人小坂主和子（梅屋莊吉的外孫女）的介紹，這是梅屋莊吉平時所穿的日本式短外衣，也是梅屋家傳的至寶，這件衣服的白色襯裡上寫著兩個遒勁的黑色大字「賢母」，落款為「孫文」。

梅屋莊吉生於一八六八年，因其遠親梅屋吉五郎沒有子嗣而被抱養。梅屋吉五郎是個成功的商人，他在長崎專門從事貿易與碾米廠，據梅屋莊吉的女兒千世子回憶，「祖父（即梅屋吉五郎）是長崎與上海之間貿易往來的創始者」。或因於此，梅屋莊吉從小即對中國感興趣。

一八八二年，年僅十四歲的梅屋莊吉悄悄藏在自家貨輪「鶴江號」上，待輪船出港後，船員們發現主人家的公子也在船上。由於無法返航，船長只好把梅屋莊吉當作月薪三日圓的臨時水手將他帶到了上海。

「鶴江號」即將返航時，梅屋莊吉卻沒有回去的打算，他不顧船員們的一再勸阻留在了上海，並打算在此闖出一番名堂。不幸的是他攜帶的錢款被小偷竊走。走投無路下，梅屋莊吉只好為那些在上海操皮肉生意的日本娼妓做一些體力活糊口，這一年他才十五歲。

也許是因父輩經商的緣故，梅屋莊吉身上也充滿了冒險精神。一八八六年，十九歲的梅屋莊吉又有一個驚人之舉，他決定前往美國留學。這一次，他乘坐的是美國帆船「比尼號」，航線是沿著中國大陸南下，經香港、菲律賓後穿過太平洋抵達舊金山。當時的「比尼號」上有很多亞洲人，其中包括很多前往美國新大陸淘金的中國勞工，令梅屋莊吉感到憤怒的是美國船長及船員對黃種人極其蠻橫無禮。途經呂宋島時，因懷疑其中三名中國勞工患有霍亂，船長竟然命令將他們扔進大海。後來「比尼號」突然後艙失火，船上人大多命喪大海，僅有兩個倖存者其中之一即為梅屋莊吉。

梅屋莊吉經此劫難後放棄了去美國的念頭而回國從事家族的大米生意，但由於梅屋莊吉過於投機冒險，某次生意慘敗並被人告上法庭，父親梅屋吉五郎不得不傾其家產為兒子還債。在此打擊下，梅屋莊吉再次逃離日本去到廈門、香港、新加坡等地謀生。梅屋莊吉在新加坡遇到了一位名叫中村留子的女子並與之相戀，兩人開了一家照相館，後又移居香港。

照相是新興事物，梅屋莊吉為了拓展業務推出一項堪稱首創的服務，即提供「上門攝影」。在當時的婚慶或宴會活動中，梅屋照相館的這項服務特別受到歡迎，梅屋莊吉也就此在香港站穩了陣腳。在此期間，梅屋莊吉奉父親之命回日本與德子成婚，但他在婚後很快又返回了香港。

一八九五年三月，照相館來了兩個人，一個是英國人康德黎博士，另一個則是位素未謀面的年輕人。康德黎博士酷愛攝影，他常來梅屋照相館，因此和梅屋莊吉很熟悉，梅屋莊吉在他的介紹下與孫中山首次相見。

孫中山是康德黎的學生，他於數日後再次拜訪並就此結交。據梅屋莊吉後來的回憶：「於香港敝屋始迎先生，興酣，談天下事，中日之親善，東洋之興隆，以及人類之平等，所見全同。……先生雄圖與熱誠，甚激我之壯心，一午之誼，遂固將來之契。」

孫中山當時二十九歲，僅比梅屋莊吉大兩歲，但他的一番談吐讓梅屋莊吉大為折服。聽說孫中山打算在廣州舉行起義，梅屋莊吉當即表示：「君舉兵，我以財政相助。」之後，梅屋照相館成了革命的秘密基地，用梅屋莊吉的話來說，「照相館只是表面的招牌，總之這裡成了革命志士雲集、安營紮寨的梁山」。

在梅屋莊吉的支持下，廣州起義開始秘密籌備，梅屋莊吉為之籌集了六百枝手槍，可惜這些槍在運往廣州時被查獲。起義失敗後，孫中山先後赴日本、美國避難，梅屋莊吉曾在途中匯給他一千三百美元（**相當於二〇一一年的七十七萬人民幣**）。梅屋莊吉先後參與一八九九年的「菲律賓獨立軍」起義（**孫中山等革命黨人也都參與其中**）及一九〇〇年的惠州起義，特別在起義人士的聯絡、武器供給及錢款的輸入方面都起到了重要作用。

同時期，梅屋莊吉開始涉足方興未艾的電影業（**早期的默片與照相有很大關聯**），他大膽購進了法國當時最先進的放映設備，並獲得了法國百代公司影片的代理權。這一次，梅屋莊吉的冒險投資獲得了巨大的成功（**當時除了軍火產業，據說電影業是最賺錢的**），一九〇三年他回到日本時，「口袋裡揣著五十萬日圓的巨款」，而當時「五十萬日圓」大概相當於二〇一一年的十四億日圓。回國後，梅屋莊吉每天背著錢袋子到之前因米市投機失敗而受連累的債權人家中還錢謝罪，這次他總算打了一個漂亮的翻身仗。

之後，梅屋莊吉創辦了一個名為「M・百代商會」的電影公司，經過近十年的精心經營與奮力打拼使他成為日本電影業界的風雲人物，其創辦的「M・百代商會」（**日本「日活」電影公司的前身**）與東映、松竹等著名日本電影公司不相上下。

在商業上獲得豐厚的收益後，梅屋莊吉除繼續支持各國的革命事業外，他還私人贊助了白瀨矗的南極科學考察，其電影公司也派出攝影師進行紀錄片拍攝，這也是亞洲人首次的南極科學考察。在資助白瀨對南極進行第二次考察時，辛亥革命爆發了。

梅屋莊吉隨後收到一封來自上海的電報：「武裝起義成功，請求資金援助。請求派遣萱野先生」。落款人是成功發動上海革命的陳其美。收報後，梅屋莊吉立刻為萱野長知支付了七萬日圓，而在他本人所寫的《永代日記》中記載，截至一九一二年，梅屋莊吉總共為革命軍方面支付了四十五・六萬日圓（相當於二〇一一年的十一億日圓，約合八千五百萬人民幣）。

不僅如此，梅屋莊吉還為陳其美印刷了二百五十萬元「軍票」以充當革命軍的臨時貨幣，日本黑龍會首領頭山滿等人前往上海的費用也全是梅屋莊吉一力承擔。另外，當北一輝、末永節等人組織日本「敢死隊」準備奔赴武漢參戰時，梅屋莊吉還在出發前親手發給他們每人一枚金戒指，因金戒指在戰亂中可以換錢活命。

最值得一提的是，梅屋莊吉還派出攝影師荻屋堅藏前往中國拍攝關於革命的紀錄片，荻屋堅藏在孫中山就任臨時大總統時拍攝了相關影像。一百年後，這些反映辛亥革命的影像資料不但極為稀缺而且極其珍貴（這盤膠片現存於中央電視臺新影製作中心）。

辛亥革命曇花一現，政權很快被袁世凱奪走，一九一三年「二次革命」失敗後，孫中山再次流亡日本。由於日本政府支持袁世凱政權，孫中山秘密入境後只能隱藏身分，而其住所正是梅屋莊吉所提供位於大久保百人町的私宅。這個地方非常秘密，除梅屋莊吉外，只有犬養毅、頭山滿、宮崎滔天等少數幾個人知道，孫中山在這裡一住就是三年。

由於革命遭受重挫，加上很多革命同志對新成立的「中華革命黨」不予理解，此時的孫中山過得非常苦悶。梅屋莊吉在此期間成就了一段佳話，這就是孫中山與宋慶齡的結合。一九一四年九月，原任孫中山秘書的宋靄齡回國與孔祥熙結婚，宋慶齡代替了姐姐的工作，孫、宋兩人由此發生感情。但是，這段婚姻因年齡差異等方面因素而遭到了宋氏家族及革命同志的一致反對。在此情況下，梅屋莊吉及夫人德子的幫助起到了關鍵作用。

一九一五年十月二十五日，孫中山和宋慶齡在日本律師和田瑞德的見證下在寫有「將來永遠保持夫妻關係」的結婚誓約書上簽名，這份誓約書係日語書寫。那一年，孫中山四十九歲，宋慶齡二十二歲。當年十一月十日，梅屋莊吉夫婦為孫、宋二人舉行了隆重的婚禮。據千世子回憶，新人坐著她家的兩輛新汽車來到「M・百代商會」攝影棚邊的豪華宅邸，婚禮由頭山滿主持、犬養毅致祝辭。在喝過交杯酒後，孫中山還與梅屋莊吉結為義兄弟，宋慶齡則與梅屋夫人德子結為義姐妹。

一九一六年「護國戰爭」開始後，梅屋莊吉在滋賀縣八日市建立革命軍飛行學校，為反袁軍培養飛行員。由於預約的華僑飛行員因故未來，梅屋專門聘請了著名的日本飛行家坂本壽一作為教練，當他得知學員們需要自行車協助平衡訓練時，他又拿出一筆不菲的資金為每個學員購買了一輛嶄新的自行車。一九一五年七月，飛行隊在坂本壽一的親自帶領下參加了反袁軍在山東濰坊的作戰，這或許是中國歷史上的第一次「空戰」。

與此同時，反袁軍還請梅屋莊吉為他們採辦武器，「梅屋莊吉資料室」即保存了這樣一份委任狀，上面寫著：「委任梅屋莊吉為中華革命軍東北軍武器進口委員。此狀。中華革命軍東北軍總司令官居正。中華民國五年四月二十八日。」與委任狀同時到達的還有一份武器訂單，其中包括三十年式步槍七千枝、機關槍七挺及山炮五門。

袁世凱稱帝敗亡後，孫中山在南方建立「護法軍政權」與北洋政府相抗衡，但他在西南軍閥的排擠下屢起屢伏，最終於一九二五年三月十二日在北京病逝。梅屋莊吉得此消息後致電宋慶齡及孫科，稱孫「乃中國革命之大恩人、世界之偉人」；孫的去世「不僅是貴國的不幸，也是整個亞洲的不幸」。據千世子回憶，梅屋莊吉曾歎息說：「孫中山之後，沒有人能夠替代他。我不會再遇見那樣偉大的人了。」

北伐戰爭勝利後，蔣介石一度訪日並在殷汝耕的陪同下親自拜訪梅屋莊吉一家，兩人曾在一起合影留念。一九二九年六月一日，南京國民政府在中山陵為孫中山舉行國葬，當時日方除犬養毅為政府特派代表外，孫中山生前的日本友人頭山滿、萱野長知、平山周、山田純三郎、古島一雄、秋山定輔、菊池良一等八十餘人也都在受邀之列，其中也包括了梅屋莊吉一家及宮崎滔天的遺孀。

來中國之前，梅屋莊吉集資鑄造了四尊孫中山銅像作為一種特殊的紀念。由於鑄像的開支巨大而梅屋莊吉的電影事業已走下坡路，梅屋莊吉甚至挪用了女兒千世子準備結婚的款項。後來，這四尊銅像分別贈予南京中央軍官學校、廣州黃埔軍校、廣州中山大學、中山縣孫中山故居，如今中山陵藏經樓前的孫中山銅像即為其中之一。

一九二九年二月二十日，梅屋莊吉與夫人德子、女兒千世子及隨員乘船護送第一尊孫中山銅像從神戶啟程赴上海。之後，梅屋莊吉前往北平參加移陵儀式，他是與宋慶齡、孫科等人一道扶著孫中山靈柩從北京返回南京的唯一日本人。

在之後的兩年裡，梅屋莊吉一家在蔣介石等人的關照下定居上海（**住地為上海法租界金神父路**

一四四號，今瑞金賓館），直到一九三一年才返回日本。回國後，梅屋莊吉一度計畫拍攝一部《大孫文》的影片，但很快因一九三一年「九一八事變」爆發而流產。

此後，中日關係急劇惡化，而主張「中日友好」的梅屋莊吉遭到日本軍方的監視，東京憲兵隊甚至兩次傳訊並辱罵其為「賣國賊」。梅屋莊吉對於日本軍方的咄咄逼人與不自量力百思不得其解，他曾寫信給日本外相廣田弘毅：「實現中日親善是我多年的夙願，也是故友孫中山的遺囑，終日苦思其實現。」廣田弘毅收信後，同意梅屋莊吉前往中國做友好訪問以斡旋當時的中日關係。正當梅屋莊吉積極準備行程時卻突然病倒，並很快於一九三四年十一月二十三日去世，終年六十五歲。在其葬禮上，蔣介石贈送了花圈，中國駐日公使蔣作賓送去「青天白日旗」，並與日章旗共同覆蓋在他的靈柩上。

梅屋莊吉一生的箴言是「富貴在心」，「無論富貴貧賤，相互扶助為做人之道」。其曾外孫女小坂文乃認為梅屋莊吉是一位國際主義者，他在《永代日記》中曾說：「我堅信，當人世間達到了世界皆兄弟的文化境地之日，也就是沒有偏見的日子到來之時。」

在生命的最後時刻，梅屋莊吉留下遺言囑咐子孫保守援助中國革命的秘密，「我基於與孫中山的盟約決意參與中國革命。於此相關的日記、信件等概不對外洩露。」由此，梅屋莊吉究竟援助了孫中山等革命黨人多少錢，目前尚是不解之謎。若以事實論，梅屋莊吉確實兌現了自己許下的諾言。

三六、王金髮：山大王的革命春秋

浙江革命時，紹興舊官僚們上演了一齣「咸與維新」（指一切除舊更新）的好戲，前知府程贊清與「幾個舊鄉紳」（如曾在浙江巡撫衙門當過師爺的章介眉）臨時拼湊了一個「貌似革命」卻「骨子裡依舊」的「紹興軍政府」。這事傳開後，本土本鄉的「真革命黨」王金髮被惹怒了，他立刻率領三百革命軍浩浩蕩蕩地殺回老家搞「真光復」，都督隨即易人。

魯迅作品《范愛農》中的王金髮是歷史上的真實人物，這位在革命隊伍中聞名遐邇的好漢，其原名王逸（字季高），「金髮」只是他的乳名。

王金髮，浙江嵊縣人，家道小康，早年喪父後，其母為之延師教讀，雖天資頗高，但其自幼天性頑梗，長得又孔武有力，平日裡喜歡舞槍弄棒，據說能「隻手推倒牆壁」。在與小朋友玩遊戲時，王金髮一向霸佔「領導」之位，於是他又有了個「大王」的綽號。

王金髮少年時乃一浮浪子弟，成年後更是投身江湖當上了會黨首領。舉人徐錫麟在浙東運動革命時，發現了王金髮這個人才，後來他就跟在徐大哥的後面並參與了大通學堂的創辦工作。大通學堂的全名「大通師範學堂」，表面上以新式學校作掩護，實則一革命運動機關，譬如校中「體操專修科」，招收的第一批學員即多為會黨成員，而作為射擊能手的王金髮則兼有學生與教師的身分。

沒多久，徐錫麟可能覺得大通學堂的教學過於鄉土化，後來帶著王金髮等人前往日本留學。魯迅曾在《范愛農》一文中提及橫濱接送同鄉之事，其中重點描繪了范愛農而對王金髮隻字未提，實則王金髮亦在其中。王金髮到日本後入大森體育學校，據說以第一名的成績畢業，只是大森體育學校並非官方認定的正規院校，其原名「大森體育會」以體育、軍事學為特色，實為同盟會參與創辦的的「野雞學校」，只需一年或一年半即可速成畢業。話雖如此，當年入讀該校的中國人不在少數，王金髮能以第一名畢業當然也不能說是僥倖。

一九〇六年夏秋之際，王金髮學成回國，雖然他與很多留日生一樣也許連一句日本話都不會說，但好歹也鍍過金、見過世面。而在這時，徐錫麟也回到國內並花了二萬兩銀子（**一說是五萬銀元**）買了個道臺，後來被委任為安徽巡警學堂會辦兼巡警處會辦，一時間風光無限。按說古代買官為發財，但徐錫麟骨子裡卻還是個革命黨，他來回奔走於浙江、上海、安徽三地為革命積蓄力量。

王金髮回國後在大通學堂協助秋瑾培育革命人才，但僅一年之後徐錫麟和秋瑾相繼被殺，清廷緹騎四出捉拿革命黨人，王金髮僥倖逃脫。失去生計後只好轉回老本行，跑進山中做起了「山大王」。魯迅先生說他「綠林大學出身」卻也不算污蔑。

儘管只做了半年的「強盜」，但王金髮卻在浙東留下了不少的傳奇。據說他曾在路上遇到了一位「饑餓垂斃者」，仗義的他把身上僅有的六百文錢通通掏出來給了那位可憐人，而自己卻與同夥整整餓了一天（**這六百文錢還是靠搶來的衣服所賣之錢**）。再如，某鄉中惡霸強逼一節婦改嫁，王金髮大為憤慨，隨後在途中將轎子攔下並痛打了那惡霸一頓，之後又率人將節婦送回老家。王金髮這些類似於「羅賓漢」的故事在浙東廣為流傳，以至於紹興人後來把他稱之為「強盜都督」。

一九〇八年後，王金髮與另一位著名的革命黨人陳其美接上頭，隨後脫身去了上海。在之後的數年中，王金髮扮演了一個「革命俠客」的角色，譬如在革命黨人張恭的事件中，王金髮就有一齣極為精彩的表演。張恭也是留日學生，他在回到上海不久即被拘捕，後經革命黨人的調查出賣張恭的是一個名叫劉師培的人。

劉師培原是個讀書種子，天賦甚高，年紀不大但經學研究已有相當的造詣。在清末的那波留日潮中，劉師培也湊熱鬧東渡扶桑，後被捲入革命風潮做了一個有學問的革命黨，堪與章太炎齊名。也正是在章太炎的循循善誘下，劉師培一度走上了革命道路，並改名為劉光漢——「光漢」者，光復漢族是也（**徐錫麟死前也自稱「光漢子」**）。

一九〇七年，劉師培攜妻何震、姻弟汪公權來到日本，並擔任同盟會機關報《民報》編輯。但劉師培畢竟是學問深厚的讀書人，即便身處革命核心，最終沒能成為一個堅定的革命家。《民報》任職不久，劉師培即退出同盟會圈子，改而鼓吹無政府主義和社會主義。一九〇八年，回國不久的劉師培被兩江總督端方看中，為報知遇之恩立即投至端方門下，成為立憲改良派堅定的一員。

作為一名高層的「前革命者」，劉師培深知革命黨人內幕，他由此成為端方的一名密探，並與汪公權等人四處打探，據說向端方出賣過陳其美等人的革命計畫。此計未售後，劉師培又將張恭出賣，試圖從中套出光復會領袖陶成章的下落，但未等到張恭交代，王金髮已摸到了劉師培的上海寓所，劉師培被嚇得不知所措、苦苦哀求。

在保證為張恭說情並擔保張恭性命無憂後，王金髮這才收回短槍放了他一馬（**所幸王金髮沒有動手，否則中國近代史上只多了一個「革命叛徒」而少了一位國學大師**）。之後，王金髮將汪公權刺死以儆效尤。另外，出賣秋瑾的紹興劣紳胡道南後來被人暗殺，據說也是倒在王金髮精準的槍法之下。

上海舉義時，王金髮在陳其美的召喚下率敢死隊「一行三十餘人奔殺製造局」，為上海光復出了大力氣；之後，王金髮又馬不停蹄地奔赴杭州，並與蔣介石各率一路敢死隊分攻撫署和軍械局。杭州革命勝利的功勞簿上少不了王金髮的一筆。只是勝利的果實被湯壽潛等立憲黨人奪去，而這也是王金髮殺回紹興的主要原因。

王金髮這次回紹興，那真是衣錦還鄉出盡了鋒頭。為迎接新都督的到來，紹興民眾排著隊在西門外等了一天——結果沒來；直到第二天傍晚，王金髮一行人才乘白篷船而來。來到後，王金髮的手下便像扔爆竹一樣朝天亂放數槍，算是給民眾們答禮。接著，王金髮慢騰騰地下船，慢騰騰地上馬，在左右的前呼後擁中進城轉了一圈。最令人印象深刻的是王金髮剃著鋥亮的光頭，在紹興的辮子世界中獨具一格，就算是黑夜也無法奪去他的光彩。

王金髮回來後，老朋友范愛農與魯迅當然要去都督府拜訪他。據說，范愛農看著王金髮的光頭，忍不住上前摸了摸，讚道：「金髮哥哥，儂做都督哉！」被摸之後，王金髮想必有些尷尬，但大家都是熟人也不好發作。

王金髮當了紹興都督，昔日的江湖兄弟們蜂擁而至，他的部隊也很快由三百人擴充到一個旅，之後便是一個師。如此建軍，兵員素質不消說了，軍紀也成了大問題。但王金髮也不便對昔日兄弟過分約束，其所部勒索敲詐、滋擾民間之事也就多有發生，屢禁不止。

事情搞大了，王金髮就拿出綠林規矩親自捉人、不經審訊地殺人，正如後人在他的《行述》中記載的：「一日王微服查緝，見有兵士在店強買，立命捉之出，舉槍疾擊死之。又一日，查得有屢在途調笑婦女之兵士一名，暗記其營哨號數，歸召其排長及該兵至，將該兵士縛大樹上，先以軍棍擊排長十百下，數其縱兵殃民之罪，然後起身自舉槍，斃此士兵……」

王金髮殺人毫不手軟，被殺的也不只那些匪兵。之前反對革命、魚肉百姓的地主惡霸們這下倒楣了，據說先後被鎮壓了五十多個，其中還有不少是王金髮親自動手的。難能可貴的是他當了都督後仍保留了很多「山大王」的作派，譬如開倉放賑、開監放囚，據說獄囚們還拿到了豐厚的遣散費，「少者三十元，多者一百元」，皆大歡喜。

有恩報恩，有仇報仇，當然是綠林作派的一部分，在徐錫麟及秋瑾等革命先烈被隆重公祭並厚恤其家屬之後，當年參與謀害秋瑾的劣紳們嚇得四處鼠竄，而那位負有直接責任的章介眉未及逃脫便被王金髮抓住。按說這老小子不殺不足以平民憤，不嚴懲就對不起革命先烈，但結果卻出人意料。王金髮最後竟然用非常戲劇性的方式釋放了章介眉，他派出十六名衛兵用轎子抬著將章介眉浩浩蕩蕩地送回家——原來是章介眉將自己財產的一半，即田產三千餘畝外加現洋五萬元，痛痛快快地捐獻給紹興軍政分府。

王金髮這樣做也是無奈之舉，因他的隊伍擴張太快，小小紹興一府八縣不過半年多時間就招了一個師，一個個如狼似虎地要槍要餉要吃飯，得不到滿足就要搞出事來，而王金髮又生不出金子銀子，他也只有向紹興的父老鄉親們伸手。

紹興的鹽茶兩稅一向是大頭，王金髮自然不會放過，他來了個加重徵收；清末的富人們大多有抽鴉片的傳統，王金髮對症下藥，在嚴禁鴉片的藉口下指使手下對地主鄉紳們大肆勒索乃至於沒收田產。王金髮的「倒行逆施」遭到紹興人民的強烈反感，以至於在五十年後的鄉土史調查中，民間老百姓仍清楚地記得這樣一首順口溜：「吃得油，穿得綢，遲早要殺頭」——這罵的不是別人，正是王金髮一夥人。

權力沒有監督想不腐敗都不行。正如魯迅說的，有些人進城時還穿著布袍子，不多久就換成了皮袍子，「而天氣還並不冷」。王金髮鬧革命時，家裡傾家蕩產還欠下一屁股債，最慘時他的老母寄食廟堂形同討飯。等做了都督情況就完全兩樣了，王金髮派兵挑著洋油桶，桶裡盛滿銀元回老家加倍還錢。還有，金髮哥一人得道，親戚們也就雞犬升天，不管是之前來往或不來往的，只要肯來都督府的一律賞錢，弄得這些天裡王家的親戚相望於道——都往紹興走親戚來了。

清末的買官賣官一向是革命黨人最痛恨的。王金髮沒這麼幹，但他禁不住別人阿諛奉承也纏不過自己的親戚故舊，因而肥缺大多給了這些人，譬如他舅舅當上了鹽稅局長，他的姨表兄弟們也撈了個酒捐局長、禁煙局長之類的幹幹。至於之前對他有恩的人，這回就像是中了彩票，那是要錢給錢、要官給官，反正金髮哥現在有的是權、有的是錢，擺擺闊也不過分。

說到擺闊，王金髮基本無師自通，絕不幹那「衣錦夜行」的傻事。平日裡，王金髮都要騎著高頭大馬，排著隊伍、吹著鼓樂在紹興的大街小巷乃至田間村坊招搖過市、大抖威風，唯恐別人看不見。王金髮還是個孝順孩子，之前老母因自己革命而吃了不少苦，這回得好好補償一下，王老太太也就住上了洋房，用上了抽水馬桶，王金髮還專門為她布置一棟佛樓，老太太拜佛念經都有雇來的尼姑陪著。王金髮的外公也被接到都督府，但進門時隨從鳴炮歡迎差點沒把老人家給嚇暈過去，之後是說什麼也不在紹興待了，回家沒多久，死了。

王金髮個人生活作風方面也讓人頗有微詞。正所謂「英雄好美女」，王金髮是英雄不假，「寡人好色」，一個也不能少。當時有人送他一個美婢侍寢，王金髮笑納後，成天抱美婦、挎洋槍，「各乘駿馬，馳騁郊外，以為笑樂」。如此放浪形骸，還以為大丈夫當如是焉。王金髮平時就喜歡講排場，都督府裡一向警衛森嚴，外出則左右前呼後擁，就連小老婆回娘家也要帶著衛隊，一路吹吹打打，熱鬧非凡。

王金髮潛意識裡可能認為今天的風光乃是他出生入死換來的，享受一點也是天經地義、無可厚非。但如此一來，王金髮的革命性質完全變了，「造福百姓」變成了「魚肉鄉親」，「為民請命」更不要提了——簡直就是要了老百姓的命。

好在王金髮只做了八個月的都督，在全國統一政令、撤銷各地軍政分府及輿論的壓力下，王金髮終於在老百姓的口誅筆伐聲中灰溜溜地離開了紹興。儘管如此，他在這八個月還是大有收穫，那就是手握幾十萬的大洋，之後在上海灘上花天酒地、豪飲豪賭，還買了座小洋樓，收了名妓花寶寶，成天醇酒婦人，安享溫柔富貴。

「二次革命」後，王金髮意志消沉，與革命黨人日行漸遠，據說還入京投靠袁世凱，後因「一匪未緝，空有自首之虛名」而被浙江督軍朱瑞誘捕，最終於一九一五年六月二日被槍殺於杭州軍人監獄。

三七、亂世伍廷芳：七十老翁何所求

伍廷芳字文爵，號秩庸，一八四二年生於南洋，其父伍榮彰在當地經商。三歲時，伍廷芳隨父從新加坡回廣州，後就讀於香港聖保羅書院，畢業後擔任港中高等審判庭翻譯員，儘管他當時年僅二十歲，但月薪已拿到二百英鎊，這在香港華人圈中非常難得。

儘管譯員的收入相當豐厚，但志存高遠的伍廷芳並不甘心從事這種輔助性的工作。數年後，他轉赴英倫自費留學，後進入倫敦林肯法律學院攻讀西方法律。華人入校攻讀西方法律者，有之則從伍廷芳始。兩年後（一八七七年），伍廷芳獲得法學博士學位並經專門考試取得大律師資格，由此成為中國近代史上獲得法學博士的第一人，同時也是整個亞洲獲得大律師資格的第一人。

一八七六年郭嵩燾出使英國時，伍廷芳曾主動求見，兩人相談甚歡。事後，郭嵩燾兩度派人盛請伍廷芳，希望他能留在倫敦協助處理外交事務。但伍廷芳並不願意只做翻譯隨員之類的低級職務，而且待遇方面也讓他不甚滿意，當時駐英使館隨員的工資只有二百兩白銀，參贊也不過三百兩，伍廷芳要是回香港做大律師的話，一月收入可達上千兩。

儘管背後認為伍廷芳「所欲過奢」，但郭嵩燾畢竟是愛才之人，隨後即為之專摺力爭，稱交涉事宜非得熟悉英國律法之專才，伍廷芳在英學習律法數年為急缺的難得之才，但因經費的問題不敢多有支銷，希望朝廷能派充其為三等參贊之職以留在英國效力。清廷接奏後予以批准。

在獲知伍廷芳已離開英國後，郭嵩燾心急如焚，隨即給駐美公使陳蘭彬打電報，稱要是見到伍廷芳務必請他立刻回英國，參贊一席已虛位以待。數日後，陳蘭彬的副使容閎回電，稱伍廷芳並未赴美，無處可尋。郭嵩燾大怒，回電堅稱伍廷芳就在舊金山，陳蘭彬純屬有意貽誤。原來，伍廷芳在倫敦時曾提及陳蘭彬邀請他赴美任參贊，因而郭嵩燾懷疑陳蘭彬在背後奪人所愛。

郭嵩燾之後打電報給李鴻章，請他出面勸說陳蘭彬忍痛割愛，出讓伍廷芳。在李鴻章不肯援手的情況下，郭嵩燾乾脆向朝廷上摺，稱陳蘭彬在美多年，熟悉洋務的人才都已被其搜羅殆盡，這次務必請其讓賢。由於當時的通訊並不發達，郭嵩燾這次其實錯怪了陳蘭彬，因伍廷芳此時並未赴美，而是先回香港探望家人去了。

郭嵩燾滿世界找人的異常舉動引起了李鴻章極大的興趣，而兩江總督劉坤一等大員也加入爭搶人才的行列，李鴻章急忙致函總理衙門，其中稱：「近來各口交涉事件日繁一日……泰西各國欺我不諳西律，遇事狡賴，無理取鬧……思有以折服之，非得一熟諳西律之人不可，顧物色數年，未得其人」；伍廷芳「雖住香港及外國多年，尚恂恂有儒士風，絕無外洋習氣，尤為難得」，「唯聞伍廷芳在香港作大狀師，歲可得萬餘金，若欲留之，亦必厚其薪水」。

李鴻章通過間接管道了解到伍廷芳希望年薪能拿到六千兩。為將之招攬門下，李鴻章慨然表示，「如承允許，其薪水一切，當會商南洋籌款給發」。總理衙門批覆同意後，李鴻章隨即與南洋大臣、兩江總督商定：「請津、滬兩關歲各籌給三千兩。南北各口有事，皆可前往襄助。」

為防止中途有人橫刀奪愛，李鴻章乾脆先下手為強，他派出津海關道黎兆棠親往香港迎接伍廷芳。李鴻章當時權勢煊赫，開出的薪水也令伍廷芳感到滿意，加上舊友黎兆棠的一番遊說，伍廷芳最終於一八七七年十月入幕李鴻章門下擔任法律顧問之職。

不巧的是伍廷芳的父親突然去世，伍廷芳遂按清朝律制丁憂。遲至一八八二年十一月才北上天津，由此踏上了新的人生旅程。作為北洋通商衙門最通達外情的幕僚，伍廷芳受到了李鴻章的極大重視，但凡洋務與交涉事宜都少不了伍廷芳的參與。在之後的十四年中，伍廷芳參與創辦了津沽鐵路、北洋大學、北洋武備學堂、電報局等一系列洋務。其中，中國有史以來第一條客運、貨運兩用的唐胥鐵路即由他主持修建。

甲午戰爭的慘敗使李鴻章跌入了人生的低谷，伍廷芳在國內的事業也隨之戛然而止。由於在長崎水兵鬥毆事件及中日議和談判中表現出色，伍廷芳於一八九六年外放為駐美公使，由此開始外交生涯。伍廷芳抵達華盛頓時，美國雜誌描述說：「當他從輪船甲板下來時，立即答應接受訪問，證明他自己是更高於最奸狡的記者的對手……這位中國公使是一位新的東方外交家。他是第一位向美國公眾致辭的中國公使……」三年後，伍廷芳代表清廷與墨西哥簽訂了中國近代史上第一個平等條約：《中墨通商條約》。

清末新政後，伍廷芳於一九〇二年十一月奉調回國任外務部右侍郎、會辦商務大臣，之後出任修訂法律大臣，與沈家本共同主持清末法律改革，成效頗大。中華法系一向是「諸法合體、民刑不分、以刑代罰」，其刑罰體系與施罰手段極為殘酷，這也成為列強攫取領事裁判權的藉口之一。在沈、伍兩人的努力下，凌遲、梟首、戮屍等酷刑被永久刪除，中國的法律體系開始逐漸向近代轉型。

一九〇七年底，伍廷芳再次出任駐美公使。據隨同伍廷芳赴美任參贊的顏惠慶回憶，伍廷芳在美國特別重點闡述兩點：一是中國在學習民主國家的進程中取得了顯著進步；二是對富裕的工業國家來說，中國是其工業品的最大潛在市場。伍廷芳二度赴美前夕，某外報曾評論說：「伍廷芳閣下正準備以中國駐美公使身分前往華盛頓，伍廷芳可說是受美國歡迎的人物，他對外交有很高的技巧，對國際事務亦有深刻的了解，他亦善於掌理事務，使他成為這個古中國的一個最佳代表。他亦很受美國市民的歡迎，他態度和藹、貴族的舉止、隨機應變及嘹亮的聲線，在美國十分出名。他受到熱烈的歡迎。」

伍廷芳的講演會給在美留學的顧維鈞留下了深刻印象，他記得伍廷芳每次出來都穿著華麗的中國長袍，罩上一件同樣華麗的坎肩，頭戴一頂瓜皮小帽；前面綴著大寶石，儀表堂堂，令人難忘。顧維鈞稱伍廷芳在美國很受歡迎，每次應邀到美國各地講演總受到聽眾的熱烈歡迎，有些講話甚至被載入世界最佳演說集。

一九一〇年初，已近古稀之年的伍廷芳卸任回國，之後寓居上海。但僅過了一年時間，辛亥革命的浪潮再次打破了伍廷芳寧靜的生活。上海獨立後，新任都督陳其美力請伍廷芳出掌外交。據惜陰堂主人趙鳳昌之子趙尊岳回憶，為請伍廷芳出任南方談和代表，「陳竟長跪以求，伍感其誠，始允就任」。這段史料的真假尚且不論，但曾為清廷二品大員並長期出使海外的伍廷芳投入革命陣營，這對革命士氣無疑起到了極大的鼓舞作用。

伍廷芳與革命黨並無深交，一九〇九年他還曾向清廷外務部發電：「訪聞近有逆黨由南洋電美華僑籌辦款項，及有美人代購炸藥乘美國丸飛赴香港，轉運京師各省，希圖舉事。除密飭各領切諭商工勿為所惑，乞密飭嚴防」。伍廷芳此時正在駐美公使任上，此乃職責所在毋庸多言。至於此次投入革命陣營，如果僅僅是「感於陳其美的誠意」恐怕失於簡單，更大的可能是伍廷芳對顢頇無能的清廷徹底失去了信心，特別是臭名昭彰的「皇族內閣」出臺後，其長期鬱結的怨氣終於令他做出了此等非常之舉。

據當時在上海都督府工作的余芷江回憶，「滬軍都督府成立後，領事團不承認也不否認。都督府送照會去，領事團只是收下而已」，「領事的公事上對滬軍都督府的稱呼起先總是用『亂黨』，後經伍廷芳的交涉，上海領事團才改用『革命黨』。從各種記載來看，列強外交官對伍廷芳的「倒戈」頗多非議，日本駐上海總領事有吉明在報告中稱伍廷芳「喋喋不休」，「態度頗為傲慢」，其「態度已使各國領事產生不少惡感」。英國駐華公使朱爾典稱「伍廷芳秉性難移，喜出鋒頭」，並說他是個「在香港當過律師的饒舌老傢伙」；英使館武官柏來樂則說伍廷芳不過「是一個閒扯淡的傢伙，不是一個宣導革命的人」。

伍廷芳的轉變並非沒有原因。他與其他有識之士一樣清楚地認識到在這樣一個危機四伏的「千年大變局」時代，帝制已走到了歷史的盡頭，唯有民主共和才能帶領中國走出困境並最終走向強大富強。之後，伍廷芳與張謇等人向攝政王載灃聯名發電：「……為皇上殿下計，正宜以堯舜自待，為天下得人。倘荷幡然悔悟，共贊共和，以世界文明公恕之道待國民，國民必能以安富尊榮之禮報皇室，不特為安全滿旗而已。」

伍廷芳在南北議和中明確地表示，清廷「據君位已二百餘年，使中國敗壞至於如此……為今之計，中國必須民主，由百姓公舉大總統，重新締造……今日爾我所爭者，一國之事，非一民族一省一縣之事」，北方代表唐紹儀聽後深以為然：「共和立憲，我等由北京來者無反對之意向。」由此，南北和談最終促成了清帝退位。

南京臨時政府成立後，伍廷芳被任命為司法總長，這引起了一些人的非議，廣肇公所潮州會館就致電孫中山與參議院，稱「武漢起義，各省以伍、溫（宗堯）二公中外信仰，舉為外交長並議和全權代表。今就政府甫成，忽遽易人，中外疑惑。聞王君寵惠為辭外交，可否仍歸伍、溫二公擔任，以釋群疑，而維大局，民國幸甚」。美僑創辦的英文《大陸報》記者也向孫中山提出質疑，孫稱此舉「並非失察」，並說：「唯吾華人以伍君法律勝於外交。伍君上年曾編輯新法律，故於法律上大有心得，吾人擬仿照伍君所定之法律，施行於共和民國。」

王寵惠於一九〇五年獲得耶魯大學法學博士，也曾像伍廷芳那樣考取英國律師資格並被選為比較法學會國際會員，但此時年僅三十一歲也沒有任何的外交經驗，論資歷遠不如伍廷芳。王寵惠受命後自己也沒有底氣，後向孫中山請辭，孫卻給他打氣：「吾人正當破除所謂官僚資格，外交問題吾自決之，勿怯也」。這段話似乎可以理解成孫中本人要直接掌管外交而不希望由一位年事高者來染指。

伍廷芳的反應還算豁達：「予視兩者（指外交與司法總長職位）無甚差異，無所好亦無所惡。」在輿論仍議論紛紛時，伍廷芳特意致函粵籍人士，希望他們以革命大局為重，不必縈懷於地位官職而損壞革命事業。當然，若論外交經驗與閱歷，已是北方議和代表的伍廷芳出任外務總長自具優勢，而且工作上也更有連續性。數年後，伍廷芳曾隱約表達了自己的積怨，稱孫中山任用留學生「不加甄別」，「委以總次長之要津，或專成之重寄」。

在清帝退位談判的關鍵時刻，伍廷芳曾與孫中山發生激烈衝突。原來是孫中山在一九一二年一月十八日突然提出五條「要約」命伍廷芳轉達袁世凱，其中要求清帝退位後一切政權同時消滅，不得私授其臣；北京不得更設臨時政府；清帝退位後須取得各國承認之回章。如此，他才會向臨時參議院請辭並公舉袁世凱為大總統。

之後的數日內，孫中山連發五電對五條要約反覆修改，儘管伍廷芳等人一再勸導與反對，但孫中山仍於一月二十二日將其「要約」以通電的形式公諸報端，此舉無異於將革命黨人與袁世凱所做的幕後交易全部曝光，勢同「最後通牒」，這不但令袁世凱陷入了極端尷尬的境遇，也令伍廷芳等談判人員顏面全失。事後，伍廷芳憤而電辭議和代表之職，後經人轉圜才繼續承擔議和重任。

伍廷芳出任司法總長的時間很短。孫中山辭去臨時大總統後，他不曾參與袁世凱的北京政府，與革命黨的關係也並未親近。鼎革之初，被譽為「民國締造者」的同盟會改組為國民黨後聲勢浩大，不少人以此為從政的終南捷徑，但伍廷芳卻對此並不熱心。他反而介入了幾個與國民黨相對立的黨派，在後來的「二次革命」中，他對革命黨的行動也絕不贊成。袁世凱死後，伍廷芳才積極參加了孫中山領導的「護法運動」，直到一九二二年六月陳炯明叛亂時受驚而逝，終年八十歲。

三八、難為張謇：狀元反水為哪般

一九一一年十月四日，為慶祝大生集團擴展到了長江中游地區，張謇前往武昌出席湖北大維紗廠的開工典禮。張謇在抵達江城後的一週裡遍訪鄂中大員，又與立憲派的同道中人暢談國事，心情很是愉悅。十月九日中午，張謇應湖北諮議局的邀請赴宴，晚上又受到湖廣總督瑞澂的宴請，當晚九點才回寓休息。

就在這一天，張謇還忙裡偷閒買了一對孔雀，又問友人要了一對錦雞，打算拿回去充實南通博物苑。但到了第二天，武昌突然全城戒備並一度關閉了所有城門。直到上午十點，張謇才得以出城前往漢口（**革命黨人劉復基、彭楚藩、楊宏勝三人於當天凌晨被殺，梟首轅門**）。

到漢口租界後，張謇再次看到了歌舞昇平的景象，而這一天他又受到了漢口士紳商人們的熱情款待，一直應酬到晚上八點才被送上「襄陽號」輪船準備返程，而「襄陽號」這晚陰錯陽差地耽擱到晚上十點才開船。很多年後，張謇仍清楚地記得：「舟行二十餘里，猶見火光熊熊燭天也。」張謇所看到的，正是武昌起義的熊熊大火。

張謇生於一八五三年（咸豐三年），江蘇通州人（今南通），張謇在其兄弟中明顯地聰慧過人，他四歲啟蒙，五歲即能背誦《千字文》而一字不差。張謇十五歲時首次參加科考，因其祖上三代無人獲得功名（**即所謂「冷籍」**），為免受學官歧視，張父與如皋縣某張姓人家交易，「酬以錢兩百千」（即兩百吊）而冒張家子弟名應試（張家三代內有功名），殊不知這給張謇帶來了無盡的麻煩。

張謇初上考場，縣試、州試均順利通過（秀才考試須經縣試、州試、院試三場），但州試成績取在百名開外。回去後，其師大罵：「若千人應試，定額九百九十九，那不中的人就是你。」張謇羞慚至極，到家即在窗戶和帳頂上「並書九百九十九為志」，讀書累睏之時，每見所書則淚流不止。經數月的發憤苦讀，張謇最終以第二十九名順利通過院試，考中秀才。

按說這是件開心的事，但如皋那戶張姓人家性本狡黠，他們見張謇中了秀才，於是借「冒名」一事大做文章，並向張父反覆要脅勒索，如不遂願即要告上公堂。張家在之後五年中飽受其苦，竟為之負債上千兩銀子幾乎傾家蕩產。鬧到最後還是通州知州孫雲錦出面調解，並將此事上報江蘇學政，繼而由禮部將此案了結，張謇才得以重填履歷恢復原籍。

孫雲錦對張謇的才華頗為賞識，之後將他推薦給了淮軍「慶字營」統領吳長慶，張謇由此入幕軍營。一八八〇年，吳長慶移防山東登州，次年袁世凱來投（袁之嗣父袁保慶與吳長慶係至交），吳覺得袁世凱學識粗淺，遂命其拜在張謇門下學習。袁世凱在營中時，處理軍務如魚得水、井井有條，但其「文字蕪穢，不能成篇」，令張謇無從刪改深以為苦。

從個人稟賦來看，袁世凱是個做實事的人，他之前曾參加過兩次科考，深知自己不是科場中人，於是果斷地棄文就武另謀出路。與袁世凱相比，張謇在科場中的運氣也好不到哪去，他曾於十八歲、二十一歲、二十三歲、二十四歲、二十七歲五次赴江寧府應江南鄉試，結果五售不中。直到三十三歲那年（一八八五年），張謇轉赴順天府鄉試才取中第二名舉人。

他在接下來的會試中再遭磨難，於三十四歲、三十七歲、三十八歲、四十歲四次應考均告落榜。當時翁同龢、潘祖蔭等號稱「清流」的考官們都有意把張謇錄到自己門下，但每次都是誤認他人，張謇因而一再落第。直到一八九四年，年屆四十的張謇第五次進京應試才被取中為第六十名貢士。殿試時，翁同龢迫不及待地命收卷官坐等張謇交卷，並力勸其他閱卷大臣將其考卷薦為第一。翁同龢利用帝師的特殊身分特地向光緒介紹說：「張謇，江南名士，且孝子也。」由此，張謇終於在四十一歲時得中狀元。

張謇的仕運也不佳，他好不容易中了狀元偏偏又遇上甲午戰敗的沮喪之年。這還不算，其父又在當年去世。按清制，他必須回鄉守制三年，這似乎也預示了他與仕途了無緣分。張謇於一八九八年守制期滿後到北京銷假，當時維新運動如火如荼，正當他想有一番作為時，其恩師翁同龢又被慈禧太后罷官。此事對張謇刺激極大，他在目睹了官場之險惡後決意遠離，「三十年科舉之幻夢於此了結」。

張謇曾說：「願為小民盡稍有知見之心，不願廁貴人更不值計較之氣；願成一分一毫有用之事，不願居八命九命可恥之官。」事實上，他也不是個適合做官的人。放棄仕途後，張謇投身實業，準備在「經濟救國」中實現自己的抱負。

以狀元身分投身商海，史上並不多見，不過狀元身分還是給張謇帶來了一些方便。一八九五年，兩江總督張之洞委派張謇、陸潤庠和丁立瀛分別在通州、蘇州和鎮江興辦企業，張謇一生的事業由此起步。頗值一提的是，陸潤庠也是狀元出身，而且比張謇早二十年，當時他因母親患病而回鄉，但兩年後他仍重歸官場並累升至侍郎、尚書、大學士，這與張謇有著截然的不同。

江蘇是中國的主要棉產區，張謇給籌辦中的紗廠起名「大生紗廠」（取自《易經》中「天地之大德曰生」一語），但從籌辦到投產，「首尾五載，閱月四十有四」。問題主要在資金上，張謇最初將紗廠定位為「商辦」，但民間集資招股說來容易做來難，張謇無奈之下只能向官方求助。

後來新任兩江總督劉坤一將張之洞（已調湖廣總督）用官款購買的四萬多錠官機折價五十萬兩入股，大生紗廠由此改為「官商合辦」。由於商股股金遲遲不能到位，盛宣懷藉機從大生紗廠分走一半機器，官股下降為二十五萬兩，但與之對應的二十五萬兩商股最終還是未能募足（只有十五萬兩）。張謇四下奔走、到處告貸，但許諾者少，碰壁者多，最無奈時甚至在報紙上刊登賣字廣告以賺取來回旅費。

狀元經商，狼狽如斯。不過張謇的努力最後還是得到了回報，大生紗廠最終於一八九九年投產。走運的是之後棉紗行情看好，大生紗廠次年即獲利。到一九〇八年，紗廠純利累計近二百萬兩。

一九〇六年清廷宣布預備立憲後，張謇一度活躍了起來。一九〇七年春，張謇北上入京，慈禧太后希望從這位「在野狀元」那裡得到一些真實有效的回饋資訊和有益建言。據其回憶，慈禧太后「語及時局之非，不覺淚下」，而張謇直言當前官制混亂、行政效率低下；特別是推行新政後稅收加重、官吏盤剝，民間怨聲載道等世情。然後，張謇又提及年輕學生對國內官員腐敗和憲政進程不滿，民心渙散、革命潮起，慈禧太后聽後不禁失聲痛哭。

據說張謇曾直面慈禧太后：「改革是真還是假？」

慈禧太后愕然：「因國家形勢不好才著手改良，改革還有真假不成？」

年事已高的慈禧太后在張謇面前也難掩心力交瘁：「我久不聞汝言，政事敗壞如此。你可以問問皇上，現在召對臣工，不論大小，甚至連縣官也時常召見，哪一次我不是用言語以求激發天良，要求他們認真辦事？萬不料全無感動！」

次年，光緒皇帝與慈禧太后先後崩逝，攝政王載灃執掌國權。但是年輕的載灃既無才幹也無政治經驗，由此親貴擅權國事日非。一九〇九年，江蘇諮議局成立，張謇當選為議長。由於清廷將預備立憲期定為九年（**從一九〇九年開始**），這引起了國內立憲派的極大不滿，張謇作為立憲派的中堅隨後發起了三次規模浩大的國會請願運動。

在民眾的壓力下，攝政王載灃將預備期提前三年作為妥協，但拒絕了立憲派立即召開國會的要求。之後，清廷對請願運動進行打壓，並嚴厲警告請願代表「毋得再行瀆請」。一九一一年後，載灃更是迭出昏招，其中就包括了當年五月的「皇族內閣」和「鐵路國有」政策。

面對大廈將傾的局勢，張謇決定赴京直諫攝政王。進京路上，張謇於六月七日特地在彰德下車去拜訪一位二十八年未曾謀面的「學生」。原來，袁世凱在吳長慶死後又投靠了李鴻章，吳長慶老部屬寫信給張謇訴說袁竊取慶軍大權並專橫跋扈，作為慶軍老人的張謇遂致信袁世凱怒斥其背信棄義實為機巧小人，兩人由此斷交。但歷史的弔詭就在於之後的袁世凱一路鴻運步步高升，在張謇為功名、為實業而奔波時，袁世凱「輕舟已過萬重山」並在庚子年後做上了直隸總督兼北洋大臣的位置。身為狀元的張謇與之相比就未免有些寒酸了。

袁世凱也有好運到頭的時候。一九〇九年初，攝政王載灃藉口「足疾」將袁世凱一腳踢回了老家，而作為立憲派領袖的張謇此時正風生水起，他這一次拜訪袁世凱雖說有些「燒冷灶」的味道（**提前搞好關係**），但其心裡也確實佩服袁世凱的才幹，兩人恢復關係也是為袁世凱將來復出並調和彼此立場的考慮。

據當事人回憶，張、袁會面從下午五時持續到深夜十二時，談話主題是立憲問題。張謇說：「公但執牛耳一呼，各省殆無不回應者。安上全下，不朽盛業，公獨無意乎？及時不圖，他日他人，構此偉業，公不自惜乎？」袁世凱的回答也很巧妙：「各國立憲之初，必有英絕領袖者作為學說，宣導國民。公夙學高才，義無多讓。鄙人不敏，願為前驅。」午夜時，張謇笑容滿面地回到車上，說：「慰廷（**袁世凱的字**）畢竟不錯，不枉老夫此行也。」

張謇入京後受到載澤、端方等立憲派的熱烈歡迎，宴請數日不絕。之後，攝政王載灃召見張謇，但張謇卻是對這次的會見大失所望。據其記載，張謇在會見中對內政外交提出了一系列的建議，但言者諄諄，聽者藐藐，攝政王載灃或許是聽不太懂，只是說了些「在外辦事辛苦，名譽甚好，深為嘉慰」的客套話。張謇一片赤誠，結果全噴到了牆上。

機緣巧合，讓張謇親眼目睹了武昌起義的爆發，但此時的他仍想挽救清廷。十月十三日，張謇趕到南京並拜會兩江總督張人駿及江寧將軍鐵良，力勸他們發兵援鄂，但他不知道的是江蘇新軍同樣不可靠，鐵、張自顧不暇無以為應。之後，張謇又趕到蘇州，並為江蘇巡撫程德全連夜起草《改組內閣宣布立憲疏》，其中力勸載灃立即解散「皇族內閣」並嚴懲「釀亂首禍之人」（**指盛宣懷**），「然後定期告廟誓民，提前宣布憲法，與天下更始」。

但是在革命迅猛發展的形勢下，張謇動搖了。十一月十日，張謇在日記中算了一筆帳：「計自八月十九日至今三十二日，獨立之省已十有四，何其速耶！」在此情況下，張謇認為清廷氣數已盡只能另尋出路。七日後，清廷請其為「東南宣慰使」，但張謇在日記中卻毫不客氣地記了這樣一筆：「何宣何慰耶？」十二月十四日，張謇剪去髮辮，並稱「此亦一生之大紀念日也」。

各省紛紛獨立之時，張謇與程德全等江浙立憲派也都在暗地裡較勁。他們的目的是要在上海成立一個「全國會議團」，以圖將籌建「臨時中央政府」的主動權抓到自己手中。但是獨立各省特別是滬軍都督陳其美對此並不買帳，各方一番交鋒後終於達成妥協，並成立「各省都督府代表聯合會」以共同對付清廷。

此時袁世凱也已出山並督率北洋軍攻打首義地武漢，但之後清廷與革命陣營均為財政問題所困，最終在列強斡旋下展開南北和談。會談最大的成果是確定以「國民會議」的形式解決「國體」問題。在張謇等人的策劃下，這實際上是利用此等會議逼迫清廷退位，由袁世凱收拾局面。

但是孫中山的歸來打亂了他們的計畫。張謇作為立憲派對革命派不甚贊同，他與孫中山首次會面後即在日記中記了「與孫中山談政策，未知涯畔」一語，其意頗存譏評。之後，孫中山等革命黨人否定和談結果並於一九一二年一月一日搶先成立南京臨時政府，南北和談陷入困境，張謇對此頗有微詞並拒絕出任實業總長。他反而在暗地裡不斷為袁世凱出謀劃策，並最終促成了清帝退位與孫中山同時退職，而由袁世凱接任中華民國臨時大總統。

二月十二日，清帝宣布退位，其退位詔即出於張謇手筆。據說張謇最初不願寫，後經趙鳳昌（人稱「民國產婆」，其住所「惜陰堂」係當時各方謀劃及南北和談的主要秘密場所）勸說，「朝廷養士三百年，君以文士，策名狀頭，固不當善為之詞，以酬特達之知耶」。耐人尋味的是張謇日記中並未記載這件名垂千古之事，而在事後自訂的年譜中也不承認退位詔是自己所寫。直到後來趙鳳昌之子趙尊岳拿出原稿影印（曾刊於某年《申報》所出的國慶特刊），及其子張孝若在《南通張季直先生傳記》和劉厚生《張謇傳記》中的記載，此事才得以披露。

遺老們對張謇的反水痛加詆斥，在他們眼裡身為人臣的張謇不但棄君國於不顧，反而參與和領導反叛運動，他們深感不齒。如鄭孝胥即認為張謇、湯壽潛二人在武昌事件後轉向革命，實「不知廉恥為何物」。朱祖謀、劉廷琛也直指張、湯亂天下之罪不可恕。陳三立在辛亥後追論國變之源，稱國家的興廢存亡非一朝夕之故，「節鉞重臣號為負時望預國聞者」昧於天下之勢放棄了他們的責任，致使人紀防墮、人心狂逞。

作為前朝狀元，遺老們對張謇的批評或許有幾分道理，但清朝對張謇來說實無可留戀，事實上他也幾乎未在清朝為官。在他看來，當一個舊體制願意更新並處於更新階段時，他會與其保持最大誠意與最大程度的合作，如立憲時期甚至武昌起義爆發初期，但清朝已無可挽救之時國家的利益比國君就顯得更為重要，愚忠已是無濟於事。

三九、被錯殺的高官：端方的不歸路

辛亥年即將結束時，兩顆浸在煤油桶裡的頭顱在一路傳示之後被送到了武昌。死者乃督辦粵漢、川漢鐵路大臣端方及其弟端錦。

端方死於一九一一年十一月二十八日，名義上說當時還是署理四川總督，儘管他一天都沒有真正上任過。四川「保路運動」爆發後，端方受命帶兵入川，但行至資州時被自己所帶的湖北新軍士兵割下頭顱，弟弟端錦也連帶做了無頭之鬼。端錦早年曾留學日本研究鐵路，回國後本已是候補知府，後被兄長召至幕中協理粵漢、川漢路政，不意遭此厄運，實在是天要絕他、命該如此。

端方（一八六一－一九一一年），字午橋，號匋齋，滿洲正白旗人，其曾祖父為鄭親王九門提督烏爾棍布，祖父文雅為嘉慶二十四年進士，「辛酉政變」中被慈禧太后鎮壓的端華、肅順亦為其家族中人。端方幼年時被過繼給伯父桂清為嗣子，桂清曾是同治帝師，並做過內務府大臣、內閣學士、工部侍郎等職，名聲頗佳。儘管出生於顯貴家庭，但端方本人卻是科舉正途出身，他二十一歲中舉，這在滿人中可算是聰敏好學。

正當端方準備出仕之時，其生父母相繼去世（嗣父桂清去世更早），按例只能在家居喪守制。直到一八八九年，二十八歲的端方才正式受命做官，因其工作勤勉仕途也算順利。一八九八年三月，他在翁同龢與剛毅的保薦之下被光緒召見，由此獲得了年輕皇帝的青睞。

在隨後的戊戌變法中，朝廷下詔籌辦農工商總局，端方被任命為督辦。對當時「志大心切」的端方來說，這既是一個重大機遇也是一個厄運的開始。變法期間，端方全身心投入到新籌辦部門中，他曾一天連上三摺，其工作熱情與效率可見一斑。但是戊戌變法很快被慈禧太后推翻，除京師大學堂予以保留之外，其他新政措施包括農工商總局一律撤銷，端方本人也被革職。

被頑固派視為變法中堅的端方在革職後處境險惡，時人蘇繼祖在《清廷戊戌朝變紀》中說，端方靠向大學士剛毅行賄並訴稱自己參與新政是為探聽康有為等亂黨的消息，這才獲得慈禧太后的寬免。蒙獲召見時，慈禧太后問端方：「外面情況如何？」端方忙奏道：「自太后訓政以來，人心大定！」慈禧太后聽後面有喜色，掉頭斥責光緒：「你聽聽！看人家怎麼說的。」端方見慈禧太后高興，急忙將早繕寫好的《勸善歌》獻上，慈禧看後大悅，命各地張貼廣為宣傳。後來端方的這個《勸善歌》也就被人稱為《升官保命歌》。

清人筆記中的故事是否屬實暫時不論，細查端方的《勸善歌》裡面大都是勸人為善的警句，只在中間夾雜了這麼四句：「太后佛爺真聖人，垂簾聽政愛黎民」；「聖心猶為天下計，憂國憂民常不眠」。當時這種吹捧文章比比皆是，端方的《勸善歌》肉麻程度還不算高。事實上，端方之所以倖免於難主要原因恐怕不是《勸善歌》，而是他不屬於康有為那個激進的小集團，關鍵時刻又肯於服軟，因而革職只是一時，日後仍有重用。

端方官運的真正轉機在庚子年，八國聯軍佔領北京後慈禧等人逃到西安，而端方當時正好護理陝西巡撫護駕有功，由此仕途大進。從後來的表現來看，儘管端方一度向頑固派低頭，但他依舊是個頑固的「維新派」。端方於一九〇一年升任湖北巡撫，隨即辦起了六十餘所新式學堂並派出大批的留學生（**其子也赴美國留學**）；三年後調任江蘇巡撫，辦起了江蘇師範學堂、江蘇高等學堂、實業學堂等學校；一九〇五年任湖南巡撫，半年內建起小學堂八十多所。據說端方在調任江蘇巡撫時，上任伊始便革除了各州縣例送紅包給新任巡撫大人的陋習，並將紅包的錢選派兩名學生出國留學，一時傳為美談。

推進新式教育是端方出任地方的最大亮點，其他新政措施如辦理警政、編練新軍等也可圈可點。其中，「端方新政」還創下了十幾項國內第一：最早設立現代幼稚園（**湖北幼稚園**）、最早建立省立圖書館（**湖北圖書館、湖南圖書館**）、最早提倡全民植樹、最早引進肉類衛生檢疫、最早建立市民公園、籌辦中國歷史上第一次工商博覽會等等。最為驚世駭俗的是他派出了二十多名女生赴日本學習師範教育，首開女子公費留學之先例，這在當時女子「大門不出、二門不邁」的時代無疑是革命性的。

清朝覆滅後，有一種思維似乎成為定勢：「滿人做的好事，一定是不安好心甚至是包藏禍心，其目的不過是為繼續維持滿族親貴的腐朽統治。」因此滿族官員乃至整個清廷所推進的改革，包括清末新政和預備立憲都是用於欺騙民眾的虛偽謊言，是不足信的。這種思維在很長一段時間裡佔據主流，但不可否認這也是一種無視真實歷史的偏執。

端方在湖北、江蘇、湖南任上的出色表現贏得了朝野上下的一致認同，一九〇五年清廷決定選派五大臣出洋考察各國憲政時，端方也列名其中。慈禧太后特意在出發之前召見了端方，並賞賜了一些宮廷御用點心以示鼓勵。慈禧太后問端方：「新政已實行了幾年，你看還有什麼該辦但還沒有辦的？」端方回奏：「尚未立憲。」慈禧太后問：「立憲有什麼好處？」端方說：「立憲後，皇位可以世襲罔替。」慈禧太后聽後若有所思。

考察憲政回國後，端方等五大臣連上數道奏摺請求立憲。據說端方為想更好地說服慈禧太后，特意從德國帶會了一個最新的電影機，不料中間卻發生了一件意外之事。據《中外時報》報導，端方怕這新玩意在老佛爺面前運轉不靈到時出洋相，所以特意讓隨同考察的隨員姚某先試放一下。誰知電影機裡的乙炔燈泡因操作不當突然爆炸，姚某竟然被當場炸死，所幸端方當時正在隔壁會客逃過一劫。

清廷宣布實行「預備立憲」後，端方圓滿完成了憲政考察任務，隨後官升一級出任兩江總督（**地位僅次於直隸總督**）。一九〇八年底，光緒皇帝與慈禧太后相繼去世，攝政王載灃上臺執政，其新任伊始便以「足疾」為名將袁世凱開缺，而端方則在兩江總督任上幹了三年後接任為直隸總督（**原直隸總督楊士驤突然暴卒**），一舉登上了個人仕途的最高峰。

以袁世凱的才幹在清末政局中所扮演的角色固然是他人難以替代的，但如果載灃打算讓端方來取代袁世凱地位倒也不失為一個次優的選擇。可惜載灃並不是一個識才善用的主政者，在罷黜袁世凱不到一年，當時聲望僅次於袁世凱的端方也被趕下臺，而其下臺之原因比袁世凱的案例更令人啼笑皆非。

一九〇九年十月，曾多次承辦過皇室婚喪慶典及陵墓工程的端方被命籌辦慈禧太后梓宮移陵及相關事宜。這種事情對端方來說本該駕輕就熟，但在這次移陵過程中卻出現了一個致命的「小意外」。

事情的原委是這樣，端方安排了兩名攝影師對慈禧太后的下葬過程進行拍攝，以為後來研究者留下寶貴影像資料，但葬禮一結束即被某御史參劾，稱「梓宮奉安之時，為臣子者搶地呼天，攀號莫及，而乃沿途拍照，毫無忌憚，豈唯不敬，實係全無心肝」；另外，陵區內肆意架設電線破壞風水，實為「有悖人臣之道」云云。

令人咋舌的是該名「大義凜然」、「義正詞嚴」的御史，竟是李鴻章的孫子李國傑。平心而論，即便李鴻章在世恐怕也不會如此不開明，而作為攝影愛好者的端方也是深知慈禧太后生前是頗為喜歡照相的，褻瀆之罪實屬藉機生事；至於陵區內架設電線（電話線），主要為通訊方便考慮，「大不敬」的帽子恐怕也太大了點。

問題的根源並不在此，這次彈劾的目的本質上是守舊派對改革派的一次政治鬥爭，而李國傑的出馬很大程度是挾夾私怨，因他曾向兩江總督任上的端方求官未能如願。如果僅僅是李國傑等人興風作浪問題還不至於那般嚴重，但攝政王載灃對此「很以為然」，結果正值年富力強的端方便從直隸總督的位置上被趕下去了。

載灃固然年少不更事，但未必會頑固守舊到這種地步。端方之所以不招攝政王的待見，恐怕是因他剛上任直隸總督便屢屢上摺為中樞出謀劃策，而這種「過分的積極」在某些人的眼中卻成了「指手畫腳」、「擺老資格」。因此在罷黜了袁世凱之後，再罷免一個端方，殺猴給雞看恐怕也不是什麼不可以的事，這不過是載灃所出的昏招之一罷了。

一年半後，端方的低調生活被席捲鄂、湘、粵、川四省的鐵路風潮所打斷，清廷命其以侍郎銜出任川漢、粵漢鐵路督辦大臣，由此被捲入了這場奪命的運動。南下路過彰德時，端方特意下車拜訪已賦閒近三年的袁世凱。早在清末新政與立憲時期，端、袁兩人一直是堅定的盟友，志趣頗為相投。這一次，端方不但與袁世凱交流了當前時局的看法，而且還說定了兩門親事，一是端方之女嫁給袁世凱五子袁克權，二是袁世凱次女許給端方之侄。

對於端方的復出，袁世凱祝賀之餘也不乏旁觀者的清醒。他在寫給端方的一封信中告誡說：「近聞湘人頗有風潮，大節似宜先駐漢陽，分投委員勘查，步步經營。」意在提醒端方穩打穩紮不可操切行事。端方原本反對「鐵路國有」政策，而且他曾任過湖北、湖南兩省巡撫，因而兩湖的保路風潮在其調和之下未見大患。但四川就完全不同了，端方在那裡毫無人脈，事事均得依仗川省總督，而四川的前任總督王人文處事過軟，後任的趙爾豐則手段太硬，最終釀發巨禍，端方亦是徒呼奈何。

「成都血案」發生後，清廷命端方帶兵入川平息風潮，而端方隨後參劾前後兩任川督王人文、趙爾豐「既不能裁制於前，復不能弭變於後」，導致兩人均交內閣議處。趙爾豐並不歡迎端方這位欽差大臣，他為盡快平息風潮以求自保，隨後便放出了蒲殿俊、羅綸等人，但事態非但未能好轉，反而進一步走向失控。

在朝廷的嚴令之下，端方帶領湖北新軍第八鎮一部從漢陽前往宜昌，隨後從宜昌坐兵輪馳往重慶，最後沿旱路前往成都。端方入川後為平息民憤，他以欽差大臣的名義發布告示：「蒲羅九人釋放，王周四人參辦；爾等哀命請求，天恩各如爾願；良民各自回家，匪徒從速解散；非持槍刀抗拒，官軍絕不剿辦。」

端方的和平姿態在最初頗具效果，但當他率兵前往成都途中武昌起義爆發了，形勢迅即變化。在各省獨立的消息相繼傳來後，前方目的地成都此時已被「保路同志軍」包圍，而後方重慶也被革命黨所佔據，端方一行人進退失據、四顧茫然，最後彷徨於資州十餘日，欲靜觀其變而不可得。

據一位名叫陳文彬的士兵回憶說，他在隨同端方進軍成都時，端方為穩定軍心極力籠絡部下：士兵生病了，端方派弟弟到軍營問候；有士兵不幸亡故了，端方修書哀悼；沿途官民送吃送喝來勞軍時，端方做出先嘗毒的姿態；更有甚者，個別士兵受不了長途跋涉之苦，端方竟然下令雇轎抬著。

但在「種族革命」的風潮之下，悲劇還是發生了。隨同端方入川的湖北新軍聽說武昌起義後，思鄉心切、軍心動搖，在軍中少數革命黨的鼓動之下端方及其弟端錦最終被殺。端方被殺的原因及具體情形有多個版本，但大體上來說主要是因軍中「排滿」之說所引發。歸納各版本的說法，端方被殺的當天，所帶新軍士兵拒絕站崗，在無力約束士兵的情況下軍中的高級軍官與旗兵、幕僚等紛紛逃亡，最後行館中只剩下端方兩兄弟。

下午，一小隊士兵在革命黨的率領下向端方尋殺。端方說：我待你們不薄，何以如此？革命黨說：待我等不薄純屬私情，今日排滿乃是公誼，不殺你端方便不是炎黃子孫。端方說，我本是漢人，投旗才四代，現回歸漢姓如何？革命黨說：晚了！最後，端方兄弟被亂刀砍死，首級被割下來放在煤油桶裡，一路傳示後送往武昌。

學者張海林在《端方與清末新政》中認為端方被殺除因排滿風潮外，還可能與士兵索餉未得有關。另外，端方企圖在資州靜觀其變，軍中革命黨擔心自己失去做「反正英雄」的政治資本，而只想回鄂的官兵擔心回去後無法洗脫入川鎮壓的干係，於是在「爭功」及「自明心跡」的心態下聚合起來，最終以「種族革命」為號召，用小隊突襲的方式殺死端方兄弟，其將受害者首級送往武昌的做法正是向新政府「邀功求官」及「亟求自明」的心理外露。

端方兄弟的首級被送到武昌後，黎元洪念及舊情將人頭暫存於武昌寶通寺。親家袁世凱當了大總統後，派人從四川取回端氏兄弟屍身，隨後又將端方兄弟的頭顱從洪山禪寺取出，與屍身連接起來，最後葬在洪山。

殺死兩個滿人高官，在當時的氛圍自然是值得喝采的「正義之舉」，但揭開革命暴力的華麗外衣，此等殘殺事件背後的動機卻很難經得起正當性與合理性的考驗。英國《泰晤士報》駐中國的著名記者莫理遜即頗為不平，他在寫給報社的報告中稱：「……被叛兵殺害的端方和他兄弟的首級裝在煤油桶中已送到宜昌示眾。革命黨負責的領袖們並不同情這種殘酷的暴行。端方在中國享有廣泛的威信，他是滿人，但屬於滿人中的佼佼者……野蠻殺害端方，引起人們普遍的譴責。」

德國《歷史學報》在一九〇六年提名清王朝最有影響力的「四大人物」時，其中除了慈禧太后與光緒皇帝之外，剩下的兩個名額給了袁世凱與端方。作為清末滿漢能臣的兩大代表，袁世凱與端方的入選固然當之無愧，但冥冥間人各有命，袁世凱後來當上民國的大總統，而端方卻死於革命的亂刀之下。清室後追贈端方為「太子太保」並諡號「忠敏」，但死後哀榮於人於國不過輓歌。

一年後，曾為端方門下幕僚的左全孝寫了一篇祭文為之鳴不平，文中不乏憤激的說：「瑞澂以壓制亡國，趙爾豐以嗜殺毒川，公力反二豎之所為，而福壽大不及瑞澂，受禍且烈於爾豐。新舊滿漢之心不同，君民上下之情不通，危亡之勢，岌岌內訌，公盛意調和，苦心化融，案無留牘，門無留賓，網羅才俊，教普兒童，而舊家疑其仁，新進疑其忠，雷鳴瓦釜，毀棄黃鐘！嗚呼哀哉，有知無知，吾願問之化工！……」

左全孝寫這篇祭文時清廷已垮，所撰之文既無功利可言，倒也能看出左氏之真實心聲。同為門下幕僚的劉師培，這位被革命拋棄的「叛徒」，其在端方入川途中不離不棄，直至端方被殺後才避禍遠遁，倘若端方無此人格魅力似難想像。

劉師培後來成為一代國學大師，而另一位大師王國維也在同年寫了一首悼亡詩《蜀道難》。他要紀念的人也是端方。王國詩中維描述了端方的死難經過：「提兵苦少賊苦多，縱使兵多且奈何。戲下自翻漢家幟，帳中驟聽楚人歌。楚人三千公舊部，數月巴渝共辛苦。朝趨武帳呼元戎，暮叩轅門詬索虜。」端方曾任湖北巡撫，其所帶的湖北新軍也可算是他的「舊部」，這些人早上還到端方帳前拜問「元戎」，但晚上時端方就變成了他們所詬罵的「索虜」。王國維僅在端方所設立的江蘇師範學堂中任過職，他與這位前兩江總督並無直接關係，但其字裡行間卻透露出極大的同情和無限的感慨。

才堪大用，奈何命喪黃泉路。劉師培與王國維都是傳統時代下文化的堅守者，他們紀念端方並不奇怪，但他們所留戀的傳統及時代已一去而不復返了。

四〇、買官者的革命：吳祿貞的非常之死

一九一一年十一月七日凌晨一時許，石家莊車站內突然槍聲四起，一位身著高級將官服的年輕將領被殺，首級也被割了下來且不知去向。在這個寒意襲人的北方秋夜，受害者是第六鎮統制、剛被任命為山西巡撫的吳祿貞。當晚同時遇害的還有他的副官周維楨與參謀官張世膺。讓人捉摸不透的是凶手竟是跟隨吳祿貞多年的親信、騎兵營管帶馬步周。

據時人追憶，吳祿貞三人當晚借住在站長辦公室。夜深人靜之時，吳祿貞仍在批閱文件，突然騎兵營管帶馬步周叩門而入並高呼：「報告大人，聽說統制升任山西巡撫，特來向大帥賀喜！」話音未落，凶手屈膝下拜並順勢從靴子裡拔出手槍向吳祿貞連連射擊。驟不及防之下，吳祿貞已是連連中彈，但他仍強忍劇痛奪門而出，孰料門外已埋伏多名殺手，吳祿貞再遭重擊命赴黃泉。

凄厲的槍聲劃破夜空，與吳祿貞僅一牆之隔的車站司令謝良翰被驚醒後，發現「該凶手等即在車站前面向空鳴槍」；住在不遠的晉陽旅社的孔庚等人也回憶說，「外邊槍聲很緊張」，「炮聲如連珠」；而住在距車站不遠的英美菸草公司樓上的張厚琬則稱「一夜槍聲不息，天明始停」。很顯然，這場離奇的刺殺事件已演變成了一場兵變。

吳祿貞，字綬卿，生於一八八〇年，湖北省雲夢縣人。吳父為私塾先生，家有薄田十餘畝，家境一般。吳祿貞少時讀書勤奮，後考入湖北武備學堂。一八九八年，與陳其采、張紹曾等四十人被

清廷選送到日本留學。這批軍事留學生先入成城學校（日本士官學校的預備學校）學習兩年，之後按各自科目進入日本陸軍各聯隊實習。經半年的入伍鍛鍊後，吳祿貞等人進入日本士官學校。一九〇二年，吳祿貞等人畢業回國，之後受到了清廷的重用。

在日期間，很多留日士官生接觸了革命思想，一些人甚至加入了革命組織。以吳祿貞為例，他曾在留日學生中發起組織「勵志會」，據說還加入「興中會」。一九〇二年回國後，吳祿貞先後擔任武昌武普通學堂教習、會辦，其間與革命黨人黃興、宋教仁、陳天華等人多有接觸。一九〇六年，吳祿貞受命前往新疆伊犁考察新軍，途中因「失儀」而險遭不測。原來是吳祿貞在路過蘭州時，竟以便服謁見陝甘總督升允，升允認為他有意輕慢而將其扣押，並致電軍機處稱吳祿貞「冒充欽差，沿途欺詐勒索，無所不為」，之後又密謀將他「就地正法」。後來在陸軍部的協調下吳祿貞才得以釋放，但監督之職被撤。

一九〇七年，吳祿貞隨東三省總督徐世昌赴奉天任軍事參議，不久又任延吉邊務幫辦。兩年後，吳祿貞升任延吉邊務督辦並任陸軍協都統。這一年，吳祿貞三十歲，他曾在壽宴上賦詩一首：「乘搓直達滄溟東，家在瀟湘雲夢中，錦瑟年華同逝水，籌邊事業等雕蟲。劍橫玉塞崑崙月，馬渡陰山瀚海風；三十功名塵土耳，一江冰雪笑漁翁。」從性格上說，吳祿貞為人專斷、不為人下，生活上則不拘小節，曾納娼為妾並熱捧戲子（傳有斷袖之癖且與馬步周關係曖昧），平時花錢如水。

民國後，馮國璋曾指責吳祿貞的第六鎮統制之位係「花錢買來」，並暗諷軍諮府大臣載濤少不更事為其矇騙。此事說來詭異，吳祿貞既是革命志士，何以會去買官？倒是有這麼個說法，吳祿貞在京期間，其左右李書誠、黃愷元等為之出謀獻策，並由黃愷元為之籌措白銀二萬兩賄於慶親王奕勛，這才於一九一〇年十二月底得任為陸軍第六鎮統制——可買官的人為什麼會革命呢？

武昌起義後，各省局勢風雲變幻，不到三周的時間湖南、陝西、山西相繼宣布獨立。就在山西爆發革命的當天（十月二十九日），清廷後院起火，原本打算調往武漢前線鎮壓起義的灤州新軍爆發「兵諫」，第二十鎮統制張紹曾及第二混成協統領藍天蔚等傾向革命的青年將領電奏清廷，提出「速開國會、改定憲法、組織責任內閣、皇族永遠不得充任內閣總理大臣和國務大臣、國事犯之黨人一律特赦擢用」等十二條要求——灤州新軍朝發夕至，禍起肘腋，清廷焉得不慌？

在日本士官學校就讀時，吳祿貞、張紹曾、藍天蔚曾被稱為中國「士官三傑」。「兵諫」當晚，清廷即委派吳祿貞親赴灤州，「勸導」張、藍二人不得輕舉妄動；而朝廷這邊，攝政王載灃在以溥儀名義下「罪己詔」的同時，又以人類立憲史上最快的速度頒布了《十九信條》（憲法草案）並赦免了戊戌以來的一切國事犯，以此作為對「灤州兵諫」的回應。

清廷派吳祿貞去安撫灤州新軍頗有些弔詭。據說吳祿貞在武昌起義之前即打算利用「永平秋操」的機會，與「諸革命同志秘密決議，乘此秋操，新軍實彈射擊，先將禁衛軍掃清再整軍入京」，不料事與願違，清廷在武昌起義爆發後叫停了這次軍事演習，此議無疾而終。

據清廷密探的報告，吳祿貞到灤州後曾在軍中演說革命大義，士兵一片歡騰，但在隨後的電報中，吳祿貞又向清廷報告稱「諸軍悉安堵，以馳其備」。在其背後，吳祿貞與張紹曾等人制定了一個聯合北方新軍直搗北京的計畫，其中以灤州張紹曾部為第一軍，奉天藍天蔚部為第二軍，新民屯盧永祥部為第三軍，三軍會師豐臺，逼迫清廷遜位。

山西學者景占魁在《閻錫山傳》中稱，在吳祿貞離開灤州前往石家莊時，軍諮府第三廳廳長陳其采將吳、張等人的計畫密告清廷（一說是二十鎮協統潘矩楹告的密），清廷聞訊後急調灤東各路大軍集中京外，隨後又將灤州的火車車皮全部調回以阻聯軍北上。

由於清廷的《十九信條》滿足了「灤州兵諫」的大部分要求，灤州新軍陷入「出師無名」的境地，而「兵諫」的主使人張紹曾游移不定，最終在壓力下棄職而走。最不可解的是在吳祿貞已被懷疑為革命黨的情況下，他隨後仍被清廷任命為山西巡撫（原巡撫陸鍾琦在革命中被殺），並奉命前往綏靖民軍。

吳祿貞從灤州出發之前，清廷已派出第六鎮第十二協（旅）和京旗一標（由旗兵組成的一個團）前往石家莊以防民軍進攻北京。在吳抵達石家莊後，山西民軍已進駐娘子關，此地離石家莊七十里，中間有正太鐵路相連。

十一月四日，吳祿貞下令攔下一趟途徑石家莊的軍列，車上的糧餉彈藥均被扣留，此舉令清廷大為震驚，坐鎮武昌前線督師的袁世凱也為此感到坐立難安。武昌起義爆發後，袁世凱被授予前線軍隊的一切指揮大權，而在「灤州兵諫」後，袁世凱又被任命為內閣總理大臣。北洋軍在兩天前（十一月二日）攻下漢口，袁世凱本想就此入京赴任，但他在軍列被截的事件發生後立刻頓足不前，在他看來吳祿貞既然敢截取南下軍列，那他北上路過石家莊時未必不會成為吳祿貞的甕中之鱉。

袁世凱的擔憂並非杞人憂天。兩天後（十一月六日），吳祿貞率參謀官張世膺及革命黨人何遂、孔庚等人與閻錫山等人於娘子關會晤。據閻錫山的回憶，吳祿貞對山西革命大為稱頌，並稱「大局所關，尤在娘子關外，革命之主要障礙為袁世凱，欲完成革命必須阻止袁入京。若袁入京，無論忠清與自謀均不利於革命，望公以麾下晉軍開石家莊，共組燕晉聯軍，合力阻袁北上」。會後，吳祿貞被推為「燕晉聯軍」大都督兼總司令，閻錫山、張紹曾為副都督兼副總司令，然後兩軍「宣布反正，南斷黃河橋，以杜清軍第一軍後路，東與第二十鎮聯合，兩軍直搗北京」。

吳祿貞的計畫仍是「永平秋操」時密謀的翻版，只不過又加入了山西民軍的有生力量。於此非常之時，在此非常要地，如果「燕晉聯軍」計畫得以實現，清廷的垮臺勢必在指日之間，由此也不會有後來的南北議和及袁世凱逼革篡清之事，但吳祿貞卻在此局勢微妙之時被離奇地刺殺於石家莊車站。

那麼，刺殺吳祿貞的主使人是誰呢？是清廷，是袁世凱，還是另有其人？歷史學者李惠民曾總結了「吳祿貞被刺」的五種說法：

1、負有監視之責的第一鎮旗兵發現吳祿貞聯合山西民軍準備進攻京城後起兵殺吳。

2、清廷得知吳祿貞的的起義計畫後，派人前往刺殺。

3、吳祿貞的行動構成了對袁世凱的重大威脅，袁世凱指使心腹前往殺之。

4、袁世凱與清廷共同策劃並派人到石家莊將吳殺死。

5、吳祿貞被人報私恨所殺。

「袁世凱主使說」通常把路徑指向原第六鎮協統周符麟，係周符麟指使騎兵營管帶馬步周實施了具體的刺殺行動。周符麟原是袁世凱的老部下，吳祿貞在上任第六鎮統制後將其撤職，兩人結下怨仇。從動機上看，袁世凱指使周符麟去刺殺吳祿貞似在情理之中，而周符麟在吳祿貞死後立刻官復原職（**重任第六鎮第十二協協統**）更令人懷疑其中必有幕後交易。

不過從事變的時間地點來看，周符麟並不像某些回憶錄中說的那樣親自指揮了刺殺行動，因為當時他根本就不在石家莊。據時任陸軍部秘書科科長並隨清軍南下的惲寶惠說，吳祿貞被殺時周符麟在漢口第一軍司令部，而陸軍部檔案中收錄的周符麟所發電報也可以證明他本人當時並不在石家莊。事變後，閻錫山也認為「與一般所傳刺吳將軍者為周旅長符麟微有出入」。

如周符麟並不在現場，那「袁世凱指使周符麟刺殺吳祿貞」或「清廷指使周符麟刺殺吳祿貞」的兩種說法就有些站不住腳，當時的通訊條件（**電報均有據可查**）和事變的瞬息萬變，遠在漢口的袁世凱或周符麟都無法預知吳祿貞與閻錫山「燕晉聯軍」的密謀，更無從指揮這一重大行刺事件。畢竟動機和事實並不能完全劃上等號。

陸軍部檔案收錄了周符麟於十一月九日所發的另一封電報，電文是：「麟於本日下午到石家莊」，這份電報可以證明周符麟是在吳祿貞被刺後的第三天才達到石家莊。作為一個合理的推測，如果周符麟當時真在石家莊，那他在吳祿貞被刺死後勢必會出來控制局勢而絕不會任由第十二協退往欒城，而山西民軍正是在這兩天裡三度出入石家莊，並將吳祿貞所截軍火輕鬆運走。

民國後，原軍諮府大臣、貝勒載濤提出「報私仇說」，其中是否有隱諱不得而知，而事後革命黨于右任所辦的《民立報》直指吳祿貞被刺係良弼之陰謀。據說良弼在武昌起義後即對吳祿貞有所懷疑，並派人偵察其左右，而他在吳祿貞被刺後的當天清晨即至軍諮府詢問石家莊有電來否；電報來後，良弼入室親自翻譯，不假以示人，此舉頗為詭異。可惜的是良弼在一九一二年清帝退位前即被革命黨人彭家珍炸死，死人是不會說話的，其中弔詭多因此而起。

至於殺手馬步周，說來也頗為出人意料。馬畢業於北洋武備速成學堂，後隸於吳的部下，吳祿貞對他信任有加屢加提擢，當時以騎兵營管帶兼領衛隊。吳祿貞怎麼也不會想到殺害自己的人竟然是他。馬為人風流倜儻，但極好賭，經常負債累累，正因如此才可能被人收買。據說馬步周事後立刻為其相好的某妓贖身，其贖金何來可想而知。

馬步周幹這一票到底拿到了多少錢，目前也是眾說紛紜，有說二萬，也有說三萬，還有說五萬的。段祺瑞的謀士曾毓雋在《憶語隨筆》中記載，段祺瑞率兵到達石家莊後，有人挖出吳的首級向官復原職的周符麟請賞，周向段祺瑞彙報，段稱「此案中央作如何處理尚不可知，汝與之五千元，告其速去」。段祺瑞說這話時曾毓雋就在旁邊，係親耳所聞。民國後，北洋政府並未追查此事，但馬步周自此無人敢用，最終癱瘓潦倒而死。

據事變親歷者何遂後來的回憶，事發時他正在酣睡，忽然被一陣槍聲驚醒，窗外有人高喊：「兵變，兵變！」驚詫之餘衝出門外，發現時值午夜但月臺上卻一個衛兵都沒有。等到他衝進站長室，吳祿貞早已身首異處，而當他跑到附近的守軍處求援時竟然遭到對方的槍擊。大事不妙下，他急忙奔向郊外的晉軍宿地，但等到那裡一看，完了！晉軍的營帳雖在，但早已空無一人。

在吳祿貞與閻錫山等人達成聯合之後，晉軍（即山西民軍）一小部（約二百餘人）即隨吳前往石家莊，以便吳祿貞作為「招撫」的成績上報清廷。但京旗一標及第六鎮軍官對山西民軍十分對立，因而晉軍在車站西面七里處紮營。在當晚的事變中，由於事起倉促形勢不明，晉軍聞變即連夜退回娘子關，京旗一標也在當晚退走正定以防對方攻擊。至於第六鎮官兵也是逃亡過半，秩序大亂。次日，晉軍出人意料地再次出關，並將吳祿貞截下的軍火、糧食及吳的屍身運回娘子關，而原先預備犒賞三軍的數千斤饅頭及上千斤豬肉均被亂兵鄉民搶掠一空。

表面上看，吳祿貞的被殺是馬步周率小隊突襲的結果，但其背後卻有更深層的原因。北洋第六鎮係袁世凱一手練成，前三任統制（王士珍、段祺瑞、趙國賢）均為袁的心腹，鎮內的中上級軍官也大多是「小站練兵」的出身，標準的北洋系。吳祿貞上任第六鎮統制後，鎮內軍官大多不服，原因有二：一是吳祿貞年紀輕輕即身居高位，其來路不正，據說該職位係花二萬兩銀子買來；二是在載濤任軍諮府大臣後，為排擠北洋系軍官而重用留日士官生，吳祿貞實際上是親貴派向北洋軍「摻沙子」的產物。因此吳祿貞遭到第六鎮軍官的反感也就毫不奇怪了。

第六鎮是老部隊，多年積累形成的關係盤根錯節不易控制。吳祿貞上任後，發現第六鎮如鐵桶一般，於是想用人事調整的辦法來打破原有體系，以便自己逐步控制第六鎮。鎮中的兩位協統，李純與周符麟都是袁世凱時期的小站舊人。李純科班出身，年富力強，在鎮中威望很高，吳祿貞不敢動，於是他就拿暮氣已深的舊式軍人周符麟（當時已五十六歲）開刀，說他「煙癮甚重，行同盜賊」，要求將之撤換。請求被否決後，吳祿貞寫信給陸軍部大臣蔭昌，指責周符麟「只知作官，不盡職守，有負國家委任」，後又到陸軍部大吵大鬧才將周免職。之後，周符麟被調往第一軍，曾說：「他日必宰了這小子！」

周符麟雖然被免，但陸軍部並未批准吳祿貞所提名的人選，而是暫由二十四標統帶吳鴻昌升署周符麟的協統位置，吳祿貞為此大失所望，雖力爭而未果。吳祿貞的做法實則又得罪了一個人，這就是升任協統的吳鴻昌，這也為後來的石家莊事變埋下了伏筆。當晚的事變，如果沒有吳鴻昌的默許似難想像。

「協統撤換」事件後，第六鎮的各級軍官不免人人自危、各懷去志，由此與吳祿貞積怨匪淺。吳祿貞這邊則因計畫不能實現而惘然若失，他在鎮內雖然「貴為統制」，但實際上是個「光桿司令」，對部隊毫無控制力。因此他心灰意冷，更多是待在北京「與朋儕飲酒賦詩，藉以清除胸中的積悶」，而很少到保定去過問第六鎮的事，與屬下官兵的關係也日漸疏遠。在被刺殺的前夜，吳祿貞還對人說過「第六鎮是靠不住的」。

盛名之下其實難副，吳祿貞與下屬的對立關係無疑是當晚事變的重要原因。但從各種因素來看，吳祿貞的被刺絕不僅僅是「個人怨仇」或「凶手被收買」這樣簡單。據說吳祿貞在十一月六日回到石家莊後，即召開第六鎮中級以上軍官開會，其中微露「革命之意」。按吳的計畫，他打算在次日犒賞三軍時召開大會，屆時向士兵演講「革命大義」，以逼迫各級軍官服從革命。但吳的意圖很快被第六鎮中上層軍官所識破，這大概是吳祿貞當晚即被刺死的原因。

吳祿貞被刺死後，「燕晉聯軍」的計畫在無形中宣告瓦解，清廷解除了一個近在咫尺的威脅，而袁世凱也得以掃除障礙順利進京掌控大局。段祺瑞的兒子段宏業一九二四年在與人談起馬步周時說，「馬蕙田（**馬步周，字蕙田**）是英雄，夠朋友，他的行動省了不少的事。」此話大意似應作以上解。

許多年後，孔庚在悼憶吳祿貞時說：「（**吳**）是個有雄才大略、辯才無礙的人，尤其是識見過人、熱心愛國。假使他這次（**燕晉聯軍**）的事能成功，袁世凱當時絕不能存在；北洋派也不至禍國十餘年；民國成立，必另有一番氣象。」

吳祿貞的屍身被晉軍搶回但頭顱不知去向，後來閻錫山請一位高明的木工做了一個木人頭，安放在其屍身的頸腔上。一九一二年初，南京臨時政府成立後，吳祿貞與革命宣傳家、瘐死租界監獄中的文弱書生鄒容一起被追認為「大將軍」。

四一、年少英豪：尹昌衡鐵血立威

辛亥革命的先聲起於四川保路運動，但蹊蹺的是在各省紛紛獨立後，四川遲至十一月二十七日才宣布獨立，是南方各省中最晚的；而在南北停戰議和、各地漸已安靖後，四川仍舊擾亂紛紛，十二月八日再次發生兵變，成都商民被搶掠一空損失慘重。亂世自有梟雄出，一位果決剽悍的年少英豪橫空出世，這就是年僅二十七歲的四川都督尹昌衡。

尹昌衡一八八四年生於四川彭縣，原名尹昌儀，後因為溥儀登基避諱而改此名。一九〇二年，十七歲的尹昌衡考入四川武備學堂，因在校中表現優異於一九〇四年被選派到日本留學。到日本後，尹昌衡先入振武學校（**日本士官學校為留日士官生特設的預備學校，之前的成城學校不再接受中國學生**）學習三年，後入讀日本士官學校第六期，當時的同學少年中有李烈鈞、程潛、閻錫山、孔庚、孫傳芳、羅佩金、劉存厚等民國聞人。

一九〇九年，尹昌衡畢業回國，因各省都有編練新軍的重大任務，學成歸來的士官生在當時相當搶手。這時被視為開明的廣西巡撫張鳴歧為推行新政而積極招攬人才，尹昌衡隨後到廣西並擔任了督練公所編譯科長，之後又兼任了廣西陸軍小學的教習。但尹昌衡對此安排並不滿意，因職位不是帶兵官，不能發揮他的專長。尹昌衡因鬱鬱不得志常借酒醉罵人鬧事，令領導頗為頭疼。比較著名的鬧事有兩次，一次喝醉了酒，尹昌衡借酒勁騎馬衝入巡撫衙門並與衛兵打鬥，張鳴歧得知後勃然大怒，險些以「面辱大吏」的罪名參奏他；另一次則是在某次宴會後，差點與廣西提督龍濟光相鬥毆。

當時在廣西陸小讀書的李宗仁回憶，「張鳴岐撫桂初期，革命黨人的活動可說是肆無忌憚，有時簡直可以說是囂張……某次張氏宴客，尹昌衡酒醉之後竟宣稱清廷不能存在。同時王勇公鬧酒，竟以張氏所佩手槍自室內向外射擊，致擊碎窗上玻璃。由此可見當時青年革命志士氣焰的一般。後張氏深恐同盟會勢大不可收拾，乃設法壓抑」。張鳴歧不久後即將這些難以管束的士官生陸續禮送出境，尹昌衡也是其中之一。在「歡送」宴會上，張鳴歧曾告誡尹昌衡：「不傲不狂不嗜飲，則為長城。」尹則不以為然地回說：「亦文亦武亦仁明，終必大用。」

廣西期間，尹昌衡結識了同鄉翰林、廣西法政學堂任督辦顏楷，兩人相交甚歡，顏楷以妹相許。顏楷出身官宦世家，時為張鳴歧所重用，尹昌衡「醉闖巡撫衙門」之事即得益於這位「大舅子」的調解。回成都後，尹昌衡又在岳父的推薦下被四川總督趙爾巽任命為督練公所軍事編譯科長，但這次的職位和廣西大同小異，自認為「大材小用」的尹昌衡心生不平，之後又鬧出了不少的事端。

一九一〇年，四川編練的新軍第十七鎮成立，統制朱慶瀾安插了不少自己人，如參謀官程潛、協統施承德、陳德鄰，標統周駿、葉荃、王鑄仁等，十幾個管帶中只有宋學皋、彭光烈、龍光、彭鵠舉四人為川籍（**清末新軍的統制、協統、標統、管帶，即相當於現代軍制的師長、旅長、團長、營長**）。由於當時的高級軍官多為外省人，中下級的川籍軍官大為不滿，尹昌衡就是其中最激烈的一個。

在十七鎮的成立慶祝會上，四川總督趙爾巽親臨現場並做了簡短演講，大意是：「十七鎮成立了，我為川人慶、為川人賀，從此國防省防更有保障了。」話音剛落，尹昌衡跳出來大聲說：「大帥剛才所言，昌衡以為大謬不然。」此話一出，全場皆驚。趙爾巽聽了這刺耳話，心裡老大不舒服，但還是和顏悅色地說：「那你以為如何？」尹昌衡抓住機會當眾指斥軍中「武器陳舊、用人不當、械不可用、將不知兵」等等。趙爾巽聽後沉著臉一言不發，好在有同事出來打圓場，稱尹昌衡喝多了亂講話，隨後將之強行拖出會場了事。

事後，趙爾巽對這個「刺頭」倒注意上了，在隨後的十七鎮軍事演習中，尹昌衡被任命為東軍裁判官（演習分東、西軍對抗）以觀成效。演習結束講評時，尹昌衡對那些外省軍官們大加批駁以顯示自己的軍事才能，由此獲取了「膽氣粗豪，敢於說話」的名聲。

日本留學期間，尹昌衡曾與同盟會有過接觸，革命黨的「排滿主義」在他回四川後卻變成了私利性的「排外省主義」。每次宴會總是有意喝醉並乘著酒意大罵非川籍軍官，在川籍與外省軍官的對立情緒下，尹昌衡的肆意辱罵反而贏得了本省軍人的好感。

一九一一年三月，趙爾巽調任東三省總督，行前特向繼任總督趙爾豐（即趙爾巽之弟，時任川滇邊務大臣）推薦，尹昌衡由此改任教練處會辦。時隔不久，四川掀起了保路風潮，尹昌衡向趙爾豐提議，由他組織一支軍隊去鎮壓「保路同志軍」，並稱「成則公功，敗則衡罪」，但趙爾豐的幕僚稱尹昌衡與革命黨相勾結絕不可用，此事不了了之。

「保路運動」期間，四川陸軍小學也鬧起了風潮，總辦姜登選（外省人，朱慶瀾派）聽說學生要罷課於是召集訓話，孰料話未說完竟有學生自行退出。姜登選大怒，命令憲兵維護軍紀，鬧事的學生們竟然蜂擁而上，當場撕破姜登選的軍衣，事後姜登選在憲兵保護下才得以狼狽脫身。

姜登選之所以會被學員們打跑，很大程度上是因當時盛行的「排外省主義」，本來就被「保路運動」搞得焦頭爛額的趙爾豐只得改派尹昌衡接任。尹昌衡倒頗有手段，他到校後的第一件事是改善校內伙食（**因學員已走掉一半，省下來的錢可以吃好一點**），並親自向學員們敬酒以籠絡人心，將學員們收為己用。

一九一一年九月，在誘捕了「保路運動」領導人蒲殿俊、羅綸等人後，趙爾豐又下令對請願民眾開槍，製造了震驚中外的「成都血案」。事後，十數萬「保路同志軍」將成都重重包圍，趙爾豐陷入了人民戰爭的汪洋大海之中。

一個多月後武昌起義爆發，隨後各省紛紛獨立，四川周圍的省份陝西、湖北、雲南、貴州都已爆發革命脫離清廷。十一月上旬，成都城內突然謠傳北洋軍已譁變，攝政王載灃帶著小皇帝逃出了關外，一時間人心惶惶，原本打算苦撐待變的趙爾豐也是方寸盡亂。十一月十四日，趙爾豐釋放了被扣押的蒲殿俊等人並同意將政權和平移交。經過一番策劃與協商後，趙爾豐於十一月二十六日將四川總督印移交給原諮議局議長蒲殿俊，蒲殿俊於次日成立「大漢四川軍政府」並宣布獨立。

趙爾豐雖然從總督的位置上退了下來，但他仍舊擔任了原來的「川滇邊務大臣」，並掌握著三千邊防軍。事實上，四川軍政府的成立也是趙爾豐幕後一手策劃，他原本並不想讓蒲殿俊擔任都督，但他選定的邵從恩（**清末進士，四川法政學堂監督**）不肯就任才退而求其次。蒲殿俊文人出身，本身並沒有什麼實力，關鍵人物是副都督朱慶瀾。朱慶瀾是趙氏兄弟一手提拔的親信，他手握兵權是當時的第十七鎮統制，趙爾豐也可藉以自保。

四川軍政府成立後，由於實權仍握在朱慶瀾派的外省人手中，川籍軍官大為不滿，他們到陸軍小學找尹昌衡商議後向軍政府提出了三個要求：一是由尹昌衡出任軍政部長，二是參謀部要安置一個川人，三是要擴編一鎮新軍。蒲殿俊、朱慶瀾商議後滿足了前兩個要求，但擴軍經費一時無法籌集，因而第三個要求被婉拒。如此一來，很多川籍軍官趁機升官的願望落空，這也構成了之後兵變的重要原因。

四川宣布獨立後，「保路同志軍」、民團乃至魚龍混雜的哥老會武裝都進入了成都，城內秩序大亂。為顯示軍政府的權威，蒲殿俊、朱慶瀾決定於十二月八日在成都東校場舉行閱兵以整肅軍紀、維護治安。但他們沒有想到的是「閱兵」竟然引發了一場「浩劫」式的兵變。

當天上午，都督蒲殿俊身穿將軍服，雄赳赳氣昂昂地走上閱兵臺發表演講，但還沒等他說完下面就有士兵大聲喧譁，說答應發三個月的餉為什麼只發了一個月？接著就有人鼓譟起來並朝天放槍，隊伍前的放餉委員被當場打死。槍聲一響，校場內立刻亂作一團，蒲殿俊是個書生，哪裡見過這等架勢，當場就被嚇得兩腿戰慄連路都走不動了，後來還是靠兩個馬弁背著才出了校場，之後趕緊脫下將軍服並換上藍布大褂逃之夭夭。而身為統制的朱慶瀾也無力控制軍隊，最後只能趁亂逃走。

兵變實際上就是一場大搶掠、大破壞，到處是燭天的火光和狂暴的喊叫聲，藩庫、銀號、票號幾乎無一倖免，成都東大街、勸業街等十數條繁華街道的商號也被亂兵們洗劫一空。更有甚者，亂兵們搶完後，員警差役、哥老會眾、地痞流氓又進行「二次搶劫」乃至「三次、四次搶劫」。據說兵變後的慘狀是自張獻忠屠川以來未曾有過，昔日的「溫柔富貴之鄉」被蹂躪殆盡，據粗略統計整個城內的損失高達兩千萬銀元。

事實上，在閱兵之前即有兵變傳聞，但蒲殿俊仍舊堅持己見，結果局面一發而不可收拾。蒲殿俊讀書人出身並沒有受過什麼磨練也沒有多少從政的經驗，儘管他在保路風潮中表現搶眼，但從某種意義上來說他只是個好出鋒頭的「學生幹部」，與當局打打口水仗或許還行，但碰到兵變這種殺人放火的大場面就傻眼了。

據說這位新都督還以為自己和前清的總督大人一樣威風，他上任後所忙的是帶著太太終日宴請慶賀，而對於暗流湧動的危險局勢渾然不覺。實際上，那些動刀動槍的江湖草莽及野心勃勃的軍人們根本不把他這個都督放在眼裡。最為荒唐的是蒲殿俊在上任後居然下令軍隊放假十天，並答應加發三個月的薪水，而這十天正是軍紀迅速潰敗之時。放假後，蒲殿俊又堅持要舉行閱兵，這實際上是給兵變提供了一個絕佳的機會。兵變後，無力控制局勢的蒲殿俊辭去了都督職位，這離他上任僅十二天而已。

關於這場兵變有兩種說法，一是說趙爾豐部將王棪等指使巡防軍作亂以促使趙爾豐復位；二是說尹昌衡唆使新軍士兵有意擾亂局勢以便奪權。究竟是誰指使已很難判斷，但尹昌衡在兵變後的表現確實令人刮目相看。在正副都督狼狽逃竄後，擔任軍政部長的尹昌衡飛馬而出，急赴陸軍小學召集學員平叛。

最初，同盟會中川籍軍官彭光烈、龍光等二十餘人推協統周道剛出來平亂，但周道剛不敢承擔責任而改推尹昌衡。尹昌衡不假推辭，隨後在陸軍小學召集學員百餘人，又趕到鳳凰山軍營徵募到數百名軍人，之後率領這些全副武裝的軍人進城平亂。亂兵及土匪們因沒有組織很快被殺得落花流水、人頭滾滾，成都城內一時間血雨腥風，這場恐怖的變亂才算平息了下去。

成都危亂之際，士紳們又想起了「退位總督」趙爾豐，「商民紛紛詣爾豐環跪，籲請維持治安」。趙爾豐最初以「不便干預」推脫，後在紳民的「固請」之下發布了一張布告，令所有亂兵立即回營，而布告的落款則是「卸任四川總督、現在川滇邊務大臣」，但沒有蓋印而只用朱筆劃了一個「印」字。

趙爾豐在危機時刻所發的布告為他帶來了極大的麻煩，以至於後來的研究多認為這次兵變是他在幕後策動，目的是復辟回任。對此，趙爾豐曾寫《辯誣問》為自己辯解：「鄙人當大權在手之時，何事不可為？與其破壞於後，曷若不讓與先？」但事態的發展已逐漸脫離了他的控制。

控制局勢後，尹昌衡在川籍軍官的擁護下當上了新的四川都督，副都督則由原四川諮議局副議長、哥老會龍頭老大羅綸出任，同盟會革命黨人董修武出任總政處總理兼財政部長。此時的成都實際上是四股勢力，最強的是以尹昌衡為代表的川籍軍人，其次為以羅綸為代表的哥老會「同志軍」勢力，再次為同盟會革命黨人勢力，最後為趙爾豐的邊防軍。

尹昌衡對於趙爾豐和三千邊防軍的存在頗為忌憚，但他開始並不想殺趙爾豐，而是勸他赴川邊，但趙爾豐在收到袁世凱要求他「暫留成都，靜以觀變」的電報後不肯離開，尹昌衡迫於形勢才動了殺趙爾豐的念頭。同時，另外一些人也逼迫尹昌衡對趙爾豐下手，譬如對趙爾豐恨之入骨的哥老會成員，這不僅僅是因為趙爾豐曾製造「成都血案」、屠殺過請願民眾，而且還因如果不殺趙爾豐的話他們的「造反」就沒有成就，正所謂「覆清我首也，伐趙我初志也，首功不賞，初志為酬，奈何即罷？」

曾被趙爾豐誘捕的保路人士也認為必須去除趙爾豐才能安定人心。其中張瀾就說，趙爾豐對交出權力並不甘心，此次兵變中他仍以滿清封疆大臣自居。若不除去，軍政府萬難穩定，一旦去之，民眾必心安悅服。而有秘密消息說趙爾豐在兵變後已下令手下親信、川邊漢軍統領傅華封帶兵趕往成都平亂，一旦這支部隊與城內的邊防軍會合，局勢將對新的軍政府更加不利。

尹昌衡年紀不大，手段卻極其老辣。十二月二十一日，尹昌衡單獨面見趙爾豐，說：「我現在雖然做了都督，但未來之事尚屬未定之天，究竟滿清是不是倒得下去，民國是不是建得起來都還是很大的問題。我想同大帥秘密約定：將來如果滿清徹底倒下了，我負責保全大帥；如果民國沒有成功，就由大帥負責保全我。這樣於大帥和我，無論誰成誰敗彼此都可保全。我可向天起誓，海枯石爛，此志不渝。」

趙爾豐聽後未置可否，尹昌衡又說：「現在大帥身邊有三千邊防軍，引起川民和士紳的疑慮不安。昌衡為大帥計，請將這三千人名義上交由軍政府接管，實際上由昌衡下令這三千人馬仍駐督署南苑保護大帥，我與大帥既結同心，應付一切事情，『面子』是『面子』，『裡子』是『裡子』，這樣就可以對付四川的紳民了。」

趙爾豐見尹昌衡說得誠懇，道理上也說得過去，而且邊防軍是他一手訓練的部隊，尹昌衡所說無非是走個形式，於是寫下手令將邊防軍交由軍政府接管。尹昌衡拿到手令後，立即來到邊防軍駐地宣布接管這支部隊，並命令繼續駐紮南苑「保護大帥安全」，同時還加發恩餉一個月，當晚又設宴款待官兵們，讓他們飲酒狂歡。

而尹昌衡則秘密調集新軍將邊防軍包圍，用火炮形成壓制，如有異動即行解決。深夜時分，尹昌衡委派死黨陶澤錕為敢死隊隊長，陶澤錕帶兵衝進趙爾豐家中將其抓獲。在此過程中，趙爾豐的一名貼身丫頭持槍抵抗被陶澤錕親手擊斃。得手後，尹昌衡從正門入，並宣布為了「老帥」的安全決定將之轉移到軍政府。

被抓後，趙爾豐曾謂尹昌衡曰：「余何罪於公？」尹答道：「公得罪於四萬萬人之一乎！」趙問：「能相活乎？」尹說：「既此非我意，當語眾紳。」毫無疑問，此時眾人的意見一致認為：「爾豐屠川人，川人死於兵者數十萬，死於亂者百萬，是夫之肉其足食乎？」

次日（十一月二十二日），尹昌衡在成都明遠樓廣場召開群眾大會，問臺下眾人：「衡代諸君擒賊，所以不先告者，恐洩機，事不濟耳！今以生殺付諸君決之。」臺下大呼「該殺」，聲震屋瓦，尹昌衡即令陶澤錕當眾將趙爾豐斬首，並將其頭顱掛在樹上示眾三天。

無可否認，亂世中能鎮懾局面的往往是能掌控中下級軍官而又心狠手辣的人物，尹昌衡就是一例。平定兵變並殺掉趙爾豐後，尹昌衡聲名大噪，群情懾服。事實上，與其說趙爾豐被殺是對「反動舊官僚」的清算，倒不如說是革命的「投名狀」，趙爾豐的人頭實則是新政權樹威的道具，意在警示一切可能覬覦權力的競爭者。

尹昌衡平素放蕩不羈，在廣西期間即詭稱「酒不喪行，色不害德」。當上都督之後，年不過二十七歲的尹昌衡更是驕縱十足，犯了好酒貪色的老毛病。當然，尹昌衡個子碩長，按現在的標準可算是個英氣逼人的大帥哥，加上年紀輕輕即身居高位，難免把持不住。他在任都督期間，曾將某年輕美貌的老闆娘收為妾室而毫不顧忌輿論的指摘。更滑稽的是尹昌衡還編出一條三段論，曰「自古英雄皆好色，昌衡是英雄，故昌衡好色也」，以此證明他的好色是合理的。

一九一二年六月，袁世凱命尹昌衡為西征軍總司令，率川軍入藏平叛；不久，又將之調入京城。入京後的尹昌衡如無根之萍，險些遭殺身之禍。原來，趙爾豐之女嫁給了袁世凱之子，難免要為父報仇；而趙爾豐的哥哥趙爾巽是老袁的好友，一直在為其弟申冤。在這些人的活動下，袁世凱於一九一四年三月下令議恤前四川總督趙爾豐；同年八月，又下令褫奪尹昌衡的軍職榮典。

所幸的是當時的陸軍總長段祺瑞與尹昌衡有師生之誼，在段祺瑞的保護下，北洋政府才以「虧空公款」的罪名輕判尹昌衡有期徒刑九年結案。一九一六年袁世凱死後，尹昌衡被特赦出獄，從此退出政壇，當年的叱吒往事也就漸成煙雲，後於一九五三年病死於重慶。

四二、投名狀：張宗昌的「革命變身記」

上海光復後，督軍陳其美曾派人到數千里之外的符拉迪沃斯托克（海參崴）招兵買馬，結果招來了民國軍閥史上最著名的混世魔王、人稱「狗肉將軍」的張宗昌。

張宗昌生於一八八二年，山東掖縣人（今萊州），其父生而窮困，家中數畝薄田不足以養家糊口，農閒時節便兼職吹鼓手以補貼家用。舊時農村音樂稀缺，碰到婚慶喪儀嗩吶手總是不可缺少的氣氛製造者，張宗昌的父親這個行當做久了，後升級為「大抬杆」（鄉村樂隊的召集人兼首席樂手），在張宗昌七歲時，家裡總算擠出點錢來送他入私塾念書，這對於世代貧窮、大字不識的老張家來說可是件了不得的大事。

張宗昌的蒙師姓祝名修德，他第一件事就是把張的乳名「燈官」改成了「宗昌」，意思是張家今後繁榮昌盛，張老爹聽後十分滿意。張宗昌的教育生涯只有一年多，後來因張老爹大病一場，家中無力再供他讀書。

由於家貧無計，失學後的張宗昌不得不加入了謀生的行列，他先是給某地主老財家放牛，但因他年紀小玩性重，有一次跟其他放牛娃鬥蛐蛐，結果東家的牛不見了。這事可不得了，張宗昌漫山遍野地找啊找，但找到夜幕降臨也不見牛的蹤影。東家是出了名的小氣鬼，聽說牛給放丟了氣得是暴跳如雷，當晚就叫人把張宗昌綁在院裡的一棵棗樹上用皮鞭將他狠狠地抽打一頓。

說來也怪，張宗昌年紀不大意志卻很堅強，他任憑東家使勁抽打楞是咬緊牙關一聲不吭。張宗昌越是這樣，地主老財就越生氣，所幸地主婆是個心地善良的念佛之人，她聽到前院的動靜後急忙勸阻了丈夫，而地主老財也怕打出人命，最終只能自認倒楣把張宗昌鬆綁後推出門外了事。

張宗昌對於這件事一輩子都不會忘記。二十多年後，已做到山東督辦的張宗昌衣錦還鄉，他專程探訪了當年的東家並將那頭牛的賠款全額奉還。老地主面對這位手握數十萬大軍的直魯聯軍總司令既驚又恐，但他的擔心其實是多餘的，張宗昌在還錢後寒暄幾句即飄然而去再未找過他的麻煩。

發跡後的張宗昌常與人說從小就不知道什麼叫枕頭，因為他長年枕著磚頭睡覺，當時家中四人（**還有一妹**）只有一床破被，冬天全靠火炕過夜，上面冷，下面熱。張宗昌的童年是不幸的，少年時代的他吃不飽穿不暖，飽嘗挨餓受凍之苦。他回憶小時候每逢初一、十五或過年過節，有人去村裡土地廟燒香上供，他便趁黃昏去偷食供品，一邊吃還一邊發誓：有朝一日我張宗昌要是發了財，一定給您老人家修繕廟宇、重塑金身，加倍報償。

丟了放牛的工作後，張宗昌經人介紹進了村裡的小酒館當起了學徒，儘管沒有固定工資（**舊社會學徒一般只發點零花錢**）。但他一幹就是三年。當時的村級酒館，前頭是店面，後面是酒作坊，因張宗昌的個頭高，老闆安排他去跑堂。但做了沒幾天，顧客們反映他傳菜喊菜聲如炸雷令人大倒胃口，於是張宗昌便在前臺消失轉入了後面的酒作坊。

酒作坊裡做事無須拋頭露面，但環境差、工作辛苦，加上掌櫃待人苛刻，很多學徒吃不了這個苦，做了幾個月就紛紛離開，唯有張宗昌堅持了下來。張宗昌之所以不走，主要因這裡雖苦點累點，但總算有口飽飯吃，因而他在學徒期間任勞任怨，幹活從不偷奸耍滑，深得掌櫃的歡心。看著張宗昌勤奮的樣子，曾有人打趣說：「三個夥計也比不上一個張宗昌。」老闆娘聽了則不緊不慢地回道：「他飯量也抵三個人。」

儘管張宗昌是個標標準準的苦出身，但外表看上去卻是相貌堂堂、高大英武，由於童年和少年時期的種種磨難，成年後的張宗昌難免性格粗野，對社會多有不滿。在閒居鄉里之時，打架鬥毆便成了家常便飯。

男大當婚，女大當嫁。張老爹看著兒子成天無所事事、惹是生非，心裡不免犯嘀咕，於是給他說了一門親事，想收攏收攏他的野性。但媳婦雖然說下了，前途依舊渺茫，而此時膠東又連遭大旱，舉目望去赤地千里、顆粒無收。走投無路下，張家父子及一些同鄉開始了他們人生的第一次壯舉——闖關東。

張宗昌等人風塵僕僕地一路步行到煙臺後，因搭不上船而在當地打了三個多月的零工，最後才經海運到了營口，之後便輾轉到吉林給人幫工。一年半後，張宗昌的父親因受不了關外嚴寒而隨幾位祝家村的老鄉返回山東，行前張父讓他一起回去，但張宗昌拒絕了：「我一向不懼怕艱難困苦，出來了就往下幹吧！」

此時正值沙俄攫取了中東鐵路的修築權，一位同在莊園裡扛活的夥伴在得知俄國人在大量招收築路工人便把張宗昌一塊叫上，兩人就此從第一產業中脫身搖身一變成了修路民工。張宗昌的潛能卻在這關外苦寒之地得到充分的挖掘，他那種吃苦耐勞、不懼髒活累活的擔當精神在贏得工友們信任的同時，也獲得了俄國人的青睞。不久便被提升為工頭，手下有了一幫人馬並且與俄國人打得火熱。在這個過程中，張宗昌學得一口流利的俄語。

一九〇四年日俄戰爭爆發後，兩大強鄰在東北大地上大打出手，雙方都派出了幾十萬大軍相互廝殺。開戰不久，日軍大量收買東北鬍子（馬匪）用以刺探情報並襲擾俄軍的後勤補給，俄國人在屢屢吃虧後依瓢畫葫蘆也組織了一些別動隊去破壞日軍後方。正在俄軍中充當翻譯的張宗昌此時被委以重任，他受命收編了一支鬍子隊伍，由俄國人出錢出槍負責到日軍側背去打游擊。

幾經折騰後，張宗昌的隊伍在配合俄軍作戰中還發揮了不小的作用，俄軍見張宗昌頗具潛質，於是派出多名軍官前來指導訓練，張宗昌也由此獲得了寶貴的軍事經驗。在俄軍的支持下，張的隊伍一度擴充到上千人，張宗昌也榮升為「張統領」。當時還有另一位「張統領」，那就是張宗昌的本家張作霖，他當時正在為日軍服務。張宗昌或許不會想到兩個人在日俄戰爭中各為其主，而二十年後自己居然投到了張作霖的門下。

日俄戰爭的結果以俄軍戰敗而告終，各臨時部隊也相繼遣散。據說俄國人給每位遣散者發三個月餉並路費若干，但身為「統領」的張宗昌卻只發餉銀而將路費暗中扣下，在這兵荒馬亂中俄國人及鬍子們都被蒙在鼓裡，張宗昌由此收穫了人生中的第一桶金。

之後，張宗昌招募了一批人前往鄂霍次克海一帶開採金礦，但進展並不順利，後來就到了符拉迪沃斯托克。清朝末年，符拉迪沃斯托克人口接近二十萬，華人佔五分之三，而其中又有一大半是來自張宗昌的老家山東。在同鄉的介紹下，張宗昌在當地華商總會中擔任了一個小頭目。不過別小看了這個角色，因華商經常被馬匪或當地惡棍綁架勒索，商會為保護商界安全而擁有了一定的武裝，張宗昌魁梧的身材、精湛的槍法及之前的軍事經驗正是商會所需要的人才。

張宗昌在符拉迪沃斯托克的角色類似於後來上海灘的黃金榮：他俄語流利，與商會上層乃至俄國軍警關係極為融洽；又曾收編過鬍子隊伍，對馬匪習性及作案手法極其熟悉，特別在偵破了幾個大案後，張宗昌很快便嶄露頭角，不論黑道白道，他都吃得開。

張宗昌在符拉迪沃斯托克混了幾年後漸成勢力，一般商人們都知道張宗昌的威名，行商途中無不託庇於他的名下，而張宗昌少不了收取保護費。張宗昌有了錢做支撐也就擁有了一批馬仔，在這些爛仔的蜂擁下三十出頭的張宗昌暗地裡走私軍火鴉片、涉黃涉賭，竟成為當地黑社會中炙手可熱的人物。

與張宗昌做過朋友的革命黨人張西曼回憶說：「張宗昌當時在符拉迪沃斯托克包捐、包賭，包庇戲園、煙館，似乎可以使他們免除一切外來的突然威脅和迫害。但日久弊生，他竟自擅威作福起來，戲園中的好座要酌量留給他，新到的妓女要讓他享受初夜權，一切走私和非法生利的小本生意都可以抽頭分紅。他的俄國朋友們當然也在這些途徑上朋比為奸、平分秋色。」

張西曼是張宗昌人生道路中重要的引見人，說起他與「張大哥」的交往也頗有些意思。一次閒談中，張宗昌聽說他常去符拉迪沃斯托克外的山林中打獵，就好意提醒他近來常有胡匪綁票之事，外出一定要注意安全。張西曼聽後覺得有理，於是託張宗昌替他代買一把手槍作防身之用。

幾天後，張宗昌的一個手下請張西曼到華商總會看貨，他拿出一把頗為玲瓏可愛的白郎寧式小手槍。張西曼把玩了一下覺得槍是把好槍，但美中不足的是沒有保險機容易走火。那人見張西曼不滿意，只好將槍插入褲袋快快下樓。不到十秒鐘門外突然「砰」地一聲槍響，眾人打開門一看只見那人倒在樓梯口痛苦呻吟，原來是他自己不小心觸碰扳機而被打傷了腳趾。張宗昌聞聲趕來大罵手下辦事不力，還不如人家一個小娃娃。因這個戲劇性的事件，張西曼與張宗昌反而熟悉了起來。

張宗昌說張西曼是個「小娃娃」，那可是小看他了。事實上，張西曼年紀雖然不大，但早跟著哥哥張仲鈞入了同盟會，乃「革命老前輩」。武昌起義爆發後，張仲鈞從東北趕到符拉迪沃斯托克並指示弟弟說：「黃興、宋教仁、陳其美等同志號召全國各地大興義師，南方即將成立革命政府並準備北伐。但北伐一事騎兵不能偏廢，應設法由東三省秘密招募馬賊南下以便編練勁旅。現已提請南方迅速派員來此，與你一同招募……」

宋教仁在一九〇七年曾策劃過招募東北馬匪之事，但因吳祿貞等人的反對而未果。張西曼得到指示後，他聽說符拉迪沃斯托克北面一二百里之外的大山裡有一支千餘人的鬍子隊伍，匪首人稱「劉彈子」，一向剽悍無畏，倒是符合革命軍的要求，可自己從未與之有過交道，正為難間想起了神通廣大的張宗昌——何不通過他去聯絡？

張宗昌聽了張西曼的想法後，半試探半逗趣地說：「呦！這可不是好玩的！你不會是想鬧革命吧？」張西曼見他似有心動，乾脆趁熱打鐵，左一句「張大哥如何如何」、右一句「張大哥英明英明」，高帽子把張宗昌弄得飄飄其然，於是答應「試試看」。

在張宗昌的牽線搭橋下，張西曼親自到劉彈子的老巢去探訪了一番，並回報兄長稱那裡的綠林好漢們人才可用，請速派人來接洽。十二月初，青幫大老李徵五等人在黃興、陳其美的委派下到了符拉迪沃斯托克，而接頭地點就設在了華商總會斜對面的金角旅館。劉彈子對於革命黨頻頻伸出的橄欖枝還有所疑懼，因他們的綁票生意難免觸犯地方，而介紹人張宗昌與俄國軍警關係密切，這萬一是他設下的圈套，那就是肉包子打狗——有去無回了。但接觸了幾次後，劉彈子被革命黨的誠意所打動，他做出了一個人生中最艱難的決定：下山！

在革命氣氛的鼓舞下，張宗昌也迅速「赤化」，搖身一變成了追求革命的急先鋒。在華商總會張會長的支持下，張宗昌也在自己的舊友、部屬及當地華僑子弟中招募了近四百人的隊伍準備隨同南下，而華商總會還特意贈送了一部分槍枝以壯行色。據其部下李藻麟說張宗昌的這支「華僑子弟兵」陣容齊整，每人自備戰馬一匹、大槍一條、小槍一枝，均為俄式武器，裝備比上海光復軍還要超標一點。

經簡單的整訓後，李徵五帶著劉彈子及張宗昌的隊伍乘俄國郵船南下，一路上「革命準將士們」可謂是神清氣爽、意氣風發。劉彈子的隊伍原本做土匪做慣了，在船上又閒著無事，這些人在一起酗酒猜拳耍酒風倒也罷了，有時候還匪性大發買煙買茶不給錢，還動不動稱「老子是革命軍」，而「準團長」劉彈子也不管。郵船員工對這些人大為不滿，說：「靠這樣的革命軍去革命，中國沒救了。」

張宗昌的人馬比劉彈子一幫人就強多了，他們大多是良民出身，而且張本人也頗具威望。有一次，張宗昌對手下人訓話：「我們初到江南，人情風俗一概生疏，又是去參加革命活動，成敗並無一定，但我們只許成功，不許失敗。俄國郵船把我們送了來，絕不能再把我們送回去。我們應認清方向團結在一起，更要有破釜沉舟的堅決和勇敢，方可以打出一條出路來。我們是代表著符拉迪沃斯托克所有華僑的愛國立場，他們天天在盼望我們早日打出名堂，我們絕不能做縮頭烏龜……」

張宗昌的一席話既悲壯又實在，眾人聽後深受感動，而旁邊圍觀的船員也都翹起大拇指：「這才是真正的革命軍。」

張、劉兩支隊伍不同的表現，李徵五也是看在眼裡心裡有數。張宗昌多年行走江湖，早已是摸爬滾打出一套察言觀色的伶俐功夫，加上能說會道，因此李徵五與他言談甚歡，關係也就比劉彈子密切了許多。張宗昌深知幫會規矩，他在南下途中就拜在了李徵五的門下，按了手印入了青幫，按「大通悟學」排下來為「通」字輩（**李徵五是「大」字輩**）。

到滬後，張、劉的人馬受到革命軍的熱烈歡迎並大造輿論說是「東北革命軍」開抵上海，一時間風光無限為各界所注目。但奇怪的是隊伍駐紮閘北並換裝後，發下來的任命書卻是張宗昌任騎兵團長，而人馬更多的劉彈子屈居營長一職。這又是怎麼回事呢？

原來，陳其美聽了李徵五的意見並見過張宗昌後，覺得張宗昌的氣質、潛質各方面條件都在劉彈子之上，而且陳其美也是青幫大老，無親無故的原「團長」劉彈子只好靠邊站了。受此侮弄後，劉彈子十分惱火，他派專人送了一封信給張西曼，其中嚴厲譴責革命黨背信棄義將他敷騙下山。末了，送信人還威脅說：「咱們老總受此屈辱萬不甘心。張先生，請你想想張宗昌那小子是何等樣人！莫說老總，就連眾弟兄也忿忿不平，現正準備分組北上重返老家。什麼革命不革命的，都是你們這些讀書人給咱老粗們下的毒餌！張先生，再見，請等著來日算總帳吧！」張西曼聽後大驚，趕忙覆信問明情況，但事過境遷木已成舟，他遠在符拉迪沃斯托克能有什麼辦法！

此後，這位劉彈子老兄也不知道是為革命獻身了還是回到了關外老巢，總之是沒沒無聞未見記載了（**據張西曼的說法，劉兄「如失水蛟龍，困於沙灘，鬱鬱以終」**），倒是張宗昌投機成功，由此順風順水、屢遇貴人，最終成就了民國的一段傳奇。

四三、我本善良：七品報人汪康年

一九〇一年，章太炎與一群朋友們在酒足飯飽後縱論天下，議及時人章太炎以《紅樓夢》中人物作喻：慈禧太后，賈母也；光緒皇帝，賈寶玉也；康有為，林黛玉是也，張之洞，乃王熙鳳也……至於書中的「劉姥姥」，則封給了在座的汪康年。

戊戌變法前，國內有一份風靡一時、影響極大的報紙，這就是汪康年曾參與創辦並擔任總理（經理）的《時務報》。章太炎也曾在《時務報》中任職，以他對汪康年的了解這個比喻不算離譜。汪康年在朋友眼中是外貌憨厚而世事洞明，性情平和猶見辱不怒，為人中庸卻仗義扶危，這位以辦報為終身之業的改良主義者，他的中間路線雖被革命派與保皇派所攻訐，但仍不失為一謙謙良善君子。

汪康年，浙江錢塘（今杭州）人，一八六〇年出生於某鹽商家庭。鹽商在明清時期是個好職業，經營者富甲一方，汪家也不例外。積累了多年的財富後，汪家祖上也有意附庸風雅並鼓勵子弟讀書應試。為此，家中建有「振綺堂」藏書樓並名揚江南。乾隆年間，汪家在《古今圖書集成》修撰時即上貢善本書百餘本並受到朝廷的嘉獎。

汪康年後來的職業選擇與其祖上藏書有莫大關係，可惜他生不逢時。汪家至其祖父輩時已然沒落，太平軍橫掃江南更是給了他們沉重的一擊。一八六〇年初，父親汪曾本在太平軍合圍杭州之前將身懷六甲的妻子、老母與一子二女護送出城，汪康年於當年一月二十五日誕生於外祖父家。兩個月後，未逃出杭州的汪家人及親戚大多在這場戰亂中遇難。

汪康年的父親汪曾本曾被視為家族復興的希望，因他在二十歲時即中舉。由於家族財產在兵荒馬亂下早已蕩然無存，汪曾本兩次會試不中後不得不在沉重的家庭負擔下為生計而奔波。因功名路上未得圓滿，他在之後二十年所獲得的都是微職（八品官）或不穩定的差使，一生顛沛流離始終未能翻身。一八八二年，汪曾本黯然去世，給剛剛成年的汪康年留下五千兩銀子的債務及多病的老母，另外還有尚未婚娶的兩弟一妹。

汪曾本去世前給汪康年留下「不可廢書不讀」的遺言，他用自己一生的教訓告訴兒子，既選擇了讀書這條路就不能半途而廢，否則難有出頭之日。汪康年未必比其父更有才華，他在十九歲時考中秀才，但在鄉試一關上卻四售不中。

俗話說得好，人各有命，科考亦如是。汪康年十年內四試不中，比他大兩歲的康有為也同樣六試不中困於場屋二十載。而康有為的弟子、也是汪康年的同門師弟梁啟超（同修舉業於石德芬）卻是年少成名，十六歲中舉人；汪康年的座師瞿鴻禨二十一歲中進士，瞿鴻禨的座師王文韶二十二歲中進士，張之洞二十六歲中探花，這些都是科考路上的幸運兒。

汪康年就沒那麼走運了，瞿鴻禨任浙江學政時，他雖然於歲試與科試均考得第一並由此獲得朝考的機會（**按清制，生員經學政的歲試、科試成為優貢後可參加朝考，如通過可以派為知縣或縣教諭**），但乘興而去，敗興而歸，不過名列朝考第三等而已。

不過幸運之神還是降臨了汪家，第二年也就是光緒十五年（一八八九年）的浙江鄉試，三十歲的汪康年與堂兄汪大燮、堂弟汪鵬年同榜中舉，這也是汪曾本在三十七年前獲得舉人之後，汪家子弟再次獲得舉人功名，而且一下就是三個。當年同榜中試的還有蔡元培、張元濟等人，這都是後來的文化名流。

中舉後，汪康年拿著伯父汪守正（為慈禧所信任的御醫）及老師李文田的推薦書於次年投奔兩江總督張之洞。或因性格方面的缺陷並沒有受到張之洞的重視，而只是讓他負責文化、教育方面的事務並充任家庭教師。據其堂兄汪大燮所言，汪康年的性格直率少心機，書生氣太足而不知權變，張之洞也說他「不甚明白，亦有不定處」，因此他在湖北政治圈只能算周邊人物。

一八九二年，汪康年赴京會試，初試時很順利地考中貢士，卻因病未能參加殿試。兩年後（一八九四年），汪康年入京補殿試，以三甲第五十九名的成績中得進士，功名路上功德圓滿。不巧的是他在朝考前再次患病而未能應考，按例不能授予官職。直至一九〇四年，汪康年補應朝考，這才被授內閣中書，不過此時的他對做官已毫無興趣了。

與同時代的很多士人一樣，甲午的戰敗也深深刺痛了汪康年。這一年，他給自己起號「毅伯」，並決心以辦報為事業。汪康年所處的年代是中國近代報業的萌芽時期，十九世紀末的中國有近百家報刊，其中大半為教會所辦，外國商人所辦佔五分之一，中國人自辦報刊為個位數，其中數家還有洋人入股。甲午戰爭期間，上海報刊屢屢錯誤報導戰事，竟有稱清軍獲勝、日軍大敗的各種假消息，被愚弄的民眾竟為之慶賀不已。這一系列的荒唐事更刺激了汪康年為中國人辦報的決心。

一八九五年七月，康有為在京創辦《萬國公報》（後因與上海廣學會所辦報紙重名而改稱《中外紀聞》），以梁啟超、汪大燮為主筆。該報為雙日刊，主要登載閣抄、西報或外電的譯文及中外知識的介紹，當時也沒有什麼發行管道，只是隨《邸報》（又稱「邸抄」或「宮門抄」，主要刊登重要諭旨、奏摺、人事任免等訊息，以在京官員為發行對象）免費贈送，發行量在兩三千份。半年後（一八九六年元月），朝中有人告發康有為、文廷式等人利用報紙結黨營私並組織會社對抗朝廷，強學會和《中外紀聞》被查封。

甲午戰爭後，汪康年積極加入了維新的浪潮，後應康有為之邀赴上海加入強學會。強學會初期聲勢浩大，張之洞也主動捐款五千兩白銀以示支持。北京的強學會被查禁後，汪康年在張之洞的授意下利用所餘款項與黃遵憲等人於一八九六年八月在上海創辦《時務報》，由汪康年自任經理並聘梁啟超為主筆。

作為維新時期影響最為深遠的報紙，《時務報》的創辦及運作與汪康年的經營管理和全盤調度是分不開的，他不僅負責報社的財務、人事與發行，偶爾也兼任評論與編撰。作為背後的「大股東」，湖廣總督張之洞也對《時務報》提供了大力支持，並稱「該報識見正大，議論切要，足以增廣見聞、激發志氣，凡所採錄，皆係宏綱，無取瑣聞，實中國創始第一種有益之報。」在其命令下，兩湖大小文武衙門、各官辦理學院學堂等均按期訂閱《時務報》，費用由善後局支付。

《時務報》的影響力也與主筆梁啟超的才華密切相關。作為百年不世出的大才子，梁啟超以其犀利活潑、縱橫捭闔的文筆迅速在官紳階層中掀起了一場輿論大風暴，當時竟出現人人爭讀《時務報》的盛況。但在康有為的有意主導下，《時務報》於一八九七年後由變成法、改科舉、選才講學、興業練兵等議題轉到敏感的「開憲政，尊民權」主題，這引起了張之洞的極大警惕。

之後，張之洞命人致書汪康年要求《時務報》在「憲政」、「民權」等議題上謹言慎行，免得為人指摘而重蹈北京強學會的覆轍。接到張之洞的指令後，汪康年隨即阻止梁啟超繼續發表他認為「過激」的議論，這引起了梁啟超的極大不快。得知這是張之洞的暗中指使後，年輕氣盛的梁啟超憤而求去，之後應譚嗣同之邀赴湖南長沙參與創建時務學堂及《湘學報》、《湘報》等。

此時的汪康年大概是最活躍的。一八九七年，他與葉瀚等名流在上海創建蒙學會並發行《蒙學報》；同年，又幫助羅振玉創立了務農會並發行《農學報》。對汪康年來說，這兩份報刊只是牛刀小試。一八九八年五月，汪康年和曾廣銓、汪大鈞等集資創辦了《時務日報》（作為《時務報》的姊妹報），社務由其一人主持，這份報寄託了汪康年的許多心血。

一八九八年變法開始後，梁啟超在康有為的召喚下赴京與事，他對於之前爭奪《時務報》的失敗頗有不甘，趁機請老師向光緒皇帝建議將《時務報》改為官報，由其自往上海督辦，此議於一八九八年七月獲准。

對康有為、梁啟超假官報名義強收《時務報》並藉以報復私怨的行徑，汪康年等人極為憤怒，之後即將《時務報》易名《昌言報》予以抵制。《昌言報》仍延續了之前《時務報》的做法，並由張之洞指定梁鼎芬為總董。隨著局勢的急劇變化，康有為甫離北京，政變隨後而起，接收一事也就不了了之。

變法失敗後，《昌言報》仍得以繼續生存，但汪康年的主要關注對象是另一份報紙，即之前創辦的《時務日報》。為避免牽連迫害，《時務日報》於當年八月改名為《中外日報》，以英人杜德勒為發行人、以日本人安藤虎雄為總董，此舉實為改掛「洋旗」以便於繼續出版。

《中外日報》四開四版一張，白報紙雙面印刷，後擴為對開大張，縱向分層編排，這些在當時都屬獨創。汪康年最大的創新是改變當時各報普遍通行的四字標題而代之於分類標題，將每版分為上下四欄；又將新聞分為電報、各國、外埠、本埠四類，再按地域分別排列，力求版面現代化以與《申報》競爭。在辦理這份報紙的過程中，其弟汪詒年也助力不小，該報實為汪家兄弟所主導。

由於競爭激烈，《中外日報》仍與地方政府有著千絲萬縷的關係乃至於接受官方的資助。一九〇五年，各地因美國「排華法案」而發生反美浪潮，《中外日報》受命「疏導」，結果引發讀者不滿而相約退訂，「不幸」成為中國新聞史上第一家被讀者抵制的華文報紙。一九〇五年後，因汪康年赴京任職，該報影響日微後於一九一一年二月停刊。

一九〇四年，汪康年赴京應朝考，後被授為內閣中書。內閣中書不過七品官（從七品），以汪康年的年紀實在看不出有什麼前途，他在此期間的興趣也仍舊在辦報上。一九〇七年三月，汪康年在京創辦《京報》，正當他想大幹一場時，半年後又因「楊翠喜案」而被查封。

直到一九一〇年十一月二日，汪康年再度來京並創辦《芻言報》，這既是他生平所辦的最後一份報紙，也可以說是他一個人的報紙，該報每月出六期，每期八頁，所有撰寫、編輯、校對和發行工作均由他一人負責。《芻言報》分內外兩編，內編設《諮告》、《評論》、《研究》等欄目，外編設《調查》、《事案》、《掌故》等欄目。《芻言報》與其他報刊相比有兩大特點，一是「以評論及記載舊聞供人研究為主，不以登載新聞為職責」；二是「獨資經營，不對外籌款，不招攬廣告」。

此時的汪康年已年過半百，年齡不算很大，但其身體因多年的奔波與勞累而日漸羸弱。對其如此賣力地辦這樣一份報紙，一些親友也勸他：「何必自苦到如此地步？」汪康年則笑答：「吾即以是為療疾之藥耳。」但沒過多久，汪康年患上了嚴重的肺癆，時時「咳喘不已」，最終於一九一一年十一月十四日於天津「悲嗆而逝」。作為他一個人的報紙，《芻言報》也隨之停刊（共出八十二期）。

清末新政後，汪康年以改良派思想而著稱，其主張走溫和的中間道路，反對激進的革命思潮。儘管如此，他與章太炎等人仍舊保持了良好的關係，「蘇報案」後的爛攤子及鄒容的安葬等都是他在背後操持。而他在一九一〇年後的「國會請願運動」及保路風潮中均持反對意見，他認為是「民智太低」而輿論從中煽動，社會將因此而動盪不安，這與新聞事業所追求的目標是背道而馳的。

汪康年只活了五十一歲，他至少有一半的時間是在報館中度過，但可惜的是這位辦了半輩子的報人所辦之報卻沒有一家能夠善終。汪康年死後，留有《汪穰卿遺著》、《汪穰卿筆記》（汪康年字穰卿）等著作，其弟汪詒年在其傳記中說：「百年後，人若知先生所值之時事如何，所處之環境如何，則於先生何以有此懷抱，何以發此言論，可洞如觀火矣。」

話雖如此，汪康年至今仍少有人知——或許是改良派兩頭不討好，不遭人待見吧！

四四、女界先鋒：呂碧城風華絕代

清末民初有一位女性擁有眾多的頭銜，她被稱為「近三百年來最後一位女詞人」、中國第一位女性撰稿人、中國新聞史上第一個女編輯、中國女權運動及女子教育先驅、中國第一位動物保護主義者，她就是呂碧城。

呂碧城祖籍安徽，其家族累代經商，不過父親呂鳳岐卻是正宗的科舉出身，他在中進士後入翰林院，後被外放為山西學政，呂碧城遂於一八八三年出生於山西太原。呂鳳岐生有二子四女，二子為原配蔣氏所生，後四女為續弦嚴氏所生，呂碧城在其中排行第三。

呂碧城三歲時，父親辭官還鄉，定居於安徽六安。十年後，呂鳳岐的意外病逝令整個家庭陷入了極大的困境。呂家的兩個男孩均先於父親去世，而按當時的宗法制度女子是沒有繼承權的，因而族人找上門來企圖霸取呂家的財產。在族人的威逼下，孤苦無依的嚴氏母女最後只能放棄家產離開家園。

呂碧城在此之前本已許配，但經此家變對方竟提出退婚的要求，這在當時對女方來說是一件極不光彩的事情。接連的劇變讓十三歲的呂碧城倍受打擊，同時也對世途凶險與人心險惡有了深刻的認識，而其後倔強自立的性格或因此而起。

無奈之下，嚴氏只能帶著女兒投奔自己的兄弟嚴鳳笙（天津塘沽任鹽課司大使，八品官）。對於一個敏感而多才的少女來說，寄人籬下的生活想必是難熬的，而且這樣的日子又過了九年。一九〇四年春，舅父官署中某方姓秘書的太太要回天津，呂碧城聽說天津已開辦新學，於是央求她帶自己一同前往。腦筋陳舊的舅父得知後對她劈頭蓋臉地一頓訓斥，說她不守婦道並禁止呂碧城離開塘沽半步。

呂碧城在一時的激憤下逃出家門，隻身踏上了前往天津的火車。上車後，她發現自己身無分文，連買車票的錢都沒有。好在天無絕人之路，呂碧城在車上遇到了自己的第一個貴人——天津佛照樓旅館的老闆娘，這位好心的女人聽說了呂碧城的遭遇後十分同情，不僅為她補了票，而且還將無處可去的呂碧城暫時安置了下來。

呂碧城的這一跑竟然跑出了一個奇異的人生。呂碧城經打聽後得知那位方太太住在天津《大公報》報館中，於是寫信向她求援。機緣巧合的是這封信被《大公報》總經理英斂之看到，他對呂小姐的文才與膽識大為激賞，隨後親自前來拜訪。兩人相見後言談甚歡，英斂之得知呂碧城的困境後當即拍板聘請她擔任《大公報》見習編輯，而這也是中國新聞史上的第一位女編輯。

英斂之出身正紅旗下，一九〇二年創辦《大公報》後一直致力於介紹新知，宣導改革，可謂旗人中的開明人士。呂碧城在他的鼓勵下隨後在《大公報》上發表了大量詩詞及政論文章，由此在京津文化圈中迅速走紅。

呂碧城素有家學淵源，其詩詞格律謹嚴，文章神采斐然。據說她五歲時，有一次父親見風拂楊柳，於是隨口吟了一句上聯「春風吹楊柳」，話音剛落，呂碧城即脫口而接道：「秋雨打梧桐」，反應之速、對仗之工整令周圍人大為驚訝。還有一次，詩詞名家樊增祥無意中讀到呂碧城的一首詞：「綠蟻浮春，玉龍回雪，誰識隱娘微旨？夜雨談兵，春風說劍，沖天美人虹起。把無限時恨，都消樽裡。君知未？是天生粉荊脂聶，試凌波微步寒生易水。漫把木蘭花，談認作等閒紅紫。遼海功名，恨不到青閨兒女，剩一腔豪興，寫入丹青閒寄。」

樊增祥與呂父係同年進士，當他得知這首好詞竟然出自十二歲的呂碧城之手時，忍不住拍案叫絕，驚訝得半天說不出話來。為此，他寫詩稱讚：「俠骨柔腸只自憐，春寒寫遍衍波箋。十三娘與無雙女，知是詩仙與劍仙？」

清末時期，隨著各項新政的次第鋪開，各種思潮也由此鼓蕩而來，其中就包含了女權主義。在《大公報》任職的初期，呂碧城的詩詞多注重女權的抒發，如盛傳一時的《滿江紅‧晦暗神州》，開篇即唱：「晦暗神州，欣曙光一線遙射。問何人，女權高唱，若安達克？雪浪千尋悲業海，風潮廿紀看東亞」；全詞緊扣詞眼「女權」，充分宣洩了清末新女性追求解放的強烈願望。

《大公報》是當時「華北第一報」，在這種新興媒體的助力下，呂碧城發表的系列作品很快引起了眾多的關注，名流們也都紛紛唱和，一時間「呂碧城」成了一個新聞人物和熱點話題。

清末女界有一段「南北兩碧城」的佳話。呂碧城在天津成名之時，秋瑾正與丈夫王子芳寓居在京，之前她也有詩文署名「碧城」流傳。在《大公報》的「碧城」佳作迭出時，秋瑾曾慕名前往《大公報》館拜訪這位「北碧城」。據呂碧城所憶，秋瑾會面後「慨然取消其號」，兩人相談甚歡。

秋瑾赴日留學後，曾寫信勸呂碧城加入革命，但被她婉拒。一九〇七年秋瑾遇難後，諸報噤聲，呂碧城用英文寫了《革命女俠秋瑾傳》發表在美國的報紙上，後還作詩追懷好友，其末尾兩句為「塵劫未鎖漸後死，俊遊愁過墓門前」以寄託哀思。

一九〇八年，光緒皇帝與慈禧太后相繼崩逝，正當全國舉行「國喪」之時，一首名為《百字令》的詞卻在私下悄悄流傳：「排雲深處，寫嬋娟一幅，翬衣耀羽，禁得興亡千古恨，劍樣英英眉嫵。屏蔽邊疆，京垓金弊，纖手輕輸去，遊魂地下，羞逢漢雉唐鵝。」這首詞，實際上是說慈禧太后主宰朝政近半個世紀卻把大好的中國搞得一團糟，如今到了陰曹地府一定羞於與呂后、武則天相見。此詞正出於呂碧城之手。

呂碧城雖然對清廷不滿，但她並不是革命黨。呂碧城主張女權，但從思想上來說並不激進。正如英斂之所評價的，呂碧城「能闢新理想，思破舊錮蔽，欲拯二萬萬女同胞出之幽閉羈絆黑暗地獄，復其完全獨立自由人格，與男子相競爭於天演界中」。

《大公報》上，呂碧城對積澱千年的「女子無才便是德」的陳腐觀念痛加批駁，她在文章中反覆提倡婦女通過教育改變命運，正如《論提倡女學之宗旨》一文中說的，「欲使平等自由，得與男子同趨於文明教化之途，同習有用之學，同具強毅之氣」。在她看來，男女平權不僅解放了婦女，更重要的是「使四萬萬人合為一大群，合力以爭於列強，合力保全我二萬里之疆土。」在其文章中，呂碧城已將「興女學」提到關係國家興亡的高度。

一八四四年，英國東方教育促進會在寧波創辦了一所女子小學，這也是中國女學的創辦之始。但是當時的女子學校大多與教會有關，學生主要來自貧困家庭，人數也很有限。一九〇四年，旗人女子惠興創辦杭州貞文女校，第二年，學校因資金困難而面臨關閉，杭州八旗官員卻拒絕提供援助，惠興在絕望之下為抗議同胞的冷漠自殺身亡。惠興的死引起了極大的迴響，女子教育問題也成為社會的熱點問題。

一九〇七年，清廷頒定女學章程，承認了女子教育的合法地位。「開女智、興女權」，最主要的途徑是興辦女學，讓更多的婦女走出家門接受現代教育，呂碧城是這樣想也是這樣做的。幸運的是當時的直隸總督兼北洋大臣袁世凱正積極推行新政，儘管學部的「癸卯學制」未將女子教育列入正規學校體系，但袁世凱對女子教育仍頗為重視。

在英斂之的幫助下，呂碧城在籌辦女學過程中結識了嚴復、嚴修、傅增湘等津門名流，進而獲得了天津道尹唐紹儀乃至袁世凱的鼎力支持。一九〇四年十一月，北洋女子公學正式開學，呂碧城出任總教習（**教務長**），傅增湘為監督（**校長**）。兩年後，北洋女子公學更名為北洋女子師範學堂，年僅二十三歲的呂碧城升任監督，這在當時尚屬首例。

「為一個文明社會的將來盡各自的力量」，儘管北洋女子師範學堂第一屆畢業生只有十餘人，但呂碧城提出的教育理念影響了民國後的諸多女傑，如鄧穎超、劉清揚、許廣平、郭隆真等，她們都曾親聆過呂碧城的授課。最有意思的是當年責罵她的舅父嚴鳳笙後來「因事被劾去職」，袁世凱指定他協助外甥女呂碧城參與籌備女學事宜，嚴鳳笙雖無地自容但也只好「忍氣權從」。

作為清末「女界聞人」，呂碧城不僅熱衷於提倡女權、興辦女學，她也同樣熱心於公益。一九一一年奉天發洪災，呂碧城與海上諸女發起女子賑災會並親撰通告。辛亥革命勝利後，令呂碧城等女權主義者感到失望的是一九一二年《臨時約法》對女權問題未置一詞。為此，女界代表唐群英等人跑到南京臨時參議院上書請願並強闖議事廳，這群憤怒而勇敢的女志士們在遭到警衛的阻攔後將其門窗玻璃給砸了個稀巴爛。

數日後，六十多名女界代表再次來到臨時參議院並闖入了議事廳，鬧到最後，議長林森不得不向軍隊求救事件才得以平息。同年八月，同盟會在京舉行改組大會時，因新黨章中將「男女平權」一條取消，原同盟會員沈佩貞等人一怒之下竟衝上主席臺，當場奉送了主持會議的宋教仁幾個大耳刮子，會場為之駭然。

或許是出於失望、或許是出於報答知遇之恩，一九一二年清帝退位後，呂碧城在袁世凱的邀請下離開教育界改任總統府機要秘書。但是失望之後還有更多的失望，在袁世凱稱帝前夕，呂碧城辭職遷居上海，而在「洪憲帝制」失敗後也不免為世人所非議。回滬期間，呂碧城行陶朱之學獲利頗豐。一九二〇年，呂碧城飄然出國，後漫遊於歐美各國並定居於瑞士的日內瓦湖畔。在這段時期，呂碧城將自己的見聞寫成《歐美漫遊錄》並先後連載於北京《順天時報》和上海《半月》雜誌。

令人不解的是呂碧城雖姿容優雅卻終身未婚。有人說，這是因她早年被人退婚而留下陰影所致，但這只是部分原因。事實上，後與之交往過的社會名士不乏其人，如英斂之、楊志雲等均與其有過感情糾葛，但呂碧城卻寧願獨身終老而不曾踏入婚姻的大門。

與呂碧城最有可能發生婚姻關係的是給予她知遇之恩的英斂之。但遺憾的是英斂之一則已婚（其妻淑仲還是皇族）；二則是旗人（儘管當時「滿漢不婚」的禁令已打破，但民國前滿漢通婚的仍極少），以呂碧城的個性也絕不能容忍自己作為「妾」出現。

作為早期的女權主義者，呂碧城個性既強遇事也極有主見，隨著其知名度的一步步提高，她與英斂之的關係也開始出現裂痕，兩人在一些事情上難免會出現矛盾爭執乃至於言語失和的情況。事實上，英斂之對呂碧城的態度也由最初的欣賞與好感逐漸變為不耐和反感，其日記中甚至出現斥之為「不通」、「虛驕刻薄，態極可鄙」的詞句。

一九〇八年，《大公報》上刊載了一篇題為《師表有虧》的短文，文章不點名地批評了某校數名教習打扮妖豔、不中不外、招搖過市、有損師德。由於當時的女教習人數很少，打扮妖豔者更是屈指可數，而呂碧城則性喜奢華、打扮新潮，英斂之此前對之頗具微詞。呂碧城讀了這篇文章後，或因內心敏感、或是借題發揮，她隨即在《津報》上發表文章進行了言辭激烈的反擊。

事後，英斂之在日記中記道：「碧城因《大公報》白話，登有勸女教習不當妖豔招搖一段，疑為譏彼。旋於《津報》登有駁文，強詞奪理，極為可笑。數日後，彼來信，洋洋千言分辯，予乃答書，亦千餘言。此後遂永不來館。」由此，兩人的關係徹底走向了破裂。

呂碧城早年遭遇退婚，之後在英斂之的幫助下成名，而英斂之對她也頗有好感，其情感難免複雜，而以她獨立偏執的性格更是難以在相處中感受自如。之後，呂碧城索性借題發揮並與英斂之乃至《大公報》一刀兩斷，其中奧秘恐怕還是一種不自信與不安的表現。作為一個在婚事上受過傷害的女人，呂碧城對於之後的感情和婚姻往往抱著小心翼翼的試探態度，一有阻礙即知難而退。

民國後，英斂之退居北京香山靜宜園並致力於慈善教育事業，他先後參與創辦了香山慈幼院和輔仁社。儘管二人後恢復往來並互通書信，呂碧城還一度前往香山探望英斂之，但相比於當年津門相談甚歡、笑語盈盈的情景已是隔去三秋。一九二六年，英斂之因病去世，而呂碧城當時已在異國天涯。

呂碧城在事業、才情、樣貌、金錢四者一樣不缺，她能看上的人屈指可數，而被看上的人往往又「使君有婦」。當友人問及於此時，她自稱「生平可稱心的男人不多，梁啟超早有家室，汪精衛太年輕，汪榮寶人不錯，也已結婚，張謇曾給我介紹過諸宗元，詩寫得不錯但年屆不惑，鬚眉皆白，也太不般配。」

曾有人說她是袁克文（袁世凱的二公子）的紅顏知己，呂碧城笑而不答，稍傾曰：「袁屬公子哥兒，只許在歡場中偎紅依翠耳。」對此，有著師生之誼的嚴復批評她「心高氣傲，舉所見男女，無一當其意者」，而其最終是一生未婚。

一九二九年後，呂碧城開始一心向佛並致力於「戒殺護生運動」，她曾著有多本佛學作品。一九三九年後，呂碧城在歐戰的硝煙中返回香港，後於一九四三年辭世，年六十一歲。此時的香港同樣在戰火之中，呂碧城遺命不留屍骨，骨灰和麵為丸投於南海。

四五、難纏的「國辮」：一剪了之

清朝之前，漢人對薙髮（剃髮）極忌諱，只有犯罪或出家當和尚不得已而削髮，否則頭髮不能剪也不能剃。如古代之「髡刑」，剃髮即為懲罰手段，而太史公司馬遷說的「剃髮受辱」，亦有此意。曹操出征南陽，因座馬驚奔踏了道旁禾苗，觸犯了自己所定的「踐苗者斬」之禁令，「割髮權代首」，這一自懲的力度已不算小。

清初之「薙髮令」，一言而蔽之即「留頭不留髮，留髮不留頭」，這大大傷害了漢人的感情。漢人們反抗的未必是留辮，因辮子無非髮式，或纏或綁並不重要，但將前額頭髮剃去則於傳統大為相背，特別在頭髮剃去後額面露一光溜溜的大瓢，這就像被刺字一樣幾乎是一種失敗與恥辱的標誌，而滿人統治者要的就是這種歸順的效果。

「寧為束髮鬼，不作剃頭人」。「薙髮令」一出，士人們義憤填膺，視之為奇恥大辱，隨後各地紛紛造反，滿洲鐵騎則大兵壓境，江南一片血雨腥風。其中尤以江陰反抗最為激烈，史傳「江陰十日」，其殺戮可謂慘矣。

有武力做後盾，剃頭也就成了壟斷行業。剃頭師傅們奉旨剃髮，攤頭旁邊豎一旗杆，掛起「薙髮令」的醒目布告，旁邊還站一清兵，腰間挎把刀，看到誰額上有髮即抓來剃頭，誰敢不從就砍了腦袋掛在旗杆上。漢人剃髮久而久之成了習慣，攤頭上也不用掛布告，站崗士兵也撤了，旗杆上也沒了人頭，但放旗杆的剃頭架倒保留了下來，可以放放磨刀石、磨刀布之類。

辮子史的血腥還不僅於此。太平軍造反時，辮子又成了重點打擊對象。建都金陵後，太平天國頒布了同樣嚴厲的「蓄髮令」，不過這次成了「剃髮不留頭，留頭不剃髮」，想保住頸上腦袋就得留起前額頭髮，否則即為「清妖」（**太平軍綽號「長毛」即由此而來**）。只是太平軍經常打了跑、跑了打，等湘軍追來抓住額前留髮的也要殺頭，老百姓這下可倒楣了。

說來好笑，太平軍中按資排輩，不看別的就看額前頭髮便一目了然，頭髮長的自然參加起義早，起義晚的自然頭髮短。辮子在「長毛們」被鎮壓下去後收復了山河，直到清末留學潮與革命黨的興起，「國辮」的地位才再次受到挑戰。革命黨是最早剪辨的，孫中山在一八九五年廣州起義失敗後逃至日本橫濱即將腦後辮子剪去，而更大的剪辨潮則是庚子年後眾多的留日學生。

日本人的自信心在甲午戰爭後突然爆棚，報上的刻薄文人將清國人之辮譏為「豚尾」，一些日本頑童甚至當街追逐侮辱帶辮的中國留學生。受辱之後，一些留日學生開始剪辮並形成革命風氣，當時有個南洋學監姚文甫（**對留日學生進行管理的留學監督**）為人媚上欺下，生活上有傷風化，後被鄒容、張繼等革命學生強行剪辮，犧牲的辮子次日還被懸掛在中國留學生會館前，上面大書：「姚文甫之辮」，姚文甫因此而被撤差。而繼姚文甫之後，新任南洋學監的沈兆宜也因與學生發生衝突而遭剪辮，革命學生之猖狂可見一斑。

民國記者包天笑在回憶錄中說了兩個剪辮的笑話，某留學生自日本留學回國後，裝了條假辮子蒙混過關，他家有個女傭不知主人已歸，見後驚告同伴：「少奶奶房裡來了個和尚！」眾皆大笑，此兄想必已真相畢露矣；另一個笑話說兩江總督端方的兒子，在日本留學時把旅費、學費揮霍殆盡，向老頭子要錢時被拒，這小子就說：「你不給，我就要剪辮子了。」端方一急，便匯了一千塊錢過去——滿洲人怎能自剪「國辮」呢？

據某化名「一勺」的南京陸軍中學學生回憶，清末時革命排滿之風瀰漫學府，學生們對清初「薙髮令」所強迫留傳的「豚尾」深惡痛絕，一時間剪辮之風行於全校。兩江總督端方雖號稱開通，仍不同意剪辮子，後任總督張人駿尤腐化頑固，多所誅求。故已剪者複製一假辮，假辮有兩種：一則周圍劉海覆於頂上，後拖長辮，形頗逼真；一則以假辮縫綴於軍帽後沿。前者價三元，後者稍賤，理髮匠大發其財，直至辛亥此風始革。

廣西陸軍小學畢業生李宗仁則回憶說：「當時我們的服飾是十分別致的，學生多數拖著一條長辮子，卻穿著現代式的陸軍制服和皮鞋。今日回想起來雖有不調和之感，但在那時是覺得十分神氣美觀的。我們的留日教官以及少數得風氣之先的梧州籍同學，間或有將辮子剪去的。也有少數將後腦剃光或剪短，把前面的頭髮編成辮子，再把辮子盤成一個餅貼在頭頂上，然後戴上軍帽的，但他們在寢室內或操場上脫掉軍帽時卻倍覺難看。新軍有留辮子也有不留辮子的」。

國內最早提出剪辮倡議的是康有為。早在一八九八年，康即向光緒提出「剪辮易服」的建議，但未及討論變法即告失敗。據莫理循記載，中國新軍剪辮始於一九〇五年歲末，原因是士兵改穿緊身軍服，而北京街頭的員警為方便起見也同樣被允許將辮子剪短三分之二（但不是剪除）。莫理循同時又稱，當時士兵一般不願意剪要由軍官帶頭，沒辮子的軍人在大街上常常到孩子們嘲笑。

之後，辮子的「剪與不剪」問題引起了一場大討論。一九〇九年，立憲派領袖湯壽潛在奏摺中直接提出了剪辨易服的主張，而回國述職的駐美公使伍廷芳也上奏請求剪除辮子。鑒於「國辮」的象徵意義，清廷對於湯壽潛與伍廷芳的意見並未回應。但事實上，「剪辮」在清末的最後幾年中已成風潮，譬如陸軍部尚書蔭昌在上任後即剪除辮子，這使得很多武備學堂及其他學校的年輕學生紛紛效仿，官長怪罪下來就以蔭昌事例作為辯護。至於那些從日本及歐美歸來的留學生，他們中大多已是「牛山濯濯」（即已剪辮，不過很多人在回國後又在帽子後戴上一條假辮子遮人耳目）。

顏惠慶在回憶錄中記載了一段他所親歷的滑稽戲：一九一〇年清廷在保和殿舉行第二次留學生歸國考試，考生們身穿朝服，很多人的帽子後面則連綴著一條假辮子，監試的蒙古親王那彥圖見天氣酷熱而允許考生們將帽子摘下，結果在巨大的紅色殿柱上掛滿了縫有假辮子的帽子，情形極為可笑……清廷對此也只是睜一眼閉一眼。

同年，從美國訪問回來的皇叔載濤也公開表示認同剪辮，一時引發了京城的討論熱潮。一九一〇年十二月，資政院議員開會時，議員羅傑和周震霖明確提出「剪辮易服」議案：官員、士兵、員警、學生四類人剪辮，民眾可自由選擇；清廷應對國內外服飾進行考察，如果將來易服只限於官員，且新服飾的衣料均採用國內產品；請攝政王和皇帝率先垂範，模仿趙武靈王和明治天皇接受外國禮儀慣例。資政院議決時，認為「兩案之主旨，皆以中國辮裝妨礙運動，朝廷整軍經武，非剪除辮髮，改制冠服，不足以燦新天下之耳目」。

在此情況下，攝政王載灃不得不做出回應，但他採用的是模糊政策，聲稱「前經農工商部具奏，已降旨宣示中外矣，著仍遵照前旨辦理，此奏即毋庸議」。載灃對資政院的請求模稜兩可，他既不公開反對，又不明確允許，結果引發了一場混亂，剪與不剪，大家各行其是。一九一一年一月，伍廷芳在上海組織了一次大型活動，三十個理髮師為近千人剪除了辮子，結果引發了上海的剪辮熱潮，一些擅長短髮的日本理髮師還趁機發了一筆小財。

剪髮浪潮的蜂起使得學部不得不發布命令，要求各校停止剪辨行動，這才使得這場混亂稍稍平息，但在各大城市中，腦後無辮的年輕人自由出入於公共場合已被人視以為常，見多不怪了。一九一一年七月八日《時報》載有〈上海之今昔觀〉一文，其中即稱「前三年華人之剪髮者尚寥若晨星，今則劇場茗寮之中觸目皆是矣」。

革命期間，剪辮子既是一種時尚，同時又意味著風險。福建上杭革命時，革命黨人傅柏翠等人加入同盟會後的第一件事就是剪辮子以示與清王朝決裂，但他們回鄉時，「廟會上看戲的群眾見我們頭上沒有辮子很感奇怪，紛紛把視線從戲臺轉移到我們身上來」。除詫異之外，一些人見了沒辮子的革命黨感覺也有些許「惶恐」。

據當時在浙江湖州中學就讀的茅盾回憶，武昌起義爆發後，原本禿頭的學生反而戴起了假辮子，原因是擔心被人認為是「革命黨」而遭到不測。事實上，有為數不少的人因剪辮而被殺，這就是張勳在南京所製造的慘劇。在南京第九鎮起事失敗後，張勳在城內大肆拘捕，凡無髮辮者即為革命黨就地屠殺，據說被殺者近千人，其中以年輕學生居多。司徒雷登當時正在南京任教，他曾幫助學生縫假辮子出城。直到一九一二年十二月七日，清廷下旨允許自由剪辮，因剪辮而被迫害的事件才告終結。

溥儀的洋帝師莊士敦在《紫禁城的黃昏》中說，辛亥革命時，一些滿人完全忘記了是自己的祖先當年強迫漢人留起了辮子，他們反以為是自己的祖先模仿了漢人，因而在革命爆發時剪去了自己的辮子，以示對漢人「造反者」的抗議。

剪辮是個過程也是個人自由，非一夜之間所能完成。事實上，強制的剪辮行為在各地引發了不少暴力事件。革命起家的山西都督閻錫山為做表率，他委託同鄉好友康佩衍等人回家鄉革命，其中以放腳、剪辮為主。康佩衍從自家開始革命，妻子不肯放足，他就威脅不放足就槍斃了你；要給父親剪辮，其父大罵：我叫你去東洋學本事，想不到你回來卻要我的命。因行事過於操切，康佩衍等人引起了家鄉父老們的公憤，閻錫山的老家河邊村被千餘人包圍並叫囂要殺老康，雙方發生衝突並導致三人死亡。最終還是靠閻錫山派兵將帶頭的幾個豪紳抓走，事態才告平息。

清帝退位後，民國政府頒布「剪髮令」，北京城一時傳唱：「袁世凱，瞎胡鬧，一街和尚沒有廟。」所謂「和尚」說的就是那些剃光頭的新剪辮者。老舍在小說《我這一輩子》中說，某巡警給行人強行剪辮後，晚上走到背靜胡同裡卻挨了突如其來的一磚頭，被打瞎了眼睛而無處申冤，這似乎也說明一些民眾對剪辮並不歡迎。就連最開化的城市上海，光復兩月有餘而辮子仍未除淨。

徐永昌在回憶錄中說，「民國初年春天，官廳社會到處提倡剪髮辮，即是官廳提倡，社會強迫執行。中國人向極自由，當蓄辮者走到街上，往往被人強剪髮辮，侵犯自由，亦無如之何，政府事先毫無計畫，事後亦不研討，一任社會上騷鬧。」

直到後來，官員們也搞出些花樣，譬如在廟會、集市上搭棚設點，裡面預備菜飯粥茶，見未剪髮的便扭進棚內強行剪辮。剪完後，便有官員長揖恭維道：「您剪髮辮啦，大吉大利！請您棚裡用飯吧！」因事起突然，有些人憤然而去，有的則一邊捧著碗吃飯、一邊哭辮子。有人走時還要將辮子撿回去，說是留著死後入殮時好放進棺材裡落個「整屍首」。

革故鼎新之際，有些人寧可不出門，也拒不剪辮，在很多地方的城門設點剪髮，一些人聽說後嚇得不敢進城。

金啟孮在《談北京的滿族》中說，民國改元後，年輕人辮子剪得快是因打架方便，最開始剃光頭，全是禿子；中年人剪得慢，老年人則是因為怕冷很晚才剪。即使剪，後腦勺一般也留一圍頭髮，以禦早寒。堅決不剪辨的，倒是營房裡的山東人。有趣的是北伐時有山東民謠反張宗昌的暴政，剪辮子即為其中之一，實則張宗昌主政山東時距民元已有十餘年，山東民間仍視剪辮為苛政，似有餘憤焉。

蔣夢麟在《西潮》中說，辛亥以前大多數美國華人都留辮子，很多女人也纏足，但辛亥年後，美國的華人社會與國內情況差不多，辮子消失，纏足也逐漸消失了。但有一點，旗袍反而在清朝覆亡後流行起來（**應為改良版旗袍**），成了中國文化的象徵之一。蔣夢麟是一九一七年回國的，有個長輩劉老丈跟他聊起民元見聞，說城裡人一夜之間就把辮子剪去了，年輕人再穿上西裝，像是猴子！

留髮是漢人的傳統，薙髮梳辮只是髮型問題，從原始意義上說剪辮未必是反抗清廷（**前額蓄髮才是**），而是對儒家傳統不適合現代社會的一種自然反應，畢竟蓄辮髮不便活動，頭髮長了又容易污穢散亂，確實有礙衛生。從這個意義上說剪辮實際上是一種「符號的革命」，革命黨人覺得剪掉辮子就是革命，正如六十年代後西方的年輕人認為蓄起鬍子便是革命，實則異曲同工。

四六、天足：小腳裡的大革命

如果辮子還僅僅是視覺上醜陋的話，那小腳就不僅僅是醜陋而是罪惡了。中國歷史上至為荒唐、最為殘忍之事莫過於纏足，更令人不可思議的是這種殘酷的肉刑竟然戕害了中國婦女上千年。

過去的女孩大多在五六歲時開始纏足，而所謂「纏足」，實則是用長布條將拇趾以外的四個腳指連同腳掌折斷彎向腳心，以人為的形成「筍」形的「三寸金蓮」，其過程之慘痛雖有千般筆墨亦不能形容。為了孩子能夠順利出嫁，祖母或母親任憑孩子哀哀痛哭也不得不硬下心腸毫不憐惜，還自認為是盡到了自己的責任。此等陋習誠可謂令人髮指。

「小腳一雙，眼淚一缸」，纏足後的女孩要經過一年時間才能正常下地走路，而事實上大多數人已成為準殘疾。纏足的女孩因腳掌變形的緣故行走十分不便，長大後肌骨彎成弓狀，腿部也不能正常發育，這對於還要從事勞動的普通婦女來說無疑是一種巨大的折磨。

清末傳教士立德夫人曾這樣描繪纏足的中國女孩：「在這束腳的三年裡，中國女孩的童年是最悲慘的。她們沒有歡笑……可憐啊！這些小女孩重重地靠在一根比她們自己還高的拐棍上，或是趴在大人的背上，或者坐著悲傷地哭泣。她們的眼睛下面有幾道深深的黑線，臉龐上有一種特別奇怪的只有與束腳聯繫起來才能看到的慘白。」

《夜雨秋燈錄》中說：「人間最慘之事，莫如女子纏足聲，主之督婢，鴇之叱雛，慘尤甚焉。」作為一種明顯摧殘人性的陋習，何以延綿千年不能廢絕，這本身就是極其弔詭的。更恐怖的是這種陋習具有強大的社會壓迫力，元明清三代的婦女若不纏足非但被人恥笑，而且有嫁不出去的危險。河南安陽即有歌謠，「裹小腳，嫁秀才，吃饃饃，就肉菜；裹大腳，嫁瞎子，吃糠菜，就辣子」，朱元璋的皇后馬娘娘就因有一雙天然大腳而被人嘲笑，「露馬腳」之典故即出於此。

纏足的群體性心理是如何形成，又是如何產生了持久殘忍的壓迫性力量，這無疑是值得追究的。自宋以降，小腳被描繪成「香鉤」、「三寸金蓮」、「步步生蓮花」，這種人為的、畸形的「變態美」竟被一些無聊的文人墨客所吹捧，清朝甚至有位叫方絢的「香蓮博士」，他寫了一本評判女人小腳的專著曰《香蓮品藻》，誠可謂士人敗類，無恥之尤。

男人對小腳的迷戀不僅是一種畸形的審美觀，而且還包含了變態的性意識（據稱能使臀部肥大）。明朝時，男子擇偶的首要標準即看女人的腳是否夠小，就連嫖妓也多玩弄妓女之「金蓮」，因此被稱為「逐臭之夫」（與裹腳布同臭）。更可怕的是當纏足成為一種美德而不纏足是一種恥辱時，纏與不纏已成為一種女子是否「貞潔」的考驗。

《女兒經》一語道破其中真諦：「為甚事，纏了足？不因好看如弓曲，恐她輕走出房門，千纏萬裹來拘束。」換句話說，給女孩纏了足就不能隨意出遊；小腳行動不便，她們就「紅杏出不了牆」。宋代大儒朱熹宣導纏足，如此一來，女孩子「靜處深閨」，男女隔離「授受不親」，秩序井然，天下即可大治。纏足事實上成為男權社會對女子的一種「貞潔肉刑」，而這種制度化的「肉刑」，也從側面反映出男性社會對女性的不自信。自宋以降，漢人的柔弱化似與女子纏足有著莫大的關係。

滿人入主中原後，清廷曾多次下詔禁止漢人纏腳，但與令到髮除的「薙髮令」相比，「禁纏令」卻收效甚微，其間還有無聊文人自誇「男降女不降」，這就近乎一種無恥了。據《菽園贅談》中說，康熙元年詔禁纏足，違者拿其父母問罪，某大員遂一本正經地上一奏摺，名「奏為臣妻先放大腳事」，士大夫中一時哄傳惹為笑柄。六年後，大臣王熙上奏請求解除禁令，而「禁纏令」因擾民紛紛而未見成效，清廷遂准此奏。之後，民間纏足之風再度高漲，就連原不纏足的旗人女子也受波及。

為防止旗人女子纏足，清廷在皇太極時即針對旗人發布禁令，有「裹足者重治其罪」。順治元年，孝莊太后諭令，「有以纏足女子入宮者斬」。在兩百六十多年的歷史中，清宮中的妃子與宮女全都為旗人女子而無一名漢女，因而也不曾有小腳女人。

事實上，清廷不只一次下詔禁止纏足，如順治十七年還特別規定，「抗旨纏足者，其父若夫杖八十，流三千里」，乾隆與道光年也一再重申纏足禁令，但因民間的抵制，「禁纏令」只煞住了旗人女子的裹足之風，漢人女子依然裹足如故。

當然也有例外。兩廣地區的女子大多不纏足（但上層社會或富裕家庭仍有纏足陋習），據呤唎（英國軍人，曾效力於太平天國軍隊）在廣州的觀察，他在街上散步時，「看見很多中國姑娘的天足上穿著歐式鞋」，但奇怪的是女伶（或為妓女）卻都是纏腳的，「她們正像一隻青蛙用兩隻綁在高蹺上的後腿直立行走一樣。為什麼這種形狀損壞的腳要稱為『小腳』，我簡直莫名其妙，照我看來恰恰是相反的」。呤唎所謂的「相反」，實則是五個腳趾被壓在腳板底下引發的可怕畸形。

太平天國時期，天王洪秀全曾下令：「男將女將盡持刀，同心放膽同殺妖」，太平軍中也確實有由廣西婦女組成的女軍，她們基本都是天足大腳（否則也不可能隨軍跋涉於千里之外）。據時人記載，太平軍中「賊婦亦有偽職，與偽官相等，間嘗出戰，紅綃抹額，頗矯健」；而太平軍東征時，女將蘇三娘率領女軍率先攻入鎮江，有人作詩詠讚曰：「八百女兵都赤腳，蠻衿紮褲走如風。」由此可見，蘇三娘和她的廣西女兵都是大腳板。

丁韙良在《花甲記憶》一書中也曾提及，廣東女子大多不纏足；李宗仁在回憶錄中說廣西婦女並不纏足，做農活與男人同樣的能幹，但湖南婦女開始纏足並主要從事內務，只有在農忙時才會步履艱難地來到田間幫助做農活。

準確地說，近代的反纏足運動起源於來華傳教士，當這些人來到中國見到了任何國家都不曾有的奇特現象（女人的小腳）時，他們感到震驚之餘又為之大惑不解：「許多野蠻部落曾經發明一些殘忍的手段來毀損和破壞人的身體，但像中國這樣一個有著高度文明和優良傳統的國家仍然保留有這種行為，真是聞所未聞」；「究竟是什麼英雄般的氣概讓中國婦女能忍受這種帶給她們終生痛苦的風俗？」

一八七四年，麥嘉湖牧師在廈門組織了中國第一個反纏足團體「天足會」。按麥氏的說法，婦女纏足實為戕害，「天足會」的宗旨就是要使其恢復原形，即上帝賜予的「天足」狀態。在閉塞如堵的風氣下，麥嘉湖的努力仍收到了一定的成效，廈門「天足會」在二十年中共有超過八百名成員加入。

英國傳教士立德夫人積極地倡導「天足運動」，纏足這種折磨中國婦女一生的野蠻陋習給了她很深的刺激。之後，她走遍中國南方各大城市，大力宣傳「天足運動」。一八九五年，立德夫人創建了當時規模最大、影響最深的上海「天足會」並由其親任會長，著名傳教士李提摩太的夫人也是該會的會員。上海「天足會」以「勸誡纏足」為主要任務，該會規定：「凡入會者，皆應釋放其家中女人之足，且於他日永不再裹女子之足，也不娶纏足女子為妻。」另外，「天足會」還特別約定入會者若有女兒放足嫁不出去，會內將積極組織聯姻以解除女子因放足而導致出嫁困難的顧慮。

活動之初，「天足會」以社會上層人士，特別是有名望的官員為宣傳對象，試圖通過他們的影響力促使天足運動在全國展開。事實證明這種策略是成功的，清末幾位知名的封疆大吏如張之洞、袁世凱、岑春煊等都成了放足運動的熱忱支持者。

為了更好地宣傳放足，「天足會」及熱心人士編印很多通俗讀物進行廣泛宣傳，如四川總督岑春煊即撰有一篇白話版的《戒纏足文蒙》廣為散發：「因女子纏足，一國男子的身體都會慢慢軟弱起來，國家也就會慢慢積弱起來……方纏足時業已受過許多痛苦，你們曉得的。哪個女孩為了把足纏好，不弄得面黃皮瘦？既纏之後，因行步艱難，所以中國女人害癆病的最多。就算不害病，身子強壯的也少，所以養的兒子，從胎裡已先受單弱之氣，生下的自然個個單弱。祖傳父，父傳子，子傳孫，傳一層單弱一層……如今要想把中國強起，必先把百姓強起來，要想把將來的百姓強起來，必先把養將來百姓的母親，現在的女兒強起來。」

一九〇一年後，清廷推行新政並以朝廷的名義頒布《勸行放足歌》，其中歌詞也是琅琅上口：「照得女子纏足，最為中華惡俗。唯當纏足之時，任其日夜號哭。對面置若罔聞，女亦甘受其酷！為之推原其故，不過扭於世俗……」在各省督撫的督促下，放足運動開始升溫。時任直隸總督的袁世凱親自撰文勸誡纏足，並令自家子女及親屬不得纏足；兩江總督端方親訂《不纏足章程》，札飭各地遵行。到一九〇四年，「中國十八省總督皆有皆纏足之示，所缺者唯浙閩與陝甘而已。」

儘管有清廷上層人士的宣導，但短期內戒除纏足陋習顯然不現實。早在維新運動之前，康有為曾在家鄉成立「不纏足會」並首先給自己女兒放足，但這一舉措卻讓老康的父老鄉親們大為憤怒，以至於康有為在家鄉不能立足。革命黨人吳玉章也回憶說，儘管他們家兄弟三人都反對纏足，但大嫂仍舊把女兒的腳纏上了，而他受到革命思想的影響，無論如何都不讓自己女兒纏足。

清末民初的鼎革時期，儘管「天足運動」早於「剪辮運動」，但就成效而言顯然不如「剪辮運動」。辛亥革命後，儘管各級政府一再下令嚴禁纏足，但由於各種原因很長一段時期都未能徹底根絕這一陋習。民國成立七、八年後，胡適到內地去旅行仍看到不少的小腳女子，「走路不像人，臉上沒有人色」，胡適忍不住沉痛而嚴厲地抨擊道：「全世界的人類裡尋不出第二國有這樣的野蠻制度。」令人哭笑不得的是胡適的妻子即為小腳太太（**胡之婚姻為其母包辦，但胡博士總算為人厚道，對小腳太太終身不離不棄**），這種批評想必也是有感而發。

民國後，輿論將「小腳女人」視為辱國標誌，據《葑菲閒談》中說上世紀三〇年代，西安嚴禁纏足婦女出入公共場所，煙臺也限制纏足女子在街市上行走，開封的員警見了纏足婦女竟然要當街剝卸裹腳布。這還不算，最嚴苛的是漳州，小腳女人上街居然要冒被鞭子抽打的風險。

一九二七年至一九三〇年，馮玉祥主政西北時，陝西民政廳長鄧長耀編了些放足的鼓詞或快板，之後找人組成宣傳隊下到各縣去宣講，鄧廳長本人的名片上也都印著放足字句，每到外縣會議或演講時即以放足為主題，有時甚至講得痛哭流涕。民政廳每隔一段時間就派人去各縣檢查，鄉下小腳女人聽說後嚇得到處亂鑽，一時雞飛狗跳儼然大禍臨頭，而檢查人員查到仍有人纏足就會當場將裹腳布沒收，以至於民政廳幾成「裹腳布廳」。

據一九三三年十二月十八日《新新新聞》報導，有好奇的外國人在張家口鄉間拍攝女人的小腳，此舉大大激怒了當地駐軍，士兵們認為此事嚴重侮辱了「國格」，經層層上報連蔣介石都為之驚動。事後，國民政府下令，外國人未經當地政府允許不准拍攝小腳女人，否則一體查辦。由此可見，纏足現象在一些偏僻地區遠未根絕甚至有復甦的趨勢，而據當年《中央日報》的報導，山西省十五歲以下女孩中纏足者竟達三十二萬餘人。

歷史學者高華在《革命年代》中提及，抗戰時期延安地區仍存有纏足陋習，邊區聯席會議有鑒於此於一九三七年七月十九日發布禁止婦女纏足的決議，宣布「自禁以後，如有定要纏的或不許放的，政府必處罰其父母或丈夫。」之後，婦女部、青年部等部門組織放足委員會、放足突擊隊等進行督促。但到一九三九年一月，邊區主席林伯渠報告稱邊區婦女幾乎都是文盲，纏足現象仍非常嚴重。當年八月，邊區政府再次下達《禁止婦女纏足條例》，違反者判處一年以下或半年的有期徒刑。一九四二年，邊區政府再一次發布廢纏足令。因此，要說真正、徹底地廢除纏足陋習恐怕是在上世紀的五〇年代了。

四七、辛亥探源：清廷覆亡的先兆

人們的主觀願望有時能夠改變歷史，只是很多時候這種改變未必就是當事者原有的初衷。正如前清遺老繆荃孫說的，清廷「因兵敗而圖強，因圖強而變政，因變政而召亂，因召亂而亡國」，沿著這條直白的清朝覆亡路線路，清末十年至辛亥革命爆發前的歷史進程或許能相對清晰地釐清。

客觀地說，鴉片戰爭的失敗還不能算是中國近代屈辱的開始，因古老的帝國雖然被扎了一下，但整個社會的觸動並不大，一切舊有的生活仍在先前的軌道中運行。至於太平軍及英法聯軍，對清王朝來說也只是一場陣痛，之後的洋務運動在某種程度上來說仍舊是一種「小變」式的應景之作，因它對近代中國的歷史進程並沒有起到根本性的推動作用。事實上，被稱為「同光中興」的這三十年，在當時的士紳們看來仍舊是值得滿足而驕傲的，只是這種渾然不覺的驕傲在隨後的甲午戰爭中被徹底地粉碎了。

作為中國近代史上極重要的關節點，甲午戰爭的戰敗不僅震撼了清王朝，由此帶來的憤怒與屈辱更是讓整個士紳階層及普天下的讀書人陷入了一種不可抑制的痛楚與激動。長期被視為「蕞爾小國」的東鄰日本，竟然把一向自命為「老師」的天朝上國打得落花流水、割地賠款，年輕的知識分子們怎能不群情激奮，和約簽訂前的「公車上書」正是這種激動情緒的集中體現。

失敗之後，激進的求變情緒瀰漫全國，各種救國方案紛至沓來，由此演變而成的是戊戌年的變法運動。變法的結果人所皆知，但需要指出的是維新派的失敗並不能完全歸結為守舊派勢力的顢頇與反撲，康梁等人的毛躁激進與不切實際也是失敗的重要原因，其間的「圍園殺后」密謀更是令事態火上澆油，之後的乙亥建儲、義和團運動及八國聯軍侵華都與之有著千絲萬縷的關係。

從戊戌變法到庚子國變，由庚子國變到清末新政，歷史的弔詭往往在於培養出諸多民國大師的庚款留學生計畫在某種程度上要歸功於義和團大師兄的滾滾頭顱，而一九〇〇年這場極其落後的排外運動卻在無意中觸發了新政的開始。世事難料而且荒唐，三年前「戊戌六君子」尚且喋血街頭，而三年後慈禧太后不但接過了變法派的旗幟，且步伐甚至比康梁等人邁得更大、走得更遠。弔詭歸弔詭，但歷史就是如此。

中國近代史的發展，或許可以用一種「衝擊——反應」型的理論來解釋，清末新政也可說是繼洋務運動和戊戌變法後的第三次波浪，但這次的變革在廣度與深度上都遠遠超過之前的兩次。侯宜傑先生在《二十世紀初中國政治改革風潮》中說，清末新政後「單純的封建專制制度已不存在，民主政治及有關法律有些在試行，有些在準備和確立之中，整個政治制度正在向資本主義近代化演變邁進。」不誇張地說，清末新政可算是中國告別傳統社會的第一步，近百年來如教育、法律、政制等方面的制度變革，幾乎都可以在這裡找到它的起點。

從理論上說，以農耕文明為基礎的中國傳統社會一向以「小政府、大社會」的低成本模式維繫，但在十九世紀後「弱肉強食」的國際環境倒逼下，這種模式乃至整個國家都受到了歐美列強的嚴重挑戰。「小政府」模式以「不擾民、少作為」為準則，大體上說，政權只及於縣，縣以下依靠士紳自治，其管理成本雖低，但與之伴隨的則為低效率，由於其不足以抵禦外來侵略，由此也引發了國內民眾的極大不滿並進而導致清廷合法性的喪失。

清末新政的轉型過程，實則暗含了「小政府」向「大政府」轉變的軌跡。為實現「富國強兵」的目標，清廷不得不痛下決心更弦改轍，其在編練新軍、廢除科舉、創辦警政、司法改革、官制改革、實業促進、地方自治乃至憲政制度等問題上分頭並進，其規模之大、速度之快，在令人驚佩的同時也不乏隱憂。

事實上，清末十年中的各項舉措已遠遠超過了整個社會所能承載的壓力，由此引發的財政問題更是成為一個致命的死結。新政的鋪開均以財賦為支撐，無錢則不能辦事，辦事就得花錢，因此「永不加賦」的朝訓被一破再破，各項加徵攤派有增無減，羊毛出在羊身上，其落腳點無一不在百姓身上設法。清末新政的困境在於要想在列強的虎視下「存國存種」乃至盡洗前辱就必須改革變政，但多一項新政舉措就多一項龐大的經費支出，而財政的增收遠遠跟不上新政支出的急劇膨脹，就算沒有武昌起義，「赤字財政」恐怕也難以為繼。

以新政第一要務的新軍編練為例，僅北洋六鎮每年的維持費用就高達九百萬兩，如按計劃建成三十六鎮常備軍的話，每年維持費至少在五千萬兩。在一九一一年清廷的財政預算中，陸軍部提出的總預算超過一億兩，經資政院的大力削減，其七千八百萬兩的預算額也已接近全國總預算（**二億六千萬兩**）的三分之一。再以司法改革為例，中國傳統社會以各地行政長官（**如州縣官**）兼理司法，如要推行司法獨立、政審分開，勢必要在各級官衙外另設審判機構，全國各州縣也將因此新增至少三千萬兩的支出，經費要從哪裡來勢必成為一個頭痛的問題（**這項工作到民國後也未能完成**）。

清末新政中，一九〇五年的廢科舉無疑是一件大事。古老的科舉制度走到二十世紀初，其考學內容上固然陳舊腐朽，對推進社會的進步也一無用處，但科舉不僅僅是一種教育制度，它同時也是一種選官制度，從某種意義上來說廢科舉實則是體制上的自我摧毀，不但令清廷喪失了數量龐大的支持者，而且連機制本身也一併喪失。隋唐以來，科舉制度將朝廷與讀書人聯繫在一起，朝廷通過科舉授予讀書人功名、地位及官職，讀書人則通過這一途徑實現自己的抱負、改變自己的命運。紐帶一旦斷裂朝廷便失去依託成為無本之源，正所謂「無賞罰則失名器，無名器則天下離心」，朝廷也就不再被讀書人尊崇，政權基礎半被掏空。

從長遠來看，廢除科舉清除了中國社會轉型的一大障礙。但從短期來說，廢科舉在喪失了一個向上流動的合理機制的同時，也割斷了士紳階層與清王朝的聯繫，使清廷陡然失去原有的中堅支持力量，這也可以說是一種自廢武功的自殘之舉。在社會精英分子從原有機制中抽離出來後，現存政治體制與意識形態對這些新型知識分子毫無吸引力，其離心傾向和反叛意識也隨局勢的惡化而增強。更嚴重的是無格可依的「後科舉時代」為親貴擅權、買官賣官等腐敗現象提供了方便之門，而清廷卻沒有意識到失去「公正的授官權」的嚴重性，這或許是士人們在辛亥年對清廷的覆亡報之以冷漠的根本原因。

科舉的廢除無疑大大促進了新教育的發展，據統計清末學堂由一九〇四年的四千餘所迅速增長到五萬餘所，學生總數由不足十萬飛速增至一百五十六萬，其用時不過五年。新政的教育成果固然可喜，但這一大批接受了新知識的年輕人在畢業之後何去何從，出路問題也同樣成為一個巨大的社會隱患。古代科舉為求官，中國人也一向有「讀書做官」的傳統，但通過科考獲得官職的幸運兒畢竟是少數，新學堂出來的學生與昔日的讀書人相比在數量上更加龐大，在社會機會有限的前提下，他們在尋找出路時無疑會遇到各種挫折。在傳統方式已無路可走而新的選官方式又無標準可言的現實面前，親貴擅權、裙帶關係、派系權爭等不公平現象更容易引發年輕人上升機會的被剝奪感，這不免令這些人對前途感到絕望的同時也對社會充滿了怨憤，由此產生「求變、速變」的念頭。

以新軍中的下層軍官為例，張之洞在一九〇六年開辦陸軍小學堂，學堂分陸軍、海軍、測繪、經理、軍醫五班，後來畢業的學生約一千五百人，但得到提升的不及一百人。一九一一年一月，江蘇第九鎮第三十六標有近百名士兵開小差出逃，原因是部分士兵想升入不入流官佐而升遷途徑被阻，由此產生的失望怨憤情緒引發了這次事件。年輕的知識分子遇到挫折後往往把問題歸咎於社會不公、政治腐敗等確實存在的事實，久而久之這樣的消極情緒往往會轉化為強烈的對立意識，這種清末式的「憤青」思維，也成為引發革命的重要根源。

在一九一一年的「皇族內閣」事件中，權貴階層赤裸裸地攘奪公權引發了士紳階層的極大不滿，這自然是清廷極不明智的自取滅亡之舉。從心理學上說，惡念不是來自於內心，而是來自於不得志的生活。在整個社會缺乏公正公平的情況下，一部分被體制排斥的年輕人會去追問其制度的根源，在其利益訴求得不到充分的關注與表達時其走向清廷的反面也屬必然。

作為一個合理的結果，清朝所固有的種族問題正好成為年輕人憤怒的發洩口。在撲天蓋地的「揚州十日」、「嘉定三屠」等仇恨性宣揚中，就連飽學的章炳麟也高擎革命大旗，「公理未明，即以革命明之；舊俗俱在，即以革命去之」，革命似乎成為一劑治國濟民的仙丹靈藥，但凡有不平處即以「革命」革之。在「反滿」的旗幟下，革命黨更是輕易地取得了江湖會黨和秘密社會的支持，而後者的危險性卻是不容忽視的。

更要命的是新軍，皇朝的覆滅雖然早露跡象，但朝廷卻是因此而自掘墳墓。科舉廢除後，年輕人另謀出路，其大體情況又不外如此：家境好的出國留學（日本最多），其次投考新學堂，無錢無勢的則投軍入伍，而當時新軍招收讀書識字的人似乎已成為一種風氣。在辛亥年中崛起的那些新軍將領，大多是年輕的留日士官生，譬如山西都督閻錫山、江西都督李烈鈞、雲南都督蔡鍔、貴州都督唐繼堯等，這些人在日本留學期間即受到革命黨的影響或加入了革命團體，而革命黨對軍隊下層的滲入更是令新軍變得更加地危險而不穩定。歷史的諷刺就在於清廷編練新軍的本意在於抵禦外侮，但這支重金打造的新興力量卻在之後的革命中倒戈相向，成為埋葬清王朝的主因。

在清廷宣布預備立憲並推行地方自治後，士紳階層也開始由穩健走向激進。新政後的清廷已沒有了保守派而只有激進派和緩進派，而清朝的覆滅很大程度上不是因走得太慢，反而是因走得太快。以清末立憲為例，在外國評論家的眼中，九年的預備立憲期未免「出奇地樂觀」，但這樣一個短得不能再短的急進方案還有人認為不夠激進，甚至連最溫和的士紳都已等不及了。多才博識者如梁啟超當時就指出，預備立憲清單上所規定的任務是絕對辦不到的，但言猶在耳，他在一九一〇年第三次請願之前又激憤地說，「現今之政治組織不改，不及三年，國必大亂，以至於亡，而宣統八年（一九一六年）召集國會為將來歷史上必無之事」。

在一九一〇年風起雲湧的國會請願運動中，儘管領導者為文質彬彬、講求「有風度對抗」的立憲派士紳，但其中也不乏白刃割股、斷指血書的激烈之舉，類似的舉動在輿論的推波助瀾下，民眾的情緒更加激化而走向非理性的漩渦。溫婉的士紳運動尚且如此操切，更不要說急躁而任性的革命黨人，因此清末社會偏出理性的軌道也屬正常。

清末輿論也是如此，各種如雨後春筍般興起的報刊雜誌多為激進的知識分子所掌握，而清廷各級政府對這個新興事物顯然未盡了解。在輿論缺乏多元制衡機制的現實下，激進甚至煽動性的思潮更容易被民眾所接受，一些保守而不乏中肯的觀點則被新派的媒體編撰人認為是不合時宜而拒絕登載，由此也被當時的「主流輿論」所完全邊緣化，在當時就算是官方的觀點也往往處於弱勢的地位。

值得注意的是，清末新政進程中有一最明顯的矛盾，那就是清廷試圖通過各項新政舉措來挽救國運，但下層民眾卻因自身利益受損而極力反對新政。原因其實很簡單，只要民眾意識到改革的成本主要由自己來承擔，如朝廷財稅收入的過快增長、濫印銅元帶來的通貨膨脹傷害、與民爭利的「鐵路國有化」政策等，都會令新政本身成為民怨的主要來源。

清末新政的各項舉措固然都很重要，但推行新政的實際負擔在轉移給下層民眾的同時，好處卻大都為上層所得，那底層的百姓們就不免要把他們的憤怒發洩到所謂「新政」的學堂、警署、自治公所之上了。譬如清末各地屢屢發生的「毀學」事件，其原因無非是鄉民們看到新學堂並不能讓自己的子弟獲得教育的機會，而自己卻要承受因此帶來的捐稅，其憤怒之火便直接引向了各所新建的學堂。為了反對舉辦新政而引發的新增捐稅，各地又屢屢發生搗毀官署及罷市之事，在情緒化的民意浪潮中整個社會的裂痕越來越大，最終使得本就有限的改革成果化為泡影，改革不成反激生了新的反對力量。清末十年中，大大小小的「民變」事件竟然達到兩千餘次，這無疑是值得警醒的。

在近代化的過程中，革命與改良通常表現為此揚彼抑、互為消長的關係，如果改良獲得成效，革命就會消沉；改良道路行不通，革命就會迅速蔓延。改良與革命在同時賽跑，任何一方的不謹慎都將會帶來意想不到的災難。從歷史的眼光來看，清末新政與立憲是一場遲到的變革，而歷史經驗證明，在近代化進程中起步越晚困難越大，情況也就越複雜。由此，在這場改良與革命的賽跑中，前者最終倒在了後者的腳下。

四八、祖宗啊祖宗：清帝退位的歷史瞬間

西元一九一二年二月十二日，也就是宣統三年的十二月二十五日，養心殿裡舉行了清王朝也是中國封建王朝的最後一次朝見儀式。這一天，攝政王載灃已退歸藩邸，內閣總理大臣袁世凱則稱病不入朝，他委派了外交大臣胡惟德作為代表，令其領著民政大臣趙秉鈞、陸軍大臣王士珍、海軍大臣譚學衡、司法大臣沈家本、郵傳大臣梁士詒、度支大臣紹英、工商大臣熙彥、理藩大臣達壽等前去朝見。

這些人可以說是清王朝的最後一班大臣，這天他們仍像以往一樣頭戴翎頂、衣冠楚楚，一大早就來到乾清宮東南角上的廊子裡候旨。當時的空氣頗為沉悶，氣溫又是如此之低，每個人捧著熱氣騰騰的蓋碗茶，一個個都低著頭不說話各想各的心思。

透過氤氳的茶氣還是可以看出每個人在表情上的不同：胡惟德、趙秉鈞、梁士詒三個人平靜中略帶喜色，似乎急不可待；紹英、熙彥、達壽三人面有憤色，卻又無可奈何；王士珍、譚學衡兩人一副悵然若失的模樣，彷彿在為得而復失的高級職位而惋惜；而司法大臣沈家本表情冷漠，似乎這一切都不關他的事，一副置身事外的樣子。

這時，一個小太監的通報聲打破了尷尬的沉默：「太后已到，請各位大臣上殿。」大臣們聽後紛紛起身，他們習慣性地整了整冠帽朝服，隨後由胡惟德領著一起向養心殿走去。

到了大殿後，大臣們發現寶座上空無一人，唯有內務府大臣世續和內閣協理大臣徐世昌早早地在殿中等候。那些帶刀的侍衛倒像往常一樣依舊是一副威風凜凜的樣子。

片刻後，殿外傳來太監的通報聲：「太后駕到！」

各大臣齊齊轉身，只見隆裕太后在兩個太監的引領下牽著六歲的小皇帝溥儀進了殿，慢慢地走向寶座。因這是最後一次朝見也就不按以前的規矩，隆裕太后也不用垂簾，大臣們也不必向皇帝三叩九拜，只是由胡惟德領著向隆裕太后和宣統皇帝三鞠躬就算是給太后和皇上行大禮了。

待隆裕太后和小皇帝在寶座上坐定後，胡惟德上前啟奏：「內閣總理大臣袁世凱因病不能上朝，特委託臣等前來向皇上和皇太后請安。」隆裕太后聽後點點頭，說：「袁世凱為國家鞠躬盡瘁，為皇室也出了不少力。他能為皇室爭取到如此的優待條件也實在不容易。今天我就按照南北議和的條件，頒布詔書實行退位，讓袁世凱去做好善後事宜。」

說到「退位」二字，隆裕太后還是忍不住眼圈一紅幾乎又要掉下淚來。底下的那些大臣們見了也是心有戚戚，但又不知道說什麼好，一群人只是侷促地站在那裡，尷尬異常。

好在這時御前太監將早已準備好的退位詔書捧至御案，隆裕太后拿起詔書看了數行，淚水終於忍不住奪眶而出，她也顧不得太后的體面當眾抽泣起來。隆裕太后滿懷悲痛，心想祖宗這二百六十多年的江山最終在自己手裡斷送，日後如何去見地下的列祖列宗。想到這裡，隆裕太后由抽泣變成嚎啕大哭，嘴裡還喊著：「祖宗啊！祖宗……」

底下的大臣們看了也被感染，好幾個人開始用朝服的袖子抹淚。作為領班大臣的胡惟德乾哭了幾聲，見大家老這麼惺惺作態下去也不是個事兒，只好假裝哽咽地對已哭得死去活來的隆裕太后說：「太后，如今大局已如此，還望太后保重。太后英明睿智，顧全天下百姓，保全皇室上下，臣等深感太后恩德，一定不會辜負太后和百姓的期望。如今優待條件已定，還請太后放寬心安心地退養。」

隆裕太后聽到這裡，反而哭得更加傷心了，她將退位詔書緊緊地攥在手裡，淚珠兒幾乎就要把詔書給打濕。趙秉鈞幾個人見了不免有點著急，他們連連向胡惟德使眼色讓他趕緊把詔書要回來。胡惟德很是為難，只得用眼神一個勁地瞟內閣協理大臣徐世昌和內務府大臣世續，想請這兩位資深大臣想想辦法，可這兩位對南北和議一向就持反對意見，他倆非但不肯出頭，反而扭過頭去裝作沒看見。

這時，胡惟德想起他袖裡還有一份南方議和代表伍廷芳發來的電報，於是急忙從袖中取出，故作驚慌地奏道：「太后，你先別哭，我這裡還有南方革命黨發來的一份緊急電文，要向太后奏報。」

隆裕太后一聽「革命黨」這三個字忍不住又打了個冷戰，慌忙地止住了哭聲，她帶著哭腔問：「電報裡說什麼，是不是革命黨又要變卦？」

胡惟德見「革命黨」起了作用，便故作鎮靜地展開電報念道：「萬急。南方伍廷芳代表電：今日經參議院同意，如十五日下午十二點之前清帝不遜位，則收回優待條件。此布，即轉北京。」

隆裕太后聽後也顧不上抹淚了，便慌忙將退位詔書交出，命世續和徐世昌趕緊取出御璽用印，生怕晚了真的要收回優待條件。

蓋好印後，胡惟德捧起清帝退位詔書，大聲念道：「朕欽奉隆裕皇太后懿旨，前因民軍起事，各省回應，九夏沸騰，生靈塗炭，特命袁世凱遣員與民軍討論大局，議開國會，公決政體。兩月以來，尚無確當辦法，南北暌隔，彼此相持，高輟於途，士露於野。以國體一日不決，故民生一日不安，今全國人民心理多傾向共和，南中各省既倡議於前，北方諸將亦主張於後，人心所向，天命可知。予亦何忍因一姓之尊榮，拂萬民之好惡，是用外觀大勢，內審輿情，特率皇帝將統治權公諸全國，定為共和立憲國體，近慰海內厭亂望治之心，遠協古聖天下為公之義。

袁世凱前經諮政院選舉為總理大臣，當茲新舊代謝之際，宜有南北統一之方，即由袁世凱以全權組織臨時共和政府與民軍協商統一辦法，總期人民安堵海內欠安，仍合滿、漢、蒙、回、藏五族完全領土為一大中華民國，予與皇帝得以退處寬閒優遊歲月，長受國民之優禮，親見郅治之告成，豈不懿歟！」

清王朝最後一次朝見儀式在念完詔書後便宣告結束，胡惟德手捧詔書領著各大臣向隆裕太后和宣統皇帝再次三鞠躬，隨後便退出殿外，從此就不再是清朝的大臣了。

隆裕太后愣愣地看著這些人走出殿外，而身邊的小皇帝溥儀仍舊像往常一樣懵懵懂懂，他哪裡知道發生了什麼事情。等大家都走了後，溥儀便急著跳下寶座想走出這陰森的大殿出去玩耍。隆裕太后見後急忙將小皇帝抱下，不料剛才哭得過於傷心，兩人差點摔倒在地，好在太監們急忙趕過來扶住。在太監們的扶掖下隆裕太后和小皇帝溥儀隨後愴然還宮。

清朝二百六十八年，入關後從攝政王多爾袞定都燕京開基，最後也是以攝政王結束，莫非也是天數所致。辛亥之役中，僅憑革命黨的實力實不足以顛覆清王朝，但這場多方角力的競賽結果卻是「清室完敗，民黨虛贏，地方軍事實力派坐收全功」。論局勢，當時的形勢實際上對北方有利，山西的閻錫山已被北洋軍趕出了太原跑到晉西北打游擊；陝西的革命軍也已被前陝甘總督率大軍圍困，西安城破指日可待；革命首義地武漢，漢口、漢陽相繼淪陷，武昌危在旦夕，唯獨江浙聯軍攻下南京，如果南京被破，南方恐怕是傳檄而定。

但運氣好的是袁世凱下令不打了。因為他沒有錢，新政後靠赤字財政維持的清廷也沒有錢，列強嚴守中立拒絕給任何一方貸款。打仗是天底下最花錢的，沒有錢就不能打仗，除非像流寇和軍閥一樣不守規矩。革命黨也同樣沒錢，他們也無法維持數量龐大而毫無作用的革命軍，談判成了南北雙方都能接受的選擇。

伍廷芳與唐紹儀主持的南北和談最終達成的結果是召開國民會議以決定「國體問題」（**即共和還是君憲**），但孫中山海外歸來後（**一九一一年十二月二十五日抵上海**）堅決反對國民會議而搶先於一九一二年一月一日成立南京臨時政府，宣布實行共和。

袁世凱未必熱愛清廷，「以國民會議議決國體問題」也是為避免欺凌「孤兒寡母」之譏，同時為清廷倒臺提供了臺階（**同時尚可優待清帝及皇族**）。但是南方革命黨在共和問題的決絕態度及南方「另立中央」的既定事實令他無所適從，迴旋餘地減無可減，在「戰既無餉，和又無策」的局勢下，袁世凱也只能與南方繼續周旋以求最終的解決之道。

在與南方代表反覆爭辯談判後，雙方最終在一樁幕後的交易上達成默契：那就是犧牲清廷並由袁世凱迫使清帝退位，孫中山在全國歸於共和後將臨時大總統讓於袁世凱，由袁世凱出面組織民國政府。就事論事，這也是當時中外各方所能接受的最佳方案。

一月十七、十八、十九日，隆裕太后連續召開了三次御前會議，討論清帝退位與優待事宜。在會上，部分年少親貴（如恭親王溥偉等）極力反對，但真正能說上話的兩個人——慶親王奕劻已是年老力衰無力再爭，而攝政王載灃則性格柔弱無意再爭，兩人對大局均感悲觀失望，自覺回天乏術，因而清帝退位之事即成定局。

由於溥偉、良弼「宗社黨」的阻擾，發布退位詔書的時間一再延後，直到彭家珍炸死良弼，而同一日，湖北前線的北洋軍主將段祺瑞領銜發布共和通電，其中威脅要「率全體將士入京，與王公剖陳利害，揮淚登車，昧死上達」，文中殺氣騰騰，虎狼之師已成反噬之勢。北洋軍的倒戈，最終令清廷殘存的抵抗勢力土崩瓦解。

無論是攝政王載灃還是隆裕太后治國或許無方，但人品上都不是什麼壞人，至少他們順應了時代的潮流，首創了中國歷史上以談判和平移交政權的先例，這也使得國家免於分裂對立、人民免於兵燹浩劫。這種姿態與舉動無疑是識大體的，不應抹殺更不應貶低。相比於六、七年後沙皇或德皇的遭遇，清帝的退位還不能算一齣悲劇。在一戰進行中或結束後，奧匈帝國、德國、俄國、土耳其帝國的皇帝們都陸續步清帝之後塵而走下皇位，從這個角度來說辛亥革命或許是一種世界歷史的必然而不是簡單的一場國內革命。

隆裕皇后是個什麼樣的人，歷史上記載並不多，從目前留下的相片來看長相確實稱不上美麗。據入宮服侍過慈禧太后的德齡公主說隆裕皇后是一個優雅、有知識的女子，她在宮中並不如意，除了與光緒皇帝不和之外，她還得時刻緊跟在慈禧太后的身後，沒有一絲的自由。庚子年後，慈禧太后屢次邀請在京的外國使節夫人們入宮參觀，據她們的回憶隆裕皇后臉色蒼白，身材瘦削，但看起來「非常有教養、溫雅有禮」。

千秋萬代終是夢，俱往矣，換了人間。一九一三年二月二十二日，隆裕太后因痰症發作而去世，當時離清帝退位僅一年零十天。隆裕太后彌留之際對七歲的溥儀說：「汝生帝王家，一事未喻而國亡，而母故茫然不知也」；隨後又對旁邊侍立的太保世續說「孤兒寡母，千古傷心」，其語淒慘悲涼，為世人所知。

隆裕太后去世後，民國政府給予了隆重的禮遇，大總統袁世凱通令全國下半旗一天，文武官員服喪二十七天，全體國務員前去致祭，袁本人還親自在衣袖上纏了黑紗以示哀悼。隨後，袁世凱又安排在太和殿舉行了國民哀悼大會，由參議長吳景濂主祭。

隆裕太后辭去皇位於民有利、於國有功，加上其夫光緒皇帝為人所同情，她在喪後有如此待遇倒也還算說得過去。

四九、宮廷雜記：皇帝家的那點事

道光吝嗇：連個片兒湯都吃不上

古今皇帝中，道光皇帝可能是最節儉或說最吝嗇的，《清稗類鈔》裡說，道光有條套褲，膝蓋處不小心弄破了，後讓內務府的人在上面綴了一圓綢，即所謂「打掌」。大臣們見了紛紛效仿，也在膝間綴一圓綢竟然風行一時。

有一次，道光召見軍機大臣，正好大臣曹文正離御座近，道光見其膝間有綴痕，便問：「你這套褲也打掌了？」曹文正說：「改做太花錢，所以還不如補綴一下。」道光問：「你打掌花了多少錢？」曹文正說：「要銀三錢。」道光大吃一驚：「外面東西真便宜！我這裡，內務府說要銀五兩。」

道光由此對內務府的人起了疑心，便又問曹文正：「你家吃的雞蛋，要多少錢？」曹文正是個聰明人，他怕得罪內務府的人便詭稱：「臣小時患氣病，從來不吃雞蛋，所以我也不知道雞蛋的價錢。」

幸好曹文正沒說。之前也有個笑話，說乾隆某次早朝問大臣汪文瑞：「你這麼早來，可在家裡吃過點心？」汪文瑞答：「臣家裡窮，每天早上不過吃四個雞蛋而已。」乾隆愕然：「雞蛋一枚需要十兩銀子，我都不敢吃多，你一天吃四個，還敢說自己窮？」汪文瑞知道是內務府的人搞鬼，但也不敢明說，只好敷衍道：「外面賣的雞蛋都是些殘次品，沒法與宮中貢品相提並論，所以我家買的都是便宜貨，不過幾文錢罷了。」

《清室外紀》中說，道光到了老年越是小氣。宮中膳品本沿襲舊例，有時道光想吃某樣東西，但聽說這東西太貴往往又忍住，不讓宮裡的人去買。道光禁欲不消費，弄得內務府的人怨言多多，不過他們還是有辦法來對付道光的。

有一次，道光想吃片兒湯，讓內務府的人按他說的製法去做。內務府報告說，若是按皇上的做法就必須另蓋一間廚房，並請專人來負責，這樣的話請上面撥經費六萬兩來辦理此事；另外，還需要一萬五千兩的維護費。道光大皺眉頭：「朕知道前門外有一飯館能做此湯，每碗不過四十文。算了，以後每天就讓太監去買吧。」

幾天後，內務府的人報告前門外的飯館已關門，原因不明（**估計裡面大有文章**）。道光歎道：「朕向來不為口腹之欲而濫費國帑，沒想到朕貴為天子，而想吃一碗片兒湯都辦不到，真是可歎啊。」

內務府的人其實是想找個藉口來造廚房，這樣可以中飽私囊，由於伎倆沒有得逞，道光就吃不到片兒湯了。正所謂「上情下達」、「下情上達」，說來容易做來難，道光皇帝雖然貴為天子，但久居深宮未必不為群小所擺弄，這何嘗不是一種悲哀呢？

咸豐震怒：修個門要五千兩銀子

《南亭筆記》中說，咸豐和他父親道光皇帝一樣躬行節儉。有一次上書房的門樞壞了，內務府請求換個新門，咸豐沒批准，說修理一下還可以繼續用。後來門修好了，內務府的人報帳說費銀五千兩。咸豐勃然大怒，下令訊問有關人員到底怎麼回事。下面的人見咸豐認真了，慌忙說數字報錯了，是五十兩，這事才算了結。

另有一次，咸豐有一條新的杭紗套褲，因不小心燒了個約蠶豆瓣大的窟窿，左右太監說丟了吧，咸豐再三惋惜，說：「物力艱難，棄之可惜，盡量給補補吧。」咸豐後來才知道這樣補一下竟然報銷了數百兩銀子。聽到這裡，咸豐慨然歎道：「做皇帝想勤儉都不容易，何況是奢侈呢？」

勤儉本是中華民族的美德，皇帝想給臣民們做個榜樣，這本來也是好事，但好事最終辦成了壞事；本想節省點錢，可下面的人去辦理時反而大大地增加了成本，這就未免不是一種諷刺了。

《南亭筆記》中說，光緒大婚時，閻敬銘是軍機大臣，內務府承辦一百個皮箱，每箱報價銀子六十兩。閻敬銘大為驚訝，便上奏慈禧太后：「外間購買皮箱，每個至多不過六兩，內務府浮冒之弊可想而知。」慈禧太后搖頭說：「恐怕沒這麼便宜吧。」閻敬銘知道內務府的人在搞鬼，便堅持說就是這個價格。慈禧太后也是小氣人，便說：「既然如此，半月之內你就試著代我買一百個。」

第二天，閻敬銘拿著銀子去市場上購買，不料皮箱店居然全部關了門。閻敬銘大為驚奇，便敲開一家皮箱店問老闆這是怎麼回事，老闆說：「昨天老公（**太監**）來吩咐，半月內不准開張交易，如有違反必將貨物打成粉碎，今後甭再開店了。」無奈之下，閻敬銘只得讓人帶信到天津趕緊買了送到北京。不想半月過去，事情竟然沒有辦成，原來送信的親隨也被內務府用一千兩銀子買通，連人帶信早已逃之夭夭，閻敬銘只能徒呼奈何。

歷史上很多時候是皇帝不壞，但身邊的人太壞；上面的政策很好，但下面執行起來就亂套了，積習難返，簡直防不勝防。正如那句俗話說的，「歪嘴和尚念倒經」，再好的經文到了歪嘴和尚那裡也會念歪掉，而念歪的人總有各種藉口來為自己推脫責任。

叔侄翻臉：同治罷免恭親王

圓明園被焚是慈禧太后一生中最為痛心的事，在之後的十餘年天下太平，頗有「同治中興」之相，慈禧太后的「姨太太心理」發作，便打算在同治親政後退居二線享享清福。但是重修圓明園耗費巨大，預算在一千萬兩白銀，這對大清帝國的財政來說是一筆不小的開支。

同治在慈禧的授意下提出重修圓明園，但很快便遭到一些大臣的反對。御史沈淮、游百川上疏請停園工，但同治以慈禧太后的旨意明告諫者，堅持要進行這一浩大的工程。《穀亭隨筆》中記載，游百川上奏後，同治立刻召見他並大罵道：「你也有父母，豈有父母想要而故意違抗的嗎？」游百川說，皇太后想頤養天年的話，不如就近增飾西苑作為臨幸之地，一來容易建造，二來費用低很多。同治說好，那你現在就寫個奏章讓我交上去。說完，把御筆丟給游百川讓他當場就寫。游百川顫慄道：「不敢。」同治說：「朕讓你寫，不必廢話！」游百川不得已，只好當場寫好交給同治。

事情還沒這麼快結束。沒多久，由於財力窘迫，恭親王奕訢和十位御前大臣聯名上書請求停修圓明園。同治拿到摺子沒看兩行就勃然大怒：「我就不停工，你們拿我怎麼辦？你們唧唧歪歪地想幹什麼？」

恭親王見這少年皇帝說出來的話極沒水準，便壯著自己是皇叔說道：「摺子上說的不僅僅是停工一事，還有其他事情，請容臣慢慢宣誦逐條讀講。」但恭親王還沒講兩句，同治便拍桌子罵道：「你這麼喜歡說，朕這個位置讓給你來做，行了吧？」

御前大臣文祥聽到這混帳話，當時又急又氣而暈倒在地。同治見老頭暈了，命人扶出後也想開溜，但恭親王把他攔住非要把話說完。同治開始還嘴裡嘟囔，等到恭親王說到微行出遊一條才緊張起來，他開始還死不承認，直到恭親王把時間地點和證人都擺出來了，同治才沒話可說。

同治被恭親王抓著小辮子後懷恨在心，隨即草擬了一份上諭，說恭親王和御前大臣「跋扈弄權，欺朕年幼」，奕訢、文祥、沈桂芬、李鴻藻等十人「朋比為奸、謀為不軌」，將十人革去一切差使。

這下事情鬧大了。兩宮太后得知後只得出面調解，將同治訓斥一番。當日，兩宮垂涕於上，同治長跪於下，慈禧太后說，十年以來無恭親王何以有今日，皇上少未更事，著即撤銷云云。此時的慈禧太后還算清醒，雖然她和恭親王有矛盾，但當時大清王朝要缺了恭親王還真運轉不靈。

在停修圓明園的問題上，恭親王等暫時取得了勝利。同治在各大臣的壓力下只得傳旨停工，但是恭親王也為自己埋下了禍根，他不但得罪了同治，而且也得罪了慈禧太后。一八八四年中法戰爭期間，包括恭親王在內的一批軍機大臣被黜退，直到十年之後的甲午戰爭恭親王才被重新起用，但此時的他早已不是當年那個意氣風發的恭親王了。恭親王被廢的十年，本是他作為政治家最黃金的十年，但因慈禧太后的意氣用事，一代中興名臣就此了結。

買官碰壁：光緒罷斥文盲道員

《四朝佚聞》中說，光緒時內務府下有個叫玉銘的旗人，本是個木商，靠做皇宮的生意賺不少錢，當時頗善於花錢打點關係討得上頭的歡心，後還掏了大把銀子出資贊助修建頤和園，老佛爺心裡一高興就讓人授予他四川鹽茶道。不過，玉銘只是個商人，而且還是個文盲商人，哪裡懂得什麼做官。他去做官不過是想著好好撈一票。

鹽茶道是個肥差，玉銘得授後，屁顛屁顛地趕去謝恩，光緒見此人說話和舉手投足都粗鄙不堪一點都不像讀書之人，便覺得大有問題，於是問道：「你原來在哪個衙門當差啊？」玉銘答不上來，便說：「奴才一向在某某木廠當差。」

光緒一下沒反應過來，哪有木廠叫衙門的？於是又問了一遍，究竟在哪個衙門當差？玉銘見光緒不明白，便說：「皇上您不知道某某木廠啊？那可是西城第一大木廠，皇宮裡的木料大多是那裡來的，奴才一向在那裡管事。」光緒這才明白過來，哂然笑道：「那你就是木廠掌櫃罷了。既然木廠生意這麼好，那你為何不做下去反要去做什麼官呢？」玉銘是個粗人，直言快語：「奴才聽說四川鹽茶道掙的錢要比木廠多好幾倍呢。」

光緒本就很不高興，聽了這話便冷笑道：「你想做官，可會國語（滿語）嗎？」玉銘說：「不會。」（當時滿人已大部分漢化，已不知道滿文為何物了）光緒哼了一聲，問：「會寫漢文嗎？」玉銘心裡沒底，囁嚅了半天才低聲說：「會。」光緒便問：「你讀過什麼書？」玉銘說：「讀過《百家姓》和《大學》。」光緒聽後，便把紙和筆擲到地上，命一太監將他引出去寫好自己的履歷再交上來。

玉銘同志其實是個文盲，他老人家在乾清宮的階上寫了半天也寫不出什麼來，這時光緒帝又命繳卷。光緒拿過玉銘寫的東西一看，只見上面似乎有「奴才玉銘，某旗人」幾個東倒西歪的大字，就連「玉銘」兩字也沒完全寫對，簡直就是亂七八糟。光緒大怒，立刻命相關部門查明這到底怎麼回事。

事情當然很簡單，就是花錢買官罷了。

這上頭一認真起來，玉銘的四川鹽茶道隨後也就被擼了。可憐的玉銘不但空歡喜一場，還白白浪費了大把銀子。玉銘失官後又跑回木廠重操舊業，後來在承辦醇親王祠廟工程時貪污公款。事發後，為逃避官府追捕最後只好剃髮為僧遁入西山佛寺，他那賣官被罰寫字的故事一時被傳為笑柄。

和玉銘遭遇相似的還有個叫魯伯陽的人，他也是靠花錢買到蘇松太道，但到江南後正好碰到劉坤一做兩江總督，劉總督知道他的底細故意不讓他上任，數月後便找了藉口將他彈劾開缺。魯伯陽當時被氣得半死，據說他為買這個官前前後後總共花了七萬兩銀子，竟然連一天官都沒做成，最後弄得血本無歸。魯伯陽一氣之下，便看破紅塵跑去做了道士。

買官路上跌跟頭，這「一僧一道」的事頗值得世人引以為鑒。

溥儀登基：一語成讖「快完了！」

一九〇八年，慈禧太后臨終前欽定醇親王載灃的兒子溥儀繼位。溥儀當時只有三歲，根本不懂事，見太監來抱他連哭帶打地死活不依，最後在父親醇親王載灃的陪同下，由乳母哄著半睡半醒地進了宮。

半個多月後，紫禁城內為小皇帝準備了莊嚴的登基大典，只可惜好好的一個慶典被這個大哭大鬧的小朋友弄得十分尷尬。

皇帝登基必須要經過一道道繁瑣的程序，先要在中和殿接受內務府大臣和侍衛們的叩拜，緊接著又要到太和殿去接受文武百官的朝拜等等，小孩子的注意力哪能經得起這樣來回的折騰。還沒等接受正式朝拜，溥儀早已是鼻涕眼淚直流哭著嚷著要回家，回自己的家（**醇親王府**）。

《澄齋日記》裡記載了這樣一齣滑稽戲。還在中和殿時，那些內務府大臣剛開始行三跪九叩禮，溥儀已開始放聲啼哭，偏偏小皇帝的聲音還特別高、特別尖，空蕩蕩的大殿本就有擴音的效果，弄得那些大臣們拜也不是，不拜也不是，最後只能匆匆行禮完畢，再由太監們強行抱到了太和殿。

文武百官早已在太和殿裡等待，小皇帝從來沒有見過那麼多人，嚇得直哭著往外跑。這時，醇親王載灃趕過來，他在眾目睽睽之下抱著哄了半天，好不容易把小皇帝弄到了高大莊嚴的寶座之上，載灃側身半跪在小皇帝的旁邊防止他從寶座上溜下來，一邊連聲叮囑他別亂動，一會就好了。

小皇帝不聽，哭著嚷著說：「我不挨這兒，我要回家！我要回家！」大臣們不知所措，不知道是拜好還是不拜好，載灃在一邊也是急得滿頭大汗，連忙命太監上來按住小皇帝，然後招呼大臣們趕緊行三跪九叩禮。

正當大臣們開始拜時，小皇帝因身體被按住動彈不得更是放聲大哭，堂堂太和殿內充斥的全是小皇帝的哭叫聲。載灃也覺得這樣實在不成體統，只好低聲勸慰兒子說：「不要哭了啊，一會就完了，快完了哪！」

載灃連說了好幾遍，小皇帝這才收聲不哭，登基大典也就這樣草草收場。事後，大臣們私下裡議論說攝政王載灃怎麼能在皇帝登基時說什麼「快完了」這樣的話，未免太不吉利了！

果不其然，三年時間不到大清王朝便轟然倒塌，中國兩千多年的封建王朝歷史就此結束——載灃的預言還真準。

無獨有偶，「快完了」的笑話在「張勳復辟」時又鬧了一次，當時段祺瑞的「討逆軍」派了幾架飛機到城內投炸彈，飛機在皇宮上盤旋，嚇得那些宮女和太監們四處亂，一片混亂。唯有溥儀非但不怕還開心得要命，飛機來時就躲在屋簷下，飛機一飛走就跳出來對那些宮女太監們拍手大喊：「快出來罷，完了完了！」

瑜太妃聽到後很生氣，跑出來大罵溥儀：「你小時候坐朝就愛哭，你父親說『快完了』，這下好，果然沒兩年清室就完了；現在恢復王室尚未成功，你又在這裡大喊大叫『完了完了』，大清還有什麼指望？」結果這次又應了溥儀的話，復辟不過半個月就「完了」。

附錄：晚清年譜

一八三九年 三月，林則徐赴廣東查禁鴉片。六月，林則徐在虎門海灘銷毀鴉片，史稱「虎門銷煙」。

一八四〇年 六月，英軍入犯廣州，第一次鴉片戰爭爆發。七月後，英國艦隊北上騷擾沿海城市。

一八四一年 一月，琦善同英方簽訂《穿鼻草約》。五月，英軍攻入廣州。

一八四二年 七月，英軍攻佔鎮江。八月，英國艦隊到達南京江面，清廷被迫簽訂《南京條約》。

一八四三年 七月，洪秀全創立拜上帝教。九月，中英簽訂《五口通商章程》並附《海關稅則》。

一八四四年 六月，中美簽訂《望廈條約》。八月，中法簽訂《黃埔條約》。

一八四六年 二月，清廷宣布弛禁天主教。十一月，容閎等三人赴美求學。

一八五〇年 二月，道光皇帝駕崩，咸豐即位。十一月後，拜上帝會會眾陸續到達廣西金田村團營。

一八五一年 一月，洪秀全在廣西金田村起義，建號「太平天國」。十二月，洪秀全於廣西永安建制，分封五王。

一八五二年 四月後，太平軍進入湖南。十二月後，太平軍進入湖北。

一八五三年 三月，太平軍順長江而下攻佔南京，定為都城並改名「天京」。四月，太平軍發動北伐與西征。

一八五四年 四月後，兩廣總督葉名琛與英美公使發生衝突。十月後，太平軍與清軍在湖北、江西等處激戰，互有勝敗。

一八五五年 二月，石達開在九江大敗湘軍。五月，太平天國北伐軍覆滅。

一八五六年 九月，太平天國發生內訌，史稱「天京事變」。十月，「亞羅號事件」爆發。

一八五七年 十一月，英法聯軍攻佔廣州。

一八五八年 五月，中俄簽訂《璦琿條約》。六月，清廷與英法美俄四國簽訂《天津條約》。

當年，太平軍擊破江北大營，三河鎮大敗湘軍，陳玉成、李秀成等年輕將領崛起。

一八五九年 六月，中國守軍於大沽口大敗英法艦隊。

一八六〇年 二月，英法聯軍擴大戰爭。八月，大沽口被攻佔，天津失陷。九月，英法聯軍攻入北京，咸豐逃亡熱河。十月，英法聯軍火燒圓明園，清廷與英法簽訂《北京條約》。

一八六一年 八月，咸豐駕崩，同治繼位。十一月，慈禧太后與恭親王奕訢聯手發動「辛酉政變」。

一八六二年 六月，京師同文館開辦。

一八六三年 六月，石達開兵變大渡河。

一八六六年 六月，洪秀全死。七月，天京陷落，太平天國失敗。

一八六五年 一月，阿古柏率軍侵入新疆喀什噶爾。當年，太平軍餘部相繼被消滅。

一八六六年 九月，左宗棠被任命為陝甘總督，受命鎮壓捻軍與回亂。

一八六七年 當年，捻軍相繼失敗。

一八六八年 當年，左宗棠平定陝甘。

一八六九年 九月，太監安德海被山東巡撫丁寶楨處死。

一八七〇年 六月，「天津教案」爆發。

一八七一年 六月，俄軍趁阿古柏之亂攻佔侵佔伊犁。十一月，琉球漁民因颶風而漂流至臺灣，部分人被原住民所殺，史稱「牡丹社事件」。

一八七二年 三月，曾國藩去世。八月，首批幼童赴美留學。十月，同治大婚。

一八七四年 三月，日本藉「牡丹社事件」入侵臺灣，後中日簽訂《臺灣事件專約》，日本撤軍。

一八七五年 一月，同治駕崩，光緒繼位。

一八七六年 四月，左宗棠率軍入疆平叛。

一八七七年 八月，左宗棠相繼收復失地，並請在新疆設立行省。

一八七九年 三月，日本侵佔琉球，改置沖繩。

一八八一年 二月，中俄簽訂《伊犁條約》，俄國歸還伊犁但仍割去大片土地。

一八八三年 十二月，中法戰爭爆發。

一八八四年 四月，「甲申政潮」爆發，恭親王奕訢等被逐出軍機處。八月，法國艦隊突襲福建水師，中方損失慘重。十月，劉銘傳擊退進犯臺灣的法軍。

一八八五年 四月，馮子材大敗法軍，取得「鎮南關大捷」。六月，《中法新約》簽訂，中法之戰結束。十月，設立臺灣行省。

一八八六年 八月，定遠等艦訪問日本，北洋水兵與日本員警發生衝突，史稱「長崎事件」。

一八八八年 十二月，北洋水師正式成軍。

一八九一年 六月，北洋水師訪問日本。三月，康有為在廣州創設萬木草堂。

一八九四年 七月，日本艦隊偷襲「濟遠」等艦，中日戰爭爆發。八月，中日正式宣戰。十一月，孫中山在檀香山成立興中會。

一八九五年 二月，北洋水師覆滅。四月，李鴻章赴日本議和並簽訂《馬關條約》。五月，康有為領導「公車上書」，反對簽約。

一八九六年 八月，李鴻章訪問美國。九月，清廷設立鐵路總公司。

一八九七年 一月，清廷發行「昭信股票」十一月，德國藉「巨野教案」強佔膠州灣。

一八九八年 六月，光緒下詔變法。七月，英國強行租借威海衛。九月，慈禧太后發動戊戌政變，變法失敗。

一八九九年 七月，康有為創立「保皇會」。十二月，袁世凱出任山東巡撫。

一九〇〇年 一月，清廷頒布詔書，立端王載漪次子溥儁為大阿哥，史稱「乙亥建儲」。五月，義和團席捲直隸。八月，八國聯軍攻破北京，慈禧太后挾光緒逃往西安。

一九〇一年 一月，慈禧太后在西安發布諭旨，宣布推行新政。八月，清廷下詔永遠停考武科，鄉試及會試等均試策論，廢八股。九月，簽訂《辛丑合約》。

一九〇二年 一月，慈禧太后攜光緒回京。五月，清廷任命沈家本與伍廷芳為修訂法律大臣，開始修律活動。

一九〇三年 六月，《蘇報》被查封，章太炎和鄒容等人被逮捕，史稱「蘇報案」。十二月，清廷設立練兵處，袁世凱為會辦練兵大臣。

一九〇四年 一月，清廷制定「癸卯學制」，確定近代教育體系。二月，日俄戰爭爆發。九月，練

一九〇五年 兵處、兵部奏准在全國編練「新軍」三十六鎮計畫。八月，同盟會在日本東京成立。九月，沿襲千年的科舉制度被廢除；考察憲政五大臣出行遇炸。十二月，清廷再次派遣大臣出國考察憲政。

一九〇六年 七月，憲政考察團相繼回國。九月，清廷正式宣布預備立憲。十一月，清廷發布新官制，內閣和軍機處不變，下設十一個部院。

一九〇七年 七月，徐錫麟刺死安徽巡撫恩銘。八月，清廷將考察政治館改為憲政編查館。

一九〇八年 六月，全國掀起立憲請願高潮。八月，清廷批准《憲法大綱》，定九年預備立憲期。十一月，光緒皇帝與慈禧太后相繼離世；熊成基在安慶發動起義。

一九〇九年 一月，袁世凱被開缺回籍。十月，張之洞去世；各省諮議局召開首屆常會。十二月，十六省諮議局代表齊集上海，決定赴京請願。

一九一〇年 四月，汪精衛等人刺殺載灃未遂被捕。六月，孫洪伊等人發起第二次國會請願高潮。十月，資政院成立；請願代表發動第三次國會請願活動。

一九一一年 四月，廣州黃花崗起義。九月，因保路運動而引發「成都血案」。十月，武昌起義爆發，之後各省相繼獨立。

一九一二年 一月，孫中山就任南京政府臨時大總統。二月初，南京臨時參議院通過「優待清室條件」等。二月十二日，清帝下詔辭位，清朝覆亡。

參考書目

1、何偉亞：《懷柔遠人：馬嘎爾尼使華的中英禮儀衝突》，北京：社會科學文獻出版社，二〇〇二年版。

2、黃宇和：《兩廣總督葉名琛》，上海：上海書店出版社，二〇〇四年。

3、史景遷：《洪秀全與太平天國》，上海：上海遠東出版社，二〇〇一年。

4、李細珠：《倭仁研究：晚清保守思想的原型》，北京：社會科學文獻出版社，二〇〇〇年。

5、錢鋼、胡勁草：《留美幼童：中國最早的官派留學生》，上海：文匯出版社，二〇〇四年。

6、石霓：《觀念與悲劇：晚清留美幼童命運剖析》，上海：上海人民出版社，二〇〇〇年。

7、夏白鴿：《隱藏的宮廷檔案》，北京：民族出版社，二〇〇〇年。

8、容閎：《西學東漸記》，長沙：湖南人民出版社，一九八一年。

9、祁兆熙：《游美洲日記》，長沙：嶽麓書社，一九八五年。

10、實藤惠秀：《中國人留學日本史》，北京：生活‧讀書‧新知三聯書店，一九八三年。

11、丁韙良：《花甲記憶：一個傳教士眼中的晚清帝國》，桂林：廣西師範大學出版社，二〇〇四年。

12、丁韙良：《中國覺醒》，北京：世界圖書公司，二〇一〇年。

13、李提摩太：《親歷晚清四十五年》，天津：天津人民出版社，二〇〇五年。

14、張禮恆：《從東方到西方：伍廷芳與中國近代社會演進》，北京：商務印書館，二〇〇二年。
15、丁賢俊、喻作鳳：《伍廷芳評傳》，北京：人民出版社，二〇〇五年。
16、高陽：《翁同龢傳》，北京：中國友誼出版公司，一九九九年。
17、汪榮祖：《康章合論》，北京：新星出版社，二〇〇六年。
18、馬洪林：《康有為評傳》，南京：南京大學出版社，一九九八年。
19、童士偉：《康有為評傳》，南昌：百花洲文藝出版社，二〇一〇年。
20、孟祥才：《梁啟超評傳》，北京：北京出版社，一九八〇年
21、佐藤公彥：《義和團的起源及其運動》，宋軍等譯，北京：中國社科出版社二〇〇七年。
22、吳歡：《民國諸葛趙鳳昌與常州英傑》，武漢：長江文藝出版社，二〇一〇年。
23、陳永忠：《革命哲人：章太炎傳》，杭州：浙江人民出版社，二〇〇八年。
24、史扶林：《孫中山與中國革命的起源》，北京：中國社會科學出版社，一九八一年。
25、宮崎滔天：《辛亥記憶：三十三年之夢》，桂林：廣西師範大學出版社，二〇一一年。
26、小坂文乃著，吳豔譯：《孫中山與梅屋莊吉》，北京：世界知識出版社，二〇一一年。
27、傅國湧：《追尋失去的傳統》，長沙：湖南文藝出版社，二〇〇四年。
28、殷海光：《中國文化的展望》，上海：上海三聯出版社，二〇〇四年。
29、蕭功秦：《儒家文化的困境》，成都：四川人民出版社，一九八六年。
30、林華國：《歷史的真相：義和團運動的史實及再認識》，天津：天津古籍出版社，二〇〇二年。
31、顧長聲：《傳教士與近代中國》，上海：上海人民出版社，一九九一年。

32、顧衛民：《基督教與中國近代社會》，上海：上海人民出版社，一九九六年。
33、劉增合：《鴉片稅收與清末新政》，北京：生活・讀書・新知三聯書店，二〇〇五年。
34、周育民：《晚清財政與社會變遷》，上海：上海人民出版社，二〇〇〇年。
35、張研：《一九〇八：帝國往事》，重慶：重慶出版社，二〇〇七年。
36、凌冰：《最後的攝政王：載灃》，北京：文化藝術出版社，二〇〇六年。
37、金易、沈義羚：《宮女談往錄》，北京：紫禁城出版社，二〇〇四年。
38、信修明等，《太監談往錄》，北京：紫禁城出版社，二〇一〇年。
39、E・A・羅斯：《E・A・羅斯眼中的中國》，重慶：重慶出版社二〇〇四年版
40、張海林：《端方與清末新政》，南京：南京大學出版社，二〇〇七年。
41、廖梅：《汪康年：從民權論到文化保守主義》，上海：上海古籍出版社，二〇〇一年。
42、章開沅：《張謇傳稿》，北京：中華書局，一九八六年。
43、曹汝霖：《一生之回憶》，北京：中國大百科全書出版社，二〇〇九年。
44、顧維鈞：《顧維鈞回憶錄》，北京：中華書局，一九九七年。
45、顏惠慶：《顏惠慶自傳：一個民國元老的歷史記憶》，北京：商務印書館，二〇〇五年。
46、宋教仁：《宋教仁日記》，長沙：湖南人民出版社，一九八〇年。
47、吳相湘：《宋教仁傳》，北京：中國大百科全書出版社，二〇一〇年。
48、文斐編：《我所知道的張宗昌》，北京：中國文史出版社，二〇〇四年。
49、包天笑：《釧影樓回憶錄》，北京：中國大百科全書出版社，二〇〇九年。

50、齊如山：《齊如山回憶錄》，瀋陽：遼寧教育出版社，二〇〇五年。
51、胡思敬：《國乘備聞》，北京：中華書局，二〇〇七年。
52、劉體智：《異辭錄》，北京：中華書局，二〇〇七年。
53、何剛德：《春明夢錄》，北京：北京古籍出版社，一九九五年。
54、范福潮：《清末民初人物叢談》，武漢：湖北人民出版社，二〇〇九年。

大地叢書介紹

作者：章愷
定價：250 元

還原歷史真相·走出戲說誤區

中國后妃是統治階級中一個特殊階層，本書以客觀的角度，講述大清王朝近三百年歷史中十二位有代表性的后妃生平事蹟，她們當中有人賢德、有人奸佞、有人剛強、有人軟弱、有人善終、有人下場悲慘……

大妃阿巴亥是如何下嫁努爾哈赤，努爾哈赤死後又是為何殉葬？

孝莊文皇后大玉兒，一個花樣年華的少女為何與姑姑同侍皇太極，而後又如何保住兒子順治的帝位，順治死後輔佐康熙除鼇拜、平三藩創建了康熙盛世。

香妃，維吾爾族女子，本名伊伯爾罕。容妃為其封號，她是如何由數千里外的雪原來到繁華的京城，進入神秘的皇宮，進而得到乾隆恩寵享盡榮華。

慈安皇太后，咸豐皇后，咸豐死後同治登基，皇帝年幼與慈禧共同垂簾聽政，後與慈禧交惡，在政治鬥爭下成了犧牲品，死因成謎。

慈禧，一個掌握中國政壇近半世紀的女人，憑藉著高超的政治手腕，兩度垂簾聽政，獨攬大權，抗拒改革，一生極盡奢華，但也因此加速了清王朝的敗亡。

大地叢書介紹

作者：醉罷君山
定價：300 元

夏商周三代奠定中華文明之基礎，然而三代歷史卻是撲朔迷離。史料原本有限，加上歷朝散佚，徒令後人有霧裡看花之歎。本書力求從有限的線索中，以嚴謹、求實的態度挖掘出那段光輝歷史年代的真相，透過對《史記》、《竹書紀年》、《尚書》以及先秦諸子文獻互為參比，去偽存真，對許多歷史上傳統結論提出質疑。譬如少康中興，如何向竊國者復仇？夏桀與商紂，真的是歷史上最暴虐的君主嗎？權謀大師伊尹是賢相，還是叛臣？本書把零散分布於各史料的記載，整合為比較完整的故事。時間順序清晰，歷史事件連貫，脈絡有序，集知識性與故事性於一身。可讀性強，足見作者傾注之心血。

大地叢書介紹

作者：張嶔
定價：280 元

戰國，這是個以戰爭為中心的年代。無論是計謀、變法，還是用人、改革，為的只有一件事：打贏！

名噪一時的七國：韓國、趙國、魏國、楚國、燕國、齊國、秦國，七國之間鬥智鬥勇、殊死較量，政治人物如何掌握機遇，又如何推進變法改革……

作者以通俗的文筆詳細講述了諸侯國爭霸到秦國大一統的歷史進程，重大歷史事件背後的政治起因、決策者精妙冷酷的謀略等等，將這段充滿跌宕起伏、征伐血氣的時代完整地呈現在讀者眼前。

戰國原來是這樣！

大地叢書介紹

作者：姜狼
定價：360 元

唐失其鹿，群雄逐之。盛世繁華的大唐，已在歷史的烈火中化為一堆殘墟廢燼，霓裳羽衣的風流，早成不堪回首的傷痛。天下洶洶，誰得其鹿？唯兵強馬壯者能為爾。五代十國常被認為是殘唐之餘，枯燥乏味，遠不如相同歷史軌跡的三國。任何一個歷史時代都是悲壯的，都有自己與眾不同的魅力，愛與恨、刀與火、絕望的吶喊，五代十國同樣擁有。本書力求從涉及五代十國的《舊唐書》、《新唐書》、《舊五代史》、《新五代史》、《宋史》、《遼史》、《資治通鑒》等亂如麻團的史料中分析辯駁，尋找挖掘出最接近時代的歷史真相。

五代十國能絕世風流者三：帝王中柴榮、大臣中馮道、詩詞中李煜。柴榮才是結束唐末以來戰亂的最關鍵人物，可惜天不假年，否則必將成為唐太宗那樣的千古一帝。馮道在亂世中王朝扶杖入相，天下禮敬，他的處世之道對於今人生存大有裨益。李煜的人生悲劇，那一篇篇和著血淚的詞文，觸動著每一顆柔軟的心靈。柴榮、馮道、李煜，書寫著五代十國最為華麗的時代篇章，但五代十國的風流人物何止千百。鐵血朱溫、風流李存勗、仁厚郭威、狡黠王建、瘋狂劉巖、志大才疏李璟以及無數名臣名將，他們用自己的人生悲喜劇，共同打造五代十國這一絕美的歷史大戲。五代十國的精彩歷史，扣人心弦，在他們的熱血風流中，後世的人們可以從中品味出人性的真實。

大地叢書介紹

作者：李柏

定價：300 元

那天是西元一八九年、東漢光熹元年，八月二十八日，董卓帶領的軍隊擁著皇帝回到洛陽，回到亂糟糟的皇宮。東漢帝國脆薄的外殼在那天清晨被敲開一個小孔，像照著鍋沿輕敲雞蛋一般。帝國的崩潰開始了。

如同多數三國人物一般，董卓有他的戲劇臉譜：肥胖、好色、殘忍好殺；而歷史上的董卓……沒有翻案，也確實是如此。

事實上，董卓在歷史上活躍的時間很短，也不是什麼翻轉歷史進程的人物(換句話說，沒了董卓還會有千千萬萬個董卓)，但他的出身乃至權傾天下的過程卻是面絕佳的歷史透鏡，使我們得以一窺「中華第一帝國」腐爛乃至崩潰的千絲萬縷。

《亂世的揭幕者：董卓傳》以董卓的生平為經，東漢末年的政治局勢為緯，記述東漢帝國崩解乃至三國開始的過程。承襲前作《橫走波瀾：劉備傳》的敘事風格，作者李柏不強行翻案、不呼熱血口號、不作英雄崇拜，但求奠基於詳實史料之上，以平實流暢的現代筆法，帶領讀者抽絲剝繭，一探歷史謎霧後的真相。

相信透過此書，讀者將能領略更深、更廣、更真實的三國世界。

晚清原來是這樣 / 金滿樓著. -- 一版.-- 臺北市：
大地, 2021.08
面：　公分. --（History：113）

ISBN 978-986-402-346-2（平裝）

1.晚清史 2.近代史 3.通俗史話

627.6　　110010572

晚清原來是這樣

History 113

作　　者：金滿樓
發 行 人：吳錫清
主　　編：陳玟玟
出 版 者：大地出版社
社　　址：114台北市內湖區瑞光路358巷38弄36號4樓之2
劃撥帳號：50031946（戶名：大地出版社有限公司）
電　　話：02-26277749
傳　　真：02-26270895
E - mail：support@vastplain.com.tw
網　　址：www.vastplain.com.tw
美術設計：成樺廣告印刷有限公司
印 刷 者：博客斯彩藝有限公司
一版一刷：2021年08月

定　　價：300元